新时代中国法学系列教材

总主编　王　铁　黄文艺

中国行政救济法

主　编　王贵松
撰稿人（以撰写章节先后为序）
王贵松　高秦伟　赵　宏
马立群　梁君瑜　杜仪方

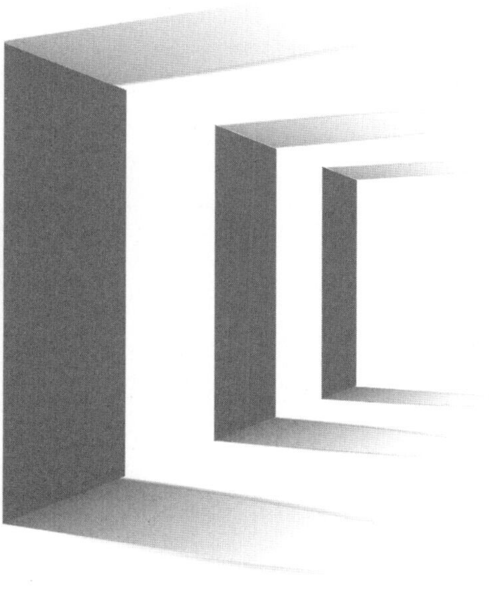

中国人民大学出版社
·北京·

图书在版编目（CIP）数据

中国行政救济法/王贵松主编. -- 北京：中国人民大学出版社，2024.4
新时代中国法学系列教材/王轶，黄文艺总主编
ISBN 978-7-300-32749-5

Ⅰ.①中… Ⅱ.①王… Ⅲ.①行政复议-中国-教材②行政赔偿-中国-教材 ③行政诉讼-中国-教材 Ⅳ.①D925.3②D922.11

中国国家版本馆 CIP 数据核字（2024）第 082028 号

新时代中国法学系列教材
总主编 王 轶 黄文艺
中国行政救济法
主 编 王贵松
Zhongguo Xingzheng Jiuji Fa

出版发行	中国人民大学出版社		
社 址	北京中关村大街 31 号	**邮政编码**	100080
电 话	010－62511242（总编室）		010－62511770（质管部）
	010－82501766（邮购部）		010－62514148（门市部）
	010－62515195（发行公司）		010－62515275（盗版举报）
网 址	http://www.crup.com.cn		
经 销	新华书店		
印 刷	北京溢漾印刷有限公司		
开 本	787 mm×1092 mm 1/16	**版 次**	2024 年 4 月第 1 版
印 张	20.5 插页 1	**印 次**	2024 年 4 月第 1 次印刷
字 数	399 000	**定 价**	59.00 元

主编简介

王贵松，法学博士，中国人民大学法学院教授，教育部“长江学者奖励计划”青年学者。专著有《中国行政法学说史》（2023年）、《行政裁量的构造与审查》（2016年）、《日本食品安全法研究》（2009年）、《行政信赖保护论》（2007年），译著有《行政法总论》（上、下卷，2023年）、《制宪权》（2012年）等。

内容简介

行政救济法是行政法的重要组成部分。本书共七章，包括行政救济法一般原理、行政复议、行政诉讼、行政责任（包括行政赔偿、行政补偿）等内容，涵盖相关学说、立法和裁判等，着重阐述中国行政救济法的原理和制度，注意培养行政救济的法律思维，训练行政救济法的方法与技术。

总序

王轶

习近平总书记2016年5月17日在哲学社会科学工作座谈会上指出："要抓好教材体系建设，形成适应中国特色社会主义发展要求、立足国际学术前沿、门类齐全的哲学社会科学教材体系。"① 法学教材是法学知识体系的载体，是青年学子步入法学殿堂的阶梯，是培育法治共同体的重要素材。撰写承载中国自主法学知识体系的系列教材，是实现新时代中国法学教育使命的必由之路。

中国人民大学法学院的前身中国人民大学法律系成立于1950年，是新中国诞生后创立的第一所新型正规高等法学教育机构，被誉为中国法学教育的"工作母机"和"法学家的摇篮"。自成立伊始，中国人民大学法律系便承担着创建新中国法学学科的重任，并通过设立专门编译组、教材编写委员会，多措并举推进新中国的法学教材建设。到了1960年代初，在前辈法学家的不懈努力下，新中国法学教材从无到有，一个能够基本满足教学需要的法学教材体系初步形成。

在1980年代，中国人民大学法学院全面参与司法部、教育部组织的统编试用教材的编写工作，参编教材21种，主编、参编31人次。这些统编教材受到政法院校/系师生的一致认可，对于提高法学教育质量发挥了重要作用。1998年，中国人民大学法学院依托学科优势启动编写的"21世纪法学系列教材"，是当时全国法学院校编写出版的教材中品种最多、规模最大、影响最广的一套法学教材，以"原理—案例—资料—习题"四位一体为鲜明特色，其中涉法学专业14门核心课程的教材全部获评"教育部全国普通高等学校优秀教材（一等奖）"。

进入新时代，中国人民大学法学院积极参与马克思主义理论研究和建设工程重点教材编写工作，有36位教师入选马克思主义理论研究和建设工程课题组首席专家和主要成员，这在全国法学院校中位居首位。经过人大法律人70余年的接续努力，形成了以马克思主义理论研究和建设工程重点教材为龙头，以"21世纪

① 习近平．在哲学社会科学工作座谈会上的讲话．北京：人民出版社，2016：24.

法学系列教材”为主干，涵盖“中国法”项目教材、高职高专教材、律师实训教材、中小学普法教材的完整教材体系，建立起了具有中国特色、与时俱进的新型法治人才培养教材体系。中国人民大学法学院的教材建设始终坚持走在时代前列，发挥引领作用。2021 年在首届全国教材建设奖评选中，中国人民大学法学院获得“全国教材建设先进集体”荣誉称号。

为贯彻习近平总书记 2022 年 4 月 25 日到中国人民大学考察调研时重要讲话的精神，落实中共中央办公厅、国务院办公厅印发的《关于加强新时代法学教育和法学理论研究的意见》，坚持以习近平法治思想为统领，通过抓好核心教材、编好主干教材、开发新形态教材等，构建中国特色法学教材体系，中国人民大学法学院决定启动“新时代中国法学系列教材”编写工作。这套教材积极应对新一轮科技革命和产业变革对法学教育的挑战，科学应变、主动求变，旨在推进中国法学教育的改革创新，充分反映全面依法治国发展成就。为适应新时代的教学需求，本系列教材采用新技术手段，配以网络教学指导、教学辅助，重点推进课程配套数字资源建设。相信本系列教材的出版，定能为培养造就更多具有坚定理想信念、强烈家国情怀、扎实法学根底的新型法治人才发挥积极作用。

是为序。

2023 年 11 月

编写说明

行政救济法不仅要有良好的制度设计，也要有全面的实施，让每一个案件的处理都能体现出公平正义。进入新时代之后，我国行政救济法的主要内容都曾修改或重新制定，主要包括 2014 年全面修改《行政诉讼法》，2018 年制定《最高人民法院关于适用〈中华人民共和国行政诉讼法〉的解释》，2019 年制定《最高人民法院关于审理行政协议案件若干问题的规定》，2022 年制定《信访工作条例》，2023 年全面修改《行政复议法》。由此，相应的知识都应当得到及时更新和学理阐释，助推行政救济法理论的学习和行政救济实践的展开。

本教材是中国行政法的救济法部分，侧重于对中国行政救济法的阐述，并以行政救济法的原理和制度为主，在文献上可涵盖相关学说、立法和裁判等内容。编写本教材的主要目的在于，让读者了解行政救济法的一般原理和基本体系，掌握行政复议、行政诉讼、行政赔偿和行政补偿的基本原理，培养行政救济的法律思维，训练行政救济法的方法与技术。

目前，行政救济法的专门教材并不多见。本教材的体系和内容也有一定的特别之处。在体系设计上，本教材仅设七章，体系简洁，结构新颖，以帮助读者形成行政救济法的体系思维。在内容编写上，本教材追求明白而不简单的效果，以明确的语言阐述行政救济法的基本原理，在提供基本知识的同时，能够引发读者进一步的思考和探索。

本教材的编写分工如下（以撰写章节先后为序）：

王贵松（中国人民大学法学院教授）：第一章、第三章；

高秦伟（中山大学法学院教授）：第二章；

赵　宏（北京大学法学院研究员）：第四章；

马立群（西南政法大学行政法学院教授）：第五章；

梁君瑜（武汉大学法学院副教授）：第六章；

杜仪方（复旦大学法学院教授）：第七章。

本教材由主编确定全书体系之后，分别撰写，再集体逐章讨论，分别修改，最后由主编统稿定稿。这种集体合作编写的方式，在一定程度上可以促进本教材内容的准确、周全和统一。中国人民大学法学院博士研究生王钧民作为教材编写组秘书提供服务。

由于水平有限，本教材难免出现错误或不妥之处。我们欢迎广大读者对本教材的内容和写法提出批评、建议和意见，我们也希望在将来修订时能够呈现更好的版本。

编　者

2023 年 12 月

凡例

为避免冗长，除直接引用外，本教材采用缩略语的方式表示所使用的立法文件，具体处理方式如下：

法律名称中的“中华人民共和国”一律省略，例如，《中华人民共和国行政复议法》，简称为《行政复议法》。在涉及不同版本时，如无特别说明，就是指现行有效的法律，如提及“《行政复议法》”就是指2023年修改的《行政复议法》。只有需要强调其历史时，才会说“1999年《行政复议法》”等。

在谈行政诉讼法的不同版本时，表述为“1989年《行政诉讼法》”“2014年《行政诉讼法》”，2017年仅作修正，不构成一个版本。

本书其他常用法律规范文件的缩略如下表所示：

法律规范文件名称	缩略语
最高人民法院关于贯彻执行《中华人民共和国行政诉讼法》若干问题的意见（试行）[法（行）发〔1991〕19号]	1991年《行诉法意见》
最高人民法院关于执行《中华人民共和国行政诉讼法》若干问题的解释（法释〔2000〕8号）	2000年《行诉法解释》
最高人民法院关于行政诉讼证据若干问题的规定（法释〔2002〕21号）	《行诉证据规定》
最高人民法院关于审理行政许可案件若干问题的规定（法释〔2009〕20号）	《行政许可审理规定》
最高人民法院关于适用《中华人民共和国行政诉讼法》若干问题的解释（法释〔2015〕9号）	2015年《行诉法解释》
最高人民法院关于适用《中华人民共和国行政诉讼法》的解释（法释〔2018〕1号）	2018年《行诉法解释》
最高人民法院、最高人民检察院关于检察公益诉讼案件适用法律若干问题的解释（法释〔2018〕6号，2020年修正）	《公益诉讼适用解释》
最高人民法院关于审理行政协议案件若干问题的规定（法释〔2019〕17号）	《行政协议审理规定》

续表

法律规范文件名称	缩略语
最高人民法院关于民事诉讼证据的若干规定（法释〔2019〕19号）	《民诉证据规定》
最高人民法院关于审理国家赔偿案件确定精神损害赔偿责任适用法律若干问题的解释（法释〔2021〕3号）	《国赔精神损害赔偿解释》
人民检察院公益诉讼办案规则（高检发释字〔2021〕2号）	《公益诉讼办案规则》
最高人民法院关于审理行政赔偿案件若干问题的规定（法释〔2022〕10号）	2022年《行政赔偿审理规定》
最高人民法院关于适用《中华人民共和国民事诉讼法》的解释（法释〔2022〕11号）	2022年《民诉法解释》

目 录

第一章 行政救济法概述

第二章 行政复议

第三章 行政诉讼原理

第四章 行政诉讼的要件

第一章 行政救济法概述

▶ 重点知识

行政争议　行政救济　行政救济的原则　行政救济的类型　正式的行政救济制度　行政争讼　行政责任　非正式行政救济制度　信访　申诉　行政仲裁　行政裁决　行政 ADR

▶ 知识逻辑图

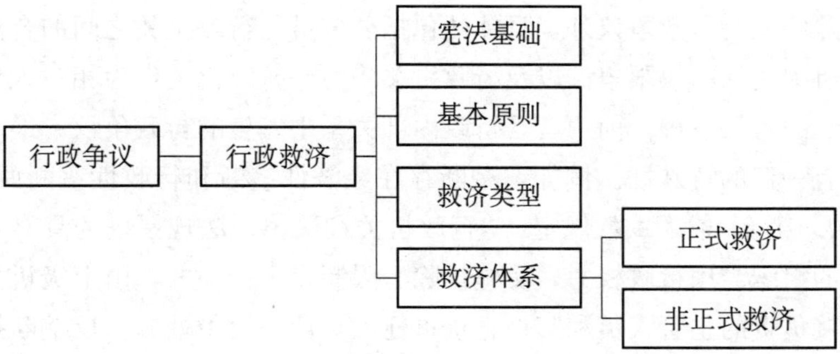

第一节 行政救济的基本原理

行政法通常由行政组织法、行政活动法、行政救济法组成。行政组织法旨在于不同的行政机关之间合理地配置行政权，行政活动法旨在于行政过程中对行政权的行使进行规范，而行政救济法则旨在对因行政权给私人合法权益造成的不利影响实行救济和监督。行政救济法是指关于私人因行政活动对自身合法权益造成不利影响，而请求有关国家机关解决行政争议、消除不利影响的法律规范的总和。行政救济法是法治国家的标准配置，既是解决行政争议、保障私人合法权益的法，也是保障行政实体法实现的法。

一、行政争议

有权力的行使，就可能引发合法权益方面的争议。这里要首先介绍行政争议，它是行政救济所处理的对象。

（一）行政争议的概念

所谓行政争议，又被称作行政纠纷，是指因行政机关以及法律、法规、规章授权的组织的行政活动而引起的争执。其起因在于行政一方，因行政一方的行政活动给另一方的合法权益造成不利影响。如果是因为私人一方的行为而引起的争议，例如，私人不履行行政决定所课予的义务，行政机关申请法院强制执行，就不属于这里所说的行政争议。

行政争议有狭义和广义之分。狭义的行政争议是指私人因行政机关的行政行为而引起的争议，即在行政外部关系中引起的行政争议。很多学者在这一层面上使用行政争议的概念。[①] 这种行政争议的特点在于，行政争议发生于行政机关与私人之间，而且是起因于行政机关的行为。广义的行政争议是指与行政机关相关的争议，除狭义的行政争议外，具体还包括公务员与行政机关之间的合法权益争议、行政机关之间的权限争议以及行政机关将另一行政机关作为相对人作出某种行为所引起的行政争议，前两者是行政内部关系中发生的行政争议，最后一种行政争议具有一定的特殊性。例如，垄断存在经济性垄断和行政性垄断两种形态。《反垄断法》第 61 条第 1 款规定："行政机关和法律、法规授权的具有管理公共事务职能的组织滥用行政权力，实施排除、限制竞争行为的，由上级机关责令改正；对直接负责的主管人员和其他直接责任人员依法给予处分。反垄断执法机构可以向有关上级机关提出依法处理的建议。行政机关和法律、法规授权的具有管理公共事务职能的组织应当将有关改正情况书面报告上级机关和反垄断执法机构。"在这里，反垄断执法机构是将行政机关和公共组织作为执法的对象，但囿于其法律地位，其只能提出处理的建议。而在早期的一起案件中，劳动就业管理局是承担着部分政府行政职能的就业管理机构，该局收取劳务管理费、劳务服务费、县内临时工管理服务费、临时工培训费和劳务市场收入，地方税务局作出限期申报纳税通知书，又两次发出限期交纳税款，之后作出税务处理决定，以其未缴税费的 3 倍作出罚款，法院以处罚的程序违法予以撤销。[②] 本书主要是在狭义

---

① 例如：刘恒：《行政救济制度研究》，法律出版社 1998 年版，第 3 页；沈福俊：《中国行政救济程序论》，北京大学出版社 2008 年版，第 43 页。

② 参见平山县劳动就业管理局不服税务行政处理决定案，《最高人民法院公报》1997 年第 2 期，第 71 页。

上使用行政争议的概念。对于公务员和行政机关之间的合法权益争议，仅在其救济途径上有所涉及。

（二）行政争议的种类

行政争议五花八门，从法律的角度可以作出一定类型的划分，以便更有效地加以解决和施以救济。

1. 外部争议与内部争议

根据行政争议主体之间的关系，可以将行政争议分为外部争议与内部争议。外部争议是行政机关与私人之间所发生的行政争议，而内部争议是在行政系统内部，行政机关与其公务员、行政机关与其他行政机关之间发生的行政争议。外部争议因系私人合法权益之争，涉及公民的基本权利，属于一般法治的问题，可以通过行政复议、行政诉讼等正式的行政救济渠道解决，原则上最终可由法院作出裁判；而内部争议则因主体之间存在特殊的关系，一般为维护其内部秩序，在行政救济渠道上会有一定的特殊设计，甚至不采用正式的行政救济渠道解决，不实行司法最终原则。

2. 积极争议与消极争议

根据行政争议的内容，可以将行政争议分为积极争议与消极争议。积极争议是指争议主体之间因行政机关积极行使职权而发生的争议。例如，行政机关对私人作出行政处罚、不予行政许可决定、实施行政强制执行等，因此而发生的争议就属于积极争议。消极争议是指争议主体之间因行政机关不行使职权而发生的争议。例如，行政机关消极不作为而引发的争议，就属于消极争议。再如，行政机关相互之间认为某一项职责不属于其所有的，也属于消极争议。积极争议往往产生具体的侵害，这时一般是消除这种侵害的问题。而对于消极争议，则是积极地作出确认，明确职权职责所在，督促依法履行法定职责的问题。

3. 原始的行政争议与复审的行政争议

根据行政争议是否经过处理，可以将行政争议分为原始的行政争议与复审的行政争议。原始的行政争议是指尚未经过处理的行政争议，而复审的行政争议是指经过处理但仍有待解决的行政争议。对原始的行政争议有时可以直接依据法定程序请求法院进行裁决，有时不得直接请求法院裁决，须先采用行政上其他的救济方法，对其决定仍不服时才可以提起诉讼。经过行政复议的行政争议，再进入行政诉讼时，就是复审的行政争议。有时这一途径还是法定的前置程序。法院审查复审的行政争议时，不仅要面对原始的行政争议，还要面对复审的处理行为。

（三）行政争议的解决途径

行政争议种类繁多，其解决途径也有多样性。从解决争议的主体来看，立法机关因集体行使职权等原因，通常不适合来解决具体的行政争议。但根据宪法和各级人民代表大会常务委员会监督法等的规定，人大常委会可以组织调查委员会，实施人大监督。行政机关充当解决争议的主体时，存在几种角色：一是上级行政机关，可以对下级行政机关进行层级监督，也可以在当事人提起相关程序时对下级行政机关的行政案件进行复议；二是自身，亦即处理自己引起的行政争议，诸如对自己的行政案件进行复议、复查等；三是中立者，为其他行政机关与私人之间的争议进行裁决，例如商标复审。① 司法机关是解决行政争议的专门机关，它具有中立性并公正适用司法程序等，但其处理耗时长，成本也高，并不适合所有的行政争议。

从国家机关解决行政争议途径的性质来看，有的解决途径是监督途径，有的解决途径则是救济途径。人大常委会解决行政争议一般属于监督的性质，上级行政机关解决行政争议也带有层级监督的性质，法院解决行政争议通常是救济的性质。

从私人寻求行政争议解决的目的和方法角度而言，行政争议大致存在以下两种基本关系类型和四种解决路径。第一种类型是在行政机关与私人的双方关系中的行政争议。(1) 排除不利行为。相对人请求排除不利的行政决定，行政争议解决机关撤销不利的行政决定，恢复相对人的合法权益。例如，行政机关作出行政处罚决定，被处罚者需要做的就是撤销该处罚决定。(2) 请求依申请行为。相对人申请有利的行政决定，行政机关驳回该申请，或者不予答复，行政争议解决机关要求行政机关作出该行政决定，或者予以答复。例如，提出行政许可的申请，行政机关作出不予许可的决定，申请人请求法院责令行政机关作出所申请的行政许可。第二种类型是在行政机关、相对人以及第三人的三方关系中的行政争议。(1) 启动不利决定。第三人请求对相对人作出不利的行政决定，而行政机关驳回该申请，或者不予答复，行政争议解决机关要求行政机关作出该行政决定，或者予以答复。例如，某公司的生产经营活动给周边居民造成噪声污染，周边居民请求环境保护部门对该公司进行规制。(2) 阻止依申请行为。第三人请求撤销对相对人有利的行政决定，而行政机关予以拒绝或者不予答复，行政争议解决机关要求行政机关予以撤销，或者予以答复。例如，行政机关对某公司作出经营许可，与该公司有竞争关系的另一公司，请求撤销该许可。

---

① 商标复审是针对当事人不服商标局对就商标有关事项所作处理决定而提出的复审请求、由商标评审委员会重新进行审查的法定程序。

二、行政救济的界定

行政争议的发生是不可避免的，存在争议就可能存在侵害，故而，解决行政争议，给合法权益适当保护，就必不可少。

（一）行政救济的概念

“救济”一词含有矫正、修复之意。《元照英美法词典》对救济（remedy）的解释是“纠正、矫正或改正已发生的不当行为或业已造成损害或损失的行为。救济可采取多种方式，主要有宽恕行为、政治救济方法以及法律救济方法。法律救济方法包括行政救济和民事救济”①。

行政救济并非法律上所使用的概念，而是一个法学概念。所谓行政救济，是指因行政机关的行政活动侵害私人的合法权益，有关国家机关在一定要件下所开展的法的救济。第一，行政救济是针对行政的救济，是围绕行政机关的行政活动侵害私人合法权益而展开的。第二，行政救济不限于行政机关所提供的救济。一种理解是，行政救济是由行政系统所开展的救济，包括行政机关开展的行政复议，以及诸如法国的行政法院开展的行政诉讼，而由普通法院开展的行政诉讼就不是行政救济。这是从救济主体的行政性角度而言的。另一种理解是，行政救济是对行政活动造成私人不利影响所开展的救济，不论其救济主体是否为行政机关，普通法院开展的行政诉讼也是行政救济。这是从争议性质角度而言的。本书采用后一种理解。第三，行政救济是解决行政争议、提供权利保护的活动。行政争议的解决是否等同于行政救济，这取决于对行政争议和行政救济的界定。一般理解的行政救济是对私人的合法权益所展开的救济，这与狭义行政争议的范围相同。而广义的行政争议解决，也就是对行政争议所引起的非正常法律状态进行矫正，不仅包括私人合法权益的救济，还包括行政机关之间的权限争议、公共财政使用的合法性争议等与特定私人合法权益无关的处理。本书主要在狭义上使用行政争议和行政救济的概念。第四，行政救济不仅是对违法或不当行政行为所造成的损害的救济，也包括对合法行政行为所造成的损失的救济。也就是说，行政救济是从私人合法权益的角度而言的概念，不论造成私人合法权益不利影响的原因

---

① 薛波主编：《元照英美法词典》，法律出版社 2003 年版，第 1177 页。与该词相近的是 relief，它除了有救助、税收减免之意，也有救济、司法救济、法律救济之意，“指法律尤其是法院所能给予的补偿、帮助、利益或保护等。尤其指当事人向法院要求给予的具有衡平法性质的补救措施，如签发禁制令〔injunction〕，要求特定履行〔specific performance〕”（同前书，第 1175 页。）在英美法上，两者的差别在于，relief 主要是指衡平法上的救济，而非损害赔偿金所进行的救济。remedy 则既指衡平法上的救济，也指普通法上的救济。

行为是否合法。合法行政行为导致私人合法权益受到损失的，同样存在行政救济的问题，只是这种行政救济通常限于损失补偿，而无法像违法行政行为造成私人合法权益损害时那样撤销合法的行政行为。

(二) 行政救济的历史

行政救济包括正式行政救济和非正式行政救济，谈行政救济的历史，很大程度上是在谈正式行政救济的历史，非正式行政救济很难谈特定的产生发展过程。有侵害，就可能有救济。在近代国家产生之前，官民之间的纠纷自古就存在，这种纠纷也需要解决，否则积累下来就会发生“起义”“造反”。但用“行政救济”去形容那些实践，只是以今天的语词去说明而已，在性质上有很大差异。这种救济虽然存在某些机制，但整体上不具有制度性，而且带有一定的恩赐性，并非当事人的权利。权力分工并不存在，也不存在代议制机关所制定的法律，而且相对于国家的独立个人也不存在。

在近代国家产生之后，有了权力分工的机制，也有了作为代议制机关的议会，议会对行政机关虽然不能全面控制，但要求行政机关执行议会所制定的法律。个人相对于国家的主体地位得到承认。个人的合法权益在受到行政机关侵害时，可以寻求特定机关的救济，包括上级行政机关、普通法院还有行政法院等。行政诉讼制度的建立，标志着行政法的产生。事前的依法律行政原理与事后的行政裁判原理，构成法治行政原理的基本内容。

在我国，行政救济的历史应当从中华民国时期谈起。1914 年，在确立共和政体之后，参政院同时制定了《诉愿法》《行政诉讼法》，由此产生了中国正式的行政救济制度。人民对地方或中央行政官署损害人民权利的违法行政行为或损害人民利益的不当行政行为，可以向原行为的行政官署的直接上级行政官署提起诉愿，请求其作出决定。人民对于行政官署侵害其权利的违法处分，可以向平政院提起行政诉讼，请求其作出裁决。1930 年、1932 年，立法院分别重新制定了《诉愿法》《行政诉讼法》。民国时期的行政救济制度主要就是以这两部法律为基础展开的。对于新中国的行政救济历史，将在后述各章中分别介绍。

(三) 行政救济的功能

行政救济法是行政法的重要组成部分，与行政活动法互为表里，行政活动法是对行政权行使的规范，行政救济法是对行政活动对私人造成不利的救济制度，两者共同服务于通过法律来规范和控制行政权的行使，行政救济机关根据行政活动法对行政权进行审查，为私人的合法权益提供救济。

行政救济制度具有重要的功能。首先，权利保护功能。权利受到行政的侵害，就需要通过行政救济的渠道予以保护，消除损害结果，填补权利损失。有权的国家机关通过解决行政争议，给私人的合法权益提供保护。其次，监督行政功能。与私人自治不同，依法行政是行政的基本活动方式，在行政机关偏离法律的要求时，行政救济制度可以予以纠正。最后，维持法秩序和维护公益功能。行政法不仅保护私人的权利，还维护公共利益、公共秩序。行政救济制度不仅可以通过监督行政机关依法行使职权，确保行政法规范在行政领域得到落实，维持法秩序，实现公共利益；还可以通过行政公益诉讼制度、行政复议的情势决定、行政诉讼的情势判决等专门制度去维护公共秩序，实现公共利益。

三、行政救济的宪法基础

行政救济是权利救济，涉及不同国家机关之间的关系，我国宪法对于行政救济也有一定的规定。现行《宪法》第 5 条从总体上要求国家行政机关遵守宪法和法律，不得有违反宪法和法律的行为。在出现行政争议需要行政救济时，宪法大致可以从以下两个方面为行政救济提供基础。

（一）公民的权利基础

《宪法》确认了诸多公民的基本权利，第 41 条为这些基本权利提供了保障。第 41 条的规定集监督权与救济权于一体，大致可以分为三个方面。

第一，公民对于任何国家机关和国家工作人员的违法失职行为，有提出批评和建议的权利（第 1 款第一句）。这是对公民批评建议权的规定，它不仅可以针对国家机关，也可以针对国家工作人员，而且不区分事项具体与否、合法与否，十分广泛。它属于监督权的范畴，不具有救济的性质。

第二，对于任何国家机关和国家工作人员的违法失职行为，有向有关国家机关提出申诉、控告或者检举的权利，但是不得捏造或者歪曲事实进行诬告陷害（第 1 款第二句）。对于公民的申诉、控告或者检举，有关国家机关必须查清事实，负责处理。任何人不得压制和打击报复（第 2 款）。这是对于申诉、控告或者检举的权利的规定。它针对的是国家机关和国家工作人员的违法失职行为，处理的主体是有关国家机关，具体的方式有申诉、控告、检举。一般认为，申诉和控告是针对自己的合法权益受到侵害的情形，而检举则往往是与自身合法权益无关的事项。故而，至少申诉控告权是公民寻求行政救济的重要基础。

第三，由于国家机关和国家工作人员侵犯公民权利而受到损失的人，有依照法律规定取得赔偿的权利（第 3 款）。这是对于取得国家赔偿权的规定。显然，取得国家赔偿权属于救济性质。这里，侵权主体不仅包括国家机关，也包括国家工作人员。国家机关不仅包括行政机关、司法机关，还包括其他国家机关。国家工作人员不仅是在国家机关工作的人员，还包括其他国家工作人员。其范围大于目前《国家赔偿法》规定的主体范围。该条对侵权行为也没有区分是合法还是违法，只是强调了公民权利受到损失的结果。另外，《宪法》还规定“依照法律规定”取得赔偿。对此，除了有 1994 年制定的《国家赔偿法》，还有一些专门领域的赔偿规定。这里存在两个问题。一是《国家赔偿法》的规定是否符合《宪法》的规定。如前所述，《宪法》上的“赔偿”是不论原因行为的合法性，但《国家赔偿法》针对的主要是违法行为；《宪法》上的侵权主体范围也广于《国家赔偿法》规定的主体范围。当然，一种可能的理解是，《国家赔偿法》只是部分落实了《宪法》的规定。二是如果没有法律的规定，又该如何处理赔偿的问题。这里存在两种可能性：其一，存在侵权行为，而法律没有规定赔偿，该法律违反《宪法》。其二，法律没有规定赔偿，但《宪法》要求赔偿，即按照《宪法》的规定，比照《国家赔偿法》等法律进行赔偿。从合理性和可行性角度而言，第二种做法更为妥当。

（二）救济主体的宪法基础

行政救济的主体较为多样，《宪法》上对于这些国家机关的定位及相互关系也有所规定，这也为救济主体提供了基础。

第一，立法机关对行政机关的监督。按照《宪法》的规定，各级政府都要对本级人大及其常委会负责并报告工作（第 92 条、第 110 条第 1 款）。全国人大常委会有权撤销国务院制定的同宪法、法律相抵触的行政法规、决定和命令（第 67 条第 7 项），地方各级人大常委会有权撤销本级政府的不适当的决定和命令（第 104 条）。常委会认为必要的时候，可以组织关于特定问题的调查委员会，并且根据调查委员会的报告作出相应的决议（第 71 条）。从人大常委会的权限来看，它有可能为私人的不利影响提供救济，但一般不提供个案救济，而只是对行政机关进行监督，间接地对个案产生影响。

第二，上级行政机关对下级行政机关的监督。按照《宪法》的规定，国务院作为最高国家行政机关，有权改变或者撤销各部、各委员会的不适当的命令、指示，有权改变或者撤销地方各级国家行政机关的不适当的决定和命令（第 89 条第 13 项、第 14 项）；县级以上的地方各级人民政府有权改变或者撤销所属各工作部门和下级人民政府的不适当的决定（第 108 条）。在发生行政争议时，上级行政机关可以通过层级监督、行政复议等方式介入下级行政机关的行为，为私人的不利影响提供救济。

第三，司法机关对行政机关的监督。按照宪法的规定，法院是国家的审判机关（第 128 条），依照法律规定独立行使审判权，不受行政机关的干涉（第 131 条）。法院可以对行政机关是否依照法律规定行使职权加以审查，审查行政机关是否侵犯了私人的合法权益。一般，法院所作的法律判断优位于行政机关的判断。

四、行政救济的基本原则

行政救济作为行政法治的重要制度，须遵守一定的原则和行为准则。这些原则在行政救济的制度设计和制度实施中均具有指导意义。

（一）权利保护原则

从私人角度而言，行政救济的目的在于权利保护，恢复受法保护的权利和利益。具体而言，权利保护又有以下几点要求。

1. 权利救济的必备性

法谚有云，“有权利必有救济”，没有救济的权利就是没有保障的权利，也不成为权利。私人有权利用行政救济的渠道，保护自己的权利。在历史上，曾经认为，“有救济才有权利”，没有救济，那权利是否遭到侵害均不成为问题，权利也就不成为权利。与此相对，在理论上存在一种权利既有观念，亦即权利的存在与否并不依存于诉讼，权利先于其救济机制而存在，救济机制服务于权利。国家的存在本就是一种手段，国家的一切权力属于人民。宪法和法律确认并赋予了权利，就应当确保这些权利能够实现。

当然，这也并不是完全否定权利救济机制的价值，权利的司法生成在部分情况下也是可能的。有时，某种利益是否应当予以保护，并不能明确地得出判断。如果法院在若干案件中都给出了肯定的判断，这种利益就可能获得司法的一般保护，进而在将来获得立法的确认。

2. 权利救济的完整性

在存在权利侵害时，不仅必须配备权利救济机制，还应提供完整的权利救济。这就是无漏洞的权利保护理念。对于所有权利侵害都应当提供救济，换言之，所有行政争议都可以接受审查。在行政诉讼中，无漏洞的权利保护理念往往要求行政诉讼的受案范围应当以概括主义的方式来规定，符合一定标准的行政争议均应纳入行政诉讼。事前的权利决定着事后的救济方式，而不是事后的救济方式决定事前有无权利及权利的大小。权利救济的漏洞，就意味着权利自身的不完整。

3. 权利救济的实效性

在存在权利侵害时，不仅要有权利救济机制，还要确保权利人能获得及时、有效、充分的救济，确保权利救济的实效性。所谓“迟到的正义非正义”，就是强调行政救济的及时性，不及时救济甚至长期不予救济，本身就是一种伤害。及时、迅速地审理案件也是权利保护实效性的要求之一。如果不能有效地救济、不能充分地救济，不能恢复到权利原本的状态，也是让权利的状态不完整，让损害部分地存续。这些都是不符合权利救济要求的。

（二）权力制约协调原则

从国家角度而言，行政救济涉及多种国家机关之间的关系、多种国家制度之间的关系，需要在整体上作出协调安排，才能真正保障权利保护的实现。

1. 权力制约

行政救济涉及立法机关、行政机关、司法机关的相互关系，涉及行政机关的上下级关系等。宪法设置种种国家机关，就是要使各种国家机关各司其职，“分工负责，互相配合，互相制约”是国家机关办理具体案件时应当遵循的基本原则。

2. 功能适当

国家在设置和调整国家机关的职能时，一般会按照国家机关的组织、结构、人员、程序等情况来配置相应的功能。①

通常，法律问题应当秉持司法最终原则，政策问题可以有灵活处理的余地。法院是法律问题的专家，而且一般实行合议制，在原、被告双方对峙的程序中展开审查，容易查清事实，准确适用法律，最终能解决行政争议。对于经过如此正规的程序、如此中立的裁判者作出的判断，法律也会赋予其终局的效力。但是，并不是所有问题都适合由法院作出终局的裁判。诸如内部的行政争议，特别是像公务员与行政机关之间的争议，法院有时连事实都无法查清。内部行政争议往往涉及某一团体内部秩序的维持或者某种特殊价值的维护，故而，能容许有区别于一般法治的做法去解决此类行政争议。

（三）正当程序原则

除了私人的权利保护、争议解决者的适当定位，行政救济还应遵循正当程序原则。任何人在行政救济中均应有权主动参与救济程序，得到公平的对待，尤其是私人一方，不应被贬低为单纯的程序客体。当然，程序正当并不意味着程序越严格就越正当。重要的是，程序应当适合于其所保障的实体目的，程序的严格程度与其保护的实体权益的重要程度应当相当。而且，程序也不应过于烦琐，否则会

---

① 参见张翔：《我国国家权力配置原则的功能主义解释》，《中外法学》2018 年第 2 期，第 298 页。

妨碍私人利用行政救济的权利。具体而言，正当程序原则大体包括如下要求。

1. 中立立场

兼听则明，偏信则暗。听取意见者不可有明显的倾向性，而应秉持中立立场，允许行政争议的当事人提出主张申辩，而不应以非中立的立场妨碍当事人的参与。在行政争议解决者就是作出系争行为的行政机关时，也应在该行政机关内部有所区分，由不同于作出系争行为的具体部门的其他部门开展行政救济，亦即实行内部的职能分离。

2. 平等参与

行政争议的当事人应当平等地参与争议解决程序，应当在程序中得到平等对待。在解决争议程序中，当事人应当可以知悉对方的主张和证据，可以自由地展开自己的攻击和防御，实现武器对等。

3. 听取意见

当事人双方在行政救济程序中应当都有机会陈述自己的意见，行政救济机关应当听取意见。在正式的行政救济制度中，所有的证据都应当经过当事人双方的质证，未经质证的证据不能作为定案根据。如果定案根据未经质证，就意味着之前的程序是没有意义的，行政救济机关的地位也是可以被质疑的。

第二节　行政救济的基本体系

行政救济法是由多种行政救济手段构成的体系，我国的行政救济法虽然总体上尚不发达、还不够体系，但是其类型多样，手段繁多，需要置于体系之内认识和探讨，使行政救济法臻于完善，使权利救济更具系统性和有效性。

一、行政救济的类型

国家制度中的行政救济机制多种多样，可以按照一定标准对其进行类型化区分，以便形成相对整体的认识。

（一）诉讼救济与非讼救济

行政救济有政治救济与法律救济之分。政治救济是通过政治渠道进行救济，其救济的效果取决于政治力量的大小，国外的议会监督专员制度（parliamentary ombudsman）就是一种政治救济，我国的信访制度大致也属于政治救济。而法律救济则是按照法定的渠道解决行政争议，为权利提供救济，其救济的效果也是由法确定的。本书研究的行政救济主要是以法律救济为对象。

在法律救济中，按照救济是否采用诉讼方式，可以分为诉讼救济与非讼救济。诉讼救济是指法院以诉讼程序所实施的行政救济，而非讼救济则是指以诉讼程序之外的其他程序所实施的行政救济。诉讼救济最为正式，中立性更强，程序也更为复杂，故而，既容易得到信任，也容易存在救济成本过高的问题。而非讼救济通常是由行政机关处理行政争议，包括行政复议、行政仲裁、行政裁决等，其程序相对简单，机制相对灵活，往往也有专业性保障，但在中立性方面存在不足。诉讼救济与非讼救济各有千秋，具有互补性。有学者认为，考虑到现代行政管理的专业性和效率性要求，尊重行政机关行使职权的优势，与司法救济相比，行政内救济应当优先。① 这种观点具有一定的道理，也有某些制度的支撑，但不可将行政内救济优先置于原则的地位。例如，行政复议并没有优先于行政诉讼的地位，在复议前置的案件之外，当事人可以自由选择行政复议和行政诉讼的路径，而且，大多数行政复议决定都可以接受司法的审查。

（二）事后救济与事前救济

根据救济与行政侵权行为的先后关系，可以将行政救济分为事后救济与事前救济。事后救济是指在行政机关作出某种行为侵犯私人的合法权益之后，私人不服，所寻求的行政救济。事前救济是指行政机关尚未作出某种行为之前，私人为防止损害的发生所寻求的行政救济。

通常而言，无损害即无救济。没有实际损害或发生损害的危险，就没有需要保护的利益，就无法启动法律的救济。在没有损害的时候就请求救济，也会影响行政的正常过程，影响行政效率，甚至会让救济机关成为行政机关的上级机关，代替行政机关作出判断，进而变成政策性机关。故而，无损害即无救济成为一项重要的原则。

但有原则就有例外。如果有可能产生难以恢复的、不可逆的、重大的损害，从权利救济的实效性角度而言，也应当允许事前救济，亦即预防性救济。

（三）通常救济与临时救济

根据救济是否为临时的措施，可以将行政救济分为通常救济和临时救济。之所以允许临时救济，是基于救济的实效性考虑。如果等通常救济的程序走完，得到最终的救济结论，可能已延误时机。例如，对于房屋拆除的决定，一般可以通过提起行政复议、行政诉讼等请求予以撤销。但因为复议、诉讼不停止执行原

① 参见林莉红：《中国行政救济理论与实务》，武汉大学出版社 2000 年版，第 19－22 页。

则，等行政复议、行政诉讼程序结束时，房屋已经被拆除，这时提起行政救济的目的就无法实现了。在现实的制度中，停止执行、先予执行、临时命令（财产保全、临时课予义务、临时禁止）等都属于临时救济。临时救济往往会对行政秩序构成一定冲击，故而，需要根据临时救济措施的种类，设定其启动要件，规范其实施程序。

（四）第一次性救济与第二次性救济

根据行政救济针对的对象不同，可以分为针对行政活动本身的行政救济与金钱性行政救济。针对行政活动本身的行政救济主要是预防和消除侵害行为，例如撤销之诉、给付之诉等；在无法针对行政活动本身施行行政救济时，只能是通过金钱的方式填补当事人所受到的损失或损害，例如国家赔偿诉讼。

针对行政活动本身的行政救济又被称作第一次性救济手段，金钱性行政救济又被称作第二次性救济手段。第一次性救济手段是根本的解决方法，是法治国家的必备装置。虽然说一般情况下第一次性救济手段优先于第二次性救济手段，但这不等于说未经采取第一次性救济手段，就不能寻求第二次性救济手段。

二、正式的行政救济制度

在行政救济制度中，行政复议、行政诉讼、行政赔偿、行政补偿构成了主体部分，一般被认为属于正式救济。它们属于法律救济，且确定会产生具有法律效果的救济决定，原则上实行司法最终原则。有时，行政复议和行政诉讼又被合称为行政争讼①，以纠正行政活动的行为自身为目的；行政赔偿和行政补偿又被合称为行政责任，以追究行政机关法律责任、填补私人所受损害为目的。此外的其他行政救济方式属于非正式救济。

（一）行政复议

所谓行政复议，是指由行政机关的上一级行政机关或者行政机关自身按照法定程序就行政争议案件进行裁决的活动。在新中国成立初期，存在复查、复核、复议等名称各异的制度。1990 年，国务院制定了《行政复议条例》，将类似的活动统一称作行政复议，并对行政复议工作进行规范。1999 年，全国人大常委会

---

① “行政争讼”一词不甚常用。早在 1980 年代出版的一本著作指出，“行政争讼是指行政管理相对人，以行政机关的行政行为违法并致使其合法权益受到损害为由，请求有管辖权的国家行政机关和司法机关撤销或变更该行政行为，受理请求的机关依照法定程序予以裁判的活动”。周卫平、江必新、张锋：《行政争讼制度概论》，宁夏人民出版社 1988 年版，第 36 页。

总结行政复议的实践经验，制定了《行政复议法》。2007 年，国务院制定了《行政复议法实施条例》。2023 年，全国人大常委会修订了《行政复议法》，对行政复议制度作出了较大的调整。

（二）行政诉讼

所谓行政诉讼，是指法院按照法定程序就行政争议案件进行裁判的活动。新中国成立初期，囿于观念原因，我国并无行政诉讼的制度设计。直至改革开放之后，利益分化日益明显，首先从外资企业的合法权益保障开始允许行政诉讼，之后又有了《民事诉讼法（试行）》的程序可供遵循，行政诉讼的案件有所增多。1989 年，全国人大制定了《行政诉讼法》，2014 年作出较大幅度的修订，2017 年作出局部的修正。

（三）行政赔偿

所谓行政赔偿，是指因行政行为违法私人的合法权益受到损害的，国家依法承担赔偿的责任。行政赔偿是国家赔偿的一种。在新中国成立初期，我国不存在国家赔偿制度，只有政策性补偿。1989 年，《行政诉讼法》专设第九章“侵权赔偿责任”，对行政赔偿诉讼程序及赔偿费用的承担作出规定。1994 年，全国人大常委会制定了《国家赔偿法》，并于 2010 年、2012 年两次修正。

（四）行政补偿

所谓行政补偿，是指行政行为合法但导致私人的合法权益受到损失的，国家依法承担补偿的责任。行政补偿是国家补偿的一种。现行宪法关于补偿的规定，主要是土地征收、征用的补偿（《宪法》第 10 条第 3 款）和私有财产征收、征用的补偿（《宪法》第 13 条第 3 款）。目前我国无论是对国家补偿还是对行政补偿，都缺乏统一的一般法，主要由土地管理法、城市房地产管理法、防洪法、环境保护法等个别法予以规定。

三、非正式的行政救济制度

在正式行政救济制度之外，我国还存在一些非正式的行政救济制度，为解决不同类型的行政争议提供了更多的可能。

（一）信访

所谓信访，是指公民、法人或者其他组织以来信、来访等方式反映情况、表达诉求的活动。自新中国成立开始，信访一直存在，也是政府的一项重要工作，成为政府与人民群众之间联系的重要渠道之一。在行政救济法上，信访也能解决一定问题，为私人提供一定救济。

在信访的定位和规范化方面，存在一定的转变过程。1995 年，国务院制定了《信访条例》；2005 年，国务院根据新形势的要求制定了新的《信访条例》，废止了原《信访条例》。该条例是国务院的行政法规，只规范行政机关系统的信访工作，社会团体、企业事业单位的信访工作参照该条例执行。

2022 年 1 月 24 日中共中央政治局会议审议批准，2022 年 2 月 25 日中共中央、国务院发布《信访工作条例》，并废止了《信访条例》。《信访工作条例》属于党内法规，它仍将信访工作定位于党和政府同人民群众的密切联系的渠道，是“党的群众工作的重要组成部分”，但同时“是党和政府了解民情、集中民智、维护民利、凝聚民心的一项重要工作，是各级机关、单位及其领导干部、工作人员接受群众监督、改进工作作风的重要途径”。该条例的适用范围更广，适用于各级党的机关、人大机关、行政机关、政协机关、监察机关、审判机关、检察机关以及群团组织、国有企事业单位等开展信访工作（第 2 条）。信访工作应当坚持党的全面领导、坚持以人民为中心、坚持落实信访工作责任、坚持依法按政策解决问题、坚持源头治理化解矛盾（第 5 条）。

根据《信访工作条例》的规定，坚持和加强党对信访工作的全面领导，构建党委统一领导、政府组织落实、信访工作联席会议协调、信访部门推动、各方齐抓共管的信访工作格局（第 7 条）。具体的工作体制构成如下：（1）信访部门。各级党委和政府信访部门是开展信访工作的专门机构，在国家层面就是国家信访局（2023 年改为国务院直属机构）。（2）信访机构和信访人员。信访部门之外的其他机关、单位应当根据信访工作形势任务，明确负责信访工作的机构或者人员，参照各级党委和政府信访部门职责，明确相应的职责。（3）信访工作联席会议。负责本地区信访工作的统筹协调、整体推进、督促落实，协调处理发生在本地区的重要信访问题，指导下级信访工作联席会议工作。

在信访工作的管辖原则上，1995 年《信访条例》第 4 条规定的是“分级负责、归口办理，谁主管、谁负责”，2005 年《信访条例》第 4 条规定的是“属地管理、分级负责，谁主管、谁负责”。其中重要的变化是由归口办理转为属地管理，其差别在于，信访机构在收到信访之后是转送信访还是直接办理信访，新的管辖原则是设想真正回应诉求、解决问题。2005 年《信访条例》确定的管辖原则也为《信访工作条例》所继承。

信访的基本程序大致可以分为四步。第一，提出信访。信访人可以采用信息网络、书信、电话、传真、走访等形式，向各级机关、单位反映情况，提出建议、意见或者投诉请求。原则上以书面形式提出信访，也可以采用口头形式。采用走访形式提出信访事项的，应当到有权处理的本级或者上一级机关、单位设立或者指定的接待场所提出。多人采用走访形式提出共同的信访事项的，应当推选代表，代表人数不得超过 5 人。第二，受理信访。信访机构和信访部门收到信访后，应当及时登记，并根据是否属于本部门法定职责区分情况分别处理。信访事项已经受理或者正在办理的，信访人在规定期限内向受理、办理机关、单位的上级机关、单位又提出同一信访事项的，上级机关、单位不予受理。第三，办理信访。信访可以区分为建议意见类事项、检举控告类事项和申诉求决类事项三类，有关部门依职责范围分别处理。对于并不涉法涉诉的申诉求决类信访，一般自受理之日起 60 日内办结；情况复杂的，经本机关、单位负责人批准，可以适当延长办理期限，但延长期限不得超过 30 日，并告知信访人延期理由。第四，复查、复核。信访人对信访处理意见不服的，可以自收到书面答复之日起 30 日内请求原办理机关、单位的上一级机关、单位复查。收到复查请求的机关、单位应当自收到复查请求之日起 30 日内提出复查意见，并予以书面答复。信访人对复查意见不服的，可以自收到书面答复之日起 30 日内向复查机关、单位的上一级机关、单位请求复核。收到复核请求的机关、单位应当自收到复核请求之日起 30 日内提出复核意见。

信访与法治之间存在一定的紧张关系①，故而，需要处理好信访与其他救济渠道之间的关系。为了区分不同的制度功能，信访事项不得涉及法律问题、诉讼问题、纪检问题。信访人采用走访形式提出涉及诉讼权利救济的信访事项，应当按照法律法规规定的程序向有关政法部门提出。对于涉法涉诉信访，收到信访的单位应当转送同级政法部门依法处理，或引导其向有关政法部门反映问题。对于属于纪检监察机关受理的检举控告类信访事项，应当按照管理权限转送有关纪检监察机关依规依纪依法处理。

（二）申诉

所谓申诉，是指受到行政处理的当事人不服其处理决定，向原处理单位或有关部门请求重新处理的活动。申诉的主体一般是处于特别法律关系的私人，例如学生、教师、公务员等。目前，对于特别法律关系的主体，并没有采取诉讼救济

① 一方面，信访救济在追求实体正义时可能罔顾法治的程序正义；它摆脱了法律的规范，却又不能克服诉讼的拖延之弊；它把救济的希望寄托在诸多偶然因素尤其是首长的指示上，强化了长官意志，甚至可能造成干预司法的恶果。另一方面，信访救济对于偏于程序正义、疏于实体正义的法律救济来说是一种代替性纠纷解决方式的互补手段，对于畏惧诉讼之程序繁复、成本高昂的行政相对人来说是一种可以“接近正义”的便利通道，对于困于司法不公和司法腐败的社会是一个必要的安全阀和一种矫正机制。参见应星：《作为特殊行政救济的信访救济》，《法学研究》2004 年第 3 期，第 70 页。

的方式保障其合法权益。

申诉的事项主要是行政处分，也包括一些行政内部的处理等。[①] 申诉有内部申诉和外部申诉两种。(1) 内部申诉就是向原处理单位申诉。这时，为了保证申诉处理的公平性，原处理单位往往组成申诉处理委员会来负责申诉事务。例如，《公务员法》第 95 条第 3 款规定，“受理公务员申诉的机关应当组成公务员申诉公正委员会，负责受理和审理公务员的申诉案件”。《普通高等学校学生管理规定》(2017 年) 第 59 条第 2 款规定，“学生申诉处理委员会应当由学校相关负责人、职能部门负责人、教师代表、学生代表、负责法律事务的相关机构负责人等组成，有条件的学校，可以聘请校外法律、教育等方面专家参加”。(2) 外部申诉是向原处理单位之外的行政机关申诉。根据《教师法》第 39 条的规定，教师对学校或者其他教育机构侵犯其合法权益的，或者对学校或者其他教育机构作出的处理不服的，可以向教育行政部门提出申诉。教师认为当地人民政府有关行政部门侵犯其根据本法规定享有的权利的，可以向同级人民政府或者上一级人民政府有关部门提出申诉。

申诉的基本程序大致包括提出申诉⇒受理⇒处理，有的还可以再申诉，甚至可以申请行政复议。例如，《公务员法》第 95 条第 2 款规定，对省级以下机关作出的申诉处理决定不服的，可以向作出处理决定的上一级机关提出再申诉。《教师法》第 39 条第 1 款规定，“教育行政部门应当在接到申诉的三十日内，作出处理”。教师对处理决定不服的，可以依法提起行政复议。有时，在内部申诉之后还可以继续申请外部申诉。[②]

(三) 行政仲裁

所谓行政仲裁，是指由行政机关作为仲裁机关，对一定行政争议进行裁决的活动。在目前阶段，可以行政仲裁的行政争议只有人事争议。《公务员法》第 105 条对聘任制公务员与所在行政机关之间的聘任合同争议规定可以仲裁；2007 年中共中央组织部、人事部、总政治部制定，2011 年修改的《人事争议处理规定》，对人事争议的行政仲裁作出了具体规定。

---

① 《公务员法》第 95 条第 1 款规定的可申诉事项包括：处分，辞退或者取消录用，降职，定期考核定为不称职，免职，申请辞职、提前退休未予批准，不按照规定确定或者扣减工资、福利、保险待遇，法律、法规规定可以申诉的其他情形。

② 例如，《普通高等学校学生管理规定》第 61 条规定，学生申诉处理委员会对学生提出的申诉进行复查，并在接到书面申诉之日起 15 日内作出复查结论并告知申诉人。情况复杂不能在规定限期内作出结论的，经学校负责人批准，可延长 15 日。该规定还允许就复查决定再行申诉，其第 62 条规定，学生对复查决定有异议的，在接到学校复查决定书之日起 15 日内，可以向学校所在地省级教育行政部门提出书面申诉。省级教育行政部门应当在接到学生书面申诉之日起 30 个工作日内，对申诉人的问题给予处理并作出决定。

人事争议的行政仲裁由专门的行政组织来负责，在县级以上地方设人事争议仲裁委员会。该委员会由公务员主管部门代表、聘任（用）单位代表、工会组织代表、受聘人员代表以及人事、法律专家组成。人事争议仲裁委员会组成人员人数应当是单数，设主任1名、副主任2至4名、委员若干名。同级人民政府分管人事工作的负责人或者政府人事行政部门的主要负责人任人事争议仲裁委员会主任。

按照《公务员法》第105条第1款规定，“聘任制公务员与所在机关之间因履行聘任合同发生争议的”，可以申请仲裁。《人事争议处理规定》第2条进一步扩大其适用事项：(1) 参照《公务员法》管理的机关（单位）与聘任工作人员之间因履行聘任合同发生的争议。(2) 事业单位与工作人员之间因解除人事关系、履行聘用合同发生的争议。(3) 社团组织与工作人员之间因解除人事关系、履行聘用合同发生的争议。(4) 军队聘用单位与文职人员之间因履行聘用合同发生的争议。(5) 依照法律、法规规定可以仲裁的其他人事争议。

人事争议的行政仲裁程序大致如下：(1) 申请。《公务员法》第105条第1款规定，可以自争议发生之日起60日内申请仲裁；《人事争议处理规定》第16条规定，当事人从知道或应当知道其权利受到侵害之日起60日内，以书面形式向有管辖权的人事争议仲裁委员会申请仲裁。当事人因不可抗力或者有其他正当理由超过申请仲裁时效，经人事争议仲裁委员会调查确认的，人事争议仲裁委员会应当受理。(2) 受理。人事争议仲裁委员会在收到仲裁申请书之日起10个工作日内，认为不符合受理条件的，应当书面通知申请人不予受理，并说明理由；认为符合受理条件的，应当受理，将受理通知书送达申请人，将仲裁申请书副本送达被申请人。被申请人应当在收到仲裁申请书副本之日起10个工作日内提交答辩书。被申请人没有按时提交或者不提交答辩书的，不影响仲裁的进行。(3) 审理。仲裁应当公开开庭进行，涉及国家、军队秘密和个人隐私的除外。涉及商业秘密，当事人申请不公开开庭的，可以不公开开庭。当事人协议不开庭的，仲裁庭可以书面仲裁。仲裁庭处理人事争议应注重调解。当事人应当对自己的主张提供证据。当事人的举证材料应在仲裁庭上出示，并进行质证。只有经过质证认定的事实和证据，才能作为仲裁裁决的依据。仲裁庭处理人事争议案件，一般应当在受理案件之日起90日内结案。需要延期的，经人事争议仲裁委员会批准，可以适当延期，但是延长的期限不得超过30日。(4) 仲裁裁决。仲裁裁决应当按照多数仲裁员的意见作出，少数仲裁员的不同意见应当记入笔录。仲裁庭对重大、疑难以及仲裁庭不能形成多数处理意见案件的处理，应当提交人事争议仲裁委员会讨论决定；人事争议仲裁委员会作出的决定，仲裁庭必须执行。当事人对仲裁裁决不服的，可以按照《公务员法》《中国人民解放军文职人员条例》以及最高人民法院相关司法解释的规定，自收到裁决书之日起15日内向人民法院提起诉讼；逾期不起诉的，裁决书即发生法律效力。

（四）与相近制度的区分

在我国，存在一些与非正式行政救济制度相近的概念和制度。

一是行政机关解决民事争议。在传统行政法上，基于警察公共性原则，一般要求行政不介入民事，这也被称作民事法律关系不干涉原则。[①] 随着利益的分化、专业化程度的提高，民事争议完全依靠法院通过诉讼方式解决，不再现实。而且，行政机关在专业技术能力和知识上有一定优势，适当发挥可以促进民事争议的及时有效解决。目前，行政机关解决民事争议大致有行政裁决、行政调解、行政仲裁几种方式，它们与上述非正式行政救济制度无论在名称上还是在程序上都存在近似性，但在解决的争议性质上存在差异。

（1）行政裁决。所谓行政裁决，是指行政机关根据当事人申请，根据法律法规授权，居中对与行政管理活动密切相关的民事争议进行裁处的行为。目前，可以申请行政裁决的事项包括自然资源权属民事纠纷、知识产权侵权纠纷和补偿争议、政府采购活动争议。当事人不服行政机关对民事争议作出的行政裁决的，在法定期限内，既可以以民事争议的对方当事人为被告提起民事诉讼，也可以对行政裁决行为提起行政诉讼，并申请法院一并解决相关民事争议。2019 年，中共中央办公厅、国务院办公厅发布《关于健全行政裁决制度加强行政裁决工作的意见》，进一步推动行政裁决发挥出效率高、成本低、专业性强、程序简便的专长，同时推动行政裁决与行政调解、行政复议、行政诉讼等机制之间的衔接和协调。

（2）行政调解。所谓行政调解，是指行政机关居中对与行政管理活动密切相关的民事争议进行协调、斡旋处理的行为。目前，可以进行行政调解的事项包括治安调解（《治安管理处罚法》第 9 条）、事故损害赔偿调解（《道路交通安全法》第 74 条）、离婚调解（《民法典》第 1079 条）。

（3）行政仲裁。目前可以申请行政仲裁的民事争议包括用人单位与劳动者之间的劳动争议（《劳动法》第 77 条）、个人与用人单位之间的社会保险争议（《社会保险法》第 83 条第 3 款）、农村土地承包人的承包经营纠纷（《农村土地承包法》第 55 条第 2 款）。其中，劳动争议和前述人事争议的差别在于主体身份的不同，劳动争议是国家机关、事业单位之外的组织与其劳动者之间有关劳动合同关系的争议。

二是行政 ADR，亦即行政机关主持的非讼纷争解决机制。ADR 是 Alternative Dispute Resolution 的缩写，意为替代性纷争解决，所替代的是诉讼程序。

---

① 相关法理及其变化，参见陈鹏：《警察行政介入民事领域的正当性及类型化调控》，《法学研究》2022 年第 4 期，第 20 页以下。

ADR 有司法型、行政型和民间型三种类型。行政 ADR 包含行政机关解决民事争议、行政机关解决行政争议两个方面的内容，后者包括行政复议、信访、申诉、行政仲裁等制度。

四、行政救济制度的体系化

行政救济制度是为救济私人合法权益而设计的，但私人合法权益的损害、行政争议是不受行政救济制度限制发生的。从现有的制度来看，存在可以申请行政复议却无法提起行政诉讼的情形，存在一些无法提起行政诉讼的事项，存在行政复议和行政诉讼的协调问题，存在非正式行政救济制度和正式行政救济制度之间的叠用问题，存在行政诉讼无法终局的问题。行政救济制度种类很多，各有长短，为了有效地发挥各自的功能，同时避免行政救济系统内部的紊乱，需要在制度上进行协调，促进行政救济制度的体系化。

（一）实定法上的关系

在现行的行政救济法上，法律法规针对各种行政救济制度的相互关系有所规定，但并不全面。

在正式的行政救济制度之间，主要是行政复议与行政诉讼的关系，因为两者都可能产生法律效力，故而必须做好协调。

第一是衔接关系。《行政复议法》第 10 条规定，公民、法人或者其他组织对行政复议决定不服的，可以依照《行政诉讼法》的规定向人民法院提起行政诉讼，但是法律规定行政复议决定为最终裁决的除外。

第二是排斥关系。这里存在两种要求：一是禁止平行救济。按照《行政复议法》第 29 条的规定，私人申请行政复议，行政复议机关已经依法受理的，在法定行政复议期限内不得向人民法院提起行政诉讼；或者私人“向人民法院提起行政诉讼，人民法院已经依法受理的，不得申请行政复议”。二是复议前置。《行政复议法》第 23 条第 1 款规定了“应当先向行政复议机关申请行政复议”的五种情形。根据《行政诉讼法》第 44 条第 2 款的规定，法律、法规规定应当先向行政复议机关申请行政复议、对行政复议决定不服再向人民法院提起行政诉讼的，在法定行政复议期限内不得向人民法院提起行政诉讼。

第三是终局关系。例如，《行政复议法》第 26 条规定的国务院对行政复议决定的裁决，是终局决定，排斥其他行政救济。另外，《行政诉讼法》第 94 条规定，“当事人必须履行人民法院发生法律效力的判决、裁定、调解书”。判决一旦确定，亦不得再就此申请行政复议。

在正式行政救济制度与非正式行政救济制度之间，一般存在排斥的关系。一是对非正式行政救济的决定，通常不能申请行政复议和行政诉讼，偶尔有行政复议的可能。二是对于属于行政复议、行政诉讼的涉法涉诉事项，通常不能申请非正式行政救济。例如，《信访工作条例》第 22 条第 2 款规定，信访部门收到涉法涉诉信件，应当转送同级政法部门依法处理；对走访反映涉诉问题的信访人，应当释法明理，引导其向有关政法部门反映问题。在一个对信访意见书申请行政复议的案件中，最高人民法院认为，信访制度是与行政复议和行政诉讼制度相互独立、相互分离的权利救济制度。对于能够通过诉讼、仲裁、行政复议等法定途径解决的事项，信访途径是排斥的；基于同样理由，对于信访工作机构处理信访事项的行为、不履行《信访条例》规定的职责的行为，或者行政机关依据《信访条例》作出的处理意见、复查意见、复核意见和不再受理决定，行政复议和诉讼途径亦是排斥的。《信访条例》对不服信访答复意见提供了复查、复核等充足的救济途径，信访人穷尽救济途径或者自愿放弃救济，信访事项即告终结。①

（二）体系化调整

综合考察实定法上的上述规定，可以发现以下一些特征。

（1）综合性利害调整。私人合法权益的性质存在差异，有的个人性很强，有的集体性很强，有的公共性很强，有的产生于一般的行政法律关系，有的产生于特别的行政法律关系；各种合法权益要保护性的程度也有不同，有的是个人的权利，有的是法律保护的利益，有的只是现实享受的好处；各种合法权益调整的方式也有不同，有的是由法律调整，有的是由技术标准调整，有的只是由公共政策、指南来调整。私人的权利保护具有多样性、多层次性，需要不同的利害调整方式，需要综合性调整。

（2）行政与司法的功能分担。行政机关与司法机关各有专长，应当扬长避短。第一，应当有效发挥行政的专业技术专长，发挥行政在效率上的优势，避免行政的全面司法化。第二，应当保障司法的定分止争功能，不得挑战司法的应有权威。第三，应当合理分流案件，避免法院负担过重。第四，应当考虑法院在规范和现实上的地位，不可寄予法院过高期望。

（3）功能差异化的组合。行政机关处理行政争议，不可避免地不被充分信任。而且，各种诉求差别很大，未必都需要由最严格的程序加以保障。中立性、公正性越强，越能终局；灵活性越大，制度性越差。司法机关是逐案解决问题，其判决效力一般也仅限于当事人之间，固然其还可以提出司法建议等，但功能有

① 参见杨中国诉枣阳市人民政府行政复议决定及行政赔偿案，最高人民法院（2017）最高法行申 364 号行政裁定书，2017 年 3 月 23 日。

限。而行政机关解决行政争议，虽然也是个案的处理，但是，其有可能从中发现制度设计上存在的问题，可以快速地将其转化为政策建议，调整制度的设计和实施方式。故而，各种行政救济方式各有所长，各有所短，唯有差异组合，才能相得益彰。

深度阅读

1. 林莉红．中国行政救济理论与实务．武汉：武汉大学出版社，2000：第一编．

2. 黄启辉．行政救济构造研究——以司法权与行政权之关系为路径．武汉：武汉大学出版社，2012：第一章．

问题与思考

1. 行政争议有哪些解决途径？

2. 行政救济应当遵守哪些基本原则？存在哪些类型？存在哪些基本制度？

3. 行政救济的制度之间是何种关系？

4. 阅读曾庆凡、曾智、曾萍诉武汉市人民政府行政复议案［最高人民法院(2017) 最高法行申1488号行政裁定书］，思考信访与行政复议、行政诉讼之间的关系，同时注意分析法院的论证思路。

> 曾庆凡等三人2015年5月28日向武汉市国土资源和规划局提交《查处违法城中村改造申请书》，申请依法对武汉市武昌区柴林头违法拆迁的事实进行查处。自2013年4月起，其房屋就多次受到打砸、断水、断电、断路，其人身遭遇谩骂滋扰。2014年7月27日凌晨，在未出具法律文书、无任何正当程序的情况下，不明身份人员使用两台挖掘机强行拆除了其房屋。强拆至今已10个月，违法行为尚未查明和惩处，原告也未获得任何补偿安置。但是，武汉市国土资源和规划局对于违法强拆并无查处权限，于是将此申请作为信访事项处理。曾庆凡等不服，向武汉市人民政府提起行政复议。武汉市人民政府认为，如此处理并无不当。曾庆凡等遂提起行政诉讼。
>
> 最高人民法院认为，本案争议的焦点主要是两个方面。
>
> 第一，再审申请人所提查处申请是否属于信访事项。《信访条例》(2005年——引者注) 第21条第1款第1项规定，对已经或者依法应当通过诉讼、仲裁、行政复议等法定途径解决的，不予受理，但应当告知信访人依照有关法律、行政法规规定的程序向有关机关提出。可见，在我国，信访制度相对于行政复议和行政诉讼制度而言，是一种具有补充性的纠纷解决途径。这种补充性体现为，只有在行政复议和行政诉讼等法定途径不予或不应受理的情

况下，当事人的相关诉请被纳入信访事项才是适当的。

在申请行政机关履行职责类的复议或诉讼中，申请人或原告的诉权必须以相应的请求权规范为基础，而不能如同在请求撤销行政行为类的复议和诉讼中一样，仅仅因为其是行政行为的相对人，就当然地享有复议申请权或诉权。再审申请人申请武汉市国土资源和规划局履行查处违反强拆房屋职责的请求，明显缺乏相应的请求权基础，其与武汉市国土资源和规划局的行为不具有法律上的利害关系，进而不具有提出相关复议和诉讼的主体资格。在此情况下，复议机关将该请求认定为信访事项，并无不当。

第二，再审申请人对于复议机关的相关处理结果不服，可否向人民法院提起行政诉讼。本院认为，由于信访事项的范围与行政复议和行政诉讼的范围彼此独立，没有交叉，且相关部门依据《信访条例》对信访事项作出的登记、受理、交办、转送、承办、协调处理、监督检查、指导等行为，对信访人不具有强制力，对信访人的实体权利义务不产生实质影响，因此，对于信访人不服信访工作机构依据《信访条例》处理信访事项的行为或者不履行《信访条例》规定职责的行为提起的行政诉讼和复议，人民法院和复议机关不应予以受理。

第二章 行政复议

▶ 重点知识

行政复议　行政复议的基本原则　行政复议程序　行政复议前置主义　行政复议调解　行政复议附带审查　行政复议普通程序　行政复议证据　行政复议决定

▶ 知识逻辑图

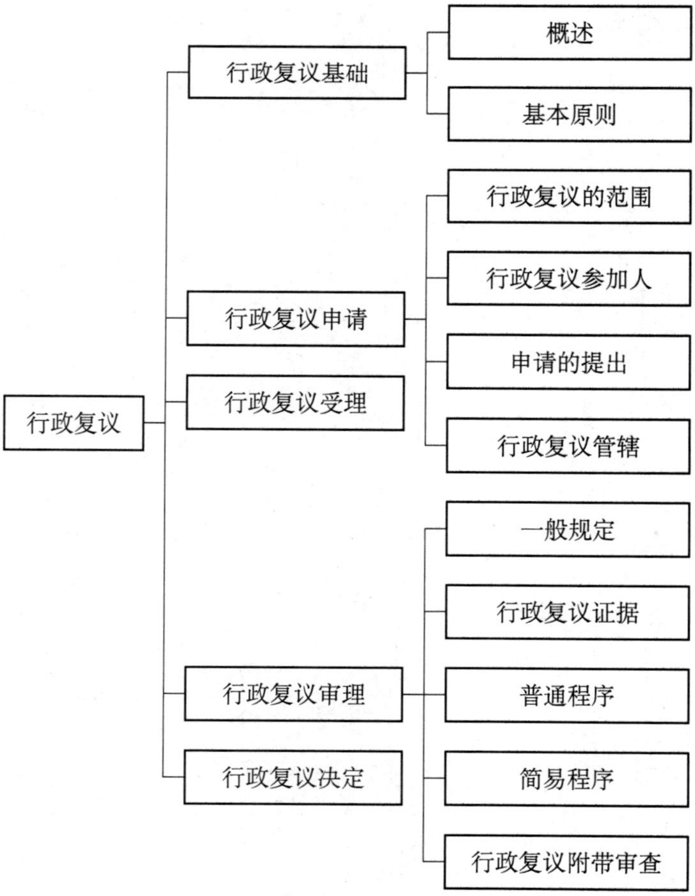

第一节　行政复议概述

作为行政救济法核心制度之一的行政复议，因各国或地区政治、历史、文化背景不同而名称各异，特别是与行政诉讼制度的关系迥然不同，由此也引发了关于性质定位、功能作用等方面的争议。德国个别州甚至有过废除行政复议的实践。[①] 但是，鉴于行政争议的数量、规模以及复杂性等，行政复议制度因其相异于行政诉讼的制度特点而备受关注，在机构设置、实质救济等方面亦不断变革。

一、行政复议的概念和历史发展

（一）行政复议的概念与特征

行政复议是指行政复议机关依照法定程序，依申请人申请，对与被申请人引起争议的行政行为的合法性、适当性进行审查，并作出决定的活动。[②] 行政复议是中国现行行政法律体系中与行政诉讼制度并列的行政系统内部的法定救济途径，与人民法院行使审判权时坚持不告不理原则相同，只有行政活动的利害关系人，即行政复议申请人依法申请，方可启动行政复议程序，行政复议不得依职权主动启动。行政复议制度与行政诉讼制度的差异在于其系行政体系内部设立的专门解决行政争议的救济制度，故而行政复议管辖制度尤为重要；同时，行政复议力求全面、彻底解决行政争议，行政复议机关对行政争议的处理并对被申请行政复议的行政行为的审查，兼顾合法性与适当性，优于行政审判中法院的审查强度，故而多国或地区均在一定程度上鼓励优先使用行政复议。

相对于信访等行政系统其他内部救济，行政复议程序法治化程度高，复议机构及其工作人员专业性强，且对其决定不服的，一般都可再提起行政诉讼。相对而言，当事人对信访处理行为不服的，一般不能再提起行政诉讼。[③] 行政复议在坚持公正的前提下，便捷是其制度设计的价值所在，可发挥与其行政过程关联程度密切的特性，利用熟稔专业的优势进而实质性化解行政争议。行政复议不收

---

① 参见刘建宏：《诉愿法之理论与实务》，元照出版有限公司 2017 年版，第 10－14 页。

② 参见皮纯协主编：《行政复议法论》，中国法制出版社 1999 年版，第 83 页。

③ 参见吴基远等 16 人诉广东省英德市人民政府等房屋拆迁补偿行为案，最高人民法院（2019）最高法行申 3808 号行政裁定书，2019 年 5 月 29 日。

取费用[①]，使得行政相对人获得救济的成本相对低廉，且申请期限较短。2020 年 2 月中共中央全面依法治国委员会审议通过《行政复议体制改革方案》，要求发挥行政复议公正高效、便民为民的制度优势和化解行政争议的“主渠道”作用。[②] 行政复议是由行政复议机关居间解决行政争议的法律制度，但仅限于行政主体行使管理职权过程中与行政相对人之间形成的行政争议，行政相对人相互之间产生的、与行政机关的行政管理事项相关的一些民事争议并不属于行政复议的范围。

（二）行政复议制度的历史发展

“行政复议”或“复议”一词作为法律规范上的用语，一般认为肇始于 1950 年 12 月 15 日政务院第 63 次政务会议通过、12 月 19 日政务院公布并于同日施行的《税务复议委员会组织通则》。该组织通则不仅创设了“复议”的法律概念，而且对行政复议的宗旨、解决争议的性质、行政复议的体制、行政复议机构的组成、运作要求等作出了既简要又明晰的规定，一些制度理念至今仍值得借鉴。此后，这一制度甚为流行，据统计，自新中国行政复议制度产生至 1989 年 4 月《行政诉讼法》颁布之前，有一百多部法律及法规规定了该制度。[③] 新中国成立初期创立的行政复议制度，本意是要在行政系统内部建立一套专门解决行政争议的救济制度，以行政的专业性、行政复议机构较强的独立性等推进对行政领域中争议的解决。从创设目的来看，它既不同于行政执法，也相异于依托行政隶属关系进行的层级监督[④]，加之当时尚未建立行政诉讼制度[⑤]，故而，行政复议制度意义重大。尽管《税务复议委员会组织通则》为新中国行政复议制度的建立奠定

① 参见《行政复议法》第 87 条的规定。行政复议不收费并不意味着没有成本，根据《行政复议法》第 7 条的规定，其所需经费列入县级以上各级人民政府本级预算。

② “主渠道”的提法最早由胡锦涛 2011 年 3 月在中央政治局第 27 次集体学习时提出，其强调要充分发挥行政复议作为解决行政争议主渠道的作用。之后，学界与实务界对之加以阐发，且多认为以受案数量作为衡量标准。如参见方军：《论中国行政复议制度的观念更新和制度重构》，《环球法律评论》2004 年第 1 期，第 39 - 46 页。而亦有学者对整体数量和个案质量展开了论述，参见王万华：《“化解行政争议的主渠道”定位与行政复议制度完善》，《法商研究》2021 年第 5 期，第 19 - 32 页。对于发挥行政复议“化解行政争议主渠道”作用的发展梳理，可参见黄学贤：《“化解行政纠纷主渠道”定位下的行政复议与行政诉讼之新型关系》，《上海政法学院学报》2022 年第 1 期，第 2 - 3 页。

③ “判定一项法律或法规是否规定行政复议，不能看是否规定了‘复议’这个词，而是要看它规定的其他名称的行为是否具备行政复议的特征。”国务院法制局编：《行政复议条例释义》，中国法制出版社 1991 年版，第 2 页。

④ 关于如何区分是行政复议申请，还是要求行政机关内部层级监督，参见刘得礼诉甘肃省公安厅、甘肃省东风场区公安局履行法定职责及行政赔偿再审案，最高人民法院（2019）最高法行申 14012 号行政裁定书，2019 年 12 月 30 日。

⑤ 当时没有行政诉讼制度，有学者分析认为层级监督在一定程度上代替了行政诉讼的功能，如《税务复议委员会组织通则》第 6 条规定，对行政复议决议不服，还可向上级税务机关提出申请，这意味着行政相对人还可以寻求层级监督作为最后救济手段。参见胡建淼：《行政法学》，法律出版社 2003 年第 2 版，第 516 页。

了良好的基础，但此后一段时间内，行政复议制度发展较为缓慢，甚至在程序、功能上日渐混同于行政执法和层级监督。改革开放后，行政复议得到有关行政管理立法的确认，不过，当时用语较为混乱，有的称为申诉、核查，有的称为复审、复查或复验。1990 年 12 月《行政复议条例》正式颁布，行政复议概念从学理上到规范上得以全面确立。就域外而言，与中国行政复议相对应的制度，在名称上也较为多样化，如诉愿、行政不服审查、行政上诉（administrative appeal）、行政复审（administrative review or internal review）、行政上诉裁判（administrative appeal tribunal）等术语。国务院在制定中国第一部统一的《行政复议条例》时，于其立法机构的起草说明中明确指出行政复议也称"诉愿"，从而阐明了新中国行政复议制度与民国时期以及具有大陆法系传统的其他国家的诉愿制度的对应关系。

虽然从产生时间上看，新中国的行政复议早于行政诉讼，但两者相伴而生、互相借鉴、彼此促进，共同构成了中国行政救济制度的重要内容。1990 年颁布的《行政复议条例》（1994 年修正）仅被作为 1989 年《行政诉讼法》的配套立法，因为《行政复议条例》受案范围的表述、格式基本仿制于《行政诉讼法》。《行政复议条例》颁布实施后，行政复议案件大量增加，据统计，从 1991 年年初至 1997 年年底，全国共发生行政复议案件 22 万件，平均每年发生 3 万件。[①] 其实施十年，发挥了积极的作用，也反映出不少问题，如申请不便、受理不多、违法不究等。为弥补《行政复议条例》的不足，国务院法制局于 1991 年曾起草过《关于实施〈行政复议条例〉若干问题的意见》，共 62 条，但直到 1994 年修订《行政复议条例》，该实施意见也未被采行，其中主要的原因在于此时制定法律的时机已经成熟。[②] 1999 年 4 月《行政复议法》通过，其在内容上与《行政诉讼法》之间保持了一种不相衔接的态势，在原则、受案范围、审查标准等都彰显着行政复议为一种独立的行政救济制度，甚至在许多方面作为行政诉讼制度改革的试点，如引入了对规范性文件附带审查制度等。该法实施以来，各级行政复议机关依法、公正、及时地办理行政争议案件，全国平均每年通过行政复议解决行政争议 8 万多起，纠正了一大批违法或者不当的行政行为，从而有效地化解行政争议。[③] 根据党的十六届六中全会提出的"完善行政复议制度"的要求，有必要总结行政复议实践经验，把行政复议制度具体化，进一步增强行政复议制度的可操作性。为此，国务院在反复征求意见的基础上，起草颁布了《行政复议法实施条

---

① 参见杨小君：《我国行政复议制度研究》，法律出版社 2002 年版，第 214 页。

② 参见应松年主编：《当代中国行政法》（第七卷），人民出版社 2018 年版，第 2985 页（张越执笔）。

③ 参见"国务院法制办负责人就《中华人民共和国行政复议法实施条例》答记者问"，载中华人民共和国中央人民政府网，https：//www.gov.cn/zwhd/2007－06/08/content_640541.htm。

例》，创新了一些制度，如规定行政复议可以通过和解、调解方式结案等。然而随着最高人民法院相关司法解释的制定以及2014年对《行政诉讼法》的修订，行政诉讼制度中同样确立了规范性文件附带审查的制度，增加了对“明显不当的”行政行为审查的内容，可以说在相当大程度上，行政复议与行政诉讼已经出现了基本趋同的现象。[①]

党的十八大以来，党中央高度重视行政复议工作，作出一系列重大决策部署。党的十八届三中全会提出，改革行政复议体制，健全行政复议案件审理机制，纠正违法或不当行政行为。除前述改革方案外，《法治中国建设规划（2020—2025年）》和《法治政府建设实施纲要（2021—2025年）》等文件均对推进行政复议体制改革、整合行政复议职责等提出明确要求。正是在这样的背景下，2023年9月1日修订后的《行政复议法》获得通过，进一步明确行政复议原则、职责和保障，完善行政复议范围有关规定，增加行政复议申请便民举措，强化行政复议吸纳和化解行政争议的能力，完善了行政复议受理及审理程序，加强行政复议对行政执法的监督等内容。目前，中国行政复议法律规范以2023年修订的《行政复议法》为基础，其于1999年制定，其间经过2009年、2017年两次修正。2007年制定和实施的《行政复议法实施条例》，目前仍然有效。此外，各地方、各部门结合各地、各部门实践制定的相关的行政复议实施办法，与前述法律、行政法规共同构成了中国行政复议法制的基本规范。

二、行政复议的性质定位和功能作用

（一）性质定位

行政复议的发展使得行政争议解决机制从单纯依赖司法机制的一元结构向行政复议与行政诉讼二元结构转变，丰富和拓展了行政法理论与实践的发展空间。然而，行政复议如何定位、功能如何，是长期论争的话题。许多学者们认为行政复议的性质是行政复议的根本问题，关系到设置行政复议制度、程序的内容、方向与模式。[②] 也就是说，对行政复议有什么样的性质定位，行政复议就有什么样的功能作用，进而体现在行政复议程序、决定方式、法律效力的设计当中，也决定着行政复议与行政诉讼之间的相互关系。如1998年行政复议立法过程中，在性质定位与功能作用上就存在诸多的争论，涉及的主要问题包括：如何为行政复

---

① 参见耿宝建：《行政复议法修改展望》，法律出版社2016年版，第1页。

② 参见杨小君：《我国行政复议制度研究》，法律出版社2002年版，第1页。

议定性，如何规定行政复议程序，行政复议机构要不要独立于行政复议机关，等等。[①] 经过反复研究，针对行政复议实际存在的问题，最终确定了三个指导性的原则：一是要体现行政复议作为行政机关内部监督的特点，不宜、也不必搬用司法机关办案的程序，使行政复议“司法化”[②]。二是坚持便民原则。三是强化对行政复议活动的监督，充分发挥行政复议制度快捷、便民，又不需要公众支付行政复议费用的优点，使行政争议尽可能在行政机关内部得到解决。其中非司法化的要求特别值得关注，也成为目前探讨中国行政复议制度的一个重要议题。所谓非司法化[③]就是避免使行政复议“司法化”，体现行政复议作为行政机关内部监督的特点，不宜、也不必搬用司法机关办案的程序。作为行政权力的一种，行政复议应当充分体现行政权的特点，如简便、效率、专业化，如此才能真正发挥其在整个国家权力结构中的优势。至于此种行政权力可能的弊端，尤其是官官相护的现象，可以通过行政诉讼来解决。“司法化”可能导致行政复议失去其作为行政权所固有的优势，如简便、廉价与专业化等，而与司法权趋同。这一思路在立法中得到了坚持贯彻，但也带来了新的困惑，如行政复议机构的独立性是否需要得到强调，行政复议过程中如何体现程序公正等。对此，在多次的行政复议制度改革过程中，多数人均是依据行政复议维持率高推论行政复议制度不完善，依据信访数量激增推论行政复议制度效果不佳，再由行政复议制度不完善推导出行政复议制度的定位不足，进而提出新的建构。[④]

综合中国理论界关于行政复议性质的学说观点，可以大致归纳为四种[⑤]：一是行政说。该说认为行政复议系行政行为，行使的是行政权，其是以行政隶属关系为基础建立的内部层级监督关系，且因已经建立了行政诉讼制度，所以行政复议制度在机构设置、决定体制、程序规则和法律效力方面可套用一般的行政执法程序，没有必要另行设计。二是司法说。该说认为行政复议是司法权的组成部

---

① 参见曹康泰：《中华人民共和国行政复议法释义》，中国法制出版社1999年版，第2页。

② 时任国务院法制办主任杨景宇在《关于〈中华人民共和国行政复议法（草案）〉的说明》中称，行政复议是行政机关内部自我纠正错误的一种监督制度，完善行政复议制度对于加强行政机关内部监督具有重要意义。起草行政复议法体现了行政复议作为行政机关内部监督的特点，不宜、也不必搬用司法机关办案的程序，使行政复议“司法化”。参见杨景宇：《关于〈中华人民共和国行政复议法（草案）〉的说明——1998年10月27日在第九届全国人民代表大会常务委员会第五次会议上》，《全国人民代表大会常务委员会公报》1999年第3号，第235-236页。

③ 也被称为行政化、行政性、反司法化等，参见游伟：《行政复议的行政性研究》，《行政法论丛》第21卷，法律出版社2017年版，第99-100页；王万华：《行政复议程序反司法化定位的思考及其制度重构》，《法学论坛》2011年第4期，第113-120页。

④ 有学者认为对于诉诸前端的理论杯葛并非明智之举，并指出目前仅于“兼具行政和司法性”层面达成共识，后续改革仍然是各自言说。同时他特别指出近年来行政复议改革存在“虚假的理论性”，进而认为采实用主义进路便可摆脱理论推演的无用性。参见闫映全：《突破理论推演的迷障：行政复议改革的实用主义进路》，《比较法研究》2022年第1期，第177-186页。

⑤ 参见郜风涛主编：《行政复议法教程》，中国法制出版社2011年版，第58-66页（方军执笔）。

分，在程序上具有司法的特点。相关学者也以此说为基础建议中国行政复议制度实现司法化改革，包括要保障行政复议组织的相对独立性、强化行政复议程序的公开和公正性、明确行政复议结果类似司法裁决的效力。[①] 三是行政司法说（准司法说）。该说认为行政复议在本质上属于司法性的权力，但又由行政机关行使，应吸收与行政复议专业特性和便捷优势并行不悖的司法因素。这一学说目前为中国行政法学者所广泛接受。四是综合说。该说认为对行政复议的性质应当从多层面来理解，如有学者指出："行政复议在性质上既是一种狭义的行政救济制度，也是一种行政法制监督制度和解决行政争议的行政解纷制度"[②]。其是从不同视角对行政复议性质作出分析：对于被行政侵权的行政相对人而言，行政复议为行政救济；对于作出违法行政行为的行政机关而言，行政复议是上级行政机关对下级行政机关的行政法制监督；对于行政相对人与行政机关所发生的行政争议而言，行政复议是通过行政途径实施的一种解纷机制。

（二）功能作用

行政复议的功能作用也一直是学界争议不休的话题，既有研究大多基于"立法目的"条款来阐释行政复议的功能。基于性质定位，以及学理上的讨论，学者们认为中国行政复议制度确立了多元、复合的立法目的，因而行政复议的功能也是多样的，应当是解决纠纷、内部监督与权利救济的有机融合。[③] 行政复议的功能作用主要体现为以下几个方面：一是行政救济。中国自建立统一的行政复议制度起，就一直将行政救济作为功能作用之一，具体体现在行政复议要防止和纠正违法的或者不当的行政行为，保护公民、法人和其他组织的合法权益。二是行政监督。行政内部的监督多以层级监督为主要形式，目的在于监督和保障行政机关依法行使职权。但行政复议不同于一般的行政层级监督，主要是基于法律规定、依照申请人的请求而发动的事后程序，不过，法律规定行政复议机关可以针对在办案中发现的问题，以行政复议意见书的方式展开监督，从而在根本上推动行政体制的完善。三是化解争议。化解争议主要立足前两种功能，并以维系社会秩序和增进和谐稳定、推进法治政府建设为主要取向。为此行政复议既要坚持自身的优势，也要吸纳司法的特征，实质性化解争议。四是减轻讼累。现代行政背景下，行政争议无论是数量还是规模均较为庞大，行政诉讼压力骤增，而通过行政复议的机制可以减少流向行政诉讼渠道的行政案件，可以在先行审查中对涉及的

---

① 参见周汉华：《中国行政复议制度的司法化改革方向》，载周汉华主编：《行政复议司法化：理论、实践与改革》，北京大学出版社 2005 年版，第 10－16 页。

② 姜明安：《行政法》，北京大学出版社 2017 年版，第 576－577 页。

③ 参见湛中乐：《论我国〈行政复议法〉修改的若干问题》，《行政法学研究》2013 年第 1 期，第 31 页。

专业问题加以判断、对案件要点进行梳理，从而减轻司法机关的工作量。

不过，学界对于多元功能中的哪一项功能具有首要性也存在分歧，强调某个功能的首要性对于实现性质定位、突出某种功能具有重要的意义。学界目前存在监督行政优位说、权利救济优位说与纷纷解决优位说三种观点。[①] 但过于突出或者强调某种功能会导致行政复议沦为行政诉讼的复制品，或者失去某些程序正义的考量因素，故而毋宁说关注几种功能的融合以及“在行政系统内寻求和实现裁决机构的相对超脱和中立，以行政程序的效率为底色，适度地汲取司法程序的公正”才是行政复议功能作用的合理表述。[②]

三、行政复议机关和行政复议机构

行政复议机关和行政复议机构是承担行政复议工作的组织，行政复议机关涉及行政复议的管辖问题，而行政复议机构则为承担行政复议具体工作的组织。作为组织法上的重要安排，行政复议机关和行政复议机构关乎行政复议工作的顺利开展，同时，对于行政复议中的行政复议委员会以及一些地方组建的行政复议局也需要予以关注。

（一）行政复议机关

行政复议机关，是指依照法律的规定，有权受理行政复议申请，依法对被申请的行政行为进行合法性、适当性审查并作出行政复议决定的行政机关。根据《行政复议法》第 4 条第 1 款的规定，县级以上各级人民政府以及其他依照本法履行行政复议职责的行政机关是行政复议机关。同时法律亦保留了实行垂直领导的行政机关，如税务和国家安全机关行政复议时的特殊情形。行政复议机关依法主导、支配行政复议的整个过程，依法进行行政复议，履行复议职责，依法以自己的名义作出行政复议决定。但是，具体的行政复议工作是由行政复议机关中的有关机构进行的。

根据 1999 年《行政复议法》的规定，行政复议机关的类型较为复杂，给公众的选择带来了极大的困扰。从近些年来各地方的行政复议制度改革实践来看，着力构建统一、科学的行政复议管辖取得了较好的成效。如有地方认为其行政复议评判标准渐趋于一致，在个案审理中更易发现共性问题，能够及时找准基层行政执法中的普遍不足与现实困境，进而更好发挥行政复议指导监督依法行政的关

---

① 参见梁君瑜：《行政复议的功能定位再辨——兼评〈行政复议法（修订）（征求意见稿）〉》，《苏州大学学报（法学版）》2021 年第 2 期，第 11 - 12 页。

② 参见余凌云：《论行政复议法的修改》，《清华法学》2013 年第 4 期，第 65 页。

键作用。然而，因偏离于政府部门，行政复议集中管辖也将对行政复议专业性带来一定的挑战。[①] 应当看到，在相对集中行政许可权、综合行政执法的改革过程中，因过于集中或专业不适业已出现了回流调整的现象。[②] 对此，有研究亦意识到地方政府可能存在缺乏相关行政管理领域专业知识的问题，建议应适当保留部分政府部门的行政复议职责。[③]

应当讲，“主渠道”作用的目标任务加速了相对集中行政复议管辖的改革进程，但是作为具体运作的制度，改革并不应止步于简单的权力集中与组织集成，还应当进一步关注组织机构、人员编制、财政保障的支持性条件，更应当关注组织内的专业性建设，从而适应行政多样性的需求。未来，为了克服相对集中管辖带来的与特定行政领域专业脱节的现象，不仅要对行政复议人员准入、培训进行规定，还要对集中管辖后的机构内部分领域受理行政复议的机制加以规定，从域外情况来看，进行大类分组可以克减集中带来的专业性不足的弊端。[④]

（二）行政复议机构

行政复议机构是行政复议机关设立的专门负责行政复议案件受理、审理和决定的工作机构。行政复议机构不能以自己的名义对外行使复议职权，也不能以自己的名义独立承担开展行政复议活动的法律后果。根据《行政复议法》第 4 条第 2 款的规定，行政复议机关办理行政复议事项的机构是行政复议机构。行政复议机构同时组织办理行政复议机关的行政应诉事项。本条第 3 款规定，行政复议机关应当加强行政复议工作，支持和保障行政复议机构依法履行职责。上级行政复议机构对下级行政复议机构的行政复议工作进行指导、监督。本条第 4 款规定，国务院行政复议机构可以发布行政复议指导性案例。

自 1999 年《行政复议法》制定并实施后，历经十余年发展，行政复议工作取得了较快的发展，这在当时行政复议的受案率以及公信力上都有反映。但在此后进入发展的瓶颈期，学者们对此进行了深入的分析。在对行政复议机构的讨论中，有学者认为其框架设计存在一定问题，导致行政复议决定的公信力受到质

---

① 参见贺奇兵：《论行政复议管辖集中后的部门专业性保障》，《行政法学研究》2022 年第 2 期，第 110 页。

② 参见《苏州市政府关于调整市行政审批局部分行政权力事项的通知》，苏府〔2021〕36 号，2021 年 4 月 1 日发布；《贵州省人民政府关于遵义市优化调整跨部门跨领域集中行政执法权范围的批复》，黔府函〔2022〕85 号，2022 年 6 月 20 日发布。

③ 参见马怀德：《行政复议体制改革与〈行政复议法〉修改》，《中国司法》2022 年第 2 期，第 63 页。

④ 参见高秦伟：《行政救济中的机构独立与专业判断——美国行政法官的经验与问题》，《法学论坛》2014 年第 2 期，第 158－159 页。

疑，如行政复议机构设置不统一、行政复议工作人员较少且案件分布量不均等。[①] 为了激活行政复议化解行政争议的重要功能，国务院法制办公室于 2008 年 9 月 16 日发布了《关于在部分省、直辖市开展行政复议委员会试点工作的通知》，标志着中国行政复议体制改革的开始，改革目的在于解决行政复议制度内在的不足，提升行政复议的公正、公平性。《国务院关于加强法治政府建设的意见》（国发〔2010〕33 号，已失效）再次提出了“探索开展相对集中行政复议审理工作，进行行政复议委员会试点”的要求。集中管辖改革意在改变原本“条块结合”“条条对应”“原机关管辖”等多样化分散的管辖模式[②]，以集中化、专门化的组织设计来解决行政复议的难题，因而试点中出现了多种多样的模式。[③] 一是哈尔滨模式。在组织机构方面，哈尔滨市的行政复议委员会是较为彻底的体制外的行政复议议决组织，作为市政府的一个专门机构，哈尔滨市行政复议委员会的委员实际聘任制，案件实行集中统一受理，所有的行政复议案件均由政府法制办公室统一组织案件听证，再统一提交由行政复议委员会审议后作出决定。二是北京模式。北京市的行政复议委员会被定位为咨询机构，行政复议委员会主要审理的是重大疑难的行政复议案件，并对行政复议工作中的一些重大问题进行研究，为行政复议工作提供理论支持。在组织构成上，北京市行政复议委员会在主任、副主任外设有常任委员与非常任委员，二者占比相当，前者来源于行政机关工作人员，后者则为聘任的专家学者。三是济宁模式。山东省济宁市的行政复议委员会下设案件审理委员会和监督委员会，其中监督委员会的主任、副主任由纪委副书记和监察局局长担任，将行政复议和行政监督问责关联在了一起。

就试点而言，行政复议委员会根据集中程度的差异可分为集中全部部门复议权、集中部分部门复议权、不集中部门复议权三种类型；按照效力差异可分为咨询型、议决型（又分全部集中与部分集中两种）两种模式，议决型模式下行政复议委员会（全部或部分）取代行政复议机构而在实际上行使行政复议权。[④] 为了解决专业性与社会化的需要，在试点中多数行政复议委员会引入了专家学者、律师、政府公职人员等共同进行行政复议工作。在试点的基础之上，2023 年《行政复议法》修订时选择了咨询型的行政复议委员会模式。根据《行政复议法》第 61 条第 3 款的规定，提请行政复议委员会提出咨询意见的行政复议案件，行政

---

① 参见石佑启、王成明：《论我国行政复议管辖体制的缺陷及其重构》，《环球法律评论》2004 年第 1 期，第 47－54 页。

② 在中国行政管理中，“条条管辖”是基于上级人民政府工作部门对下级人民政府工作部门的业务指导关系而形成的称谓，“块块管辖”则是基于人民政府对于所属部门的领导关系而形成的称谓。

③ 参见中国法学会行政法学研究会、中国政法大学法治政府研究院主编：《行政复议法实施二十周年研究报告》，中国法制出版社 2019 年版，第 25－27 页。

④ 参见曾祥华：《我国行政复议委员会制度改革的问题与方向》，《甘肃政法学院学报》2018 年第 2 期，第 6－7 页。

复议机关应当将咨询意见作为作出行政复议决定的重要参考依据。

我国的行政复议局最早出现于 2015 年，浙江省义乌市人民政府经过上级机关批复设立了全国首家行政复议局，实行行政复议案件“统一受理、统一审理、统一决定”，从而实现了行政复议权的相对集中行使。[①] 近年来，各省市为深入推进行政复议体制改革，提升复议便民为民水平，纷纷在司法厅（局）上加挂政府行政复议局的牌子，其职权与《行政复议法》所规定的行政复议机构的内容相同。

为了切实保障行政复议机关和行政复议机构发挥应有作用，法律对其专业化、人员构成、设备、信息化以及奖励等作出了详细的规定。根据《行政复议法》第 6 条的规定，国家建立专业化、职业化行政复议人员队伍。行政复议机构中初次从事行政复议工作的人员，应当通过国家统一法律职业资格考试取得法律职业资格，并参加统一职前培训。国务院行政复议机构应当会同有关部门制定行政复议人员工作规范，加强对行政复议人员的业务考核和管理。根据《行政复议法》第 7 条的规定，行政复议机关应当确保行政复议机构的人员配备与所承担的工作任务相适应，提高行政复议人员专业素质，根据工作需要保障办案场所、装备等设施。县级以上各级人民政府应当将行政复议工作经费列入本级预算。根据《行政复议法》第 8 条的规定，行政复议机关应当加强信息化建设，运用现代信息技术，方便公民、法人或者其他组织申请、参加行政复议，提高工作质量和效率。根据《行政复议法》第 9 条的规定，对在行政复议工作中做出显著成绩的单位和个人，按照国家有关规定给予表彰和奖励。

第二节　行政复议的基本原则

行政复议的基本原则，是指由法律规定的，反映行政复议的基本特点，贯穿于行政复议制度及行政复议活动始终并对行政复议制度具有普遍指导意义，体现并反映行政复议的客观规律和行政复议法律规范的精神实质的基本规则。中国行政复议制度的基本依据是《宪法》第 41 条关于公民有申诉、控告、检举权利，以及公民权利被侵犯而受到损失时有权取得赔偿的规定。这一规定集中体现在《行政复议法》确立的中国行政复议制度目的之中。《行政复议法》确立的行政复议制度的目的是防止和纠正违法的或者不当的行政行为，保护公民、法人和其他组织的合法权益，监督和保障行政机关依法行使职权，发挥行政复议化解行政争

---

① 参见方宜圣、陈枭窈：《行政复议体制改革“义乌模式”思考》，《行政法学研究》2016 年第 5 期，第 85－94 页。

议的主渠道作用，推进法治政府建设。其中保护公民、法人和其他组织的合法权益最为根本，因为行政机关依法行使职权的目的正在于此，而行政复议机关正确及时地审理行政案件，既是为了监督和保障行政机关依法行使职权，更是为了从监督的层面上落实宪法的规定。同时，《行政复议法》在总则中增加了“行政复议工作坚持中国共产党的领导”的规定，意在将党中央关于行政复议体制改革的各项要求全面、完整、准确地体现于法律规定之中。《行政复议法》第 3 条、第 5 条、第 10 条等相关条款对行政复议的基本原则作出了具体规定，了解行政复议的基本原则可以准确把握行政复议制度的精神内核。

一、合法原则

行政复议的合法原则是指行政复议机关行使复议权必须合法。对于行政复议机关而言，首先，行政复议机关必须依据《行政复议法》的规定审理行政复议案件。《行政复议法》是中国行政复议制度的基本法律，其中有关复议机关的设置、职权、管辖等实体方面的规定以及关于行政复议程序方面的规定，是行政复议机关在行政复议活动中必须首先依据的规范内容。《行政复议法》第 80 条规定，行政复议机关不依照本法规定履行行政复议职责，对负有责任的领导人员和直接责任人员依法给予警告、记过、记大过的处分；经有权监督的机关督促仍不改正或者造成严重后果的，依法给予降级、撤职、开除的处分。[①] 第 81 条则规定，行政复议机关工作人员在行政复议活动中，徇私舞弊或者有其他渎职、失职行为的，依法给予警告、记过、记大过的处分；情节严重的，依法给予降级、撤职、开除的处分；构成犯罪的，依法追究刑事责任。其次，行政复议机关应当遵守《行政复议法》以外的法律、法规、规章中有关行政复议的权限、程序方面的规定。

有学者将《行政复议法》第 3 条中“坚持有错必纠，保障法律、法规的正确实施”亦分为两个原则，即有错必究原则与保障法律、法规正确实施原则。[②] 前者是通过行政复议对下级或所属的行政机关的行政执法活动实施全面、有效的监督，使行政复议成为中国行政系统中最有力、最有效的监督手段。后者是要求行政复议机关在行政复议中，严格按照法律、法规实施活动，对引起争议的行政行为的合法性进行审查。客观地讲，这两种原则难以成立，可以将其理解为原则所拟实现的目标，前者可以结合后述的全面审查原则来理解，后者则可结合合法原

① 目前中国对公职人员的惩戒分为监察机关作出的政务处分与任免机关、单位作出的处分，需要处理好两者之间的衔接。

② 参见牛凯、梁枫：《论行政复议的基本原则》，《中国青年政治学院学报》2001 年第 3 期，第 94－96 页。

则来理解。

二、公正公开原则

公正原则是指行政复议机关在行使行政复议权时应当公正地对待行政复议双方的当事人，不能有偏袒，应在合法原则基础上尽可能做到合理、充分、无偏私。公正原则是行政法中普遍适用的原则，在行政复议领域中对行政复议机关提出公正的要求，符合中国行政管理活动向良好行政发展的时代要求。[①] 长期以来，行政复议的公正性受到诸多质疑，许多人认为“官官相护”，行政复议难有效果。为此必须重视公正原则的适用。在行政复议的实践中，要通过行政复议机关的公正审理，真正体现行政复议机关对下级行政机关行政执法活动的监督权、控制权，努力纠正行政管理活动中的各种违法或不当行为，真正树立行政复议机关的公正形象。公正原则的实现有赖于多方面因素的结合，组织法上的考虑固然重要，但更依赖于对专业的尊重。故而，《行政复议法》第 6 条第 1 款特别强调国家建立专业化、职业化行政复议人员队伍。

公开原则是指行政复议活动应当公开进行，行政复议案件的受理、调查、审理、决定等一切活动，均应该尽可能地向当事人、公众及社会舆论公开，使社会各界了解行政复议活动的具体情况，避免因暗箱操作而可能滋生的腐败现象。公开是行政管理活动的大势所趋，通过公开将行政复议活动依据的标准、程序、审理过程、决定结果等公之于众，使广大公众了解行政复议，可以有效地防止行政复议活动的不公正现象发生。正因为如此，《行政复议法》在总则中确立行政复议的公开原则的同时，还在分则部分对该原则的落实做了具体的规定。如根据《行政复议法》第 47 条的规定，行政复议期间，申请人、第三人及其委托代理人可以按照规定查阅、复制被申请人提出的书面答复、作出行政行为的证据、依据和其他有关材料，除涉及国家秘密、商业秘密、个人隐私或者可能危及国家安全、公共安全、社会稳定的情形外，行政复议机构应当同意。据此，行政复议中的主要案卷都应当对当事人公开，行政复议机关不得无故隐瞒。《行政复议法》第 79 条第 1 款还规定，行政复议机关根据被申请行政复议的行政行为的公开情况，按照国家有关规定将行政复议决定书向社会公开。这一规定体现了行政复议公开与行政行为公开应当衔接的要求。

---

① 参见王子昀：《走向透明化的良好行政管理》，《山西大学学报（哲学社会科学版）》2012 年第 6 期，第 111－115 页。

三、高效便民原则

高效原则是指行政复议活动应当按照行政管理的科学要求进行设计，在保证行政活动合法、公正的基础上促进行政复议效率的提高。《行政复议法》（2017年）第4条使用了“及时”一词，而现行《行政复议法》第3条使用了“高效”一词，“及时”仅指行政复议活动要在法律规定的时限内尽可能早地推进，“高效”则强调快捷以及有效，要以尽可能少的投入创造尽可能多的社会效能。与行政诉讼相比较而言，行政复议活动中高效原则的地位尤为重要。因为行政复议系行政体系内部救济渠道，所以在解决行政争议之时，必须符合行政的一般规律，其中就包含效率和有效性的要求。同时，行政复议作为行政诉讼之前的一道纠错屏障，不可能要求行政相对人在行政管理活动结束后再投入过多的时间和精力等待一个并非终局的结果，而必须在尽可能短的时间内给行政相对人一个答复，以减少当事人在行政诉讼之前的负担。这一原则也可以理解为现行《行政复议法》将行政复议定位为行政争议的“主渠道”作用的一个支撑点，即既要多快好省地解决行政争议，又要体现有效性、将大多数行政争议化解于行政体系内部。

便民原则是指行政复议活动应当尽可能从申请人便利的角度着眼，尽可能减少申请人通过行政复议解决与己利害相关的行政争议从而维护自己的合法权益的总体成本。该原则包括两个方面：一是便民方面，如规定了书面审理的方式，尽可能少让申请人奔波，行政复议申请可以书面提出，也可以口头提出，由申请人自行选择；二是为民方面，意在将保护公民、法人和其他组织的合法权益作为立法的出发点和落脚点，在案件受理、审理等各个阶段丰富便民为民举措，方便公众及时通过行政复议渠道解决行政争议，真正实现行政复议便捷高效的目标。严格地讲，便民（为民）原则并非一项法律原则，但行政复议将其作为基本原则还有更深一层的含义，那就是坚持以“为人民服务”为最高宗旨，尽可能解决公众的实际问题，使提起行政复议的行政争议在实体上得到大家都满意的解决，避免公民议完再诉、一诉再诉；意在通过行政复议的努力，使行政复议成为一项可资信赖的、独立公正的救济制度，大大降低行政复议后的起诉率，从而在实质上解决行政争议，如此方可使行政复议对广大公众具有吸引力。这正是行政复议中便民原则最根本、最有效的体现。

四、全面审查原则

全面审查原则是指根据《行政复议法》第1条规定，行政复议机关既要审查行政行为合法性的问题，也要审查行政行为适当性或合理性的问题；既要审查行政行为方面的问题，也要审查作为行政行为依据的规范性文件方面的问题。全面审查原则是行政复议制度的必然，因其在制度设计上与行政组织法有关行政管理体制相关联，行政复议机关与被申请人之间多为上下级关系，行政复议机关根据行政组织法既有的法定权力可以一并在行政复议活动中行使，这也是行政复议制度与行政诉讼制度相区别的重要内容。有学者指出："这也是由行政复议程序是行政机关系统内部的一种上级对下级的层级监督机制所决定的。因此，应当充分发挥行政复议在这一方面的功能，对行政主体的具体行政行为的合理性实施有效的监督，在更深层面上对行政管理活动实施监督"[①]。全面审查原则要求行政复议机关对被申请行政复议的行政行为的合法性、适当性、认定事实、适用法律进行充分审查。同时，《行政复议法》第 13 条、第 56 条规定，行政复议机关可以依申请人的申请对作为被申请行政复议的规章以下的规范性文件进行审查或转送有权处理的行政机关依法处理。第 57 条规定，行政复议机关在对被申请人作出的行政行为进行审查时，认为其依据不合法，本机关有权处理的，应依法处理；无权处理的，应转送有权处理的国家机关依法处理。第 58 条至第 60 条则进一步明确相应的处理后的规则。据此，行政复议机关在任何案件中都可以而且应当考虑作为被审查行政行为的依据的规范性文件之合法性与适当性问题，而无论申请人是否提出过一并审查的申请，以及该规范性文件是否属于规章以下的规范性文件。全面审查原则在行政复议案件中的重要意义在于：其是行政复议机关实施行政复议实体审理活动的准则，也是实质性解决行政争议的重要指导方针，明确了行政复议审查的范围、强度和要求。行政复议机关只有严格遵循这一原则，才能满足行政复议申请人提出的各项要求，实现行政复议的目的和功能。

五、一级复议原则

一级复议原则是指行政争议经过行政复议机关一次审理并作出复议决定之后，申请人即使不服，也不得再向更上一级的行政机关申请复议，而只能向法院提起行政诉讼。这一原则来源于《行政复议法》第 10 条的规定，同时该条规定了但书，即"法律规定行政复议决定为最终裁决的除外"。最高人民法院曾判决指出，根据《行政诉讼法》和《行政复议法》对行政复议程序的相关规定，我国在行政复议制度中实施的是一次复议原则，即行政行为经过一次复议后，公民、法人或者其他组织如对行政复议决定不服，一般只能依法提起行政诉讼，但不能

① 沈福俊、邹荣主编：《行政法与行政诉讼法学》，北京大学出版社 2013 年第 2 版，第 364 页。

对行政复议决定再行申请行政复议。对于明显不符合一级复议制度，甚至反复提出复议申请的，行政复议机关可以口头释明，不必再作书面决定。[①] 也有学者认为该条可称为诉讼终局或者司法最终原则，这种提法应当讲有一定的道理，其指行政复议机关的复议决定不是最终发生法律效力的决定，复议当事人对该决定不服的，可以在法定期限内向人民法院提起行政诉讼；同时也可使行政复议制度与行政诉讼制度充分衔接，因为行政诉讼的审查标准在绝大多数案件中不可避免地成为行政复议机关审查被申请行政复议的行政行为的标准。但此种提法又会掩盖行政复议的基本内容、基本特点，所以，使用一级复议原则的提法更为贴切。行政复议之所以实行一级复议，原因在于：一是保证效率，使当事人尽快解决行政争议，作为行政系统内部运作的制度，强调效率或者高效实属必然。"如果将行政复议制度设计为可以多次、多级复议，如行政相对人不服行政复议决定，可以再次申请行政复议，或者向更高层级的行政复议机关申请行政复议，反而会迟延行政争议的解决。"[②] 二是贯彻司法最终原则，这一原则是现代法治的核心命题之一，任何法律争议均应当最终由法院裁决。当然，如果行政相对人接受行政复议决定，行政复议决定便可以成为行政争议的最终决定。如果行政相对人不服行政复议决定，自然可申请由人民法院作出最终判断。行政复议仅仅是给行政机关一次自我纠正错误的机会，而非赋予其最终解决行政争议的手段。最高人民法院相关判决也指出，行政复议从本质上是行政行为，尽管它能够纠正下级行政机关的错误决定和行为，但不代表其内容绝对正确，因此，只要法律没有规定复议机关作出的行政复议决定是最终裁决，公民、法人或者其他组织对行政复议决定（不管是作为还是不作为）不服的，就可以向人民法院提起行政诉讼。但是对法律规定为最终裁决的复议决定，不属于人民法院行政诉讼的受案范围，公民、法人或者其他组织则不能再向人民法院提起行政诉讼。此既体现了人民法院依照法律规定对行政机关的行政行为实施全面最终监督，也体现了法律特别授权行政机关全权处理某类行政管理活动而排除司法监督的一种例外安排。[③] 三是一级复议原则与法律制度中存在的其他原则一样，也有例外的规定作为必要的组成部分，如《行政复议法》第 26 条所规定的国务院裁决的行政复议终局性情形。一级复议原则要求行政相对人不服行政行为的，只能行使一次行政复议的申请权；行政复议机关对一个被申请的行政行为只能作出一个行政复议决定；只有法律特别规

---

① 参见王龙诉河北省承德市鹰手营子矿区人民政府不予受理行政复议案，最高人民法院（2017）最高法行申 296 号行政裁定书，2018 年 6 月 29 日。

② 吴高盛主编：《〈中华人民共和国行政复议法〉释义及实用指南》，中国民主法制出版社 2015 年版，第 64 页。

③ 参见李德森等诉四川省人民政府行政复议案，最高人民法院（2018）最高法行再 138 号行政裁定书，2018 年 9 月 29 日。

定可以进行多级行政复议的，才能构成一级行政复议原则的例外。此外，对于错误的行政复议决定，如果行政相对人不提起行政诉讼，行政复议机关或者其他上一级机关可依职权撤销、变更。

此处需要提及的是，2023 年《行政复议法》在总则中新增加了第 5 条有关调解的规定，是否可由此判定调解原则也属于行政复议的基本原则呢？对此，可根据其第 1 款作出回答，“行政复议机关办理行政复议案件，可以进行调解”。也就是说行政复议机关案件并非必然经过调解，一方面此规定属于行政机关的裁量范围，且要遵循该条第 2 款的要求，即“调解应当遵循合法、自愿的原则，不得损害国家利益、社会公共利益和他人合法权益，不得违反法律、法规的强制性规定”；另一方面以调解方式积极回应行政相对人利益诉求，可纳入便民原则之内。之所以单独规定为一条，是因为在对《行政复议法实施条例》的相关经验①进行总结和作相应提升后，立法者更希望能够发挥行政复议在某些情形下便捷灵活结案的优势。当然，调解的规定在实践中尚须进一步完善，如可增加调解程序、调解次数和期限、调解监督程序（引入行政检察监督）等内容，以防止久调不决或者不愿意承担调解风险现象滋生，切实发挥调解的积极功效。

总之，行政复议的基本原则具有明确的规范属性，不仅可以在行政复议实践中直接引用作为行政复议决定的根据，而且可以直接用来解释《行政复议法》分则条文的具体含义。作为行政复议制度的重要基石，行政复议基本原则的贯彻将促进行政复议制度全面发展。

第三节　行政复议的程序

《行政复议法》在结构安排上，继第一章“总则”后，将第二章、第三章、第四章分别设置为行政复议申请、行政复议受理、行政复议审理，相较于修订之前的文本，流程更为清晰，便于公民、法人和其他组织提起行政复议申请，准确了解和把握行政复议受理与审理的程序。

一、行政复议的范围

行政复议的范围是指公民、法人或者其他组织认为行政机关作出的行政行为侵犯其合法权益，依法可以向行政复议机关请求重新审查的范围。行政复议

① 参见《行政复议法实施条例》第 50 条的规定。

的范围，既关系到行政复议机关重新审查行政行为的范围，更关系到行政相对人行使行政复议申请权的范围，直接关系到公民、法人或者其他组织对哪些行政行为可以提出行政复议的申请，对哪些行政行为不可以提出行政复议的申请，是行政复议法律制度中的一个重要问题，也是其中一个基础性、前提性的问题。

（一）可复议的事项

《行政复议法》第 11 条规定了行政复议的范围，具体如下：

（1）对行政机关作出的行政处罚决定不服；

（2）对行政机关作出的行政强制措施、行政强制执行决定不服；

（3）申请行政许可，行政机关拒绝或者在法定期限内不予答复，或者对行政机关作出的有关行政许可的其他决定不服；

（4）对行政机关作出的确认自然资源的所有权或者使用权的决定不服；

（5）对行政机关作出的征收征用决定及其补偿决定不服；

（6）对行政机关作出的赔偿决定或者不予赔偿决定不服；

（7）对行政机关作出的不予受理工伤认定申请的决定或者工伤认定结论不服；

（8）认为行政机关侵犯其经营自主权或者农村土地承包经营权、农村土地经营权；

（9）认为行政机关滥用行政权力排除或者限制竞争；

（10）认为行政机关违法集资、摊派费用或者违法要求履行其他义务；

（11）申请行政机关履行保护人身权利、财产权利、受教育权利等合法权益的法定职责，行政机关拒绝履行、未依法履行或者不予答复；

（12）申请行政机关依法给付抚恤金、社会保险待遇或者最低生活保障等社会保障，行政机关没有依法给付；

（13）认为行政机关不依法订立、不依法履行、未按照约定履行或者违法变更、解除政府特许经营协议、土地房屋征收补偿协议等行政协议；

（14）认为行政机关在政府信息公开工作中侵犯其合法权益；

（15）认为行政机关的其他行政行为侵犯其合法权益。

从《行政复议法》第 11 条规定的结构来看，第 1 至 14 项采用肯定列举的方式规定了各种特定且可以申请行政复议的行政行为。考虑到肯定列举的方式不能涵盖全部可申请行政复议的行政行为，出于充分保障行政相对人合法权益的考虑，第 15 项规定除前 14 项以外的侵犯公民、法人或者其他组织合法权益的行政行为也属于行政复议的范围。

（二）不可复议的事项

《行政复议法》第12条规定了不属于行政复议范围的事项，包括4项：（1）国防、外交等国家行为；（2）行政法规、规章或者行政机关制定、发布的具有普遍约束力的决定、命令等规范性文件；（3）行政机关对行政机关工作人员的奖惩、任免等决定；（4）行政机关对民事纠纷作出的调解。此条规定在一定程度上实现了与《行政诉讼法》第13条的衔接，但特别要注意的是第4项的内容，其与《行政复议法》第2条相呼应，如果申请复议的对象并非行政行为，而是对民事纠纷作出的调解行为，则不能申请行政复议。例如，有判决指出，行政复议机关在审查某一行政争议事项可否纳入行政复议范围时，需要综合考虑以下两点：一是行政机关的行为系具体行政行为（或没有履行法定职责），二是行政相对人的合法权益受到侵害。行政机关对民事纠纷作出的调解或者其他处理因未涉及行政权力的行使，当事人亦可通过其他民事纠纷解决机制获得救济，故被排除在外。[①] 同时，非行政机关作出的决定亦不属于行政复议的范围，如最高人民法院相关判决指出，劳动能力鉴定委员会实际是一个对专业技术问题进行综合决策的机构，不是行政机关或者法律、法规授权的组织；决策的内容是依据专家组提出的意见对伤残职工的伤残等级这一专业技术性问题作出判断，而非行政职权活动。因此，《工伤保险条例》第26条规定，省、自治区、直辖市劳动能力鉴定委员会作出的劳动能力鉴定结论为最终结论。《人力资源社会保障行政复议办法》第8条第3项亦明确规定，公民、法人或者其他组织对劳动能力鉴定委员会的行为不服，不能申请行政复议。[②]

《行政复议法》第13条则规定了行政复议附带审查的制度，其第1款规定，公民、法人或者其他组织认为行政机关的行政行为所依据的下列规范性文件不合法，在对行政行为申请行政复议时，可以一并向行政复议机关提出对该规范性文件的附带审查申请：（1）国务院部门的规范性文件；（2）县级以上地方各级人民政府及其工作部门的规范性文件；（3）乡、镇人民政府的规范性文件；（4）法律、法规、规章授权的组织的规范性文件。其第2款则明确在附带审查的对象即“规范性文件”中排除了规章，指出规章的审查依照法律、行政法规办理。值得指出的是，2023年《行政复议法》第13条以“规范性文件”的术语替代了1999年《行政复议法》第7条所使用的“规定”的术语，使《行政复议法》中的术语

---

① 参见刘伯胜诉杭州市工商行政管理局不予受理行政复议申请决定案，浙江省杭州市江干区人民法院（2014）杭江行初字第49号行政判决书，2014年8月29日。

② 参见袁景祯诉辽宁省人民政府不履行行政复议法定职责案，最高人民法院（2015）行监字第95号行政裁定书，2015年9月10日。

与其他法律中的表达相统一，避免产生误解。本条所指的能够在行政复议中附带审查的规范性文件是指除国务院的行政法规、决定、命令以及部门规章和地方政府规章外，由行政机关或者经法律、法规、规章授权的具有管理公共事务职能的组织依照法定权限、程序制定并公开发布，涉及公民、法人和其他组织的权利义务，具有普遍约束力，在一定期限内反复适用的公文。所谓附带审查，一方面是指行政复议机关在对行政复议案件进行审查时，不能根据行政复议程序本身直接对规范性文件进行审查；另一方面，行政复议申请人不能单独就规范性文件的合法性向行政复议机关提出复议申请，仅能附带于具体的行政复议案件。

二、行政复议参加人

行政复议参加人，是指依法参加行政复议活动的当事人（申请人、被申请人）、第三人和复议代理人等。

（一）行政复议的申请人

行政复议的申请人是指认为行政行为侵犯自己的合法权益，以自己的名义向行政复议机关提出行政复议申请的公民、法人或者其他组织。根据《行政复议法》第 14 条的规定，依照本法申请行政复议的公民、法人或者其他组织是申请人。有权申请行政复议的公民死亡的，其近亲属可以申请行政复议。有权申请行政复议的法人或者其他组织终止的，其权利义务承受人可以申请行政复议。有权申请行政复议的公民为无民事行为能力人或者限制民事行为能力人的，其法定代理人可以代为申请行政复议。此处特别需要注意的是该条规定中的行政复议申请人资格的转移问题：第一，公民死亡的，其近亲属可以申请行政复议。按照有关法律规定，“近亲属”的范围包括：（1）配偶；（2）父母、子女；（3）兄弟姐妹；（4）祖父母、外祖父母；（5）孙子女、外孙子女等。第二，法人或者其他组织终止的，其权利义务承受人可以申请行政复议。实践中主要有两种情况：一种是合并，即原法人或者其他组织在合并后终止，又可分为吸收合并与新设合并两种：前者指一个法人或者其他组织吸收了其他的法人或者其他组织，被吸收的法人或者其他组织终止，不再存在；后者指两个或者两个以上的法人或者其他组织，合并成为一个新的法人或者其他组织，原法人或者其他组织终止，不再存在。一般情况下，合并是将原法人或者其他组织终止后的权利义务归于合并后的法人或者其他组织，行政复议申请人的资格也随之转移。另一种则是分立，原法人或者其他组织分成两个或者两个以上的新的法人或者其他组织，原法人或者其他组织终止，不再存在。在分立的情形之下，原法人或者其他组织终止后的权利义务由新的法人或者其他组织承受，行政复议申请人的资格亦随之转移。

《行政复议法》第 15 条规定，同一行政复议案件申请人人数众多的，可以由申请人推选代表人参加行政复议。代表人参加行政复议的行为对其所代表的申请人发生效力，但是代表人变更行政复议请求、撤回行政复议申请、承认第三人请求的，应当经被代表的申请人同意。这里需要明确几点内容：一是代表人进行和解时，由于涉及当事人的复议请求，原则上也需要经被代表的当事人同意。二是申请人一方人数众多且确定的共同复议不是必须推选代表人进行复议，因为申请人的请求可能不完全一致，所以某个或者某几个申请人不愿推选代表而想亲自参加行政复议，亦应当允许。三是对于"人数众多"的理解，《行政复议法实施条例》第 8 条规定，同案复议申请人超过 5 人的，应当推选 1 至 5 名代表参加行政复议，与之后制定的 2018 年《行诉法解释》第 29 条规定的"人数众多"一般指 10 人以上有所不同。此外，《行政复议法》第 89 条规定，外国人、无国籍人、外国组织在中华人民共和国境内申请行政复议适用本法，故而其也可以成为行政复议的申请人。

（二）行政复议的被申请人

行政复议的被申请人是指作出被申请行政复议的行政行为的行政机关。《行政复议法》第 19 条第 1 款规定，公民、法人或者其他组织对行政行为不服申请行政复议的，作出行政行为的行政机关或者法律、法规、规章授权的组织是被申请人。一般情况下，行政复议被申请人按照谁作出行政行为并引起行政复议、谁就担任行政复议被申请人的原则确定，当然，行政机关不履行法定职责的，行政相对人亦可以申请行政复议。该条第 2 款至第 4 款对其他的特殊情况作出了规定：(1) 两个以上行政机关以共同的名义作出同一行政行为的，共同作出行政行为的行政机关是被申请人。这里的"共同的名义"是指两个或者两个以上的行政机关均以自己的名义作出同一行政行为，如果一项行政行为只是以一个行政机关的名义作出，即使多个行政机关参与了相关的行政活动，也不能构成"共同的名义"。对共同行政行为申请行政复议的，行政复议机关为其共同上一级行政机关。(2) 行政机关委托的组织作出行政行为的，委托的行政机关是被申请人。根据行政法上关于委托的理论，行政机关委托的组织作出行政行为的，被申请人并非具体实施行政行为的组织，而应当是委托的行政机关。(3) 作出行政行为的行政机关被撤销或者职权变更的，继续行使其职权的行政机关是被申请人。这一规定是为适应行政管理体制改革的变化而作出的，不服被撤销的行政机关在撤销前所作出的行政行为，申请行政复议的，应当按照继续行使被撤销行政机关职权的标准来确定被申请人。实践中亦有"职权变更"的情形，如此规定更加符合行政复议的实际。

（三）行政复议的第三人

行政复议的第三人是指同被申请的行政行为有“利害关系”[①]，为维护自己的合法权益，以自己的名义申请或由行政复议机关通知参加到他人已经开始的行政复议中去的其他公民、法人或者其他组织。设立第三人制度有利于切实保护公民、法人或者其他组织的合法权益。现代行政除了对特定的公民、法人或者其他组织产生直接的影响，亦会对其他的公民、法人或者其他组织产生间接影响，故有必要将其纳入复议过程，实现权利保护的全覆盖、无遗漏。此前，一些行政复议案件未能充分保护第三人的合法权益，如有判决指出：行政机关在行政复议中可能作出不利于他人的决定时，没有采取适当的方式通知其本人参加行政复议即作出复议决定的，构成严重违反法定程序，应予撤销。[②] 2007 年《行政复议法实施条例》第 17 条对此作出了规定：“行政机关作出的具体行政行为对公民、法人或者其他组织的权利、义务可能产生不利影响的，应当告知其申请行政复议的权利、行政复议机关和行政复议申请期限。”《行政复议法》第 16 条规定，申请人以外的同被申请行政复议的行政行为或者行政复议案件处理结果有利害关系的公民、法人或者其他组织，可以作为第三人申请参加行政复议，或者由行政复议机构通知其作为第三人参加行政复议。第三人不参加行政复议，不影响行政复议案件的审理。

根据《行政复议法》的规定，行政复议的第三人必须与被申请行政复议的行政行为或者行政复议案件处理结果有利害关系。所谓“利害关系”，是指在法律上或者事实上存在权利或者义务的关联关系。第三人参加行政复议的方式，一是自己申请，经行政复议机构同意。二是由行政复议机构通知参加行政复议，此种属于必须参加复议的第三人，行政复议机构有权力也有义务通知其参加复议，否则以遗漏复议程序主体违反法定程序论，复议结果违法。典型如行政机关的同一行政行为涉及两个以上利害关系人，其中一部分利害关系人对行政行为不服申请行政复议，复议机构应当通知没有申请的其他利害关系人作为第三人参加复议。再如甲行政机关越权行使乙行政机关的职权作出行政行为，申请人申请行政复议的，复议机构应当通知乙行政机关作为第三人参加行政复议。

（四）行政复议代理人

行政复议代理人是指依法以申请人或者第三人的名义，在法律规定或者当事

---

① 张越：《行政复议法实施条例适用指南：条文说明・立法理由・相关法规》，群众出版社 2007 年版，第 151 - 152 页。

② 参见张成银诉徐州市人民政府房屋登记行政复议决定案，《最高人民法院公报》2005 年第 3 期，第 43 - 46 页。

人委托的权限范围内代为申请行政复议或者参加行政复议的人。申请人、第三人可以委托代理人代为参加行政复议。《行政复议法》第 17 条规定，申请人、第三人可以委托 1 至 2 名律师、基层法律服务工作者或者其他代理人代为参加行政复议。申请人、第三人委托代理人的，应当向行政复议机构提交授权委托书、委托人及被委托人的身份证明文件。授权委托书应当载明委托事项、权限和期限。申请人、第三人变更或者解除代理人权限的，应当书面告知行政复议机构。《行政复议法》第 18 条规定，符合法律援助条件的行政复议申请人申请法律援助的，法律援助机构应当依法为其提供法律援助。此条规定与《法律援助法》第 22 条规定相一致。

三、行政复议申请

行政复议申请是指公民、法人或者其他组织即行政相对人认为行政机关作出的行政行为侵犯其合法权益，依法向行政复议机关提出对行政行为的合法性和适当性进行审查的请求。行政复议申请作为行政相对人的单方行为，是行政复议程序启动的必要条件。行政复议实行“不告不理”，没有行政复议申请，就不能启动行政复议程序，也就不存在行政复议活动。

（一）申请的提出

最高人民法院判决指出：行政复议是依申请的行政行为。一方面，没有申请人的申请，行政复议就不会发生；另一方面，不是任何申请都必然产生受理与审查的法律效果。行政复议机关应当对行政复议申请是否符合法律规定进行审查，并对不符合法律规定的申请作出不予受理的决定。[①] 故申请对行政复议而言极为重要。申请的提出首先包括了申请时间。申请行政复议的时间包含三方面的内容：

1. 申请期限

申请期限是指行政复议申请人在什么期限内可以向行政复议机关提起行政复议申请。根据《行政复议法》的规定，申请行政复议的期限分为一般期限、特别期限和最长期限。一般期限是指在法律没有作出特别规定的情况下，公民、法人或者其他组织认为行政行为侵犯其合法权益的，申请行政复议必须遵守的期限。《行政复议法》规定，申请行政复议的一般期限为 60 日。公民、法人或者其他组

---

① 参见张远凤等诉丹江口市人民政府不履行行政复议法定职责案，最高人民法院（2018）最高法行申 9429 号行政裁定书，2018 年 11 月 26 日。

织可以自知道或者应当知道该行政行为之日起60日内向行政复议机关提出行政复议申请，超过60日期限提出的申请，行政复议机关不予受理。特别期限是指根据法律的明确规定申请行政复议的期限超过60日的，不受《行政复议法》60日的申请期限限制。[①]《行政复议法》第20条第1款在规定了上述一般期限之后规定，法律规定申请期限超过60日的除外。最长期限是为了保持法律的稳定性而设定的申请行政复议最长期限。根据《行政复议法》第21条的规定，因不动产提出的行政复议申请自行政行为作出之日起超过20年，其他行政复议申请自行政行为作出之日起超过5年的，行政复议机关不予受理。这一规定与《行政诉讼法》第46条第2款、《民法典》第188条的规定相一致。行政复议作为一项行政救济制度，与民事诉讼、行政诉讼等其他救济制度一样，在时间上是有限制性要求的，并不可以无限期地提出行政复议的申请。在法律上设定如此的申请期限，有利于申请人及时申请行政复议，有利于及时结束行政争议，有利于稳定行政管理秩序，有利于信赖利益的保护。

《行政复议法》并未对行政不作为案件的复议期限和起算作出规定。对此，可以参考《行政诉讼法》的相关规定。《行政诉讼法》第47条规定：公民、法人或者其他组织申请行政机关履行保护其人身权、财产权等合法权益的法定职责，行政机关在接到申请之日起2个月内不履行的，公民、法人或者其他组织可以向人民法院提起诉讼。法律、法规对行政机关履行职责的期限另有规定的，从其规定。公民、法人或者其他组织在紧急情况下请求行政机关履行保护其人身权、财产权等合法权益的法定职责，行政机关不履行的，提起诉讼不受前款规定期限的限制。此处需要注意的是，接到申请之日起“两个月”是提起行政诉讼的起算点。

2. 法定期限的耽误

根据《行政复议法》第20条第2款的规定，因不可抗力或者其他正当理由耽误法定申请期限的，申请期限自障碍消除之日起继续计算。其中，不可抗力是指客观上不可抗拒、不能避免且无法克服的原因，如自然灾害、战争等情形。其他正当理由，是指除不可抗力之外的正当理由，如遭遇交通事故、罹患急症等。

3. 未履行教示义务的行政复议申请期限的起算

行政机关在作出行政行为时，应当履行教示义务，对于行政机关没有履行教示义务，导致行政相对人超过了60日的行政复议申请期限的，应当给予特殊保护。根据《行政复议法》第20条第3款的规定，行政机关作出行政行为时，未

① 如根据《专利法》第41条第1款的规定，专利申请人对国务院专利行政部门驳回申请的决定不服的，可以自收到通知之日起3个月内向国务院专利行政部门请求复审。国务院专利行政部门复审后，作出决定，并通知专利申请人。

告知公民、法人或者其他组织申请行政复议的权利、行政复议机关和申请期限的，申请期限自公民、法人或者其他组织知道或者应当知道申请行政复议的权利、行政复议机关和申请期限之日起计算，但是自知道或者应当知道行政行为内容之日起最长不得超过 1 年。本条所规定的教示义务的内容为“申请行政复议的权利、行政复议机关和申请期限”。

（二）申请的方式

行政复议申请人申请行政复议应当符合法定的形式。根据《行政复议法》第 22 条的规定，申请人申请行政复议，可以书面申请；书面申请有困难的，也可以口头申请。书面申请的，可以通过邮寄或者行政复议机关指定的互联网渠道等方式提交行政复议申请书，也可以当面提交行政复议申请书。行政机关通过互联网渠道送达行政行为决定书的，应当同时提供提交行政复议申请书的互联网渠道。口头申请的，行政复议机关应当当场记录申请人的基本情况、行政复议请求、申请行政复议的主要事实、理由和时间。

申请人对两个以上行政行为不服的，应当分别申请行政复议。这就是《行政复议法》规定的“一行为一复议”的要求。对此，需要强调行政复议机关的释明义务，充分发挥行政复议在解决行政争议中的作用。

（三）行政复议前置

所谓行政复议前置是指申请人申请行政复议为必经前置程序，之后对行政复议决定不服的，可以再依法向人民法院提起行政诉讼。复议前置有一定的优势，如可以发挥专业优势，有利于提高争议解决效率以及缓解诉讼压力。但也有一定的不足，如复议机关的公正性与法院相比较弱，社会公众对于复议机关能否公正处理存在顾虑；行政复议人员办理案件的能力欠缺等。是否坚持行政复议前置主义，是否会因此限制当事人的诉权，哪些形式下可以实施复议前置，这些问题一直是行政复议制度上的热点问题。[①] 1989 年《行政诉讼法》立法过程中，就曾有过激烈的争议[②]，结果是采取了较为折中的态度：公众原则上可以选择先行复议或者直接起诉，法律、法规规定应当先行复议的，从其规定。前者作为原则性规定，可以从近些年来法律立、改、废的情况（如 2002 年修订《进出口商品检验法》，取消了对商检机构的处罚决定不服先行复议的要求；2005 年《治安管理处

---

① 参见杨伟东：《复议前置抑或自由选择——我国行政复议与行政诉讼关系的处理》，《行政法学研究》2012 年第 2 期，第 71 - 76 页。

② 参见何海波编：《行政法治奠基时——1989 年〈行政诉讼法〉史料荟萃》，法律出版社 2019 年版，第 48 页。

罚法》取消了原关于不服治安管理处罚先行复议的要求；2010年修订《工伤保险条例》，取消了对工伤认定结论不服或者对工伤保险待遇有异议应当先行复议的要求等）看出，整体上以削减行政复议前置为主要做法。2014年《行政诉讼法》第44条对此思路予以了肯认和赓续。

行政复议前置主义的取向在于充分借助行政专业技术性、政策性较强的优势，因此一些法律规定，在特定情况下行政争议应当首先在行政系统内部解决；当事人对行政处理不服，或者行政机关在法定期限内未予处理的，方可以向法院提起诉讼。设定之时一般会对行政争议数量、行政专业技术强、政策性或者是政治性等因素加以考量。目前，中国仍然保留了一些行政复议前置主义的规定，多属于专业技术性强或者政策性、政治性较强的领域，不过，对一些行政争议数量较多、争议复杂或者当前矛盾集中的领域并未予以全面、充分回应。法律、行政法规规定的行政复议前置事项主要包括：涉税争议，如《税收征收管理法》第88条、《海关法》第64条的规定；涉外汇管理机关的争议，如《外汇管理条例》第51条的规定；对经营者集中的决定争议，如《反垄断法》第65条第1款的规定；涉电影产业发展的争议，如《电影产业促进法》第58条的规定；涉社会保险费征缴争议，如《社会保险费征缴暂行条例》第25条的规定；涉会计师注册争议，如《注册会计师法》第13条的规定等。[①] 尽管近年来立法、修法时一再减少行政复议前置的设置，但是仍有学者希冀通过强制性复议前置，增加行政复议案件的受理数量，以实现行政复议化解行政争议“主渠道”的作用。[②]

为此，现行《行政复议法》作出了一定的回应，第23条规定下列情形属于行政复议前置事项：（1）对当场作出的行政处罚决定不服；（2）对行政机关作出的侵犯其已经依法取得的自然资源的所有权或者使用权的决定不服；（3）认为行政机关存在《行政复议法》第11条规定的未履行法定职责情形；（4）申请政府信息公开，行政机关不予公开；（5）法律、行政法规规定应当先向行政复议机关申请行政复议的其他情形。对这些情形，行政机关在作出行政行为时应当告知公民、法人或者其他组织先向行政复议机关申请行政复议。上述第2项的规定来源于《行政复议法》（2017年）第30条第1款规定，且仅对条文作了精简，基本内容并未发生变化。此前对于此项规定的理解，存在两种不同的意见：一种观点认为适用复议前置程序的案件应具备两个条件：行政相对人认为行政行为侵犯了自己合法的所有权或使用权；行政相对人必须“依法取得”了所涉自然资源的所有权或使用权，即必须持有手续完备的使用权或所有权证或者法院的生效裁决文

---

① 参见周玉超：《行政复议前置范围再讨论》，《华东政法大学学报》2023年第4期，第166－167页。

② 参见杨海坤、朱恒顺：《行政复议的理念调整与制度完善——事关我国〈行政复议法〉及相关法律的重要修改》，《法学评论》2014年第4期，第18－32页。

书。此类案件不包括不服收回、撤销或者变更所有权或使用权证、许可证的，不包括确定自然资源权属的行政案件。另一种观点认为行政相对人认为自己已经“依法取得”了自然资源所有权或使用权的情况较为复杂，因此，当事人提起诉讼，均应当先经行政复议，此类案件不仅包括前述案件，也包括不服确权决定的案件。[①] 最高人民法院曾对此作出解释：根据《行政复议法》（1999 年）第 30 条第 1 款的规定，公民、法人或者其他组织认为行政机关确认土地、矿藏、水流、森林、山岭、草原、荒地、滩涂、海域等自然资源的所有权或者使用权的具体行政行为，侵犯其已经依法取得的自然资源所有权或者使用权的，经行政复议后，才可以向人民法院提起行政诉讼，但法律另有规定的除外；对涉及自然资源所有权或者使用权的行政处罚、行政强制措施等其他具体行政行为提起行政诉讼的，不适用《行政复议法》（1999 年）第 30 条第 1 款的规定。[②] 最高人民法院行政审判庭也指出：最高人民法院法释〔2003〕5 号批复中的“确认”，是指当事人对自然资源的权属发生争议后，行政机关对争议的自然资源的所有权或者使用权所作的确权决定。有关土地等自然资源所有权或者使用权的初始登记，属于行政许可性质，不应包括在行政确认范畴之内。据此，行政机关颁发自然资源所有权或者使用权证书的行为不属于复议前置的情形。[③] 上述第 4 项的规定中，“行政机关不予公开”并不仅仅指决定不予公开，根据《政府信息公开条例》第 36、37、39 条的规定，不予公开尚包括：其一，告知信息不存在；其二，告知不属于本机关公开；其三，行政机关告知不予重复处理；其四，告知申请人依照有关法律、行政法规的规定办理；其五，部分不公开；其六，告知相应渠道提出。此外，应当指出的是，从以上规定来看，行政复议前置设定标准缺乏统一的规定，未来仍需进一步予以深入研究。

在法律、行政法规规定行政复议前置的情况下，公民、法人或者其他组织不服行政机关作出的行政行为的，必须先申请行政复议，而不得直接向人民法院提起行政诉讼。必须指出的是，行政复议前置仅是限制私人在法定行政复议期间的行政诉讼权利，并没有剥夺私人的行政诉讼权利。因为私人不服行政复议机关作出的行政复议决定，仍然可以依法提起行政诉讼。需要强调的是，在有行政复议前置规定的情况下，私人不得提起行政诉讼并不是绝对的。《行政复议法》第 34 条规定，法律、行政法规规定应当先向行政复议机关申请行政复议、对行政复议决定不服再向人民法院提起行政诉讼的，行政复议机关决定不予受理、驳回申请

---

① 参见梁凤云：《行政复议法讲义》，人民法院出版社 2023 年版，第 121 页。

② 《最高人民法院关于适用〈行政复议法〉第三十条第一款有关问题的批复》，法释〔2003〕5 号，2003 年 2 月 25 日发布。

③ 《最高人民法院行政审判庭关于行政机关颁发自然资源所有权或者使用权证的行为是否属于确认行政行为问题的答复》，〔2005〕行他字第 4 号，2005 年 2 月 24 日发布。

或者受理后超过行政复议期限不作答复的，公民、法人或者其他组织可以自收到决定书之日起或者行政复议期限届满之日起 15 日内，依法向人民法院提起行政诉讼。对此问题，应当认知到复议前置情形下，只有复议机关对原行政行为进行实质审理后，法院对该行政争议方可管辖。而对行政复议机关不予受理、驳回申请或者受理后超过行政复议期限不作答复的行为起诉，公民、法人或者其他组织不得起诉原行政行为，法院也仅是对行政复议机关的复议行为进行审查。对此，最高人民法院判决指出：《最高人民法院关于适用〈中华人民共和国行政诉讼法〉的解释》第 56 条第 1 款规定，法律、法规规定应当先申请复议，公民、法人或者其他组织未申请复议直接提起诉讼的，人民法院裁定不予立案。复议前置案件经过复议程序实体处理，才能视为经过复议。复议机关对复议申请不予答复，或作出程序性驳回复议申请的决定，不能视为已经经过复议，未经复议当然不能直接对原行政行为提起行政诉讼。行政复议前置案件，复议机关不予答复、作出程序性驳回复议申请决定，当事人只能对复议机关的不予答复、不予受理行为依法提起行政诉讼，无权直接起诉原行政行为。①

四、行政复议管辖

行政复议管辖是指行政复议机关受理行政复议案件的分工和权限，对于行政相对人而言，是提起行政复议申请的受理者。合理地处理行政复议机关受理案件的权限分工，对于充分发挥行政复议制度的监督功能，提升解决行政争议的效率，及时保护公民、法人或者其他组织的合法权益，具有重要意义。确定行政复议管辖，需要考虑行政争议的性质与规模、现行行政管理体制等多种因素，同时还应当充分考虑贯彻高效、便民原则。《行政复议条例》第 11 条规定了“条条管辖”和“块块管辖”相结合的模式，即对县级以上的地方人民政府工作部门的具体行政行为不服申请的复议，由本级人民政府或者上一级主管部门管辖。1999 年《行政复议法》进一步将行政复议管辖模式明确为“条块结合”，主要的考量因素是基于行政机关上下级之间的监督、指挥、指导、领导关系，对于保障行政相对人合法权益、监督行政机关依法行使职权、促进法治政府建设起到了积极的作用。同时，这一模式在行政复议实践中也产生了诸多的问题，如行政复议机关过于繁杂、分散，导致人民群众参与行政复议极为不便；相较于“块块管辖”中人民政府相对超脱的地位，“条条管辖”存在部门保护倾向等。据此，2023 年《行政复议法》结合之前的运行实践，在优化行政复议管理体制方面作出了努力。

---

① 参见吴成兴诉广西壮族自治区百色市人民政府土地确认裁决纠纷再审案，最高人民法院（2019）最高法行申 11288 号行政裁定书，2019 年 12 月 31 日。

法律特别是在“集中管辖”制度方面改革力度较大[①]，其取消了地方人民政府工作部门的行政复议职责，由县级以上地方人民政府统一行使，同时保留实行垂直领导的行政机关、税务和国家安全机关的特殊情形，相应调整国务院部门的管辖权限，并对有关派出机构作出灵活规定。

根据《行政复议法》第二章第四节的规定，行政复议管辖主要有以下几个方面的规则：

第一，县级以上地方各级人民政府管辖的案件，有：(1) 对本级人民政府工作部门作出的行政行为不服的；(2) 对下一级人民政府作出的行政行为不服的；(3) 对本级人民政府依法设立的派出机关作出的行政行为不服的；(4) 对本级人民政府或者其工作部门管理的法律、法规、规章授权的组织作出的行政行为不服的；(5) 对县级以上地方各级人民政府工作部门依法设立的派出机构依照法律、法规、规章规定，以派出机构的名义作出的行政行为不服的行政复议案件，由本级人民政府管辖；其中，对直辖市、设区的市人民政府工作部门按照行政区划设立的派出机构作出的行政行为不服的，也可以由其所在地的人民政府管辖。[②]

第二，省、自治区、直辖市人民政府同时管辖对本机关作出的行政行为不服的行政复议案件；省、自治区人民政府依法设立的派出机关参照设区的市级人民政府的职责权限，管辖相关行政复议案件。前一规定的原因在于，按照向上一级行政机关申请复议的原则，应当向国务院提出行政复议申请。但是，国务院作为我国的最高国家行政机关，一般不承担具体行政事务的处理工作，而是从整个国家的全局上处理行政事务，故有必要作出与不服省级以下地方各级人民政府行政行为的行政复议管辖制度不同的规定。后一项规定的原因在于：目前我国存在省、自治区人民政府经过国务院批准设立的地区行政公署或盟作为派出机关，其本身并非一级独立的国家行政机关，但是为了体现便民原则，由其参照设区的市级人民政府的职责权限，管辖相关行政复议案件。

第三，国务院部门管辖的行政复议案件，包括：(1) 对本部门作出的行政行为不服的；(2) 对本部门依法设立的派出机构依照法律、行政法规、部门规章规定，以派出机构的名义作出的行政行为不服的；(3) 对本部门管理的法律、行政

---

① 参见马怀德：《论我国行政复议管辖体制的完善——〈行政复议法（征求意见稿）〉第30－34条评介》，《法学》2021年第5期，第18－33页。

② 派出机构是指县级以上地方各级人民政府工作部门根据工作需要设置的履行专门职能的机构，如公安部门设立的公安分局、公安派出所等。按照2017年《行政复议法》第15条第1款第2项的规定，对派出机构以自己名义作出的行政行为不服的，向设立该派出机构的部门或者该部门的本级地方人民政府申请行政复议。但2023年《行政复议法》取消了地方人民政府工作部门的行政复议职责，因此只能由本级人民政府管辖。但鉴于派出机构情况较为复杂，2023年《行政复议法》作出了相对灵活的制度安排，即对直辖市、设区的市人民政府工作部门按照行政区划设立的派出机构作出的行政行为不服的，也可以由其所在地的人民政府管辖。

法规、部门规章授权的组织作出的行政行为不服的。此处需要把握的是：一是对于国务院部门作出的行政行为，如果行政相对人不服申请行政复议，按照向上一级行政机关申请复议的原则，应当向国务院提出行政复议的申请，但如前所述，为了保证国务院的正常工作，仍由国务院部门自己管辖对本部门作出的行政行为不服的行政复议案件。二是关于不服两个以上国务院部门共同作出的行政行为的行政复议管辖，根据《行政复议法实施条例》第 23 条的规定，可以向其中任何一个国务院部门提出行政复议申请，由作出行政行为的国务院部门共同作出行政复议决定。三是关于不服国务院部委管理的国家局作出的行政行为的行政复议管辖问题，现行法律未作规定，2001 年国务院法制办在《关于国务院部委管理的国家局的具体行政行为行政复议机关问题的复函》中明确指出："关于国务院部委管理的国家局的具体行政行为行政复议机关问题，按照《中华人民共和国行政复议法》第十四条的规定办理，即对部委管理的国家局的具体行政行为不服提起的行政复议申请，应当由该国家局受理。"①

第四，对海关、金融、外汇管理等实行垂直领导的行政机关、税务和国家安全机关的行政行为不服的，向上一级主管部门申请行政复议。之所以作出如此的规定，原因在于：中国行政管理中既有分级管理即属地管理的模式，也有垂直管理的模式。实行垂直管理的行政机关不受所在地人民政府的管辖，主要用于处理业务独立性强的行政事务。② 对于对其所作出的行政行为的行政复议的管辖问题，必须从有利于展开有效的行政监督的角度进行设计，故仍然由其上一级主管部门负责行政复议。

第五，对履行行政复议机构职责的地方人民政府司法行政部门的行政行为不服的，可以向本级人民政府申请行政复议，也可以向上一级司法行政部门申请行政复议。这一规定为行政复议申请人提供了选择权，因为原则上对本级人民政府工作部门作出的行政行为不服的，由县级以上地方各级人民政府行使行政复议管辖权，如对于作为县级人民政府工作部门的司法局作出的行政行为，应当由县级人民政府行使行政复议管辖权的职责仍然归于司法局，这就在事实上造成了同级管辖。为了保障行政复议公信力，《行政复议法》规定行政申请人既可以向本级人民政府申请行政复议，也可以向上一级司法行政部门申请行政复议。

第六，作为一级复议原则的例外，《行政复议法》规定对于省、自治区、直辖市人民政府管辖的对本机关作出的行政行为不服的行政复议案件、国务院部门对本部门作出的行政行为不服的行政复议案件的行政复议决定不服的，可以向人民法院提起行政诉讼；也可以向国务院申请裁决，国务院依照《行政复议法》的

① 国法函〔2001〕245 号，2001 年 10 月 24 日发布。

② 参见部风涛主编：《行政复议法教程》，中国法制出版社 2012 年版，第 147 页（史学成执笔）。

规定作出最终裁决。

第七，体现一级复议原则以及行政复议、行政诉讼的衔接要求，《行政复议法》规定公民、法人或者其他组织申请行政复议，行政复议机关已经依法受理的，在行政复议期间不得向人民法院提起行政诉讼。公民、法人或者其他组织向人民法院提起行政诉讼，人民法院已经依法受理的，不得申请行政复议。[①] 因《行政诉讼法》第 26 条第 2 款规定了经复议的案件，复议机关决定维持原行政行为的，作出原行政行为的行政机关和复议机关是共同被告，对此，2018 年《行诉法解释》第 134 条第 2 款和第 3 款规定："行政复议决定既有维持原行政行为内容，又有改变原行政行为内容或者不予受理申请内容的，作出原行政行为的行政机关和复议机关为共同被告。复议机关作共同被告的案件，以作出原行政行为的行政机关确定案件的级别管辖。"

五、行政复议受理

公民、法人或者其他组织提出行政复议申请，属于启动行政复议程序的一种行为，但能否真正启动行政复议程序，使行政复议程序继续进行下去，还需要经过一个行政复议申请的受理环节。行政复议受理是指行政复议机关对行政复议申请人的申请进行审查后，确认其符合法律的规定，决定立案并予以受理；对不符合行政复议申请条件的作出不予受理的决定。提出行政复议申请，是公民、法人或者其他组织的一项法定权利。受理行政复议申请，则是行政复议机关的职责，有必要在法律上对行政复议申请的受理作出明确的规定，以利于行政复议机关依法受理符合法定条件的行政复议申请；而对于不符合法定条件的行政复议申请，则依法作出不予受理的决定。

（一）行政复议申请的审查

行政复议申请的审查是指行政复议机关对公民、法人或者其他组织提出的行政复议申请，审查其是否符合法律规定的条件和要求。根据《行政复议法》第 30 条第 1 款和第 2 款的规定，行政复议机关收到行政复议申请后，应当在 5 日内进行审查。对符合下列规定的，行政复议机关应当予以受理：

（1）有明确的申请人和符合本法规定的被申请人；

（2）申请人与被申请行政复议的行政行为有利害关系；

（3）有具体的行政复议请求和理由；

---

① 行政复议与行政诉讼的衔接类型，具体可参见本章第四节的内容。

(4) 在法定申请期限内提出；

(5) 属于本法规定的行政复议范围；

(6) 属于本机关的管辖范围；

(7) 行政复议机关未受理过该申请人就同一行政行为提出的行政复议申请，并且人民法院未受理过该申请人就同一行政行为提起的行政诉讼。

对不符合上述规定的行政复议申请，行政复议机关应当在审查期限内决定不予受理并说明理由；不属于本机关管辖的，还应当在不予受理决定中告知申请人有管辖权的行政复议机关。

(二) 行政复议申请的受理

经过审查以后，对于符合《行政复议法》规定的行政复议申请，应当作出予以受理的决定，受理期限以行政复议机关收到行政复议申请之日起计算。最高人民法院判决指出：对于行政复议的受理，可以分为三种情形处理：行政复议机关收到行政复议申请后，对不符合该法规定的行政复议申请，应当在5日内进行审查并作出不予受理决定后书面告知申请人；对符合规定但是不属于该机关受理的行政复议申请，应当告知申请人向有关行政复议机关提出；除上述两种情形外，行政复议申请自行政复议机关负责法制工作的机构收到之日起即为受理。也就是说，行政复议机关经审查后决定受理并作出相应行政复议决定的，对是否符合复议申请情形的审查时间包含在法定的复议决定期限内，不应单独予以扣除。[①]

同时尚存在推定受理制度，该制度既能督促行政复议机关依法履职，又能够充分保障公民、法人或者其他组织的申请复议权。根据《行政复议法》第30条第3款的规定，行政复议申请的审查期限届满，行政复议机关未作出不予受理决定的，审查期限届满之日起视为受理。

由于行政复议材料的专业性，行政复议申请人提交的申请材料可能会不齐全或者表述不清楚，此时，应当充分保障公民、法人或者其他组织利用行政复议的权利，由行政复议机关进行指导与释明，允许申请人进行补正。故《行政复议法》第31条规定行政复议申请材料不齐全或者表述不清楚，无法判断行政复议申请是否符合《行政复议法》第30条第1款规定的，行政复议机关应当自收到申请之日起5日内书面通知申请人补正。补正通知应当一次性载明需要补正的事项。申请人应当自收到补正通知之日起10日内提交补正材料。有正当理由不能按期补正的，行政复议机关可以延长合理的补正期限。无正当理由逾期不补正的，视为申请人放弃行政复议申请，并记录在案。行政复议机关收到补正材料

① 参见郭广卫等诉山东省青岛市人民政府行政复议案，最高人民法院（2019）最高法行申3029号行政裁定书，2019年9月26日。

后，依照《行政复议法》第 30 条的规定处理。对此条的理解，一是要求行政复议机关履行书面通知补正的职责，且应于补正通知中一次性载明需要补正的事项。二是申请人提交补正材料需要在法定时限内。三是应正确理解无正当理由逾期不补正的内涵。实践中经常出现行政复议机关和申请人就是否需要补正以及补正材料是否符合要求发生争议的情况，对此不应绝对理解为无正当理由逾期不补正。有判决指出："申请人提出行政复议申请后，判断申请人提供的证明材料能否证明其与被复议具体行政行为具有利害关系，既系行政复议机关的法定职权，亦属于其应当依法履行的法定职责。复议机关对证明材料的补正存有争议的，应当决定不予受理，而不能视为申请人放弃行政复议申请。"① 四是申请人在受理环节被视为"放弃"行政复议申请与申请人在审理环节"撤回"行政复议申请有着本质的区别。根据《行政复议法》第 74 条第 2 款的规定，行政复议机构准予撤回行政复议申请、行政复议机关决定终止行政复议的，申请人不得再以同一事实和理由提出行政复议申请。然而，申请人无正当理由逾期不补正被视为放弃行政复议申请的，申请人仍然可以在法定申请期限内以同一事实和理由再次提出行政复议申请，只要申请人的行政复议申请经审查符合法定要求，行政复议机关就应当予以受理。

《行政复议法》第 32 条规定，对当场作出或者依据电子技术监控设备记录的违法事实作出的行政处罚决定不服申请行政复议的，可以通过作出行政处罚决定的行政机关提交行政复议申请。行政机关收到行政复议申请后，应当及时处理；认为需要维持行政处罚决定的，应当自收到行政复议申请之日起 5 日内转送行政复议机关。本条系高效、便民原则的体现，向作出行政处罚的行政机关提交行政复议申请，能够为其提供再一次的自省机会，从而实现自我纠错、高效化解行政争议的目的。

《行政复议法》第 33 条规定，行政复议机关受理行政复议申请后，发现该行政复议申请不符合《行政复议法》第 30 条第 1 款规定的，应当决定驳回申请并说明理由。本条确立了驳回复议申请的制度，但实践中为充分保障公民、法人或者其他组织申请复议的权利，行政复议机关作出驳回行政复议申请决定前，亦应当注意补正机制的适用。

（三）行政复议受理的法律效果

受理意味着对被申请的行政行为的复议审查程序正式开始，行政复议机关的复议审查期限开始计算，没有法定的理由不能中止复议程序，行政复议机关必须

① 潘冬明等 360 人诉浙江省人民政府履行行政复议法定职责案，浙江省杭州市中级人民法院（2010）浙杭行初字第 20 号行政判决书，2010 年 4 月 14 日。

在法定的期限里作出行政复议决定，否则将构成违反法定程序。根据《行政复议法》第35条的规定，公民、法人或者其他组织依法提出行政复议申请，行政复议机关无正当理由不予受理、驳回申请或者受理后超过行政复议期限不作答复的，申请人有权向上级行政机关反映，上级行政机关应当责令其纠正；必要时，上级行政复议机关可以直接受理。对于“必要时”的理解，实践中主要包括以下几类：申请人不服的行政行为是依据法律、法规、本级以上人民政府制定的规章或者本机关制定的规范性文件作出的；责令行政复议机关受理，行政复议机关仍不受理的；被申请人作出的行政行为是经行政复议机关批准或者同意的等。对于申请人向上级行政机关反映并认为上级行政机关不履行监督职责的，不得对上级行政机关提起行政诉讼。原因在于上级行政机关对行政复议机关不作为的监督是行政机关的内部层级监督，根据2018年《行诉法解释》第1条第2款的规定，其不属于行政诉讼的受案范围。[①]

六、行政复议审理

行政复议审理是行政复议的重要阶段，是指行政复议机关对申请复议的案件进行实质性审查的活动。行政复议机关受理行政复议申请后，就进入行政复议的审理阶段。这一阶段的主要任务是通过审查证据材料，全面审查行政行为的合法性和适当性。现行《行政复议法》对行政复议审理作出了详细规定，涉及行政复议审理的基本要求、行政复议证据制度、普通程序与简易程序以及规范性文件附带审查制度的专门规定。

（一）一般规定

根据《行政复议法》的规定，行政复议审理的程序区分为两种类型：一是普通程序，二是简易程序。简易程序是根据《行政复议法》第53条规定，对于事实清楚、权利关系明确、争议不大的行政复议案件适用的程序，而普通程序处理其他一般的行政复议案件。如此划分，有利于对行政复议案件按照事实、法律等问题争议大小进行程序繁简配置，既体现行政复议的便捷和为民，又体现公正、高效等要求。根据《行政复议法》第36条的规定，行政复议机关受理行政复议申请后，依照《行政复议法》适用普通程序或者简易程序进行审理。行政复议机构应当指定行政复议人员负责办理行政复议案件。行政复议人员对办理行政复议案件过程中知悉的国家秘密、商业秘密和个人隐私，应当予以保密。

① 参见北海市保民候鸟养老服务有限公司诉广西壮族自治区北海市人民政府不履行层级监督法定职责案，最高人民法院（2018）最高法行申943号行政裁定书，2018年5月28日。

1. 审理的依据

行政复议机关依照法律、法规、规章审理行政复议案件。行政复议机关审理民族自治地方的行政复议案件，同时依照该民族自治地方的自治条例和单行条例。关于规范性文件能否作为行政复议的依据，考虑到《行政复议法》规定了行政复议可以对规范性文件一并审查，所以未在法律中明确将参照适用规范性文件作为要求。对此，也应意识到不宜完全不论规范性文件的效力，对于不违背法律、法规、规章的规范性文件，行政复议机关应当认可其效力，在具体案件中可以参照适用。

2. 提级审理制度

根据《行政复议法》第 38 条的规定，上级行政复议机关根据需要，可以审理下级行政复议机关管辖的行政复议案件。下级行政复议机关对其管辖的行政复议案件，认为需要由上级行政复议机关审理的，可以报请上级行政复议机关决定。理解本条，需要把握上级行政复议机关裁量时的因素，如监督下级机关依法受理、审理行政复议案件，实质性化解行政争议，提升行政复议公信力等。下级行政复议机关认为需要由上级行政复议机关审理行政复议案件的，由上级行政复议机关根据实际情况决定，实践中遵循逐级请示的原则。

3. 行政复议的中止

根据《行政复议法》第 39 条的规定，行政复议期间出现下列情形之一的，中止行政复议：(1) 作为申请人的公民死亡，其近亲属尚未确定是否参加行政复议；(2) 作为申请人的公民丧失参加行政复议的行为能力，尚未确定法定代理人参加行政复议；(3) 作为申请人的公民下落不明；(4) 作为申请人的法人或者其他组织终止，尚未确定权利义务承受人；(5) 申请人、被申请人因不可抗力或者其他正当理由，不能参加行政复议；(6) 依照本法规定进行调解、和解，申请人和被申请人同意中止；(7) 行政复议案件涉及的法律适用问题需要有权机关作出解释或者确认；(8) 行政复议案件审理需要以其他案件的审理结果为依据，而其他案件尚未审结；(9) 有《行政复议法》第 56 条或者第 57 条规定的情形；(10) 需要中止行政复议的其他情形。行政复议中止的原因消除后，应当及时恢复行政复议案件的审理。行政复议机关中止、恢复行政复议案件的审理，应当书面告知当事人。在行政复议期间，行政复议机关无正当理由中止行政复议的，上级行政机关应当责令其恢复审理。本条分别对中止的条件以及中止的后续处理、程序作出了详细规定，因实践中存在案件中止时间过长，或者既不恢复审理亦不终止的情形，所以要求行政复议应当及时恢复审理。中止审理和恢复审理均应当以书面的形式告知当事人，避免实践中的随意性，保障当事人的相关权利。对于无正当理由中止行政复议的，《行政复议法》第 40 条规定上级行政机关应当责令行政复议机关恢复审理。除此之外，行政复议申请人对于长期中止、违法中止等情形向上级行政复议机关请求恢复后仍然不能得到合理救济的，可通过行政诉讼寻求救济。

4. 行政复议的终止

根据《行政复议法》第 41 条的规定，行政复议期间有下列情形之一的，行政复议机关决定终止行政复议：(1) 申请人撤回行政复议申请，行政复议机构准予撤回；(2) 作为申请人的公民死亡，没有近亲属或者其近亲属放弃行政复议权利；(3) 作为申请人的法人或者其他组织终止，没有权利义务承受人或者其权利义务承受人放弃行政复议权利；(4) 申请人对行政拘留或者限制人身自由的行政强制措施不服申请行政复议后，因同一违法行为涉嫌犯罪，被采取刑事强制措施；(5) 依照《行政复议法》第 39 条第 1 款第 1 项、第 2 项、第 4 项的规定中止行政复议满 60 日，行政复议中止的原因仍未消除。本条确定的行政复议终止可归纳为三种：申请人撤回行政复议申请；因主体原因而终止；在行刑衔接的情况下，因行政行为转化为刑事侦查行为，行政复议的对象不再存在，需要终止行政复议。同时，行政复议中止达到一定期限的，也会导致行政复议终止。行政复议终止意味着行政复议从程序上终结，且不能再行启动；在未经法定程序作出处理的情况下，原行政行为继续产生效力；申请人撤回行政复议申请的，不得以同一事实和理由重新申请行政复议。

5. 行政复议期间行政行为不停止执行

根据《行政复议法》第 42 条的规定，行政复议期间行政行为不停止执行；但是有下列情形之一的，应当停止执行：(1) 被申请人认为需要停止执行；(2) 行政复议机关认为需要停止执行；(3) 申请人、第三人申请停止执行，行政复议机关认为其要求合理，决定停止执行；(4) 法律、法规、规章规定停止执行的其他情形。之所以如此规定，是因为行政机关依其职权所作出的行政行为，是代表国家作出的，执行行政行为是属于行政机关的权限范围和职责范围，符合行政目的，在行政相对人申请行政复议时并不影响其执行。但是有些行政行为具有一定的特殊性，不停止执行可能给行政复议申请人的合法权益造成实际损害，即使行政复议机关作出决定后再予以补救，也无法恢复原状。因此，立法规定了几种申请行政复议期间停止执行的情形。对于前述第 4 项的理解，有判决指出：判断被诉强拆行为程序是否合法，既要厘清《行政强制法》第 34 条和第 44 条两规定之关系，也要正确理解相关法定期限，还需精准理解行政复议与行政诉讼不停止执行原则之例外。《行政强制法》第 34 条规定，是关于有行政强制执行权的行政机关基于行政决定具有执行力和确定力，可以强制执行的一般规定，亦即行政决定一经作出，当事人就应在行政决定要求的期限内履行；即使对行政决定不服而申请行政复议或者提起行政诉讼，通常也不停止执行。《行政强制法》第 44 条规定，是针对涉及相对人重要权益、作为强拆特别对象之建筑物、构筑物、设施所设置的特定程序；如果当事人在法定期限内针对限期拆除的行政决定申请行政复议或者提起行政诉讼，行政机关必须停止执行。这是关于行政机关强制执行一般规定的例外，亦即行政复议与行政诉讼不停止执行原则的例外，旨在防止尚有争议未得到行政或司法救济的强拆得以实施。尽管行政机关严格执行《行政强制法》第 44 条的规定，可能迟延行政强拆时间，进而增加强拆成本，但它目前仍然有效，应予遵循。①

（二）行政复议证据

2023 年《行政复议法》完善了行政复议证据的规定，对申请人、被申请人的举证责任，以及行政复议机关的调查取证等内容予以了明确。

1. 证据类型

根据《行政复议法》第 43 条的规定，行政复议证据包括：（1）书证；（2）物证；（3）视听资料；（4）电子数据；（5）证人证言；（6）当事人的陈述；（7）鉴定意见；（8）勘验笔录、现场笔录。以上证据经行政复议机构审查属实，才能作为认定行政复议案件事实的根据。

2. 举证责任

根据《行政复议法》第 44 条的规定，被申请人对其作出的行政行为的合法性、适当性负有举证责任。这一规定明确了行政复议中的有关行政行为的合法性、适当性的举证责任由被申请人承担，根据《行政复议法》第 70 条的规定，被申请人不按照本法第 48 条、第 54 条的规定提出书面答复、提交作出行政行为的证据、依据和其他有关材料的，视为该行政行为没有证据、依据，行政复议机关决定撤销、部分撤销该行政行为，确认该行政行为违法、无效或者决定被申请人在一定期限内履行，但是行政行为涉及第三人合法权益，第三人提供证据的除外。《行政复议法》第 82 条则规定了被申请人违反本法规定，不提出书面答复或者不提交作出行政行为的证据、依据和其他有关材料，或者阻挠、变相阻挠公民、法人或者其他组织依法申请行政复议的，对负有责任的领导人员和直接责任人员依法给予警告、记过、记大过的处分；进行报复陷害的，依法给予降级、撤职、开除的处分；构成犯罪的，依法追究刑事责任。

同时，申请人在特定情形下也应当承担举证责任。有下列情形之一的，申请

---

① 参见珠海三源社投资发展有限公司诉珠海市人民政府城市行政管理案，广东省珠海市中级人民法院（2020）粤 04 行终 123 号行政判决书，2020 年 6 月 25 日。

人应当提供证据：（1）认为被申请人不履行法定职责的，提供曾经要求被申请人履行法定职责的证据，但是被申请人应当依职权主动履行法定职责或者申请人因正当理由不能提供的除外；（2）提出行政赔偿请求的，提供受行政行为侵害而造成损害的证据，但是因被申请人原因导致申请人无法举证的，由被申请人承担举证责任；（3）法律、法规规定需要申请人提供证据的其他情形。实践中，申请人要求行政机关履行法定职责，首先要证明已向行政机关提出申请的事实。

3. 行政机关的调查取证权限

《行政复议法》第 45 条规定，行政复议机关有权向有关单位和个人调查取证，查阅、复制、调取有关文件和资料，向有关人员进行询问。调查取证时，行政复议人员不得少于两人，并应当出示行政复议工作证件。被调查取证的单位和个人应当积极配合行政复议人员的工作，不得拒绝或者阻挠。第 84 条规定，拒绝、阻挠行政复议人员调查取证，故意扰乱行政复议工作秩序的，依法给予处分、治安管理处罚；构成犯罪的，依法追究刑事责任。建立行政复议机关调查取证制度，有利于查明案件事实，有利于行政复议制度目的的实现，《行政复议法》第 84 条对拒绝、阻挠行政复议人员调查取证的行为规定相应的法律责任，有利于保障行政复议机关调查取证权的行使。

4. 证据收集和补充的限制

根据《行政复议法》第 46 条第 1 款的规定，行政复议期间，被申请人不得自行向申请人和其他有关单位或者个人收集证据；自行收集的证据不作为认定行政行为合法性、适当性的依据。这样规定的原因在于，行政复议所审查的行政行为是否合法或适当是以该行政行为成立并开始产生效力时是否合法和适当为要件。因此只有该行政行为开始产生效力时的证据才能成为有效证据，在行政复议过程中，被申请人不得自行向申请人和有关单位或者个人收集证据。但是这一限制的内容并不拘束申请人或第三人，该条第 2 款规定，行政复议期间，申请人或者第三人提出被申请行政复议的行政行为作出时没有提出的理由或者证据的，经行政复议机构同意，被申请人可以补充证据。

5. 查阅、复制材料

根据《行政复议法》第 47 条的规定，行政复议期间，申请人、第三人及其委托代理人可以按照规定查阅、复制被申请人提出的书面答复、作出行政行为的证据、依据和其他有关材料，除涉及国家秘密、商业秘密、个人隐私或者可能危及国家安全、公共安全、社会稳定的情形外，行政复议机构应当同意。与《行政诉讼法》第 32 条类似的规定相比，《行政复议法》第 47 条并没有规定作为被申请人的行政机关的查阅、复制权，这是因为在行政复议程序中，行政机关是行政行为合法性、适当性的证明责任主体，申请人在行政程序中提供的证据，行政复议机关在行政复议中已经掌握。同时本条也没有区分律师与当事人和其他代理人在查阅、复制证据方面的不同权利。

（三）普通程序

对于适用普通程序审理行政复议案件的基本要求规定如下：一是除当事人原因不能听取意见外，行政复议机构应当通过多种方式听取当事人意见。二是审理重大、疑难、复杂案件，行政复议机构应当组织听证。三是县级以上各级人民政府应当建立行政复议委员会，为办理行政复议案件提供咨询意见，就行政复议工作中的重大事项和共性问题研究提出意见。行政复议委员会的咨询意见是行政复议决定的重要参考依据。

1. 行政复议机构的工作内容

根据《行政复议法》第 48 条的规定，行政复议机构应当自行政复议申请受理之日起 7 日内，将行政复议申请书副本或者行政复议申请笔录复印件发送被申请人。被申请人应当自收到行政复议申请书副本或者行政复议申请笔录复印件之日起 10 日内，提出书面答复，并提交作出行政行为的证据、依据和其他有关材料。

2. 审理方式

根据《行政复议法》第 49 条的规定，适用普通程序审理的行政复议案件，行政复议机构应当当面或者通过互联网、电话等方式听取当事人的意见，并将听取的意见记录在案。因当事人原因不能听取意见的，可以书面审理。本条所规定的“当事人意见”，是指行政复议机构在适用普通程序审理行政复议案件时，为公正、客观审理的需要，所应当听取的当事人对案件事实、法律适用、程序要求等涉案情况的观点、看法、提出的相应依据以及对行政复议机构的请求等。

3. 听证

《行政复议法》第 50 条规定，审理重大、疑难、复杂的行政复议案件，行政复议机构应当组织听证。行政复议机构认为有必要听证，或者申请人请求听证的，行政复议机构可以组织听证。听证由一名行政复议人员任主持人，两名以上行政复议人员任听证员，一名记录员制作听证笔录。第 51 条规定，行政复议机构组织听证的，应当于举行听证的 5 日前将听证的时间、地点和拟听证事项书面通知当事人。申请人无正当理由拒不参加听证的，视为放弃听证权利。被申请人的负责人应当参加听证。不能参加的，应当说明理由并委托相应的工作人员参加听证。对于重大、疑难、复杂的界定，需要行政复议机关依据案情进行判断，有判决指出：行政复议原则上采取书面审查的办法，对重大、复杂的案件，申请人提出要求或者行政复议机构认为必要时，可以采取听证的方式审理。而何为重大、复杂则需要复议机关依据案情进行判断，而且对重大、复杂的案件也不是必须举行听证，是“可以采取听证的方式审理”[①]。实践中，以下类型的案件属于应当听证的案件：涉及人数众多或者涉及群体利益的案件；具有涉香港、澳门、台湾地区或者涉外因素的案件；社会影响较大或者可能影响社会稳定的案件；案件事实或法律关系特别复杂的案件；新类型案件；对行政行为依据的理解或法律适用存在较大争议的案件等。

4. 咨询行政复议委员会的意见

根据《行政复议法》第 52 条的规定，县级以上各级人民政府应当建立相关政府部门、专家、学者等参与的行政复议委员会，为办理行政复议案件提供咨询意见，并就行政复议工作中的重大事项和共性问题研究提出意见。行政复议委员会的组成和开展工作的具体办法，由国务院行政复议机构制定。审理行政复议案件涉及下列情形之一的，行政复议机构应当提请行政复议委员会提出咨询意见：（1）案情重大、疑难、复杂；（2）专业性、技术性较强；（3）省、自治区、直辖市人民政府同时管辖对本机关作出的行政行为不服的行政复议案件；（4）行政复议机构认为有必要。行政复议机构应当记录行政复议委员会的咨询意见。根据本条规定，县级以上各级人民政府必须建立行政复议委员会，其组成具有复合型特征，成员既包括相关政府部门，还包括专家、学者等法律专业人士。特别需要指出的是，行政机关工作人员不能以个人名义作为行政复议委员会委员，而只能作为其所在政府部门的委托代理人参与到行政复议委员会的相关工作中。不过，对于行政复议委员会的运行程序、咨询意见如何产生，法律并未明确规定，仅要求将行政复议委员会的咨询意见记录在案。

（四）简易程序

增加简易程序旨在促进行政复议案件的“繁简分流”，既是对行政复议力量配备不足、专业队伍建设滞后、案多人少现实困境的有力回应，也是行政复议体制机制改革的必然体现。在适用过程中主要包括以下方面的内容：

1. 简易程序适用情形与种类

根据《行政复议法》第 53 条的规定，简易程序仍可分为两类：一是法定型。该条第 1 款规定，行政复议机关审理下列行政复议案件，认为事实清楚、权利义务关系明确、争议不大的，可以适用简易程序：（1）被申请行政复议的行政行为

---

① 石波涛诉国家税务总局北京市朝阳区税务局所作税务事项通知及国家税务总局北京税务局行政复议案，北京市第二中级人民法院（2020）京 02 行终 494 号行政判决书，2020 年 6 月 19 日。

是当场作出；（2）被申请行政复议的行政行为是警告或者通报批评；（3）案件涉及款额 3 000 元以下；（4）属于政府信息公开案件。二是意定型。该条第 2 款规定，除前款规定以外的行政复议案件，当事人各方同意适用简易程序的，可以适用简易程序。当事人应当包括申请人、被申请人以及第三人，各方均同意适用简易程序的，方可适用，有一方不同意的，则不符合该款规定的条件。当事人同意适用简易程序的方式可以由当事人自行申请，也可以经行政复议机构询问同意；既可以口头同意经由行政复议机构书面记录，也可以作出书面的同意意见。此处需要注意的是各方当事人均同意适用简易程序，但行政复议机构认为不宜适用简易程序的，亦可以不接受当事人申请而决定适用普通程序审理。

2. 简易程序审理期限与方式

根据《行政复议法》第 54 条的规定，适用简易程序审理的行政复议案件，行政复议机构应当自受理行政复议申请之日起 3 日内，将行政复议申请书副本或者行政复议申请笔录复印件发送被申请人。被申请人应当自收到行政复议申请书副本或者行政复议申请笔录复印件之日起 5 日内，提出书面答复，并提交作出行政行为的证据、依据和其他有关材料。适用简易程序审理的行政复议案件，可以书面审理。对于本条，未来行政复议机构可结合案件情况和本地区的实际，参照普通程序并以之为基础进行一定简化，当然，简化不得剥夺或减损当事人的陈述、申辩等程序权利。

3. 简易程序的转换

根据《行政复议法》第 55 条的规定，适用简易程序审理的行政复议案件，行政复议机构认为不宜适用简易程序的，经行政复议机构的负责人批准，可以转为普通程序审理。对于如何理解“不宜适用简易程序的”情形，参照《行政诉讼法》的相关规定和实践来看，可以有以下几种情形：一是案件本不复杂，但社会影响或法律影响较大；二是当事人依法改变或增加复议请求，导致案情复杂化、案件性质发生改变；三是当事人或者申请人以外的与申请行政复议的行政行为或者案件处理结果有利害关系的公民、法人或者其他组织提出追加第三人的申请，行政复议机构认为需要追加第三人。总体而言，转换是单向性的，且需要经行政复议机构负责人批准；审理期限仍然应当从案件受理的次日起计算，而不能从转为普通程序时重新起算。

（五）行政复议附带审查

在行政复议过程中，对规范性文件的附带审查和处理可以分为依申请审查和依职权审查两种。

1. 依申请审查

申请人依照《行政复议法》第 13 条的规定提出对有关规范性文件的附带审查申请，根据《行政复议法》第 56 条规定，行政复议机关有权处理的，应当在 30 日内依法处理；无权处理的，应当在 7 日内转送有权处理的行政机关依法处理。

2. 依职权审查

行政复议机关在对被申请人作出的行政行为进行审查时，认为其依据不合法，本机关有权处理的，根据《行政复议法》第 57 条的规定，应当在 30 日内依法处理；无权处理的，应当在 7 日内转送有权处理的国家机关依法处理。

附带审查主要审查的内容为：是否超越制定机关的法定职权或者超越法律、法规、规章的授权范围；是否与法律、法规、规章等上位法的规定相抵触；是否存在没有法律、法规、规章依据，违法增加公民、法人和其他组织的义务或者减损公民、法人和其他组织的合法权益；是否未履行法定批准程序、公开发布程序，严重违反制定程序等。同时，为了保证行政复议附带审查能够落到实处，首先，《行政复议法》第 58 条规定，针对以上两种情形，行政复议机关有权处理有关规范性文件或者依据的，行政复议机构应当自行政复议中止之日起 3 日内，书面通知规范性文件或者依据的制定机关就相关条款的合法性提出书面答复。制定机关应当自收到书面通知之日起 10 日内提交书面答复及相关材料。行政复议机构认为必要时，可以要求规范性文件或者依据的制定机关当面说明理由，制定机关应当配合。其次，根据《行政复议法》第 59 条的规定，行政复议机关有权处理有关规范性文件或者依据，认为相关条款合法的，在行政复议决定书中一并告知；认为相关条款超越权限或者违反上位法的，决定停止该条款的执行，并责令制定机关予以纠正。最后，根据《行政复议法》第 60 条的规定，依照第 56 条、第 57 条的规定接受转送的行政机关、国家机关应当自收到转送之日起 60 日内，将处理意见回复转送的行政复议机关。

第四节 行政复议决定

行政复议决定是指行政复议机关对行政行为依法审查后所作的处理行为，其在本质上也是一种行政行为。根据《行政复议法》第 61 条第 1 款的规定，行政复议机关依照《行政复议法》审理行政复议案件，由行政复议机构对行政行为进行审查，提出意见，经行政复议机关的负责人同意或者集体讨论通过后，以行政复议机关的名义作出行政复议决定。该条第 2 款规定，经过听证的行政复议案件，行政复议机关应当根据听证笔录、审查认定的事实和证据，依照《行政复议法》作出行政复议决定。该条第3款规定，行政复议机关在作出决定时要将提请行政复议委员会作出咨询的咨询意见作为行政复议决定的重要参考依据。这里的“重要参考依据”并非唯一依据或者直接依据，行政复议机关对于是否采纳行政复议委员会的咨询意见，具有裁量空间。此外，行政复议决定的执行是实现行政复议立法目的、维护法律权威和尊严的重要手段。

一、行政复议决定的类型

2023年《行政复议法》细化了变更、确认违法等决定的适用情形，调整了行政复议决定的顺序，增加确认无效、责令履行行政协议等决定类型。

（一）变更原行政行为的决定

变更原行政行为的决定，是指行政复议机关将被申请复议的行政行为的不适当的内容加以变更的决定。之所以将变更原行政行为的决定作为行政复议决定的第一个类型，原因在于其是行政复议机关发挥监督行政机关依法行政的重要手段。根据《行政复议法》第63条的规定，行政行为有下列情形之一的，行政复议机关决定变更该行政行为：（1）事实清楚，证据确凿，适用依据正确，程序合法，但是内容不适当；（2）事实清楚，证据确凿，程序合法，但是未正确适用依据；（3）事实不清、证据不足，经行政复议机关查清事实和证据。行政复议机关不得作出对申请人更为不利的变更决定，但是第三人提出相反请求的除外。行政复议中变更决定的本质是行政复议机关针对被申请的行政行为进行全面审查，据此作出一个新的行为而全部或者部分代替原行政行为，是发挥“主渠道”作用的具体体现。此规定在《行政复议条例》第42条中就有明确要求，到了《行政复议法实施条例》则明确了范围，但其赋予的是行政复议机关“可以”决定变更的权利。一些地方、部门则在细化行政复议相关规定时明确了“应当”变更的范围。

关于不利变更的问题，有判决指出：《行政复议法实施条例》第51条规定：“行政复议机关在申请人的行政复议请求范围内，不得作出对申请人更为不利的行政复议决定。”该条规定是禁止不利变更原则在行政复议程序中的体现。根据该原则及立法精神，该条款既包括复议机关不得直接作出对申请人更为不利的复议决定，也包括复议机关不得以撤销等方式间接导致对申请人更为不利的结果。但原行政机关经重新调查后，依据新的事实和证据作出处理的，不在此限。[①] 因

---

① 参见肖丽峰诉三门峡市公安局峡东分局、三门峡市公安局治安行政处罚及行政复议案，河南省高级人民法院（2020）豫行申860号行政裁定书，2020年12月14日。

为行政复议申请人申请行政复议，是为了撤销对自己不利的行政行为，如果行政复议机关在审查行政行为是否合法或者适当的过程中，作出对行政复议申请人较原裁决更为不利的决定，那么就会违背行政复议申请人提起行政救济的本意。行政复议禁止不利变更的要求体现了“申辩不加重”的本意，即要求行政复议机关不得因当事人申辩而加重处罚。但是行政复议禁止不利变更原则的适用也存在例外情形。如在行政处罚案件中，排除禁止不利变更原则适用包括但不限于以下情形：一是被侵害人及被处罚人同为复议申请人。此类情形中被侵害人、被处罚人会明示请求撤销处罚决定；二是被侵害人或被处罚人申请了行政复议，另一方作为第三人在复议程序中存在有意识的默示申请撤销处罚决定的行为。[①]

（二）撤销或者部分撤销原行政行为的决定

撤销或者部分撤销原行政行为的决定，是指行政复议机关消灭被复议的行政行为的决定。根据《行政复议法》第 64 条的规定，行政行为有下列情形之一的，行政复议机关决定撤销或者部分撤销该行政行为，并可以责令被申请人在一定期限内重新作出行政行为：(1) 主要事实不清、证据不足；(2) 违反法定程序；(3) 适用的依据不合法；(4) 超越职权或者滥用职权。行政复议机关责令被申请人重新作出行政行为的，被申请人不得以同一事实和理由作出与被申请行政复议的行政行为相同或者基本相同的行政行为，但是行政复议机关以违反法定程序为由决定撤销或者部分撤销的除外。

从第 64 条的规定来看，行政复议机关在作出此类决定时应恪守全面审查原则，同时，行政复议决定撤销行政行为后，未责令被申请人重新作出行政行为，不影响被申请人重新作出行政行为，如最高人民法院判决指出：根据《行政复议法》(2009 年) 第 28 条第 1 款第 3 项之规定，复议机关决定撤销或者确认该具体行政行为违法的，“可以”责令被申请人在一定期限内重新作出具体行政行为。该条规定并未采取“应当”这样的表述，因此，法律对于复议机关是否责令被申请人重新作出具体行政行为，赋予了一定的裁量空间。虽然对于依申请的行政行为而言，复议机关在决定撤销行政行为的同时，如果明确责令被申请人重新针对申请作出行政行为，更有利于法律关系的明晰；但由于申请人的申请依然存在，因此即使复议决定没有责令被申请人重新作出行政行为，被申请人也负有针对该申请重新作出行政行为的法定义务。至于被申请人是否依法重新作出行政行为，

---

① 参见肖淑春诉辽阳市政府行政复议决定案，最高人民法院 (2019) 最高法行申 4324 号行政裁定书，2019 年 12 月 24 日。

并非被诉复议决定的合法性问题。[①]

（三）确认原行政行为违法的决定

确认原行政行为违法的决定，是指行政复议机关确认行政行为具有违法性的决定。当行政复议机关在对行政行为审查之后认为要件存在瑕疵时，该行政行为的效力应被否定或其内容应得到纠正，一般应当作出撤销或部分撤销的决定，或者直接作出变更决定。但是在一定的情况下，无法作出撤销或变更决定，或者作出撤销或变更决定已无实际意义，此时行政复议机关可以确认被申请人作出的行政行为违法。如依《治安管理处罚法》所作出的行政拘留处罚已经实施完毕的，即使撤销也无法恢复行政相对人业已受到侵害的权益状态。根据《行政复议法》第 65 条的规定，行政行为有下列情形之一的，行政复议机关不撤销该行政行为，但是确认该行政行为违法：（1）依法应予撤销，但是撤销会给国家利益、社会公共利益造成重大损害；（2）程序轻微违法，但是对申请人权利不产生实际影响。同时，该条还规定行政行为有下列情形之一，不需要撤销或者责令履行的，行政复议机关确认该行政行为违法：（1）行政行为违法，但是不具有可撤销内容；（2）被申请人改变原违法行政行为，申请人仍要求撤销或者确认该行政行为违法；（3）被申请人不履行或者拖延履行法定职责，责令履行没有意义。

在行政诉讼实践中，对于行政复议机关以违反法定程序为由确认原行政行为违法，但原行政行为法律效力仍得到保留，行政复议机关应当属于共同被告。对此，最高人民法院判决指出：《行政诉讼法》第 26 条第 2 款规定，经复议的案件，复议机关决定维持原行政行为的，作出原行政行为的行政机关和复议机关是共同被告；复议机关改变原行政行为的，复议机关是被告。2015 年《行诉法解释》第 6 条第 2 款规定，《行政诉讼法》第 26 条第 2 款规定的“复议机关改变原行政行为”，是指复议机关改变原行政行为的处理结果。就本案而言，原行政行为即县公安局作出的 556 号处罚决定。复议决定的主文为“确认县公安局作出 556 号处罚决定的程序违法”，该复议决定并未改变原行政行为的处理结果。况且，复议决定认定“556 号处罚决定依据的事实清楚、适用法律正确、量罚适当”，因“被申请人办案超过法定期限、未出具书面鉴定意见”而被确认程序违法。上述情况表明，复议机关以违反法定程序为由确认原行政行为违法并不属于改变原行政行为，原行政行为虽被确认程序违法但其法律效力仍得到保留，故本

---

① 参见张福来诉国家税务总局行政复议案，最高人民法院（2016）最高法行申 154 号行政裁定书，2016 年 3 月 23 日。

案应当属于上述法律和司法解释规定的行政机关和复议机关为共同被告的情形。[①]

（四）限期履行义务的决定

限期履行义务的决定，是指行政复议机关经审查认为被申请人存在不履行法定职责的情形，进而作出责令其在一定期限内履行相应义务的决定。根据《行政复议法》第 66 条的规定，被申请人不履行法定职责的，行政复议机关决定被申请人在一定期限内履行。实践中，法定职责的主要来源：一是法律、法规、规章明确规定的履行义务。二是特定行政机关的履行义务。主要指行政机关由于从事某项特定的事务，申请人可以依法要求其履行的职责，如公安机关有保护人民生命的行政作为义务。三是行政协议、行政承诺等合意行为产生的履行义务。四是先行行为引起的履行义务，如行政机关依法拆除违法建筑而造成周围房屋损害，由此产生的恢复原状的行政义务。四是信赖利益引发的履行义务。

限期履行义务的决定一般会与拒绝履行相关联在一起，因此行政复议机关在申请的过程中一般首先要否定拒绝履行行为的效力，此时审查是按照维持或撤销决定的标准来展开的，然后再依据限期履行义务决定的审查标准进行审查。如在某公司不服某省人民政府信息公开答复申请裁决案中，被申请人认为申请人获取的信息不属于被申请人公开范围。行政复议机关认为，政府信息公开的义务主体仍应当是被申请人，根据《行政复议法》（2017 年）第 14 条、第 28 条第 1 款第 3 项、第 31 条的规定，裁决撤销被申请人作出的“非本机关政府信息告知书”和相应原级行政复议决定，同时责令被申请人对申请人提出的政府信息公开申请重新作出处理。[②]

（五）确认行政行为无效的决定

确认行政行为无效的决定，是指行政复议机关确认行政行为无效的决定。根据《行政复议法》第 67 条的规定，行政行为有实施主体不具有行政主体资格或者没有依据等重大且明显违法情形，申请人申请确认行政行为无效的，行政复议机关确认该行政行为无效。确认行政行为无效决定的作出取决于行政法理论上对无效行政行为的认知，具体情形有赖于行政复议实践加以完善与细化。如对“重大且明显”的理解，未来可结合权限要件、事实要件、依据要件、程序要件进一步探讨。法院的相关案例亦可以作为借鉴，如最高人民法院判决指出，《行政诉

---

① 参见高峰诉江苏省宿迁市公安局治安处罚行政复议案，最高人民法院（2017）最高法行申 4197 号行政裁定书，2017 年 10 月 20 日。

② 参见司法部行政复议司编著：《行政复议典型案例选编》（2016—2017），中国法制出版社 2018 年版，第 68 - 71 页。

讼法》第75条规定："行政行为有实施主体不具有行政主体资格或者没有依据等重大且明显违法情形，原告申请确认行政行为无效的，人民法院判决确认无效。"根据《行政诉讼法》的规定可知，无效行政行为是指该行为存在"重大且明显"的违法情形。"重大"一般是指行政行为的实施将给公民、法人或者其他组织的合法权益带来重大影响；而"明显"一般是指行政行为的违法性已经明显到任何有理智的人都能够作出判断的程度。行政行为只有在存在"重大且明显"违法的情形下，才能被认定为无效。在2018年《行诉法解释》中，对行政行为无效情形亦作了例举式规定。该解释第99条规定："有下列情形之一的，属于行政诉讼法第七十五条规定的'重大且明显违法'：(一) 行政行为实施主体不具有行政主体资格；(二) 减损权利或者增加义务的行政行为没有法律规范依据；(三) 行政行为的内容客观上不可能实施；(四) 其他重大且明显违法的情形。"[①]

(六) 维持决定

维持决定，是指行政复议机关经过审查认为行政行为认定事实清楚、证据确凿、适用依据正确、程序合法、内容适当的，依法所作出的维持该行政行为的决定。根据《行政复议法》第68条的规定，行政行为认定事实清楚，证据确凿，适用依据正确，程序合法，内容适当的，行政复议机关决定维持该行政行为。维持决定应具备以下四项要件：第一，事实要件。事实清楚、证据确凿是事实要件具备的表现，即行政复议机关通过审查认为被申请人实施的行政行为基于的事实真实、可靠并有证据作完整的证明。第二，根据要件。适用依据正确是根据要件具备的表现，即行政复议机关认为被申请人在确认事实的基础上，选择了真正可以成为其所实施的行政行为根据的法律、法规等规范。第三，程序要件。程序合法是程序要件具备的表现，即行政复议机关认为被申请人所实施的行政行为完全遵循了法律、法规等规范规定的方式、顺序、步骤和时限等。第四，内容要件。内容适当是内容要件具备的表现，即行政复议机关认为被申请人所实施的行政行为适当。

2014年《行政诉讼法》增加了复议维持的共同被告制度，从实施效果来看，2016年至2018年行政复议中维持决定所占的比例相较于之前的几年确实有了明显的下降。[②] 结合行政复议的典型案例观察，如果申请人针对行政行为的合理性提出质疑，许多行政机关均会对其合理性进行充分的论证。如在苗某不服某市规划局颁发建设用地规划许可证案中，争议点在于被申请人进行网上公示告知的行

① 濮阳市华龙区华隆天然气有限公司因濮阳华润燃气有限公司诉河南省濮阳市城市管理局、河南省濮阳市人民政府确认行政协议无效再审案，《最高人民法院公报》2022年第5期，第21页。

② 参见全国行政复议行政应诉案件统计数据，数据来源于中华人民共和国司法部官方网站：http：//www.moj.gov.cn/Department/node_601.html，2022年12月23日最后访问。

为是否合法合理。行政复议机关认为，被申请人在颁发该建设用地规划许可证前，已在其网站上对该建设项目进行了批前公示。此做法是本市规划行政许可审批前进行告知的通常做法，应视为被申请人履行了告知利害关系人的义务。被申请人经审查第三人提交的材料、进行网上批前公示，其作出的颁发建设用地规划许可证的具体行政行为合法、适当。[①] 实践中如果申请人对行政行为的合理性未提出质疑，一些行政复议机关一般也不会针对行政行为是否适当进行全面的审查。

（七）驳回行政复议请求的决定

驳回行政复议请求的决定，是指行政复议机关受理行政复议申请人认为被申请人不履行法定职责的行政复议申请后，发现被申请人并无相应法定职责或者在受理前已经履行法定职责的，对申请人的行政复议请求予以驳回。根据《行政复议法》第 69 条的规定，行政复议机关受理申请人认为被申请人不履行法定职责的行政复议申请后，发现被申请人没有相应法定职责或者在受理前已经履行法定职责的，决定驳回申请人的行政复议请求。驳回行政复议申请决定是 2007 年《行政复议法实施条例》新增加的一种行政复议决定类型，以满足实践中的需求，但是当时的规定并没有严格区分驳回行政复议请求与驳回行政复议申请。

驳回行政复议请求决定是对申请人实体权利主张的否定，当被申请人没有法定职责时，被申请人的不作为是合法的，行政复议机关并没有可以维持的行政行为存在，因此只能适用驳回复议请求的决定。同样，被申请人在受理前已经履行法定职责的，行政复议机关审查的对象已经是一个明确存在的行政行为，如果对其行为合法性的问题适用维持决定，逻辑上存在悖论，故而仍然要使用驳回行政复议请求的决定。而驳回行政复议申请决定则是行政复议机关在受理后发现申请不符合受理条件，从程序上予以驳回。如在沈某不服国务院某部门政府信息公开答复案中，行政复议机关认为，沈某应当依照《行政复议法》的规定获知行政复议决定的证据、依据，国务院某部门不负有依照《政府信息公开条例》向其公开行政复议决定证据、依据的法定职责。因此行政复议机关依照《行政复议法实施条例》第 48 条第 1 款第 1 项的规定，决定驳回行政复议申请合法。[②]

（八）行政协议案件的复议决定

行政协议案件的复议决定，是指行政复议机关受理行政复议申请后，对被申

---

① 参见国务院法制办公室行政复议司编著：《行政复议典型案例选编》（第一辑），中国法制出版社 2010 年版，第 49 - 52 页。

② 参见国务院法制办公室行政复议司编著：《行政复议年度案例选评（2014—2015）》，中国法制出版社 2015 年版，第 22 - 26 页。

请人涉案的行政协议作出的决定。根据《行政复议法》第71条的规定，被申请人不依法订立、不依法履行、未按照约定履行或者违法变更、解除行政协议的，行政复议机关决定被申请人承担依法订立、继续履行、采取补救措施或者赔偿损失等责任。被申请人变更、解除行政协议合法，但是未依法给予补偿或者补偿不合理的，行政复议机关决定被申请人依法给予合理补偿。行政协议是现代行政管理中经常使用的行为方式，2014年《行政诉讼法》修订将其纳入行政诉讼受案范围之后，有关争议仍然不断。《行政复议法》将行政协议的问题也纳入复议范围，但仍然需要在实践中对相关经验加以总结，如关于不依法订立、不依法履行、未按照约定履行的内涵界定，对于违法变更、解除协议的认定，以及承担方式的合理确立等。①

（九）行政赔偿的复议决定

行政赔偿的复议决定，根据《行政复议法》第72条的规定有两种情形：一是依申请作出的行政赔偿决定。申请人在申请行政复议时一并提出行政赔偿请求，行政复议机关对依照《国家赔偿法》的有关规定应当不予赔偿的，在作出行政复议决定时，应当同时决定驳回行政赔偿请求；对符合《国家赔偿法》的有关规定应当给予赔偿的，在决定撤销或者部分撤销、变更行政行为或者确认行政行为违法、无效时，应当同时决定被申请人依法给予赔偿；确认行政行为违法的，还可以同时责令被申请人采取补救措施。在实践中，确认行政行为违法和行政赔偿请求，可载明于同一行政复议决定中，但引起的诉讼相互独立。有判决指出：若行政复议机关对被申请复议的行政行为的处理，和对一并提出的行政赔偿请求的处理，载于同一行政复议决定中，彼此可分，公民、法人或其他组织仅就行政复议决定中有关行政赔偿请求的处理提出起诉，人民法院应遵循不告不理原则，不就行政复议决定中有关行政行为的处理进行审理和裁判。②

二是依职权作出的行政赔偿决定。申请人在申请行政复议时没有提出行政赔偿请求的，行政复议机关在依法决定撤销或者部分撤销、变更罚款，撤销或者部分撤销违法集资、没收财物、征收征用、摊派费用以及对财产的查封、扣押、冻结等行政行为时，应当同时责令被申请人返还财产，解除对财产的查封、扣押、冻结措施，或者赔偿相应的价款。

---

① 参见章剑生：《行政协议复议审查的范围、规则与决定方式》，《法律科学》2023年第2期，第124-133页。

② 参见夏秀英诉山东省威海市人民政府行政复议再审案，《最高人民法院公报》2020年第12期，第11-18页。

二、行政复议决定的作出期限

根据《行政复议法》第 62 条的规定，适用普通程序审理的行政复议案件，行政复议机关应当自受理申请之日起 60 日内作出行政复议决定；但是法律规定的行政复议期限少于 60 日的除外。情况复杂，不能在规定期限内作出行政复议决定的，经行政复议机构的负责人批准，可以适当延长，并书面告知当事人；但是延长期限最多不得超过 30 日。适用简易程序审理的行政复议案件，行政复议机关应当自受理申请之日起 30 日内作出行政复议决定。

相较于行政诉讼案件中人民法院应当在立案之日起 6 个月内作出第一审判决相比，行政复议的期限较短。此外，根据《行政复议法实施条例》第 34 条第 3 款的规定，行政复议机关审理行政复议案件需要现场勘验的，现场勘验所用时间不计入行政复议审理期限。而根据《行政复议法实施条例》第 37 条的规定，行政复议期间涉及专门事项需要鉴定的，当事人可以自行委托鉴定机构进行鉴定，也可以申请行政复议机构委托鉴定机构进行鉴定。鉴定费用由当事人承担。鉴定所用时间不计入行政复议审理期限。

三、行政复议决定的执行

行政复议决定的执行是指行政复议的申请人或者被申请人应当履行复议决定，在其拒不履行行政复议机关作出的发生法律效力的行政复议决定时，有关国家机关责令或者强制其履行的活动。

行政复议决定是在对被申请的行政行为依法审查后作出的，因此一经送达便发生法律效力。根据《行政复议法》第 75 条的规定，行政复议机关作出行政复议决定，应当制作行政复议决定书，并加盖行政复议机关印章。行政复议决定书一经送达，即发生法律效力。实践中，行政复议决定书一般包括以下内容：一是申请人、被申请人以及第三人的自然情况，包括自然人姓名、出生年月日、居所、法人名称、营业场所等情况，用以表明权利义务主体状况。二是申请人申请行政复议的主要请求和理由。三是行政复议机关认定的事实、依据和理由。针对行政复议当事人提供的证据、依据，行政复议依法作出认定并阐明相应理由和法律依据。四是复议决定的最终结论，即明确被申请行政行为合法性、适当性，并根据案件具体情况、申请人请求和《行政复议法》所规定的决定形式，作出相应的行政复议决定。五是教示诉权。告知申请人和第三人如果不服行政复议决定，可以在特定期限内向人民法院提起行政诉讼。六是作出行政复议决定的具体年月日，行政复议决定书应当加盖行政复议机关的印章。

行政复议决定对申请人和被申请人均产生拘束效力，即要求当事人的行为应当与行政复议决定相一致。对此，根据《行政复议法》第 77 条的规定，被申请人应当履行行政复议决定书、调解书、意见书。被申请人不履行或者无正当理由拖延履行行政复议决定书、调解书、意见书的，行政复议机关或者有关上级行政机关应当责令其限期履行，并可以约谈被申请人的有关负责人或者予以通报批评。根据《行政复议法》第 83 条的规定，被申请人不履行或者无正当理由拖延履行行政复议决定书、调解书、意见书的，对负有责任的领导人员和直接责任人员依法给予警告、记过、记大过的处分；经责令履行仍拒不履行的，依法给予降级、撤职、开除的处分。此前有判决指出：《行政复议法》（2017 年）第 31 条第 3 款规定，行政复议决定一经送达，即发生法律效力。作为复议机关的下级机关的被申请人，应当在收到决定书之后履行复议决定。“履行”是指采取措施，实施复议决定的内容。被申请人履行复议机关的复议决定，是该机关的法定职责，且行政机关是上级领导下级，即使被申请人对复议决定有不同意见，亦应按行政复议决定的内容办理，然后再以合适的方式（如报告、请示等）向上级表示不同意见，不可以采取置之不理或者故意违背的态度。为了保证行政复议决定的履行，《行政复议法》（2017 年）第 32 条规定，被申请人应当履行行政复议决定。被申请人不履行或者无正当理由拖延履行行政复议决定的，行政复议机关或者有关上级行政机关应当责令其限期履行。“不履行”是指明确表示不能执行复议决定或者不予理睬复议决定的内容，仍然按照自己原来的意愿去办理，或者仍然坚持原行政行为；“无正当理由拖延履行”则是指被申请人坚持自己的意见不立即采取措施执行行政复议决定。对无正当理由延缓履行复议决定或者不履行的，行政复议机关或者有关机关可以依照该规定，责令被申请人履行复议决定；如果复议机关或上一级行政机关对被申请人没有采取责令限期履行措施，申请人也可以依照《行政诉讼法》和最高人民法院有关执行的司法解释向人民法院申请强制执行。[①]

对于申请人而言，根据《行政复议法》第 78 条的规定，申请人、第三人逾期不起诉又不履行行政复议决定书、调解书，或者不履行最终裁决的行政复议决定的，按照下列规定分别处理：（1）维持行政行为的行政复议决定书，由作出行政行为的行政机关依法强制执行，或者申请人民法院强制执行；（2）变更行政行为的行政复议决定书，由行政复议机关依法强制执行，或者申请人民法院强制执行；（3）行政复议调解书，由行政复议机关依法强制执行，或者申请人民法院强

---

① 参见陈新明诉四川省泸州市江阳区人民政府政府信息公开案，最高人民法院（2017）最高法行申 6861 号行政裁定书，2018 年 3 月 2 日。

制执行。此处需要注意的是，第一，强制执行的适用主体仅为申请人、第三人，而不包括被申请人，被申请人不履行行政复议法律文书义务，适用该法第 77 条的规定。适用情形是逾期不起诉（意味着行政复议决定已经不具备可诉性）同时又不履行义务，依照《行政诉讼法》《行政强制法》有关非诉行政执行的规定。第二，行政复议机关变更决定中明确了申请人、第三人的履行义务的，申请人、第三人有义务履行；申请人、第三人不履行的，由行政复议机关依法强制执行或者申请人民法院强制执行。第三，行政复议调解书载明了申请人、第三人和被申请人之间的权利义务内容，申请人、第三人不履行行政调解书的，由行政复议机关依法强制执行，或者申请人民法院强制执行。

一般而言，行政复议的结案方式包括行政复议决定和调解处理两种，因此，除了对行政复议决定的执行予以关注，《行政复议法》明确了行政复议调解书的效力与执行的问题。行政复议调解书，是指由行政复议机关对申请人和被申请人之间的行政争议进行居中协调，对当事人达成的调解协议予以书面记载而制作的行政复议法律文书。根据《行政复议法》第 73 条的规定，当事人经调解达成协议的，行政复议机关应当制作行政复议调解书，经各方当事人签字或者签章，并加盖行政复议机关印章，即具有法律效力。调解未达成协议或者调解书生效前一方反悔的，行政复议机关应当依法审查或者及时作出行政复议决定。在行政复议的实践中，行政复议对行政行为合法但不合理、不合法且不合理等现象进行了有效的调解，从案件的实际情况出发，既充分考虑案件的背景和特殊性，又在法律框架内尽量将案件向解决实际问题的方向推动，发挥了行政复议解决纠纷的重要功能。①

另外，这里需要提及的尚有行政复议和解的问题。行政复议和解是指申请人、被申请人在行政复议过程中自愿达成和解，且和解内容不得损害国家利益、社会公共利益和他人合法权益，不得违反法律、法规的强制性规定；由申请人向行政复议机构撤回行政复议申请的行为。同时，《行政复议法》第 74 条第 2 款规定，行政复议机构准予撤回行政复议申请、行政复议机关决定终止行政复议的，申请人不得再以同一事实和理由提出行政复议申请，但是，申请人能够证明撤回行政复议申请违背其真实意愿的除外。与行政复议调解不同，和解是申请人和被申请人双方自愿、自主协商如何解决行政争议，行政复议机关不参与和解过程；而调解是由行政复议机关对申请人和被申请人之间的行政争议进行居中协调。行政复议调解书一经双方当事人签字或者签章并加盖行政复议机关印章，即具有法律效力，双方当事人须自觉履行调解书中确定的义务，当一方不履行义务时，另一方可申请强制执行；而和解协议书的情况则较为复杂，对于被申请人不履行在

---

① 参见司法部行政复议司编著：《行政复议典型案例选编》（2016—2017），中国法制出版社 2018 年版，第 100－103 页。

和解协议中承诺的作为义务的，申请人可依法申请行政复议或者提起行政诉讼，而申请人不履行和解协议的，被申请人可依法强制执行或者依法申请人民法院强制执行。此外，尚需判断申请人撤回行政复议申请而和解时违背其真实意愿的情形，对此视情形可进一步对该和解协议依法申请行政复议或提起行政诉讼。[①]

四、行政复议意见书、公开及与监察制度的衔接

行政复议机关在审查行政复议期间，除了解决申请人等的诉求，还可以通过行政复议意见书的方式来解决被申请人或者其他行政机关的有关行政行为违法或者不当的情形。根据《行政复议法》第 76 条的规定，行政复议机关在办理行政复议案件过程中，发现被申请人或者其他下级行政机关的有关行政行为违法或者不当的，可以向其制发行政复议意见书。有关机关应当自收到行政复议意见书之日起 60 日内，将纠正相关违法或者不当行政行为的情况报送行政复议机关。此条中的行政复议意见书是指行政复议机关在审理行政复议案件过程中，发现被申请人或者其他下级行政机关的有关行政行为违法或者不当，向被申请人或者其他下级行政机关制发的表明行政复议机关态度的法律文书。行政复议意见书的内容可以是被申请行政行为违法、不当的有关情况，也可以是改变或者采取补救措施的意见，亦可以是解决问题的依据与途径等。行政复议意见书意在指出问题并引以为戒，从而预防类似行政争议的再次发生。行政复议意见书的效力在于有关机关应自收到行政复议意见书之日起 60 日内，将纠正行政行为的情况报送行政复议机关。

行政复议机关通过公开行政复议决定书的方式来实现社会公众对行政复议工作的有效监督。根据《行政复议法》第 79 条的规定，行政复议机关根据被申请行政复议的行政行为的公开情况，按照国家有关规定将行政复议决定书向社会公开。县级以上地方各级人民政府办理以本级人民政府工作部门为被申请人的行政复议案件，应当将发生法律效力的行政复议决定书、意见书同时抄告被申请人的上一级主管部门。根据本条第 1 款的规定，行政复议机关的公开要尊重行政行为的公开情况，但是行政复议决定书公开制度如何构建，尚须进一步探讨。根据本条第 2 款的规定，抄告的实施主体为县级以上地方各级人民政府，将行政复议决定书、意见书抄告被申请人的上一级主管部门，一方面起到一定的督促作用，另一方面能够帮助同一行政领域的上、下级行政机关掌握行政行为合法性、适当性

---

① 相关的讨论，可参见黄璞琳：《从一起行政复议案谈和解的适用》，《工商行政管理》2013 年第 2 期，第 62 - 64 页；曹康泰主编：《中华人民共和国行政复议法实施条例释义》，中国法制出版社 2007 年版，第 202 - 206 页。

标准的统一性问题。该条未规定抄告的时限，但根据《行政复议法》第75条的规定，行政复议决定一经送达，即发生法律效力，故行政复议机关应当及时履行抄告义务。此外，本款规定抄告的内容未包括行政调解书，但从层级监督的有效性出发，行政调解书也应当予以抄告。

行政复议与监察制度的衔接，能够有效保障相关的法律责任的追究。一是根据《行政复议法》第85条的规定，行政机关及其工作人员违反本法规定的，行政复议机关可以向监察机关或者公职人员任免机关、单位移送有关人员违法的事实材料，接受移送的监察机关或者公职人员任免机关、单位应当依法处理。此处分为向监察机关移送和向任免机关移送两种，其与《公职人员政务处分法》所规定的政务处分与处分双轨并行的处分体制有关，也就是说如果行政复议机关在行政复议案件办理过程中发现行政机关及其工作人员违反《行政复议法》的规定，行政复议机关既可以向监察机关，也可以向公职人员任免机关、单位移送有关人员违法的事实材料。接受移送的监察机关或者公职人员任免机关、单位应当依法处理。监察机关发现公职人员任免机关、单位应当给予处分而未给予，或者给予的处分违法、不当的，应当及时提出监察建议。二是根据《行政复议法》第86条的规定，行政复议机关在办理行政复议案件过程中，发现公职人员涉嫌贪污贿赂、失职渎职等职务违法或者职务犯罪的问题线索，应当依照有关规定移送监察机关，由监察机关依法调查处置。根据本条规定，行政复议机关与监察机关应当就行政复议案件办理过程中发现的职务违法与职务犯罪移送加强沟通协作，建立行政复议与监察调查衔接的长效工作机制，进一步细化本条的要求。

五、行政复议与行政诉讼的衔接

行政复议与行政诉讼的衔接，关系到行政相对人对行政争议选择何种救济渠道以及如何启动救济渠道的程序问题。对此，《行政复议法》《行政诉讼法》作出了相关的规定，从其规范可以看出，行政复议与行政诉讼的衔接关系的一般模式是“以当事人选择为原则，以复议前置为例外”[①]。原则上由当事人自由选择复议或者诉讼的救济方式，例外是当单行法律、行政法规规定行政复议为提起行政诉讼的必经程序时，当事人应当先行向行政机关申请复议。《行政诉讼法》第44条规定：“对属于人民法院受案范围的行政案件，公民、法人或者其他组织可以先向行政机关申请复议，对复议决定不服的，再向人民法院提起诉讼；也可以直接向人民法院提起诉讼。法律、法规规定应当先向行政机关申请复议，对复议决

---

① 张少波、孙运山：《行政复议与行政诉讼程序衔接机制再探讨——兼评〈行政复议法（修订）（征求意见稿）〉的相关规定》，《中国司法》2021年第11期，第72页。

定不服再向人民法院提起诉讼的，依照法律、法规的规定。”此处需要注意，《行政复议法》将行政复议前置的设置规范层级局限在了“法律、行政法规”。

在该原则指导之下，行政复议与行政诉讼的关系又可分为四种具体类型：(1) 复议前置型。如前所述，法律、行政法规规定应当先申请复议，公民、法人或者其他组织未申请复议直接提起诉讼的，人民法院裁定不予立案。(2) 复议终局型。目前包括两种类型：第一种为绝对终局型。即行政相对人对行政行为不服，只能选择行政复议，且行政复议决定终局。典型如《集会游行示威法》第13条的规定。[①] 第二种是相对终局型，即行政相对人对行政行为不服，既可以提起行政诉讼，也可以选择行政复议，若选择行政复议则复议终局。典型如《行政复议法》第26条、《出境入境管理法》第64条的规定。(3) 径行起诉型。法律规定行政相对人对行政行为不服，可以向人民法院提起行政诉讼，但未明确规定行政相对人可否申请行政复议。典型如《专利法》第65条的规定。对于此种情形，学者分析认为法律规范对行政相对人的复议权不作规定，并不影响其拥有行政复议权，因为行政相对人只要对行政行为不服，并且符合《行政复议法》所规定的条件，其就自然可以申请行政复议，无须依赖其他法律规范的特别规定。[②] (4) 自由选择型。法律、法规未规定行政复议为提起行政诉讼的必经程序时，当事人可以自由选择救济手段。行政复议与行政诉讼衔接的绝大多数属于此种类型。公民、法人或者其他组织既提起诉讼又申请行政复议的，由先立案的机关管辖。如先受理的机关是复议机关，除复议终局的情形外，当事人对复议决定不服的，均可再行提起行政诉讼。但如果先受理的机关是法院，当事人则不能在诉讼后再申请行政复议。同时立案的，由公民、法人或者其他组织选择。此处需要注意两个问题：一是对于行政机关基于同一事实，部分公民、法人或者其他组织提起行政诉讼，部分申请行政复议，此时如果案件属于行政复议前置情形，人民法院应当向当事人释明，由当事人撤诉，从而进入行政复议程序；如果是自由选择型案件，当事人的诉讼请求中要求对行政行为适当性进行审理的，人民法院应当向当事人释明，由当事人撤诉后，进入行政复议程序先行解决；如果是自由选择型案件，当事人的诉讼请求为对行政行为进行合法性审查的，人民法院应当向当事人释明，并由当事人协商选择。二是公民、法人或者其他组织在行政诉讼过程中撤诉的，如果尚在行政复议期限内，行政复议机关对于被申请行政行为一般来说仍然具有管辖权，不宜将其排除在行政复议范围之外。此外，公民、法人或者其他组织已经申请行政复议，在法定复议期间内又向人民法院提起诉讼的，人民

---

① 参见江必新主编：《中华人民共和国行政复议法条文解读与法律适用》，中国法制出版社2023年版，第21页。

② 参见胡建森：《行政法学（下）》，法律出版社2023年第5版，第1081页。

法院裁定不予立案。公民、法人或者其他组织向复议机关申请行政复议后，又经复议机关同意撤回复议申请，在法定起诉期限内对原行政行为提起诉讼的，人民法院应当依法立案。

深度阅读

1. 马怀德，李策．行政复议委员会的检讨与改革．法学评论，2021（4）.

2. 王万华．“化解行政争议的主渠道”定位与行政复议制度完善．法商研究，2021（5）.

3. 方军．论行政复议的性质界定与功能定位：兼议我国行政复议立法宗旨的变动．河南财经政法大学学报，2020（6）.

4. 崔梦豪．行政复议变更决定的异化与回归．法学，2021（4）.

5. 高秦伟．行政复议制度的整体观与整体设计．法学家，2020（3）.

问题与思考

1. 行政复议的性质是什么？

2. 行政复议的基本原则是什么？

3. 行政复议前置设置的基本依据是什么？

4. 阅读时玉华诉北京市东城区人民政府行政复议案［北京市高级人民法院（2020）京行终 694 号行政判决书］，思考行政复议应当如何对行政行为展开全面审查，进一步思考全面审查的实现问题。

> 2019 年 3 月 8 日，时玉华经北京城管信访管理系统向北京市东城区城市管理综合行政执法监察局（以下简称东城区城管局）反映“夕照寺西里×楼×门西侧叶××家原围墙被拆除后，龙潭办事处又给他家建铁栅栏并贴铁皮、吊顶子，构成违法构筑物，要求城管执法机关履行法定职责”。3 月 11 日，该区告知时玉华其反映的问题已导入行政事项进行处理。4 月 1 日，北京市规划和自然资源委员会东城分局认定夕照寺西里×号×单元西侧的 1 处铁皮构筑物未取得建设工程规划许可证。2019 年 7 月 3 日，时玉华以东城区城管局为被申请人向东城区政府提出行政复议申请，复议请求拆除违法建设，履行法定职责。2019 年 9 月 29 日，北京市东城区人民政府作出东政复字［2019］114 号行政复议决定书（以下简称被诉复议决定），指出：根据《行政复议法》（2017 年）第 28 条第 1 款第 3 项的规定，确认东城区城管局未在法定期限内对夕照寺西里×楼×门西侧铁皮构筑物履行查处职责违法，并依法送达给时玉华和东城区城管局。时于 2019 年 10 月 9 日收到后不服，

于同年 10 月 17 日向一审法院提起行政诉讼。

在审理过程中，一审法院认为：其一，根据《行政复议法》第 12 条第 1 款之规定，对县级以上地方各级人民政府工作部门的具体行政行为不服的，由申请人选择，可以向该部门的本级人民政府申请行政复议，也可以向上一级主管部门申请行政复议。本案中，东城区政府作为东城区城管局的本级人民政府，依法具有应时玉华所提行政复议申请作出行政复议决定的法定职权。其二，根据《行政复议法》第 2 条规定，公民、法人或者其他组织认为具体行政行为侵犯其合法权益，向行政机关提出行政复议申请，行政机关受理行政复议申请、作出行政复议决定，适用本法。东城区政府作为行政复议机关，在受理行政复议申请后，应当围绕行政复议申请的请求内容，对被复议行为是否属于行政复议范围以及该行为是否合法、适当进行全面审查，并根据《行政复议法》及《行政复议法实施条例》的有关规定作出相应的行政复议决定。本案中，时玉华的行政复议请求为要求东城区城管局拆除违法建设，履行法定职责，申请书中具体反映“龙潭办事处给叶××家用铁栅栏肆意圈地，本小区消防通道封死、堵死，百姓的公共通道封死，造成叶××家理直气壮的贴铁皮、吊顶，属‘违法建设构筑物’”。时玉华一审庭审中亦坚持其复议要求拆除的是铁皮和铁栅栏，认为均属于违法构筑物。东城区政府收到时玉华的复议申请后，应当就被复议行为的请求事项进行全面审查。但被诉复议决定只确认了被申请人东城区城管局未在法定期限内对夕照寺西里×楼×门西侧铁皮构筑物履行查处职责违法，对于时玉华反映的铁栅栏是否构成违法构筑物、是否应予拆除的问题东城区政府未予调查核实，被诉复议决定也未予回复。因此，被诉复议决定明显遗漏了行政复议决定应当处理的事项，属于认定事实不清，主要证据不足，依法应予纠正。

东城区人民政府不服一审判决，向二审法院提起上诉，二审法院同样明确了全面审查的原则，驳回上诉，维持一审判决。

第三章 行政诉讼原理

重点知识

行政诉讼　民告官　行政诉讼法　行政诉讼目的论　诉讼类型　主观诉讼与客观诉讼　形成之诉、给付之诉与确认之诉　行为之诉与法律关系之诉　事后救济之诉与事前预防之诉　诉权保障　正当程序　法律监督　行政行为合法性审查原则

知识逻辑图

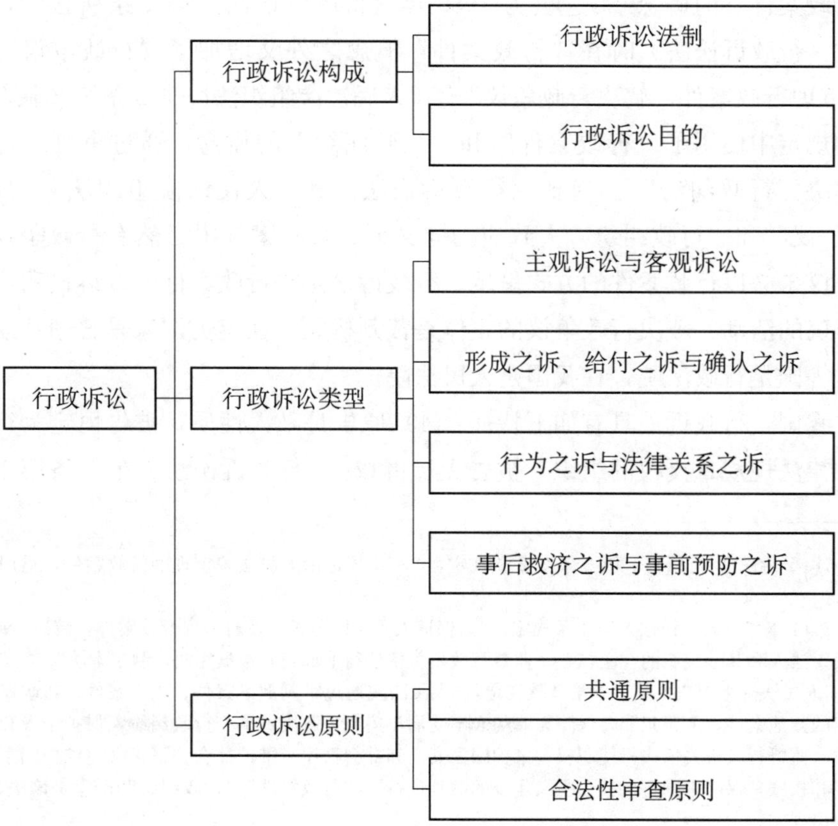

第一节　行政诉讼概述

行政诉讼是一种最正式的行政救济制度，是法治国家的标准装置之一。我国建立了以行政诉讼法为核心的行政诉讼体系，为私人的权利救济提供制度保障。

一、行政诉讼的界定

关于行政诉讼的概念，存在不同的解释。这里首先需要对行政诉讼作出界定。下文将侧重于从我国自身的情况来加以说明。

（一）行政诉讼的概念与特征

所谓行政诉讼，是指原告请求裁判机关依法就行政争议作出裁判的活动。行政诉讼所要处理的对象是行政争议。1982 年《民事诉讼法（试行）》第 3 条使用了“行政案件”的概念[①]，这也为 1989 年《行政诉讼法》第 1 条所接纳，2014 年修改《行政诉讼法》时在“行政案件”概念之外又增加了“行政争议”的概念，“审理行政案件，解决行政争议”[②]。《人民法院组织法》第 2 条第 2 款在法院任务的规定中使用了“行政案件”和“行政纠纷”的概念，通过审判“行政案件”解决“行政纠纷”[③]。对比《行政诉讼法》和《人民法院组织法》的用法，“行政争议”和“行政纠纷”大致应为同义词。行政案件中必然有行政争议，但行政争议未必以行政案件的方式呈现。行政诉讼是在行政案件中以诉讼程序解决行政争议的活动。裁决行政争议的主体是裁判机关，在英美国家是普通法院，在德、法等国是行政法院，在我国是人民法院。

在我国，行政诉讼具有如下特征：(1) 原告是私人性质，被告恒定为行政机关及法律法规规章授权的组织，被告无反诉权。《行政诉讼法》第 2 条第 1 款规

---

① 《民事诉讼法（试行）》第 3 条第 2 款规定，“法律规定由人民法院审理的行政案件，适用本法规定”。

② 2014 年《行政诉讼法》第 1 条规定，“为保证人民法院公正、及时审理行政案件，解决行政争议，保护公民、法人和其他组织的合法权益，监督行政机关依法行使职权，根据宪法，制定本法”。

③ 《人民法院组织法》第 2 条第 2 款规定，“人民法院通过审判刑事案件、民事案件、行政案件以及法律规定的其他案件，惩罚犯罪，保障无罪的人不受刑事追究，解决民事、行政纠纷，保护个人和组织的合法权益，监督行政机关依法行使职权，维护国家安全和社会秩序，维护社会公平正义，维护国家法制统一、尊严和权威，保障中国特色社会主义建设的顺利进行”。“行政案件”“行政纠纷”概念是该法 2018 年修订时才出现的。

定，“公民、法人或者其他组织认为行政机关和行政机关工作人员的行政行为侵犯其合法权益，有权依照本法向人民法院提起诉讼”。(2) 行政诉讼的基本内容是判断行政行为是否合法。这也是《行政诉讼法》第 6 条的规定。

(二) 行政诉讼的相关概念

行政诉讼被俗称为“民告官”，这固然形象，但并不准确。第一，被告主要是行政机关，并非所有的国家机关都能成为行政诉讼的被告。第二，被告不限于行政机关这样的国家机关，还包括法律法规规章授权的组织。第三，被告是行政机关时，不包括其工作人员。也就是说被告是“官府”，而非官员。这种做法既符合被诉行为的性质，也能保障公务人员依法行使职权的积极性，保障受害者如数得到赔偿。第四，以行政机关为被告的并非都是行政诉讼，行政机关也可能作为机关法人成为民事诉讼的被告。第五，行政诉讼的原告也不限于“民”。行政机关有时也会成为另一个行政机关行使职权的对象，亦即处于行政相对人的地位。现实中就发生过这种“官告官”的行政诉讼案件。

现实中，还存在一些“官告民”的做法。(1) 监护人不履行送子女入学接受义务教育案件。现实中，有的乡镇政府先责令监护人送被监护人接受义务教育，在其不服从时，由乡镇政府将监护人告上法院，提起的是行政诉讼。但是，这种做法明显不符合行政诉讼法的规定。相对妥当的做法是，责令履行法定义务后，在当事人不履行义务时，申请法院强制执行。(2) 无名氏事故死亡案件。民政部门将事故责任人告上法院索赔。这种诉讼的性质一般是民事诉讼。按照《第八次全国法院民事商事审判工作会议（民事部分）纪要》（法〔2016〕399 号）第 6 条的规定，鉴于《侵权责任法》第 18 条[①]明确规定被侵权人死亡，其近亲属有权请求侵权人承担侵权责任，并没有赋予有关机关或者单位提起请求的权利，当侵权行为造成身份不明人死亡时，如果没有赔偿权利人或者赔偿权利人不明，有关机关或者单位无权提起民事诉讼主张死亡赔偿金，但其为死者垫付的医疗费、丧葬费等实际发生的费用除外。(3) 公共利益损害赔偿案件。按照《民事诉讼法》（2023 年）第 58 条第 1 款的规定，“对污染环境、侵害众多消费者合法权益等损害社会公共利益的行为，法律规定的机关和有关组织可以向人民法院提起诉讼”。《海洋环境保护法》（2023 年）第 114 条第 2 款规定，“对污染海洋环境、破坏海洋生态，给国家造成重大损失的，由依照本法规定行使海洋环境监督管理权的部

---

① 《侵权责任法》第 18 条，即现今《民法典》第 1181 条：“被侵权人死亡的，其近亲属有权请求侵权人承担侵权责任。被侵权人为组织，该组织分立、合并的，承继权利的组织有权请求侵权人承担侵权责任。被侵权人死亡的，支付被侵权人医疗费、丧葬费等合理费用的人有权请求侵权人赔偿费用，但是侵权人已经支付该费用的除外。”

门代表国家对责任者提出损害赔偿要求”。行使海洋环境监督管理权的部门就可以作为原告提起民事诉讼，要求赔偿损害。但从理论上来说，行政机关可以对责任者作出行政处罚等处理决定，这种手段比提起民事诉讼更加有效快速。而且，如果行政机关提起民事诉讼，法院一旦作出判决，就有可能影响其他受害者的救济。这些“官告民”的做法基本上是不必要的。

另外，还存在一些“官告官”的做法，亦即行政机关以行政诉讼的方式起诉另一个行政机关。这里存在两种情形。(1) 机关诉讼。一个行政机关认为另一个行政机关侵犯自己的合法权限，提起行政诉讼，由法院进行裁判。在我国，机关诉讼并非法定的诉讼类型，一般由上级机关来解决权限争议，但现实中出现过少许的机关诉讼案件。(2) 行政机关作为行政相对人提起行政诉讼。例如，行政机关作为机关法人，因房产被上级机关转移给另一个主体，或者不被有关部门登记，提起行政诉讼。再如，生态环境部门以垃圾填埋场渗滤液管道泄漏造成废水超标排放为由，对垃圾处理场的监管单位卫生部门作出处罚，卫生部门提起行政诉讼。①

二、行政诉讼法制

我国的行政诉讼法制是从清末 1906 年开始探索的，进入中华民国之后于 1914 年实现了法制化。新中国成立之后，在改革开放之后再次实现行政诉讼的法制化。如此，行政诉讼法制在中国已有一百年以上的历史。

（一）民国时期的行政诉讼法

1912 年 3 月 11 日，《中华民国临时约法》第 10 条规定，“人民对于官吏违法损害权利之行为，有陈诉于平政院之权”。第 49 条还规定，“法院依法律审判民事诉讼及刑事诉讼。但关于行政诉讼及其他特别诉讼，别以法律定之”。这就以宪法性文件的形式正式确立了行政诉讼制度。但现实中并未设置平政院、建立行政诉讼制度。

1914 年，根据《中华民国约法》第 8 条“人民依法律所定有诉愿于行政官署陈诉于平政院之权”的规定，政府提出行政诉讼法案。1914 年 7 月 14 日，由参政院代行立法院职权，审议通过了《行政诉讼法》。7 月 20 日，袁世凯公布《行政诉讼法》。这是中国第一部《行政诉讼法》，它同时也宣告了中国行政法的诞生。该法共 35 条，分为行政诉讼之范围、行政诉讼之当事人、行政诉讼之程

① 例如，海口市园林和环境卫生管理局诉澄迈县生态环境局环境保护行政处罚案，海南省海口市中级人民法院（2020）琼 01 行初 211 号行政判决书，2020 年 10 月 23 日。

序、行政诉讼裁决之执行4章。该法实行概括主义的行政裁判权（而不采取列举主义），除法令另有规定外，对于行政官署的违法处分，导致人民权利损害，人民均可提起行政诉讼（第1条）。该法实行诉愿前置主义（而非自由选择主义），行政诉讼的提起原则上须先申请诉愿（诉愿相当于行政复议），到最高级官署的决定仍不服时，才能提起行政诉讼（第1条）。该法所采用的诉讼类型仅为撤销诉讼，平政院可以撤销或变更违法处分（第33条）。该法实行一审终审制，全国仅在中央设平政院，隶属于大总统，平政院的裁决一经作出，即可拘束与事件有关系的主体（第34条）。

1928年，北洋政府时期结束，南京国民政府开始实行"五权宪法"，设置了司法院，废除了平政院，1914年《行政诉讼法》也退出了历史舞台。1932年11月17日，国民政府公布了立法院制定的《行政法院组织法》和《行政诉讼法》。新《行政诉讼法》共27条，不分章节，于1933年6月23日开始施行。与过去相近，全国仅设行政法院一所，隶属于司法院，亦实行诉愿前置、行政法院一审终审。

（二）新中国的行政诉讼法制

新中国成立初期，囿于历史原因，我国未能建立行政诉讼制度。改革开放之后，1980年，全国人大制定了《中外合资经营企业所得税法》[①]，该法第15条规定，"合营企业同税务机关在纳税问题上发生争议时，必须先按照规定纳税，然后再向上级税务机关申请复议。如果不服复议后的决定，可以向当地人民法院提起诉讼"。这里首次规定了行政争议的行政诉讼解决机制。1982年《民事诉讼法（试行）》第3条第2款规定，"法律规定由人民法院审理的行政案件，适用本法规定"。如此，只要法律规定可以就行政案件起诉，法院也就有了审理的程序。[②]此后，《海上交通安全法》《治安管理处罚条例》《土地管理法》等规定了行政诉讼的法律逐渐增多。到1989年时，"已有130多个法律和行政法规规定了公民、组织对行政案件可以向人民法院起诉"[③]。制定专门的行政诉讼法也成为现实的

---

① 该法1980年9月10日公布实施，1983年全国人大常委会修改，1991年全国人大制定《外商投资企业和外国企业所得税法》并废止了本法。但行政诉讼条款仍然为新法保留。

② 对于法条的规定，有观点认为，"行政案件"是指"指因行政机关行使其处分职权所引起的争议案件"；对"法律"应作广义理解，包括法律、行政法规和地方性法规。参见费宗祎：《什么是"法律规定由人民法院审理的行政案件"?》，《人民司法》1983年第3期，第24页。1987年10月9日《最高人民法院关于地方人民政府规定可向人民法院起诉的行政案件法院应否受理问题的批复》指出：按照《民事诉讼法（试行）》第3条第2款的规定，"凡是全国人民代表大会及其常务委员会制定的法律、国务院制定的行政法规、省和直辖市的人民代表大会及其常务委员会制定的地方性法规、民族自治地方的人民代表大会制定的自治条例和单行条例中规定向人民法院起诉的行政案件，如当事人向人民法院起诉，人民法院应予受理。不属于上述情况的，不应受理"。

③ 参见王汉斌：《关于〈中华人民共和国行政诉讼法（草案）〉的说明——1989年3月28日在第七届全国人民代表大会第二次会议上》，《最高人民法院公报》1989年第2期，第11页。

需求。

从1986年开始，全国人大常委会法制工作委员会委托行政立法研究组研究和起草行政诉讼法，1988年形成行政诉讼法草案，提请七届全国人大常委会四次会议审议。根据党的十三大报告提出的“重大问题经人民讨论”的精神，全国人大常委会决定将草案全文公布（《人民日报》1988年11月10日刊登），广泛征求意见。1989年4月4日，第七届全国人民代表大会第二次会议通过了《中华人民共和国行政诉讼法》，自1990年10月1日起施行。之后该法有两次修改：根据2014年11月1日第十二届全国人民代表大会常务委员会第十一次会议《关于修改〈中华人民共和国行政诉讼法〉的决定》第一次修正，根据2017年6月27日第十二届全国人民代表大会常务委员会第二十八次会议《关于修改〈中华人民共和国民事诉讼法〉和〈中华人民共和国行政诉讼法〉的决定》第二次修正。

作为行政诉讼法制组成部分的，还有最高人民法院的相关司法解释，主要包括《最高人民法院关于适用〈中华人民共和国行政诉讼法〉的解释》（法释〔2018〕1号）、《最高人民法院关于行政诉讼证据若干问题的规定》（法释〔2002〕21号）、《最高人民法院关于审理行政协议案件若干问题的规定》（法释〔2019〕17号）等。

另外，对于行政诉讼法与民事诉讼法之间的关系，行政诉讼脱胎于民事诉讼，但在1989年《行政诉讼法》的制定过程中，存在一种很强烈的主张：行政诉讼法作为国家的基本法律，应当自成体系，不宜过多地引用民事诉讼法的规定，应根据行政诉讼的特点，制定一部完整的行政诉讼法。所以，《行政诉讼法》对行政诉讼的基本程序作出了比较完整的规定。① 但即便如此，《行政诉讼法》仍有不全面的地方。根据《行政诉讼法》第101条的规定，人民法院审理行政案件，关于期间、送达、财产保全、开庭审理、调解、中止诉讼、终结诉讼、简易程序、执行等，以及人民检察院对行政案件受理、审理、裁判、执行的监督，本法没有规定的，适用《民事诉讼法》的相关规定。故而，《民事诉讼法》及其司法解释也属于行政诉讼法的法源。在行政诉讼中适用民事诉讼规范，需要遵循以下两个原则。第一，不与行政诉讼性质相冲突。例如，在行政诉讼法中基于行政法律关系的特殊性，已经规定了起诉期限的各种规则，这时就不适用民事的诉讼时效制度规定。第二，补充性原则。补充民事诉讼规范限于《行政诉讼法》第101条所列的事项，而且，仅限于民事诉讼规定，不包括民事实体法。②

---

① 参见何海波编：《行政法治奠基时——1989年〈行政诉讼法〉史料荟萃》，法律出版社2019年版，第46、80页。

② 参见章剑生：《行政诉讼中民事诉讼规范之“适用”——基于〈行政诉讼法〉第101条展开的分析》，《行政法学研究》2021年第1期，第74－75页。

三、行政诉讼的目的

行政诉讼的目的，又可以称作行政诉讼制度的目的，是国家设立行政诉讼制度所希望达到的理想目标。先有目的，后有制度设计。行政诉讼的目的指导行政诉讼的立法，故而，也在行政诉讼法中得到体现。行政诉讼的目的与行政诉讼法的立法目的密切关联，但也有所差别。行政诉讼的目的是当事人实施行政诉讼制度所要实现的目标，而行政诉讼法的立法目的除行政诉讼的目的之外可能还包括解决法院审理行政案件的程序问题。

（一）立法目的的规定

在 1989 年行政诉讼法起草之际，有关行政诉讼的目的，主要存在四种意见。（1）制定行政诉讼法的唯一宗旨应当是保护私人的合法权益。行政诉讼法不调整国家行政机关的行政管理活动，不可能保证或促进行政机关依法行使行政权。（2）制定行政诉讼法的主要目的是监督行政机关依法行政，这是民事诉讼法、刑事诉讼法所替代不了的。（3）制定行政诉讼法的目的首先是保证法院正确及时审理行政案件，这也是诉讼法的目的与实体法目的不同的地方。（4）制定行政诉讼法的目的应当包含“保障和监督”或“维护和促进”行政机关依法行政的两层意思，很多政府法制部门认为不可片面。[①] 综合上述意见，1989 年《行政诉讼法》第 1 条规定，“为保证人民法院正确、及时审理行政案件，保护公民、法人和其他组织的合法权益，维护和监督行政机关依法行使行政职权，根据宪法制定本法。”

2014 年，这一规定被修改为：“为保证人民法院公正、及时审理行政案件，解决行政争议，保护公民、法人和其他组织的合法权益，监督行政机关依法行使职权，根据宪法，制定本法。”其中的重要变化有：第一，将“正确、及时审理行政案件”改作“公正、及时审理行政案件”，强调了公正而非正确。“公正”更能反映出司法的应有品性。第二，增加了“解决行政争议”，突出了对现实需求的回应。第三，删除了“维护和监督行政机关依法行使行政职权”中的“维护”，突出了行政诉讼的监督功能。

（二）诉讼目的的学理阐释

对于立法目的的表述，理论上存在诸多阐释，并从中发掘行政诉讼的目的。

---

① 参见顾昂然：《行政诉讼法起草情况和主要精神》，载最高人民法院行政诉讼法培训班编：《行政诉讼法专题讲座》，人民法院出版社 1989 年版，第 35 - 36 页。

对于行政诉讼目的，大致有三类主张：第一类是一元目的论，其中有的主张保护私人合法权益，有的主张监督依法行政，有的主张解决行政争议。第二类是二元目的论，主要是主张保护私人合法权益和监督依法行政，只在两者是并列关系还是主次关系、微观关系还是宏观关系上存在差别。第三类是多元目的论，其多数是在重述立法目的的基础上再做一点层次划分。[①]

设置行政诉讼制度，当然是要解决行政争议，偏离了这一目的，就失去了这一制度的正当性。但与纠纷解决说的主张不同，行政诉讼解决行政争议，强调的是依据行政实体法规范解决。当然，行政诉讼法修改时，新增了“解决行政争议”的表述，其用意更多地在于要求法院真正回应问题，防止现实中“程序空转”、不解决实际问题的现象，亦即实现“实质性解决行政争议”。所以，真正能称得上行政诉讼目的的，是行政诉讼法立法目的的后两个方面。

1. 权利保护

保护私人在行政法上的合法权益，是行政诉讼制度的基本目的所在。私人的合法权益得到行政法保障，在受到侵害时，私人可以向法院寻求救济。既然法律保护私人的合法权益，法院作为司法的机关当然应当贯彻法律的要求。

2. 监督依法行政

过去这一目的又被称作维持法规，即维持法规在行政领域得到通用。其相应的学说又被称作法规维持说。依法行政是行政机关行使职权的基本原则，在行政行为侵害了私人的合法权益时，理应予以纠正。法院作为司法机关，适合从法律的角度对行政机关进行合法性监督。在行政法学上，行政诉讼有时又被称为中国的“司法审查”[②]，大致也是从这个角度来说的。但是，监督目的须借由诉讼制度的实施来实现。最高人民法院也认为，“这种监督并非人民法院主动实施，而是通过受理行政诉讼、解决行政争议得以实现”[③]。在我国 2017 年修改《行政诉讼法》，加入检察公益诉讼之后，还有了专门的监督依法行政制度，而没有救济私人合法权益的目的。

第二节　行政诉讼的类型

与行政争议的多样化、私人诉求的多样化相适应，行政诉讼也存在多种类

① 相关学理介绍，可参见胡卫列：《行政诉讼目的论》，中国检察出版社 2014 年版，第 103 页以下。

② 罗豪才主编：《中国司法审查制度》，北京大学出版社 1993 年版，前言第 1 页。

③ 赵幸峰诉河南省人民政府不履行法定职责案，最高人民法院（2017）最高法行申 4076 号行政裁定书，2017 年 9 月 12 日。

型，可以从多个角度加以区分并作体系化认识。虽然我国行政诉讼法没有诉讼类型的划分，但存在诉讼请求的类型化、判决的类型化，在审判实务中也不乏诉讼类型的说明，故而，有必要从总体上对于诉讼类型有所认识。不同的诉讼类型对应着不同的诉讼请求，也要求不同的审查方法和判决方式。这里按照行政诉讼的功能、内容、救济时间等不同标准对行政诉讼类型进行说明。

一、主观诉讼与客观诉讼

对于主观诉讼与客观诉讼的区分标准，德国、日本法与法国法是不同的。在法国，根据诉讼程序标的是属于主观法律地位还是客观法律地位来区分；在德日，一般根据诉讼的功能和目的是保护私益还是公益来区分。在学术界，也存在混用两种标准的做法。这里根据诉讼的目的和功能，将行政诉讼分为主观诉讼与客观诉讼两种类型。①

（一）主观诉讼

所谓主观诉讼，是指以保护私人合法权益为目的的诉讼。个人利益与公共利益虽然大体可以区分，但并非泾渭分明，两者是一个连续的过程。故而，在判断是否主观诉讼时，有时会转换为看是否为关于当事人具体权利义务的纷争。在主观诉讼中，原告须是自身合法权益受到侵犯者。

《行政诉讼法》第2条第1款规定，“公民、法人或者其他组织认为行政机关和行政机关工作人员的行政行为侵犯其合法权益，有权依照本法向人民法院提起诉讼”。这里的“其”字表明，私人只能是以其自身的合法权益受到侵犯为由提起行政诉讼。故而，我国的行政诉讼主要是主观诉讼。②

（二）客观诉讼

所谓客观诉讼，是指以确保公共利益或行政的合法性为目的的诉讼。因为是

---

① 对于这一对概念的比较，可参见马立群：《主观诉讼与客观诉讼辨析——以法国、日本行政诉讼为中心的考察》，载谢进杰主编：《中山大学法律评论》第8卷第2辑，法律出版社2010年版，第249页以下。

② 在臧金凤诉砀山县人民政府土地行政登记案中，最高人民法院指出，“客观合法性审查事实上会导致个人可以主张他人的权利乃至民众的权利，会把行政诉讼变成一种民众诉讼。但行政诉讼制度之发端，终究是为了对每一个其自身权利受到侵害的个人提供法律保护”。《行政诉讼法》第2条第1款就“体现了这样一种更加侧重权利救济的主观诉讼性质”。参见最高人民法院（2016）最高法行申2560号行政裁定书，2016年12月1日。在李百勤诉郑州市二七区人民政府不履行法定职责案中，最高人民法院结合《行政诉讼法》第2条第1款和第25条第1款，指出“除法律明确规定的公益诉讼外，行政诉讼原则上属于主观诉讼”。参见最高人民法院（2018）最高法行申2975号行政裁定书，2018年6月29日。

要保护公共利益，而不是权利保护的法律问题，所以，判断谁有资格来保护公共利益、维持行政的合法性，就带有一定的政策性。

2017 年修改《行政诉讼法》时，赋予检察机关在“国家利益或者社会公共利益受到侵害”时提起行政诉讼的资格（第 25 条第 4 款）。这种检察公益行政诉讼就是一种客观诉讼。另外，《政府信息公开条例》(2019 年）第 51 条规定，私人认为行政机关在政府信息公开工作中侵犯其合法权益的，可以依法提起行政诉讼。虽然是规定“侵犯其合法权益”，但从《最高人民法院关于审理政府信息公开行政案件若干问题的规定》第 1 条第 1 款的规定来看，大多数情况下只要没有满足申请人的要求，就可以提起行政诉讼，也就是说，并不问侵害了何种实体权益。其起诉的基础实际就是公民的知情权。反向信息公开行政诉讼是因为自身的隐私权或商业秘密受到侵犯，属于主观诉讼，而信息公开行政诉讼主要是因为知情权受到侵犯，属于客观诉讼，目的在于维护公共利益和确保行政机关依法行政。[①]

二、形成之诉、给付之诉与确认之诉

根据行政诉讼的内容或客体，可以将行政诉讼分为形成之诉、给付之诉和确认之诉。当然，这种区分很大程度上是历史形成的，而非逻辑划分的产物。

(一) 形成之诉

所谓形成之诉，是指基于法定原因请求法院通过判决宣告特定行政法律关系、特定行政行为的变动的诉。一经法院作出判决，即可形成特定的法律状态。之所以要求私人不得径自否认或变动某一法律关系，而应以形成判决来做，是因为该法律关系性质上宜尽量维持安定性，或者其变动须就多数利害关系人予以划一处理。形成之诉往往规定起诉期限，并预设原告资格，以求既有法律关系的安定。在形成判决确定前，任何人都不得主张该法律关系已发生变动，而形成判决积极变更既有法律关系，就具有形成力。[②]

在行政诉讼中，一般认为，撤销之诉属于形成之诉。[③] 行政机关作出的行政行为侵犯私人的合法权益，私人不服，请求法院予以撤销。法院对被诉行政行为

---

① 参见王贵松：《信息公开行政诉讼的诉的利益》，《比较法研究》2017 年第 2 期，第 19 页以下。

② 参见翁岳生编：《行政法》(下册)，中国法制出版社 2002 年版，第 1340－1341 页（刘宗德、彭凤至执笔）。

③ 对于撤销诉讼的性质，存在给付诉讼说、确认诉讼说和形成诉讼说的争论。参见马立群：《论行政撤销诉讼的性质——基于传统诉讼类型“三分说”之思考》，《当代法学》2013 年第 1 期，第 69－71 页。

进行审查，作出撤销判决，即可恢复至行政行为未曾作出时的法律状态，进而保护私人不受侵害的合法权益。

在现行的行政诉讼法中，撤销被诉行政行为的撤销判决是撤销之诉的判决方式，变更被诉行政行为的变更判决一般也属于这一类型。撤销判决、变更判决都具有形成力。

（二）给付之诉

所谓给付之诉，是指以原告向被告主张给付请求权并要求法院命令被告作出相应给付为请求内容的诉。给付之诉的目的在于获得一定的给付。故而，给付之诉的关键在于原告所主张的给付请求权能否成立。行政机关事前可能就私人的给付请求作出过决定，诸如不予给付的决定、未达到私人要求的给付决定，也可能是不予答复，私人请求法院撤销行政机关的给付决定，即使得到法院的认可，也并不当然就能获得相应的给付。

在现行的行政诉讼法中，责令履行法定职责的履行判决、责令履行给付义务的给付判决是给付之诉的判决方式。履行判决和给付判决都具有执行力。

（三）确认之诉

所谓确认之诉，是指主张特定权利关系存在或不存在、请求法院作出确认其存在与否的判决的诉。传统的确认之诉是对权利义务是否存在的确认，但在后续的发展中有所拓展，也可以针对某种行为、事实展开。在民事诉讼中，“没有法律上的权利基础的事实确认，不能作为独立的诉讼请求”①。换言之，提起确认之诉需要存在确认利益。

在现行的行政诉讼法中，存在请求确认被诉行政行为违法、无效的情形，法院也可能作出确认违法判决、确认无效判决，但其都属于广义的确认之诉范畴。另外，因为形成之诉、给付之诉之中，法院都是先判断确认被诉行政行为违法，再进一步提出撤销、责令履行法定职责等要求，故而，一般只有在不能提起形成之诉、给付之诉的情况下才能提起确认之诉，确认之诉相对于形成之诉、给付之诉具有备位性。通过提起确认之诉，私人可以为行政赔偿等其他行政救济提供基础，有时也可以防止行政机关作出某种课予私人义务的行为。

三、行为之诉与法律关系之诉

根据行政诉讼的程序标的不同，可以将行政诉讼分为行为之诉与法律关系之

---

① 李稳博诉上海虹口区艺术合子美术进修学校合同纠纷案，《最高人民法院公报》2016 年第 9 期，第 44 页。

诉。这一类型的区分对于我国行政诉讼的审理方式具有重要意义。

(一) 行为之诉

所谓行为之诉，是指针对行政的行为进行争议的诉讼，其诉或请求是行为的确认违法、撤销或纠正，或者课予行政机关这些义务。行为之诉当然也涉及以权利义务为内容的法律关系，但它关注的是让权利义务发生变动的原因行为。行为之诉的好处在于能提供十分直接、有效的救济。在行为之诉中，先有行政行为的存在，法院运用行政的行为规范审查业已存在的行政行为，也不侵害行政的首次判断权（只有在确认不作为违法判决中才有预防的功能）。

《行政诉讼法》第 2 条第 1 款规定，公民、法人或者其他组织认为行政机关和行政机关工作人员的“行政行为”侵犯其合法权益，有权依照本法向人民法院提起诉讼。《行政诉讼法》第 6 条规定，人民法院审理行政案件，对“行政行为”是否合法进行审查。从行政诉讼的受案范围、诉讼参加人、起诉、审理到判决，基本上都是围绕着“行政行为”展开的。我国的行政诉讼法是以“行政行为”为核心概念构筑整个行政诉讼的体系，这种体系的特征可谓“行政行为中心主义”。

(二) 法律关系之诉

所谓法律关系之诉，是指针对与行政相关的法律关系或者权利义务、法律地位是否存在等进行争议的诉讼。法律关系的内容是权利义务、法律地位，它可能源于某一行政决定，但也可能源于行政规划甚至立法。民事诉讼主要是法律关系之诉，即主要围绕权利义务的存在、形成、消灭而展开，至于如何形成或消灭权利义务等则交由当事人意思自治去完成，司法不予干涉。而行政诉讼则不同，行政权并不自由，在实体和程序上均受法拘束，行政诉讼与民事诉讼在构造上存在一定差别。所以，针对行政行为合法性的行为之诉从一开始就在行政诉讼中占据主导地位。撤销诉讼就是一种典型的行为之诉。当然，在行政诉讼上，行为之诉与法律关系之诉并非泾渭分明。例如，撤销课予私人义务的某行政行为，这是行为之诉的问题；而从私人的角度来说，则涉及私人是否存在某种义务，这又是法律关系之诉的问题。

法律关系之诉只是确认了某种权利义务的存在，间接拘束行政机关的下一步行动。没有业已存在的行政行为，就没有行为之诉，其灵活性、预防性不足。而法律关系之诉不以行政行为为前提，可拓展既有的救济领域和途径。例如，某人请求法院确认某种义务不存在，就可以预防将来行政机关以其不履行义务为由作出不利决定。但目前，我国并不存在这种类型的行政诉讼。

对于给付之诉，法院可以根据《行政诉讼法》第 72 条和第 73 条作出履行判决或给付判决。法院审查确认的核心在于被告应当“履行法定职责”，“被告依法负有给付义务”，换言之，原告的请求权能够成立。故而，按照法律关系之诉来审查给付之诉，更符合给付之诉的目的。如果仅仅审查被告的不作为或拒绝给付的行为是否合法，就没有回答原告的诉求能否得到满足，并不能真正回应原告的诉讼请求，实现诉讼目的。

对于行政协议诉讼，《行政诉讼法》第 12 条第 1 款第 11 项规定，私人“认为行政机关不依法履行、未按照约定履行或者违法变更、解除政府特许经营协议、土地房屋征收补偿协议等协议的”，属于法院受理的诉讼。第 78 条规定，被告不依法履行、未按照约定履行或者违法变更、解除协议的，法院判决被告承担继续履行、采取补救措施或者赔偿损失等责任。被告变更、解除协议合法，但未依法给予补偿的，法院判决给予补偿。《行政协议审理规定》第 11 条第 1 款规定，法院审理行政协议案件，应当对被告“订立、履行、变更、解除行政协议的行为”是否具有法定职权、是否滥用职权、适用法律法规是否正确、是否遵守法定程序、是否明显不当、是否履行相应法定职责进行合法性审查。这种审查的对象是行政协议中的被告行为。第 11 条第 2 款规定，原告认为被告未依法或者未按照约定履行行政协议的，法院应当针对其诉讼请求，对被告“是否具有相应义务或者履行相应义务”等进行审查。这种审查的对象包含行政协议中被告的义务是否存在。

四、事后救济之诉与事前预防之诉

根据行政救济的时间或者有无行政行为，可以将行政诉讼分为事后救济之诉与事前预防之诉，存在行政行为者是事后救济之诉，反之是事前预防之诉。

（一）事后救济之诉

如前所述，有损害才有救济。法院作为司法机关，不宜过早介入行政过程。在行政机关还没有作出行政行为之前，就没有行政机关对相应事项的判断。如果允许法院在行政行为作出之前就介入，就可能侵犯行政的首次判断权。有损害才有救济是一项救济的原则，事后救济之诉也是行政诉讼的主要内容。

在有了侵害行为之后，一般撤销就可以恢复原告的合法权益。即使无法撤销的，对于发生的实际损害，确认违法后也可通过国家赔偿或补偿予以填补。从我国行政诉讼的受案范围来看，它所针对的主要是不服行政处罚、不服行政强制措施和行政强制执行、不服行政机关的某种行政决定等，基本上都属于事后提供行政救济。

（二）事前预防之诉

虽然原则上应当秉持事后救济原则，但是，从救济的有效性角度而言，采取事后救济有时可能造成难以弥补的损害，或者救济已无意义。这时，在诉讼制度上，需要事前预防行政行为的作出，防止损害的发生。这就是事前预防之诉。

事前预防之诉，又可以称为预防性诉讼，是指为了预防行政机关作出某种不利行为而提起的诉讼。预防性诉讼大致包括两种类型。其一是禁止诉讼，即请求法院禁止行政机关作出某种行为，或者课予行政机关不作为义务。《最高人民法院关于审理政府信息公开行政案件若干问题的规定》第 11 条第 1 款规定，“被告公开政府信息涉及原告商业秘密、个人隐私且不存在公共利益等法定事由的，人民法院应当判决确认公开政府信息的行为违法，并可以责令被告采取相应的补救措施；造成损害的，根据原告请求依法判决被告承担赔偿责任。政府信息尚未公开的，应当判决行政机关不得公开”。政府信息一旦公开，就侵害了原告的隐私权、商业秘密等合法权益。从权利保护有效性的角度而言，在尚未公开时，判决行政机关不得公开是最适当的。这就是一种禁止诉讼。这种禁止诉讼在我国只零星地存在。其二是预防性确认诉讼，即为了防止行政机关作出某种行为而请求法院确认自身不存在某种义务的诉讼。通常，行政机关对私人作出某种不利行为，是以私人存在某种义务为前提的。如果可以事前确认这种义务不存在，就可以防止行政机关作出该不利行为。不过，这种预防性确认诉讼在我国尚不存在。

关于事后救济之诉与事前预防之诉的关系，前者是行政诉讼的原则，后者是行政诉讼的例外，是对事后救济之诉的补充。两者共同致力于私人合法权益的保障。鉴于事前预防之诉的特殊性，立法中往往对其提起的要件作较为严格的规定，例如要求私人合法权益的损害具有重大性等。但一旦要件成就，就可以提起事前预防之诉，而不是说需要先提起事后救济之诉之后才能提起事前预防之诉。事后救济之诉与事前预防之诉之间也可能转换。在事前预防之诉的过程中，行政机关也有可能作出行政行为，这时，预防性行政诉讼可以转换为行政行为的撤销诉讼。

第三节 行政诉讼的原则

行政诉讼的原则是指行政诉讼活动所要遵循的基本准则。行政诉讼既有与民事诉讼、刑事诉讼等共通的诉讼原则，也有自身专门的诉讼原则。

一、共通的诉讼原则

行政诉讼作为一种诉讼制度，存在一些与民事诉讼、刑事诉讼等共通的诉讼原则，在法律上也有明文规定，但行政诉讼对其也可能有特殊的需求。

（一）诉权保障

从某种角度而言，行政诉讼可谓行政诉权的行使过程，行政诉讼就是要保障行政诉权的行使。对于诉权，理论上存在诸多论争。[①] 现在一般认为，诉权是一种诉讼法上的权利。所谓行政诉权，是指请求法院依法对行政争议作出裁判的权利。

无利益则无诉权。理论上有时也将诉权等同于诉的利益，但这时诉的利益是广义的。广义的诉的利益包括主观的利益和客观的利益两个方面。主观性诉的利益因人而异，原告资格就是主观性诉的利益，它是当事人对于请求是否具有正当的利益。客观性诉的利益因事而异，具有包括权利保护必要性和受案范围两个方面，不论主体是谁，属于某种情形就可以得出有无诉的利益。权利保护必要性，有时又被称作狭义诉的利益，是指是否存在足以让法院对请求作出判断的具体实际利益或必要性；而受案范围，即诉讼对象、权利保护的资格，是指请求的内容是否适合作为审判的对象。在学理上，不将受案范围作为诉的利益内容，而作为司法权的界限，也是妥当的。

在行政诉讼中，诉权有多种表现形式，贯穿于整个行政诉讼的过程。《行政诉讼法》第 3 条第 1 款规定，“人民法院应当保障公民、法人和其他组织的起诉权利，对应当受理的行政案件依法受理”。这里的起诉权利（包括上诉权、再审权）只是诉权的一种表现，诉权还包括获得实体裁判的权利、获得公正裁判的权利等。最高人民法院曾印发《关于依法保护行政诉讼当事人诉权的意见》的通知（法发〔2009〕54 号），要求重视和加强行政案件受理，依法保护当事人诉讼权利，切实解决行政诉讼“告状难”问题。

在行使诉权时，应当遵循诚实信用原则。《民事诉讼法》第 13 条第 1 款规定，“民事诉讼应当遵循诚信原则”。虽然行政诉讼法不存在类似的规定，但作为权利行使的一般要求，行政诉权也应当遵守这一原则。最高人民法院曾印发《关于进一步保护和规范当事人依法行使行政诉权的若干意见》的通知（法发〔2017〕25 号），要求正确引导当事人依法行使诉权，严格规制恶意诉讼和无理缠诉等滥诉行为，防止当事人滥用诉权浪费司法资源的现象。

（二）审判独立

审判独立原则是宪法规定的审判权原则之一，在行政诉讼中也有其特殊价

---

① 主要分歧在于，行政诉权是否属于单纯的程序性权利，行政诉权是否仅限于原告享有，行政诉权是否仅属于救济权或保护权。参见梁君瑜：《行政诉权研究》，中国社会科学出版社 2019 年版，第 40-44 页。

值。《行政诉讼法》第4条第1款规定，“人民法院依法对行政案件独立行使审判权，不受行政机关、社会团体和个人的干涉”。这里特别强调了法院与行政机关之间的关系。

1. 行政审判的主体

在行政审判的主体上，存在三种模式。第一，行政法院模式，又称作欧洲大陆模式，由专门设置的行政法院（在法国，属于行政系统；在德国，属于司法系统）审理行政案件。第二，普通法院模式，亦即英美模式，由普通法院审理行政案件。不过，随着行政争议的数量和专业性的增加，英美国家在普通法院之外，还设置了行政裁判所，裁决行政案件，虽然它属于行政系统，但具有很强的司法属性。第三，普通法院内设行政庭模式，也就是中国现行的行政审判主体模式。《行政诉讼法》第4条第2款规定，“人民法院设行政审判庭，审理行政案件”。这种模式被认为是节省人财物的，因为无须设置两套司法系统；同时因为同属司法系统，具有统一性；但又单设行政审判庭，故也具有专业性。

我国现行的行政审判模式也是历史的产物。在行政诉讼法制定之前，1986年10月6日，湖南省汨罗县人民法院设置了全国第一个基层法院的行政审判庭；1986年11月3日，湖北省武汉市中级人民法院设置了全国第一个中级人民法院的行政审判庭；1988年9月5日，最高人民法院建立行政审判庭。故而，《行政诉讼法》确立行政审判庭审判模式，可谓水到渠成，只是在确认事实而已。“后来的争论，主要不是要不要设立行政庭的问题，而是在哪一级法院设立行政庭的问题。”① 在行政诉讼法修改之前，曾有过设置行政法院之主张，但因其并不解决保证行政审判独立性的现实关切，故而，在修法过程中未得到采用。

2. 行政审判的独立性

行政审判的独立性，首先是法院的独立。根据《宪法》的规定，中华人民共和国人民法院是国家的审判机关（第128条）。人民法院依照法律规定独立行使审判权，不受行政机关、社会团体和个人的干涉（第131条）。因为行政机关的管理涉及现代社会中的方方面面，法院审理行政案件，不受行政机关干涉，就尤显重要。《行政诉讼法》第3条第2款特别强调，“行政机关及其工作人员不得干预、阻碍人民法院受理行政案件”。其次是法官的独立。法院内部存在审判委员会、院长、庭长等组织。为了贯彻审理者裁判、审判者负责的要求、落实办案责任制②，具体承办法官应当独立行使审判权。院长、庭长等职务的设置只是法院系统内部管理的需要，其并不能对法官如何审判进行指挥命令。最后是审级的独

---

① 姜明安、刘凤鸣：《行政诉讼法立法的若干问题研究》，《法律学习与研究》1988年第3期，第19页。

② 参见《中共中央关于全面推进依法治国若干重大问题的决定》（2014年10月23日中国共产党第十八届中央委员会第四次全体会议通过）第四（二）部分。

立。《宪法》第132条第2款规定，“最高人民法院监督地方各级人民法院和专门人民法院的审判工作，上级人民法院监督下级人民法院的审判工作”。法院之间是监督与被监督的关系，而非领导与被领导的关系。监督的方式就是上诉、审判监督程序的再审。各级法院都应当依法独立行使审判权，而不应就判决中的问题向上级法院请示报告，否则就会违反监督关系的要求，侵害当事人上诉的权利。

（三）以事实为依据，以法律为准绳

《行政诉讼法》第5条规定，“人民法院审理行政案件，以事实为根据，以法律为准绳”。这一原则虽然在《刑事诉讼法》《民事诉讼法》中也有相同规定，但在行政诉讼中有其特殊含义。

以事实为依据，该“事实”，应当是法律真实，亦即能以证据证明的事实，而非客观真实。以证据所证明的事实，有时与自然存在的客观真实未必一致，但法院并非神灵，也只能依据法定程序审查证据，查明事实，并据此作出裁判。证据本身应当具有客观性、关联性和合法性。证据也是多种多样的，究竟要以哪些证据去证明事实，如何才能算作与事实存在关联性，取决于拟适用的法条。拟适用法条的要件记载着一定的事实，该事实就是要件事实，证明该要件事实的证据就是主要证据。

行政诉讼会涉及很多形式的法规范，包括法律、法规、规章等。“人民法院审理行政案件以法律为准绳的‘法律’，是指全国人民代表大会或者全国人民代表大会常务委员会制定的法律。”① 这种理解在立法过程中也能找到根据。在1988年11月10日《人民日报》上刊登的行政诉讼法草案，其第4条在规定本原则的同时，还于第2款规定，“人民法院审理行政案件以法律、法规为依据。法规与法律有抵触的，以法律为依据”。这就表明，“法律”为狭义的法律。这一款的前一句仍在通过的《行政诉讼法》第52条（2014年《行政诉讼法》第63条）中得到体现，不过，后一句的冲突规则未能得到明确。但从应有的规则上说，在法规、规章等与法律相抵触时，应当以法律为准。

（四）正当程序

我国行政诉讼法总则并未明确规定行政诉讼的正当程序原则，但在很多方面体现着正当程序原则。

1. 公开审判原则

“公开审判”既规定在《行政诉讼法》第7条的总则规定中，也体现于第54

---

① 姜明安：《行政诉讼法》，法律出版社2021年第4版，第105页。

条的具体规定中。除涉及国家秘密、个人隐私和法律另有规定的情形外，人民法院审理行政案件，一律公开进行。也就是说，不仅是法院的裁定、判决公开，法院的审理过程也须是公开的。公开审判既是公众监督司法、促进司法公正的需要，也是法院开展法制教育的重要手段。

2. 法律地位平等原则

《行政诉讼法》第 8 条规定，当事人在行政诉讼中的法律地位平等。在行政过程中，私人与行政机关之间往往存在着不对等的法律关系，甚至一方可以指挥命令另一方。如果这种关系延续到行政诉讼中，则意味着行政诉讼的价值归于消失。在行政诉讼中，当事人的法律地位平等，也就是双方具有平等的诉讼权利和义务，可以基于自身的利益自由地表达和主张自己的意志。当然，法律地位平等并不意味着权利义务相同。[①] 在我国行政诉讼中，私人有作为原告起诉的权利，但行政机关作为被告没有反诉的权利。在这一点上行政诉讼与民事诉讼存在差别。在行政裁判的执行方式上，法律对行政机关不履行裁判时规定了一些特殊的手段。这是与行政机关的特性相适应的。

3. 使用本民族语言文字原则

《宪法》第 139 条规定了使用本民族语言文字进行诉讼的权利。《行政诉讼法》第 9 条对其进一步具体规定，各民族公民都有用本民族语言、文字进行行政诉讼的权利。在少数民族聚居或者多民族共同居住的地区，人民法院应当用当地民族通用的语言、文字进行审理和发布法律文书。人民法院应当对不通晓当地民族通用的语言、文字的诉讼参与人提供翻译。唯有遵循使用本民族语言文字原则，才能保障各民族公民自由地表达自己的意志，行使法律所保障的权利。

4. 辩论原则

《行政诉讼法》第 10 条规定，当事人在行政诉讼中有权进行辩论。这是从权利的角度对辩论原则作出规定，在此之外并没有具体的规定。当事人在行政诉讼中可以就行政案件的实体和程序问题展开辩论。这既是保障当事人合法权益的必要手段，也是查明事实的重要手段。关于辩论原则在行政诉讼中如何贯彻，存在一定争议。一种理解是，辩论只是一种制度，但法院的审判不完全受其拘束。另一种理解是，辩论原则与辩论主义相当。在诉讼中存在一种“辩论主义”的做法，它又被称作当事人提出主义。传统的辩论主义包括以下三个方面的内容：第一，当事人没有主张的决定实体法律效果的案件事实等，不得作为法院判决的依据。第二，法院原则上只能对当事人提出来的证据进行审查判定。第三，当事人

---

① 可作比较的是《民事诉讼法》第 8 条规定，即“民事诉讼当事人有平等的诉讼权利。人民法院审理民事案件，应当保障和便利当事人行使诉讼权利，对当事人在适用法律上一律平等”。

之间无争议的实体事实，法院应当将其作为判决的根据。[1] 辩论原则与辩论主义是否等同，在行政诉讼法上并没有明确的答案。两者主要的差别可能在于，法院的审理和判决是否受当事人的主张和证明的拘束。

（五）法律监督

《行政诉讼法》第 11 条规定，人民检察院有权对行政诉讼实行法律监督。这也是对检察院的"国家的法律监督机关"宪法地位的贯彻（《宪法》第 134 条）。对此原则，在理解上，存在以下几个方面的问题。

1. 法律监督的对象

检察院对行政诉讼进行法律监督，监督的对象是法院还是法院和被告行政机关，抑或是法院和双方当事人？毫无疑问，法院在开展审判工作，当然要依法审判，理应成为法律监督的对象。而被告行政机关有时在诉讼过程中利用其职权优势在诉讼外对原告私人施加不适当影响，妨碍司法程序的公正展开。这既是需要防止的现象，也应成为法律监督的对象。而原告私人通常不是法律监督的对象。

2. 法律监督的范围

检察院监督的是审判活动还是整个行政诉讼活动？答案是整个行政诉讼活动，不仅包括审判活动，还包括起诉受理阶段、行政裁判文书的内容、行政裁判的执行阶段等。法律监督的范围涉及整个行政诉讼活动。例如，行政裁判的内容适用法律法规错误、调解书损害公共利益，这些都会成为检察院提出抗诉的具体事由之一。除了法院的行政诉讼活动，检察院还能对审判人员的违法行为进行监督。

3. 法律监督的方式

法律监督的方式是检察院根据需要和可能自行决定，还是仅为抗诉，或者抗诉和公诉等多种方式并存？《行政诉讼法》第 25 条第 4 款虽然规定了检察公益诉讼，但它并不是对行政诉讼的监督，而是对行政机关依法行政的监督、对公共利益的维护。《行政诉讼法》第 93 条具体规定了抗诉和检察建议的方式，这是明确的法律监督。另外，《行政诉讼法》第 101 条规定，"人民检察院对行政案件受理、审理、裁判、执行的监督，本法没有规定的，适用《中华人民共和国民事诉讼法》的相关规定"。检察院须依法行使职权，一般不能自行决定法律监督的方式。

---

[1] 参见邵明：《现代民事之诉与争讼程序法理——"诉·审·判"关系原理》，中国人民大学出版社 2018 年版，第 212 - 213 页。

二、合法性审查原则

《行政诉讼法》第 6 条规定，人民法院审理行政案件，对行政行为是否合法进行审查。这被称作合法性审查原则，也是行政诉讼特有的专门原则。

（一）内涵

对于合法性审查原则，在内涵上，一般认为包括两个方面：第一，法院审查的是行政行为而非行政立法。第二，法院审查的是行政行为的合法性问题而非合理性问题。

如前所述，我国行政诉讼以“行政行为”为核心概念构筑整个行政诉讼的体系，行政行为是否合法的审查，也居于行政诉讼的核心地位。行政行为的合法性审查原则不仅确定了司法的审查对象，也确定了司法的审查标准。

（二）审查的对象：行政行为而非行政立法

审查行政行为而非行政立法，在理论上一般认为，其理由主要有以下几点：（1）行政立法不适于由法院审查。行政立法具有较多政策性成分，裁量因素多。（2）不便于诉讼。行政立法涉及不特定人的利益，原告人数难以确定或众多。（3）不能由法院审查。根据现行体制，对行政立法的审查权交由国家权力机关和行政机关行使，而非司法监督，亦非法院能力所及。[①]

在理论上主张审查行政立法的理由，大致有以下几点：（1）行政立法的影响面更大，应当从制度上保障其合法性。（2）祸根不除，则易重复审查，贻害无穷。行政立法是行政行为的依据，如果行政立法存在违法问题，则会不断地据此产生大量违法的行政行为。（3）国外先例。在成熟的法治国家都由法院或者特殊的裁判机关对行政立法加以审查，以维护法制的统一。

法制统一是法治国家的基本要求之一，不过，维护法制统一的方式可以是多样的。通常而言，行政立法的品质是有立法程序保障的，很少从文字上就能直接看出存在合法性问题，抽象审查有一定难度。一般在个案中更容易发现行政立法的问题，个案审查对法秩序的影响也相对较小。所以，抽象审查适合由人大常委会的备案审查来展开，量大而且具有一般性；而附带性具体审查适合由法院的司法审查来展开，量小而且仅为个案性。

在我国现行行政诉讼法上，对于狭义的行政立法，即行政法规和规章仍不可

---

① 参见姜明安：《行政诉讼法》，法律出版社 2021 年第 4 版，第 107 页。

作司法审查。但与过去相比，2014年修改《行政诉讼法》时，借鉴1999年《行政复议法》第7条的规定，允许就国务院之下的行政规范性文件提起附带性审查。

（三）审查的标准：合法性而非合理性

在行政诉讼中，法院审查合法性而非合理性，这里首先就要区分合法性与合理性。但对于合法性与合理性的区分，众说纷纭，用法不一。行政诉讼法自身规定的“滥用职权”“明显不当”等审查标准，也有人认为属于合理性标准。从《行政诉讼法》第70条规定的审查标准来看，滥用职权、明显不当与适用法律法规错误、违反法定程序等并无差别，均为撤销判决的适用情形，均应为违法的判断标准。在“合法”之下再区分合法性和合理性并无实际意义。不论是法律有明文规定，还是法律暗含的要求，均应属于合法性审查的标准。故而，这里所说的“合法”也可以说是合乎法治，既有形式合法的要求，也有实质合法的要求。

1989年《行政诉讼法》的草案说明曾对此有所说明：“人民法院审理行政案件，是对具体行政行为是否合法进行审查。至于行政机关在法律、法规规定范围内作出的具体行政行为是否适当，原则上应由行政复议处理，人民法院不能代替行政机关作出决定。”① 立法者考虑到了法院与行政机关的不同，考虑了法定范围内的适当性问题。具体而言，可以从两个方面进行理论阐释。

（1）权限分工。在宪法上，国家分别设置了审判机关和行政机关，两者各有其职，不可僭越。在法治国家的权力结构中，人大及其常委会是国家权力机关、立法机关，行政机关是国家权力机关的执行机关，而法院则是国家的审判机关。行政机关和法院都负有执行法律的职责，但两者之间在组织、人员构成以及行使职权等方面均存在重大差异，法院不可代替行政机关行使职权，不可如同行政机关行使职权。

（2）行政裁量。法律赋予行政机关裁量权，是要求行政机关利用自身优势实现在法律范围内的个案正义。行政裁量权广泛存在，既不能不审查，否则行政就可能恣意妄为；又不能无限审查，否则行政机关就寸步难行。在裁量权不存在逾越、滥用的情形时，法院一般不宜再行审查。

深度阅读

1. 何海波．行政法治奠基时：1989年《行政诉讼法》史料荟萃．北京：法

---

① 王汉斌：《关于〈中华人民共和国行政诉讼法（草案）〉的说明——1989年3月28日在第七届全国人民代表大会第二次会议上》，《最高人民法院公报》1989年第2期，第12页。

律出版社，2019：上编“草案汇编”.

2. 姜明安．行政诉讼法．4 版．北京：法律出版社，2021：第一章第三节“《行政诉讼法》立法过程中争论的若干问题”.

问题与思考

1. 如何理解行政诉讼法的目的？
2. 行政诉讼的基本类型有哪些？反映了行政诉讼中的哪些基本问题？
3. 行政诉讼的特有原则是什么？应当如何理解？

第四章 行政诉讼的要件

▶ 重点知识

行政诉讼的受案范围　不可诉行为　行政诉讼的原告类型与判定标准　行政诉讼的被告资格　行政诉讼第三人的类型与权利　行政诉讼的级别管辖　行政诉讼的地域管辖　行政诉讼的起诉期限　权利保护必要性

▶ 知识逻辑图

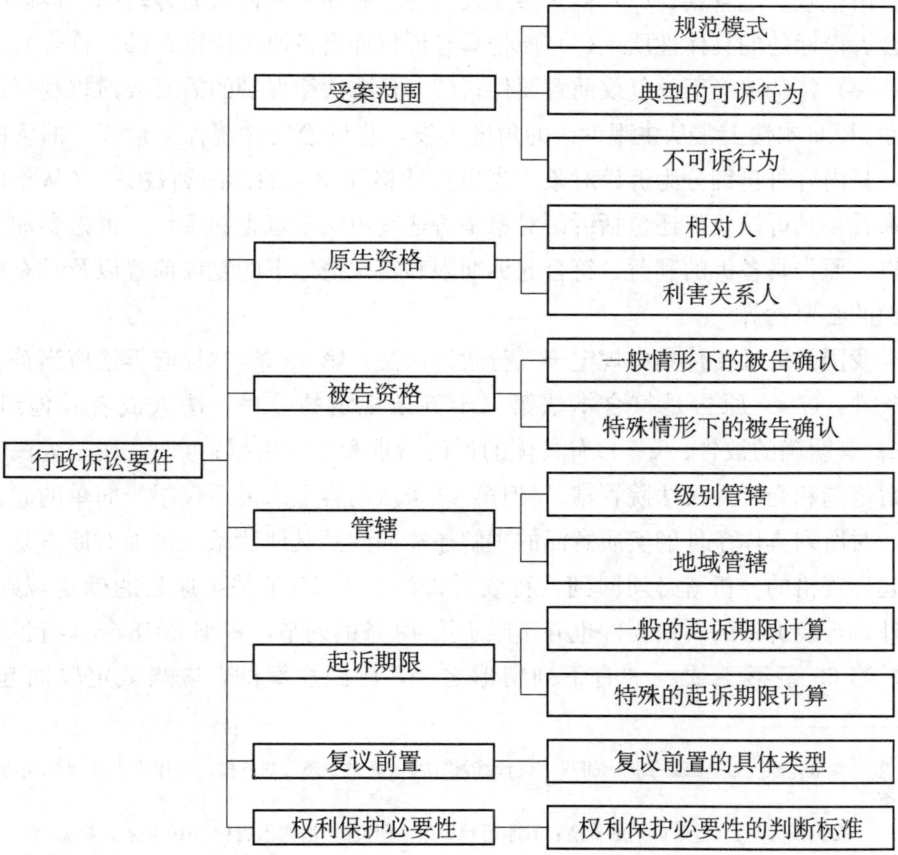

第一节　行政诉讼的要件概述

诉讼要件这个概念在我国传统行政诉讼法的教材中并不常见，此前我国最常适用的是“起诉条件”，但简单的起诉条件并不足以揭示行政争议何以被法院受理并进入实体审理阶段的所有形式和实质条件，也并非原告提交起诉状之后诉讼就会成立。起诉条件也因此逐渐被诉讼要件或实质裁判要件的概念所替代。

一、诉讼要件的内涵

所谓诉讼要件就是原告提出的行政争议已经法院审查符合起诉条件，且由法院宣告诉讼成立并进入审理阶段，由此产生诉讼系属并约束法院和所有诉讼当事人的前提要件。

德国法上，诉讼要件又被称为“诉的合法性”，其具体内容包含：(1) 案件适宜由行政法院管辖；(2) 诉讼参加人具备权利能力和诉讼能力；(3) 诉讼类型符合诉讼标的的具体性质；(4) 原告具有诉权即具备原告资格；(5) 符合起诉期限；(6) 特殊情形下的复议前置要件；(7) 具有法律保护的需要或曰权利保护必要性。① 日本法上常从主观诉讼的角度出发，将诉讼要件统称为最广义的诉的利益，其内容可再细分为诉讼对象、当事人适格和狭义的诉的利益。② 又从整体内容来看，其诉讼要件还包括诉讼对象是否适宜由法院审查和管辖、诉讼参加人的适格、原告具备诉的利益、符合起诉期限和特殊情形下的复议前置以及具有权利保护的必要性等。

我国的诉讼要件集中规定于《行政诉讼法》第 49 条：“提起诉讼应当符合下列条件：(一) 原告是符合本法第二十五条规定的公民、法人或者其他组织；(二) 有明确的被告；(三) 有具体的诉讼请求和事实根据；(四) 属于人民法院受案范围和受诉人民法院管辖。”但第 49 条从内容上来说还仅限于简单的起诉条件，对所列具体条件的实质意涵的理解还需回溯到其他法条。例如对原告是否具备起诉资格的分析就必须回到《行政诉讼法》第 25 条关于原告的确定规则中。另外，行政诉讼的诉讼要件也并不限于第 49 条的列举，根据 2018 年《行诉法解释》第 69 条第 1 款，“有下列情形之一，已经立案的，应当裁定驳回起诉：

---

① 参见［德］弗里德赫尔穆·胡芬：《行政诉讼法》，莫光华译，刘飞校，法律出版社 2003 年版，第 137 页。

② 参见王天华：《行政诉讼的构造：日本行政诉讼法研究》，法律出版社 2010 年版，第 43 页。

（一）不符合行政诉讼法第四十九条规定的；（二）超过法定起诉期限且无行政诉讼法第四十八条规定情形的；（三）错列被告且拒绝变更的；（四）未按照法律规定由法定代理人、指定代理人、代表人为诉讼行为的；（五）未按照法律、法规规定先向行政机关申请复议的；（六）重复起诉的；（七）撤回起诉后无正当理由再行起诉的；（八）行政行为对其合法权益明显不产生实际影响的；（九）诉讼标的已为生效裁判或者调解书所羁束的；（十）其他不符合法定起诉条件的情形”。

据此，对行政诉讼的诉讼要件可大体总结为以下方面：(1) 符合受案范围；(2) 符合受诉法院管辖；(3) 原告适格；(4) 被告适格；(5) 第三人及其他诉讼参与人符合法律规定；(6) 符合起诉期限；(7) 符合特殊情形下复议前置的相关规定；(8) 具备权利保护必要性等。前 7 项要件都明确地出现于《行政诉讼法》和《行诉法解释》的相关规定，而权利保护必要性作为兜底要件虽未明确出现于法条中，却已在诸多法院判决中被提及，且被落实于起诉期限、禁止重复起诉等制度规定中。对于复议前置、诉讼请求和事实根据等问题，本书在其他章节予以讨论，此处重点讨论除这几项以外的其他诉讼要件。

二、符合诉讼要件的法律效果

符合诉讼要件的法律效果会直接表现为法院受理且登记立案，而这同样是对当事人诉权保障的体现。《行政诉讼法》第 51 条第 1 款规定，“人民法院在接到起诉状时对符合本法规定的起诉条件的，应当登记立案”；第 52 条规定，“人民法院既不立案，又不作出不予立案裁定的，当事人可以向上一级人民法院起诉。上一级人民法院认为符合起诉条件的，应当立案、审理，也可以指定其他下级人民法院立案、审理”。反之，任何一项诉讼要件欠缺，法院都会作出不予立案的裁定，对于已经立案的也会驳回起诉。

立案登记制是《行政诉讼法》修改后新增的条款，其通过用登记制取代此前的审查制，来克服实践中的“立案难”问题。立案登记制的要点在于：(1) 立案登记要求法院在立案阶段的审查应该是有限的、形式的审查，只要符合法律规定的起诉条件，法院就应该登记立案；(2) 立案登记制要求法院在立案的每个阶段，对每项决定都要提供相应的书面凭证，使当事人做到“有据可查”；(3) 立案登记制对法院作出的每项负面决定，都为当事人提供了相应的救济途径。

具体而言，立案登记制又通过如下程序和步骤具体展开：(1) 当事人依法提起的诉讼，人民法院应当一律接收起诉状。(2) 能够判断符合起诉条件的，应当当场登记立案。(3) 对当场不能判定是否符合《行政诉讼法》规定的起诉条件的，应当接收起诉状，出具注明收到日期的书面凭证，并在 7 日内决定是否立案。7日内仍不能作出判断的，应当先予立案。(4) 起诉状内容或者材料欠缺的，人民法院应当一次性全面告知当事人需要补正的内容、补充的材料及期限；不得未经指导和释明即以起诉不符合条件为由不接收起诉状。(5) 对于不接收起诉状、接收起诉状后不出具书面凭证，以及不一次性告知当事人需要补正的起诉状内容的，当事人可以向上级人民法院投诉，上级人民法院应当责令改正，并对直接负责的主管人员和其他直接责任人员依法给予处分。(6) 不符合起诉条件的，作出不予立案的裁定。裁定书应当载明不予立案的理由。原告对裁定不服的，可以提起上诉。(7) 在指定期限内补正材料并符合起诉条件的，应当登记立案。当事人拒绝补正或者经补正仍不符合起诉条件的，裁定不予立案，并载明不予立案的理由，当事人对不予立案裁定不服的，可以提起上诉。(8) 人民法院既不立案，又不作出不予立案裁定的，当事人可以向上一级人民法院起诉。上一级人民法院认为符合起诉条件的，应当立案、审理，也可以指定其他下级人民法院立案、审理。

诉讼系属与立案登记制之间的关系在陈则东诉浙江省人民政府不履行行政复议法定职责案中有明确体现。该案中，最高人民法院指出，"保障公民、法人和其他组织依法行使诉讼权利，是人民法院的职责和义务。立案登记制最大限度地保障了公民、法人和其他组织的诉权，并尽可能多地将矛盾和纠纷引入法治化解决渠道。但是，立案登记制并不意味着仅向人民法院提交诉状即能够产生诉讼系属，也不意味着必须对人民法院形成约束，将被告强制卷入诉讼，并形成诉讼关系。因为，只有经依法审查符合登记立案条件，人民法院正式立案并通知对方当事人后，才宣告诉讼成立，人民法院才可以对'诉的合法性'以及'诉是否有理由'依次审理。申言之，公民、法人或者其他组织提起行政诉讼，必须符合《行政诉讼法》所规定的条件；公民、法人或者其他组织提起的诉讼明显不成立或者滥用起诉权利的，人民法院有权不予登记立案；滥用或者恶意行使诉讼权利造成对方当事人经济损失的，还应当承担相应的法律责任"[①]。

三、诉讼要件和胜诉要件

与诉讼要件相对应的是胜诉要件。日本行政诉讼的审理根据审查对象会分为诉讼要件审理和本案审理两个阶段：在诉讼要件审理阶段审理的是诉讼要件是否充足，在本案审理阶段审理的是系争行政行为是否合法，原告的诉讼请求是否会

---

① 陈则东诉浙江省人民政府不履行行政复议法定职责案，最高人民法院（2018）最高法行申6453号行政裁定书，2018年10月18日。

受到法院认可。[1] 德国法则将这两部分的审查分别命名为诉的合法性和理由具备性。诉的合法性又称为“实质裁判条件”，其意味着法院可以对有关行政争议进行审查，案件也相应地会进入审理和裁判的阶段；诉的理由具备性则意味着法院会在实质上肯定或否定原告的诉讼请求，因为行政诉讼的审查关系行政决定的合法与违法，所以理由具备性又是行政诉讼法通往行政实体法的桥梁。[2] 德日的双阶审查模式对我国诉讼实践也有深远影响，同样有助于我们对行政诉讼的体系性认识。

第二节　行政诉讼的受案范围

受案范围是进入行政诉讼的门槛问题，它决定了法院可对哪些行政争议予以受理和审查。《行政诉讼法》和 2018 年《行诉法解释》关于受案范围的规定较为庞杂，具体可从如下四个方面认识。

一、受案范围概述

根据《行政诉讼法》第 49 条规定，受案范围也是行政诉讼重要的诉讼要件。

（一）受案范围的内涵

《行政诉讼法》第二章即为“受案范围”，行政诉讼也因此与民事诉讼、刑事诉讼在门槛处就存在重大差异。从内涵来看，受案范围是人民法院受理行政诉讼案件的范围，也同时决定了人民法院对行政机关进行监督的范围，以及受行政决定影响的公民、法人或其他组织诉请司法救济的范围。

受案范围的大小受制于很多因素，例如法院处理行政争议的能力，公民维权意识的发展，行政与司法的关系以及国家整体的权力架构等。1989 年《关于〈中华人民共和国行政诉讼法（草案）〉的说明》就曾提及：“法院受理行政案件的范围，是行政诉讼法首先要解决的重要问题。对于这个问题，草案是根据以下原则规定的：第一，根据宪法和党的十三大的精神，从保障公民、法人和其他组织的合法权益出发，适当扩大人民法院现行受理行政案件的范围；第二，正确处理审判权和行政权的关系，人民法院对行政案件应当依法进行审理，但不要对行

---

① 参见王天华：《行政诉讼的构造：日本行政诉讼法研究》，法律出版社 2010 年版，第 42 页。

② 参见［德］弗里德赫尔穆·胡芬：《行政诉讼法》，莫光华译，法律出版社 2003 年版，第 135 页。

政机关在法律、法规规定范围内的行政行为进行干预，不要代替行政机关行使行政权力，以保障行政机关有效地进行行政管理；第三、考虑我国目前的实际情况，行政还不完备，人民法院行政审判庭还不够健全，行政诉讼法规定民可以告官，有观念更新问题，有不习惯、不适应的问题，也有承受力的问题，因此对受案范围现在不宜规定太宽，而应逐步扩大，以利于行政诉讼制度的推行”①。由此看来，公民的维权意识、法院的审判能力、法治发展的现有水平等都是最初立法者权衡行政诉讼受案范围的要素。

至2013年《关于〈中华人民共和国行政诉讼法修正案（草案）〉的说明》，因行政诉讼实施已有相当时间，也累积了一定经验，所以，该说明在“关于保障当事人的诉讼权利”处就明确指出，应“扩大受案范围”，并决定“将行政机关侵犯公民、法人或者其他组织依法享有的土地、矿藏、水流、森林、山岭、草原、荒地、滩涂、海域等自然资源的所有权或者使用权，行政机关侵犯农村土地承包经营权，行政机关违法集资、征收征用财产、摊派费用，行政机关没有依法支付最低生活保障待遇或者社会保险待遇等纳入受案范围”②。

（二）受案范围的发展变化

也因为受制于诸多因素，受案范围并非僵化不变。纵观我国行政诉讼的整体发展会发现，伴随权利保障意识的强化以及法院监督行政能力的提升，我国行政诉讼的受案范围同样呈现越来越放开的趋向。其具体发展大体可分为如下阶段：

1.《民事诉讼法（试行）》前后

尽管1982年《宪法》第41条第1款规定，“中华人民共和国公民对于任何国家机关和国家工作人员，有提出批评和建议的权利；对于任何国家机关和国家工作人员的违法失职行为，有向有关国家机关提出申诉、控告或者检举的权利，但是不得捏造或者歪曲事实进行诬告陷害”，但在《行政诉讼法》出台前，我国并无专门审理行政案件的程序规定。在20世纪80年代，为回应经济发展需要和促进改革开放，《中外合资经营企业所得税法》（1980年）、《外国企业所得税法》（1981年）、《经济合同法》（1981年）以及《国家建设征用土地条例》（1982年）等都规定了法院可受理行政案件。为统一行政案件的审理程序，1982年《民事诉讼法（试行）》第3条第2款规定，“法律规定由人民法院审理的行政案件，适

---

① 王汉斌：《关于〈中华人民共和国行政诉讼法（草案）〉的说明——1989年3月28日在第七届全国人民代表大会第二次会议上》，《最高人民法院公报》1989年第2号，第11－12页。

② 信春鹰：《关于〈中华人民共和国行政诉讼法修正案（草案）〉的说明——2013年12月23日在第十二届全国人民代表大会常务委员会第六次会议上》，《全国人民代表大会常务委员会公报》2014年第6号，第689页。

用本法规定”。之后又有多部法律规范对可起诉的行政案件进行了单独列举，也有多部司法解释同样增列了可诉的行政决定。由此可见，这个阶段因尚未出台专门的《行政诉讼法》，行政诉讼的受案范围主要依赖于单行法的明确列举，行政裁判由普通法院的民事审判庭进行，程序也与民事诉讼无异。

2. 1989 年《行政诉讼法》颁布之后

与单行法的分别列举不同，1989 年《行政诉讼法》在此前的司法实践基础上，首次用一章篇幅明晰了行政诉讼的受案范围。该章不仅明确列举了可诉的行为类型，也反面排除了不可诉的决定类型。这种规定模式之后成为我国处理行政诉讼受案范围的经典规定模式并沿用至今。

除八项可诉行为外，1989 年《行政诉讼法》同样明确列举法院不予受理的案件共四项，其中包括：“（一）国防、外交等国家行为；（二）行政法规、规章或者行政机关制定、发布的具有普遍约束力的决定、命令；（三）行政机关对行政机关工作人员的奖惩、任免等决定；（四）法律规定由行政机关最终裁决的具体行政行为”。至 2000 年《行诉法解释》，又增加列举“公安、国家安全等机关依照刑事诉讼法的明确授权实施的行为”“调解行为以及法律规定的仲裁行为”“不具有强制力的行政指导行为”“驳回当事人对行政行为提起申诉的重复处理行为”“对公民、法人或者其他组织权利义务不产生实际影响的行为”五类不可诉行为。

3. 2014 年《行政诉讼法》修改之后

2014 年，《行政诉讼法》在颁行 24 年后迎来第一次大修，虽然修改后的《行政诉讼法》在受案范围处并未像学者呼吁的一样，彻底将列举式规定改变成概括式规定[①]；但相较之前，受案范围仍旧有了更大幅度的扩张。典型的例如，《行政诉讼法》第 12 条在列举可诉行为时，不仅增加“认为行政机关侵犯其经营自主权或者农村土地承包经营权、农村土地经营权的”“认为行政机关滥用行政权力排除或者限制竞争的”“认为行政机关没有依法支付抚恤金、最低生活保障待遇或者社会保险待遇的”“认为行政机关不依法履行、未按照约定履行或者违法变更、解除政府特许经营协议、土地房屋征收补偿协议等协议的”等作为典型的可诉行为，同时也将行政诉讼所保护的权益范围，从此前的“人身权和财产权”扩张为“人身权、财产权等合法权益”，这也意味着相对人的劳动权、受教育权、环境权和知情权等法律所规定的合法权益都可通过行政诉讼获得救济。

---

① 此前就有很多学者主张，鉴于我国行政诉讼发展已有时日，受案范围也应从此前的列举式修改为概括式，由此最大限度地保障当事人的诉权。但也有学者主张，尽管在规定行政诉讼受案范围上，修订后的《行政诉讼法》仍旧保留了 1989 年制定时的列举方式，但“认为行政机关侵犯其他人身权、财产权等合法权益的”这一兜底规定，已经类似于概括式规定。参见章剑生：《现代行政法总论》，法律出版社 2019 年第 2 版，第 382 页。

2018年《行诉法解释》对受案范围的规定方式与2000年《行诉法解释》的相同，但又在其基础上增加列举了不可诉行为，具体包括“行政机关作出的不产生外部法律效力的行为”“行政机关为作出行政行为而实施的准备、论证、研究、层报、咨询等过程性行为”“行政机关根据人民法院的生效裁判、协助执行通知书作出的执行行为”“上级行政机关基于内部层级监督关系对下级行政机关作出的听取报告、执法检查、督促履责等行为”“行政机关针对信访事项作出的登记、受理、交办、转送、复查、复核意见等行为”。从上述列举来看，2018年《行诉法解释》似乎大幅增加了不可诉行为的列举。但上述增加本质上仍是对“对公民、法人或其他组织权利义务不产生实际影响”这一兜底条款的补充，也是对司法实践中争议问题的回应。

二、受案范围的规范方式与界定标准

从各国立法例来看，行政诉讼法确立受案范围主要可区分为列举式和概括式。前者是法律对法院应受理的行政案件予以明确列举，我国在1989年《行政诉讼法》颁行前基本就是这种模式。列举式虽然简单明了，容易操作，但最大的问题在于限缩了受案范围，也不符合“无漏洞司法保护”的原理；后者则是对行政诉讼的受案范围进行抽象和一般的概括式规定，典型的例如德国《联邦行政法院法》第40条规定，“所有非宪法属性的公法争议，只要联邦法律未做例外规定，均可提起行政诉讼”。这种概括式的方式避免了列举式可能出现的遗漏，也符合“无漏洞司法保护”所要求的只要属于实体法上的权益，均有通过诉讼获得救济的可能。[①] 但这种概括式规定标准对法官要求相对较高，由此就有学者提出，或可将二者互相结合，即“概括规定法院受理案件的范围，同时用列举的方法排除法院不宜审理的案件”[②]。

我国最初在1989年制定《行政诉讼法》时，因考虑到行政诉讼制度尚不为人们熟知，人民法院行政审判庭也刚刚建立，还未累积足够的审判经验，在规定行政诉讼的受案范围时就主要采取了列举的方式，这种列举既包含了正面的可诉行为的列举，也包含了反面的不可诉行为的排除。但除明确列举外，有关受案范围的规定中其实还包含有概括性条款，由此也就形成了我国在行政诉讼受案范围处“概括＋列举”“肯定列举＋反面排除”的规定模式。这种模式沿袭至今，2014年修法也未改变。

---

① 参见赵宏：《行政法学的主观法体系》，中国法制出版社2021年版，第190页。

② 马怀德主编：《司法改革与行政诉讼制度的完善——〈行政诉讼法〉修改建议稿及理由说明书》，中国政法大学出版社2004年版，第110-113页。

（一）受案范围的概括规定

《行政诉讼法》第 2 条规定，“公民、法人或者其他组织认为行政机关和行政机关工作人员的行政行为侵犯其合法权益，有权依照本法向人民法院提起诉讼。前款所称行政行为，包括法律、法规、规章授权的组织作出的行政行为”。这一条可视为是对行政诉讼受案范围的整体性规定。其首先指明，行政诉讼的审查对象是行政行为。此处的“行政行为”是对此前“具体行政行为”的替代。这就说明，行政诉讼的审查范围已不仅限于狭义的行政行为，其范围大体可由“行政处理（狭义的行政行为）＋事实行为＋不作为＋行政协议”所组成。除行政机关所为的行政行为外，法律、法规、规章授权的组织所作的上述行为同样属于行政诉讼的受案范围。

《行政诉讼法》上除第 2 条可视为行政诉讼受案范围的总体规定外，第 12 条第 1 款也列举了 11 项具体的可诉行为，该条第 1 款第 12 项以及第 2 款同样可被视为概括性的兜底规定。其中第 1 款第 12 项的规定为，“认为行政机关侵犯其他人身权、财产权等合法权益的”。此项在修改前表述为，“认为行政机关侵犯其他人身权、财产权的”，这项规定也因此被认为破除了《行政诉讼法》仅保护人身权、财产权的权益保护模式，而将保护范围扩展到除财产权和人身权以外的其他所有合法权益。《行政诉讼法》第 12 条第 2 款“除前款规定外，人民法院受理法律、法规规定可以提起诉讼的其他行政案件”的规定，也被认为是行政诉讼受案范围的概括式规定。其意味着，第 12 条第 1 款所列的可诉行为仅为正面示例，即使案件不属于第 1 款所列的事项，如果法律、法规有特别规定，人民法院也可受理。但也有意见认为此条同样包含限制性规定，“是指即使案件属于前两项确定的受案范围，如法律特别规定不得提起行政诉讼的，也不属于行政诉讼的受案范围”①。但从语词表述看，第 2 款的规定同样表明，行政诉讼的受案范围依旧要以《行政诉讼法》的明确列举和其他特别法的特别规定为前提，这也意味着“无漏洞司法保护”的观念并未被彻底落实，实体法上的权利要获得诉讼法上的救济仍旧需要诉讼法的特别规定。②

---

① 姜明安主编：《行政法与行政诉讼法》，北京大学出版社、高等教育出版社 2019 年第 7 版，第 417 页。

② 参见赵宏：《行政法学的主观法体系》，中国法制出版社 2021 年版，第 261 页。其实本款在 2014 年修法时是否需要保留也存在争议。在修法前，该条款为逐步扩大法院受理人身权、财产权以外的其他案件留下了充分的发展余地，但在受案范围已经扩大，且第 1 款已明确规定行政诉讼的受案范围不以人身权、财产权保障为限时，此条似乎就没有再存在的必要。但立法机关认为，在诸如政治权利领域，因尚未制定相关法律，是否能够起诉还不明确，因此保留此条也意味着行政诉讼的受案范围会伴随未来实体法的发展而相应扩大。但上述观点其实也从侧面证明，行政诉讼的受案范围仍旧要受制于《行政诉讼法》和特别法的明确列举与规定。参见《全国人民代表大会法律委员会关于〈中华人民共和国行政诉讼法修正案（草案）〉修改情况的汇报》，载全国人大常委会法制工作委员会行政法室编：《行政诉讼法立法背景与观点全集》，法律出版社 2015 年版，第 14 页。

（二）可诉行为的正面列举

《行政诉讼法》第12条属于对行政诉讼受案范围的正面列举，其列举的可诉行为具体包含11项。分别为：（1）对行政拘留、暂扣或者吊销许可证和执照、责令停产停业、没收违法所得、没收非法财物、罚款、警告等行政处罚不服的；（2）对限制人身自由或者对财产的查封、扣押、冻结等行政强制措施和行政强制执行不服的；（3）申请行政许可，行政机关拒绝或者在法定期限内不予答复，或者对行政机关作出的有关行政许可的其他决定不服的；（4）对行政机关作出的关于确认土地、矿藏、水流、森林、山岭、草原、荒地、滩涂、海域等自然资源的所有权或者使用权的决定不服的；（5）对征收、征用决定及其补偿决定不服的；（6）申请行政机关履行保护人身权、财产权等合法权益的法定职责，行政机关拒绝履行或者不予答复的；（7）认为行政机关侵犯其经营自主权或者农村土地承包经营权、农村土地经营权的；（8）认为行政机关滥用行政权力排除或者限制竞争的；（9）认为行政机关违法集资、摊派费用或者违法要求履行其他义务的；（10）认为行政机关没有依法支付抚恤金、最低生活保障待遇或者社会保险待遇的；（11）认为行政机关不依法履行、未按照约定履行或者违法变更、解除政府特许经营协议、土地房屋征收补偿协议等协议的。

《行政诉讼法》对可诉行为的正面列举大体有两条线索：其一是行为标准。前六项中行政处罚、行政强制、行政许可、行政确认、行政征收与征用以及行政不作为以及第11项中的行政协议都属于此类范畴。其二是权益标准。除行政行为一般会涉及的人身权和财产权外，第7项针对的是经营自主权以及农村土地承包经营权和农村土地经营权，第8项针对的是公平竞争权，第10项针对的则是给付请求权，这些权益已经突破了传统人身权和财产权的范畴。

（三）反面排除的不可诉行为

如果说正面列举是为了便于司法操作，那么反面排除同样是为了降低司法适用的难度。《行政诉讼法》列举的不可诉行为共四项，分别为：（1）国防、外交等国家行为；（2）行政法规、规章或者行政机关制定、发布的具有普遍约束力的决定、命令；（3）行政机关对行政机关工作人员的奖惩、任免等决定；（4）法律规定由行政机关最终裁决的行政行为。这些行为或者具有高度的主权性和政治性，并不适宜由法院进行合法/违法的判断；或者因其抽象性而一般不会直接作用于个人；或者已由《公务员法》等特别法规定了其他救济途径而排除了司法救济。既然行政诉讼受案范围涉及公民权利的救济范围和司法监督行政的范围，不可诉行为就可被视为行政诉讼受案范围的界限。在上述列举之外，2018年《行诉法解释》列举了9类不可诉行为，并以“对公民、法人或其他组织权利义务不产生实际影响的行为”作为不可诉的兜底。

很多学者从扩大行政诉讼受案范围的视角出发，认为行政诉讼应以受理为原则，以不受理为例外，除了明文列举的不能起诉的情形，凡是“具有国家行政职权的机关和组织及其工作人员的行政行为”，都属于行政诉讼的受案范围。[①] 这当然是一种最理想的解释方式，也消解了《行政诉讼法》第 12 条第 1 款中正面列举的负面作用，但鉴于第 12 条第 2 款“除前款规范外，人民法院受理法律、法规规定可以提起诉讼的其他行政案件”的表述方式，在司法实务中仍旧有很多法官认为，行政诉讼的受案范围要依赖于《行政诉讼法》和其他特别法律、法规的规定，这种认知也无疑削弱了行政诉讼受案范围的开放性。

三、典型的可诉行为

《行政诉讼法》第 12 条明确列举的可诉行为共 11 类，具体列举如下：

（一）行政处罚

行政处罚是最典型的一类行政行为。在 1989 年《行政诉讼法》颁行之初，行政处罚就是最常被诉至法院的行政处理。2014 年《行政诉讼法》修改时，按照当时《行政处罚法》的规定，列举的行政处罚类型包括行政拘留、暂扣或者吊销许可证和执照、责令停产停业、没收违法所得、没收非法财物、罚款、警告。但在《行政处罚法》2021 年修改后，行政处罚的类型已不限于上述列举，该法第 2 条还对行政处罚作出了概括性规定：“行政处罚是指行政机关依法对违反行政管理秩序的公民、法人或者其他组织，以减损权益或者增加义务的方式予以惩戒的行为”。这也说明，即使不属于《行政处罚法》明确列举的处罚类型，只要符合上述概念要素，也属于行政诉讼的受案范围。

典型的例如在《行政处罚法》修改前，申诫罚仅列举了警告，由此就产生了通报批评是否属于行政处罚的争议。但在安徽省蚌埠五金交电采购供应站交电批发部不服蚌埠市标准计量局行政处罚案中，法院就认为，“1991 年 5 月 21 日，安徽省蚌埠市标准计量局认定交电批发部经销江苏省丹徒县电线厂生产的铝芯聚氯乙烯平型电线，经测量属伪劣商品，依据《标准化法》第 19 条、第 20 条，《工业产品质量责任条例》第 14 条、第 24 条，国务院颁发的 32 号文和《安徽省查处经销伪劣商品暂行规定》第 3 条第 2 项、第 7 条之规定，决定对交电批发部给予下列行政处罚：(1) 通报批评；(2) 处以商品货值总额的 12%罚款（90 卷×

---

① 参见何海波：《行政诉讼法》，法律出版社 2022 年版，第 117 页。

84 元×12%=907.2 元)；(3) 处以责任者 2 500 元罚款；(4) 已查封的等待处理"[①]。二审法院作出"维持蚌埠市标准计量局（蚌标量）质监罚字（91）第 032 号《行政处罚决定通知书》第一，通报批评；第二，处以商品货值总额的 12% 罚款（907.2 元）这二项处罚"的判决。由此，一审、二审法院直接认定通报批评就是行政处罚。

（二）行政强制

在《行政强制法》颁布前，行政强制的概念范畴并不清晰。这也导致《行政诉讼法》在 2014 年修改前仅列举"查封、扣押、冻结等行政强制措施"可提起行政诉讼，而未将行政强制执行列入。《行政强制法》在 2011 年颁行后，将行政强制明确区分为强制措施和强制执行两类，修改后的《行政诉讼法》也按照该法对强制类案件进行了重新列举，据此，无论是行政强制措施还是行政强制执行均属于行政诉讼的受案范围。例如，在卢某镇诉上海市闵行区文化稽查队证据先行登记保存一案中，法院就认为"本案中被告将原告的 CD、DVCD、DVD 碟片和电子出版物予以证据先行登记保存，系一种行政强制措施，客观上是对财物所有权的四项权能，即占有、使用、收益、处分的临时性限制"[②]。在《最高人民法院行政审判庭关于对当事人不服公安机关采取的留置措施提起的诉讼法院能否作为行政案件受理的答复》(〔1997〕法行字第 21 号，1997 年 10 月 29 日发布）中，也申明"留置是公安机关行政管理职权的一种行政强制措施"，属于《行政诉讼法》规定的人民法院行政诉讼受案范围"。

（三）行政许可

《行政诉讼法》列举的行政许可类案件共三类：其一是拒绝许可申请；其二是对许可申请在法定期限内不答复；其三则是有关行政许可的其他决定，具体包括：行政机关变更或撤回许可，行政机关撤销许可，行政机关注销许可。实践中，行政机关对许可申请未完全答复，即行政机关仅允诺了当事人的部分申请，或者在准予许可时又要求当事人承担相应的义务也属于可诉的许可类案件。

在行政许可的撤销和撤回案件中，常常会涉及信赖利益保护问题。例如在龙门县南昆山中科电站诉广东省林业厅林业行政许可案中，最高人民法院就指出，"广东省林业厅粤林地许准〔2008〕163 号《使用林地审核同意书》一经作出，

---

① 安徽省蚌埠五金交电采购供应站交电批发部不服蚌埠市标准计量局行政处罚案，安徽省蚌埠市中市区人民法院（1991）中行字第 5 号行政判决书，1991 年 11 月 15 日。

② 卢某镇诉上海市闵行区文化稽查队证据先行登记保存案，上海市闵行区人民法院（2004）闵行初字第 67 号行政判决书，2004 年 12 月 24 日。

即具有公定力、确定力，对于行政机关和相对人都产生拘束力。对于行政机关而言，其自我纠错将会受到严格限制，只有符合法定情形的，行政机关才有权予以撤销或变更……对于相对人而言，中科电站在接受超审批范围使用林地的行政处罚后，对超审批范围使用的林地逐级层报广东省林业厅提出申请，并获得了使用林地许可证。广东省林业厅未考虑中科电站已获得许可多年的实际情况，于2014年作出诉请撤销行政许可决定，有违信赖利益保护原则”①。行政许可的注销一般情况下是在行政许可被撤销、撤回或吊销后的程序性行为，并不具有行政处理的“规范性”，相对人原则上应起诉注销前的撤销、撤回或吊销决定，但如果行政机关此前并未作出相关决定就直接注销当事人的许可，当然可直接起诉注销决定。

（四）自然资源权属确认决定

行政机关作出的关于确认土地、矿藏、水流、森林、山岭、草原、荒地、滩涂、海域等自然资源的所有权或者使用权的决定，也属于典型的可诉行为。此类确认决定既包括行政机关对合法自然资源所有权或使用权颁发证书的决定，如《矿产资源法》第16条第1、2款规定，“开采下列矿产资源的，由国务院地质矿产主管部门审批，并颁发采矿许可证：（一）国家规划矿区和对国民经济具有重要价值的矿区内的矿产资源；（二）前项规定区域以外可供开采的矿产储量规模在大型以上的矿产资源；（三）国家规定实行保护性开采的特定矿种；（四）领海及中国管辖的其他海域的矿产资源；（五）国务院规定的其他矿产资源。开采石油、天然气、放射性矿产等特定矿种的，可以由国务院授权的有关主管部门审批，并颁发采矿许可证”；也包含行政机关对有争议的自然资源权属纠纷进行的裁决，如在欧西明等诉贺州市八步区人民政府等土地权属争议处理决定案中，最高人民法院认为，“根据《土地权属争议调查处理办法》第4条、第5条之规定，八步区政府有权对欧西明等七人与贺州市人民医院的土地权属争议作出处理决定”②。

（五）征收、征用与补偿决定

征收、征用和补偿也是较为典型的行政行为。《国有土地上房屋征收与补偿条例》第2条规定，“为了公共利益的需要，征收国有土地上单位、个人的房屋，

① 龙门县南昆山中科电站诉广东省林业厅林业行政许可案，最高人民法院（2016）最高法行申104号行政裁定书，2016年2月29日。

② 欧西明等诉贺州市八步区人民政府等土地权属争议处理决定案，最高人民法院（2017）最高法行申2812号行政裁定书，2017年9月5日。

应当对被征收房屋所有权人给予公平补偿”。《传染病防治法》第45条规定，“传染病暴发、流行时，根据传染病疫情控制的需要，国务院有权在全国范围或者跨省、自治区、直辖市范围内，县级以上地方人民政府有权在本行政区域内紧急调集人员或者调用储备物资，临时征用房屋、交通工具以及相关设施、设备。紧急调集人员的，应当按照规定给予合理报酬。临时征用房屋、交通工具以及相关设施、设备的，应当依法给予补偿；能返还的，应当及时返还”。对于征收、征用决定是否合法以及因征收、征用引发的补偿问题，相对人都可提起行政诉讼。

（六）不履行法定职责

行政机关负有法定职责但拒绝履行或不予答复的，当事人同样有权提起诉讼。对“负有法定职责”中的“法定职责”一般要从广义理解，即除源自法律、法规、规章以及规范性文件外，“法定职责”还会源自“行政行为、上级行政机关的指令、先行行为及行政协议”[①]，甚至“行政机关的事先承诺也可形成法定职责”[②]。而不履行法定职责，又包括违法拒绝履行和无正当理由逾期不予答复。除《行政诉讼法》明确列举的这两类不作为案件外，行政机关虽有履行行为，但履行方式不当，即“不适当履行和未充分履行”也属于“不履行法定职责”。例如《最高人民法院关于审理政府信息公开行政案件若干问题的规定》第9条就规定，“被告提供的政府信息不符合申请人要求的内容或者法律、法规规定的适当形式的，人民法院应当判决被告按照申请人要求的内容或者法律、法规规定的适当形式提供”。相反，拖延履行并非不履行，因其本质是“拖延处理但履行了法定职责”。

（七）侵犯经营自主权、农村土地承包经营权和土地经营权

企业经营自主权，是企业和经济组织对自身机构、人员、财产、原材料供应、生产、销售等方面事务的自主权。我国多部法律规范都规定了企业经营自主权，例如《全民所有制工业企业法》《中外合资经营企业法》《外资企业法》《中外合作经营企业法》等。实践中，行政机关侵犯经营自由权的行为包括撤销企业法定代表人、合并或者分立企业、强制企业转让知识产权等。在刘本元不服蒲江县乡镇企业管理局侵犯财产权、经营自主权处理决定行政纠纷案中，法院即指

---

① 在李文英请求泸州市江阳区卫生局履行行政合同安排工作案中，法院就认可，“原告与被告签订的行政合同有效，被告在签订行政合同后，已经按合同约定将原告协调安排到乡镇卫生机构就业，用人单位未予接受原告责任不在被告，被告已按行政合同履行了义务”。参见最高人民行政审判庭编著：《最高人民法院行政诉讼法司法解释理解与适用》（上），人民法院出版社2018年版，第425页。

② 江必新主编：《中华人民共和国行政诉讼法理解适用与实务指南》，中国法制出版社2015年版，第65页。

出，“成都蒲江小药碱厂、成都市朝阳印刷厂和成都鹤山矿泉饮料厂的建厂资金均是上诉人刘本元个人投资，其分配形式、经营管理实际上是按私营企业进行的……被上诉人蒲江县乡镇企业管理局作出的免去刘本元厂长职务和任命他人为厂长的决定，以及查封企业财产的行为，是于法无据的超越职权的具体行政行为。这一行为致使刘本元失去了对其财产的实际控制，又使其无法组织企业的生产经营，侵犯了刘本元的财产所有权和私营企业经营自主权”①。

农村土地承包经营权，是农村集体经济组织对其成员依法承包的农民集体所有和国家所有由农民集体使用的耕地、林地、草地以及其他依法用于农业的土地，享有使用、受益和土地承包经营权流转等权利的总称。农村土地经营权，即公民、法人或其他组织通过他人土地承包经营权流转取得的经营土地的权利总称。

（八）排除或限制竞争

行政机关滥用行政权力排除或者限制竞争的，可以提起诉讼。《反垄断法》第五章（第 39～45 条）明确列举了排除和限制竞争的具体行为表现。② 在点头隆胜石材厂不服福鼎市人民政府行政扶优扶强措施案中，福鼎市政府办公室以文件形式要求当地玄武岩开采企业提留规定数额的玄武岩荒料，以扶持 31 家具有一定生产规模的石材加工企业。原告认为这种做法破坏了公平竞争的经济秩序，导致其逐年减产，是违法行政。③ 在深圳市斯维尔科技股份有限公司诉广东省教育厅侵犯公平竞争权案中，被告在其主办的职业院校技能大赛工程造价技能项目竞争中，指定原告的竞争对手广联达公司的软件作为唯一的竞赛软件，原告以被告排除和限制竞争、侵犯公平竞争权为由提起诉讼，法院受理了该案并作出判决。④

（九）违法要求履行义务

公民、法人或其他组织应向行政机关履行的义务必须有法律明确规定，行政机关无权在法定范围之外要求相对人履行义务。实践中，最典型的要求相对人履

---

① 刘本元不服蒲江县乡镇企业管理局侵犯财产权、经营自主权处理决定行政纠纷案，《最高人民法院公报》1994 年第 2 期，第 86 页。

② 例如，行政机关和法律、法规授权的具有管理公共事务职能的组织限定或者变相限定单位或者个人经营、购买、使用其指定的经营者提供的商品；通过与经营者签订合作协议、备忘录等方式，妨碍其他经营者进入相关市场或者对其他经营者实行不平等待遇，排除、限制竞争；妨碍商品在地区之间的自由流通；以设定歧视性资质要求、评审标准或者不依法发布信息等方式，排斥或者限制经营者参加招标投标以及其他经营活动；采取与本地经营者不平等待遇等方式，排斥、限制、强制或者变相强制外地经营者在本地投资或者设立分支机构；制定含有排除、限制竞争内容的规定。

③ 参见点头隆胜石材厂不服福鼎市人民政府行政扶优扶强措施案，《最高人民法院公报》2001 年第 6 期，第 211－213 页。

④ 参见深圳市斯维尔科技股份有限公司诉广东省教育厅侵犯公平竞争权案，广东省高级人民法院（2015）粤高法行终字第 228 号行政判决书，2017 年 6 月 28 日。

行义务的情形包括违法集资、摊派劳务和摊派费用等。例如在谢培新诉永和乡人民政府违法要求履行义务案中，法院就认为，被告永和乡人民政府向原告谢培新提取的村提留费、乡统筹费和社会生产性服务费，超过谢培新权价应负担费用的一倍，违反了相关规定的取之有度、总额控制、定项限制的原则，具有任意性和随意性。[①]

（十）不依法发放抚恤金、最低生活保障金和工伤医疗社会保险金

抚恤金、最低生活保障金和工伤医疗社会保险金是国家向个人履行给付义务的重要体现。在现代社会下，从国家处获得抚恤金、最低生活保障金和工伤医疗社会保险金不再是个人的某种特权，而是个人依法享有的权利。既然其是个人的权利，那么行政机关不履行或不依法履行给付义务，个人当然可提起行政诉讼。“不依法发放”包括不发放、少发放和发放对象错误等情形。如在李彦启诉邳州市陈楼镇人民政府不依法履行优待金给付义务案中，法院就指出，“优待金作为对现役义务兵家属的一种社会保障制度，不仅体现为荣誉权，而且体现为财产权。对涉及公民人身权和财产权的优待金发放行为不服的，可以提起行政诉讼……被告未依据《江苏省拥军优属工作若干规定》第 16 条关于‘农村义务兵家属优待金标准，不低于上年度当地农村人均收入的 70%’的规定标准，支付原告优待金，应当补发差额”[②]。

（十一）行政协议

行政协议是行政机关为了实现行政管理或者公共服务目标，与公民、法人或者其他组织协商订立的具有行政法上权利义务内容的协议。2014 年《行政诉讼法》修改时明确将行政协议纳入行政诉讼的受案范围，且规定法院受理的行政协议争议主要包括两类：（1）行政机关不依法履行、未按约定履行行政协议。此类诉讼被称为“协议之诉”；（2）行政机关违法变更、解除行政协议，此类诉讼也被称为“行为之诉”。限于行政诉讼只能采取“民告官”的单向模式，对于协议相对人不履行或不按约定履行协议的行为，2019 年《行政协议审理规定》规定只能通过行政行为强制执行的方式履行协议。

四、不可诉行为

《行政诉讼法》第 13 条列举的不可诉行为共 4 项，2018 年《行诉法解释》在

---

① 参见谢培新诉永和乡人民政府违法要求履行义务案，《最高人民法院公报》1993 年第 1 期，第 32 - 33 页。

② 李彦启诉邳州市陈楼镇人民政府不依法履行优待金给付义务案，江苏省邳州市人民法院（2005）邳行初字第 80 号行政判决书，2005 年 10 月 20 日。

此基础上增列了10项，具体包括：

（一）国家行为

2018年《行诉法解释》将《行政诉讼法》第13条第1项的“国家行为”解释为国务院、中央军事委员会、国防部、外交部等根据宪法和法律的授权，以国家的名义实施的有关国防和外交事务的行为，以及经宪法和法律授权的国家机关宣布紧急状态、实施戒严和总动员等行为。国家行为不可诉的原因在于其主权性、政治性和整体性，法院也无法通过合法/违法来对政治性问题予以评判。但并非所有与国防、外交有关的行为均是国家行为，例如强制服兵役或是海关对外国人进行处罚等都不是国家行为。当事人对此类行为不服，当然可提起行政诉讼。例如在游淑平诉浙江省龙岩市人民政府征兵办公室行政处罚案中，被告以原告弄虚作假、逃避服兵役为由，对原告予以罚款、不准参加入学考试、不予招工招干的处罚，法院即受理了原告的起诉。①

（二）具有普遍约束力的决定、命令

2018年《行诉法解释》将《行政诉讼法》第13条第2项中“具有普遍约束力的决定、命令”解释为，行政机关针对不特定对象发布的能反复适用的规范性文件。其范畴包括行政法规、规章和其他规范性文件。具有普遍约束力的决定、命令不可诉的原因在于其基本都要通过具体决定才能作用于个人。值得注意的是，修改后的《行政诉讼法》并未将所有具有普遍约束力的决定、命令都排除在行政诉讼的受案范围之外，对于除行政法规和规章以外的其他规范性文件，如其被作为被诉行政行为的依据，相对人可附带性提起行政诉讼，要求法院对该文件进行审查。

（三）内部行政行为

《行政诉讼法》第13条第3项列举的“行政机关对行政机关工作人员的奖惩、任免等决定”，以及2018年《行诉法解释》补充的“行政机关作出的不产生外部法律效力的行为”，“行政机关为作出行政行为而实施的准备、论证、研究、层报、咨询等过程性行为”以及“上级行政机关基于内部层级监督关系对下级行政机关作出的听取报告、执法检查、督促履责等行为”都可归入“内部行政行为”的范畴。此类行为因为并不会对外部相对人产生法律上的拘束效果，所以不属于行政诉讼的受案范围。其中，行政机关对公务员所为的人事处理决定，根据

---

① 参见最高人民法院中国应用法学研究所编：《人民法院案例选（1992—1999）·行政卷》，中国法制出版社2000年版，案例141。

《公务员法》只能申请复核和申诉，而不能申请复议和提起诉讼。而行政机关的过程性行为，因尚未对当事人的权利义务进行具有拘束力的调整，行政机关甚至都未对外作出具有法效性的意思表示，当事人也不能提起诉讼。例如，在余祝年诉江苏省南通市人民政府行政复议案中，法院就认为，南通市政府所作的“补正行政复议申请通知书”系对余祝年如何参与行政复议的指导、释明，对余祝年的权利义务并不产生实际影响，故不属于行政诉讼的受案范围。[①] 与此相同，行政机关的内部层级监督行为，也未对相对人的权利义务产生直接影响，在多起此类案件中，最高人民法院都指出，“上级行政机关对下级行政机关的执法错误的调查及追责，既是行政机关上下级之间的内部管理行为，也是行政机关上下级之间的内部监督行为。不论内部监督行为的结果如何，都不对申请人的权利义务产生直接影响。因此，针对下级行政机关的执法过错行为，不论上级行政机关是否立案调查，是否作出相应决定，当事人对相关决定是否接受，均不属于人民法院司法监督范畴，也非行政诉讼受案范围”[②]。

在讨论内部行政行为的可诉性问题时，学界常会论及“内部行为外部化”的问题。学理上所说的“外部化”意味着，尽管该行为从外观看只是行政机关的内部决定，尚未送达给当事人；或者尽管只是上级机关对下级机关的批复、指示，但此类行为如果已经对当事人的权益作出具拘束力的调整，对其权益产生了实际影响，就应被视为意思表示已外化的且已产生终局性法律效果的行政行为，当事人也因此可以对其提起行政诉讼。例如，在孙春生与河南省开封市人民政府土地行政批复行政纠纷再审申请案中，最高人民法院同样指出，“地方人民政府对其所属土地管理部门作出的同意收回国有土地使用权批复，一般属于过程性行为，不可提起诉讼。只有在土地管理部门直接将该批复付诸实施并对行政相对人的权利义务产生了实际影响的情况下，行政相对人对该批复不服提起诉讼的，人民法院才依法予以受理”[③]。这一判决同样提出了“内部行为外部化”的判断标准。

（四）行政终局裁决行为

所谓行政终局裁决行为是指行政机关作出的决定是最终的，当事人无权再行起诉。行政终局裁决行为必须由“法律”规定，这里的“法律”按照 2018 年《行诉法解释》应作狭义解释，仅指全国人大和全国人大常委会制定的法律，也

---

① 参见余祝年诉江苏省南通市人民政府行政复议案，最高人民法院（2019）最高法行申 5085 号行政裁定书，2019 年 5 月 31 日。

② 邵根华诉浙江省杭州市西湖区人民政府不履行法定职责案，最高人民法院（2017）最高法行申 1129 号行政裁定书，2017 年 4 月 21 日。

③ 孙春生与河南省开封市人民政府土地行政批复行政纠纷再审申请案，最高人民法院（2016）最高法行申 469 号行政裁定书，2016 年 6 月 12 日。

就是说只有最高立法机关才能决定哪些事项行政机关具有最终的决定权。

我国法律规定的行政终局裁决行为有：(1)《行政复议法》第 26 条规定，"对省、自治区、直辖市人民政府依照本法第二十四条第二款的规定、国务院部门依照本法第二十五条第一项的规定作出的行政复议决定不服的，可以向人民法院提起行政诉讼；也可以向国务院申请裁决，国务院依照本法的规定作出最终裁决"。(2)《出境入境管理法》第 36 条、第 64 条、第 81 条规定，以下针对外国人的行政决定为最终决定，包括公安机关出入境管理机关作出的不予办理普通签证延期、换发、补发、不予办理外国人停留居留证件、不予延长居留期限的决定；县级以上人民政府公安机关或者出入境边防检查机关实施继续盘问、拘留审查、限制活动范围或者遣送出境措施，当事人不服申请复议后复议机关的复议决定；公安部作出的驱逐出境的处罚决定等。

（五）刑事司法行为

刑事司法行为，是指公安机关、国家安全机关等特定行政机关根据《刑事诉讼法》的明确授权实施的侦查犯罪的行为，主要包括侦查手段和强制措施。公安机关在我国具有双重身份，既是行政机关，履行行政管理职能，又是刑事侦查机关，履行刑事侦查职能。而它以刑事侦查机关的身份所为的刑事司法行为并非行政行为，也不属于行政诉讼的范围。

但要区分公安机关的行为究竟是刑事司法行为还是行政行为并不容易。实践中，也不乏公安机关借"刑事侦查"之名插手公民经济纠纷的事例。例如，在张晓华不服磐安县公安局限制人身自由、扣押财产行政案中，法院就指出，"根据公安部《关于公安机关不得非法越权干预经济纠纷案件处理的通知》第二条，对经济纠纷问题，应由有关企事业及其行政主管部门、仲裁机关和人民法院依法处理。公安机关不要去干预，更不允许以查处诈骗等经济犯罪为名，以收审、扣押人质等非法手段插手经济纠纷问题。磐安县公安局不顾公安部的通知精神，越权干预经济纠纷，以刑事侦查为名，限制原告张晓华的人身自由，扣押其财产，侵犯了张晓华人身权利和合法权益，属于《行政诉讼法》(1989 年——引者注）第 54 条第 2 项第 4 目规定的超越职权的行为"[①]。由此，行为是否属于刑事司法行为，要看公安机关是否有《刑事诉讼法》的明确授权，其行为目的是否真的是追究犯罪。如果公安机关是借"刑事侦查"之名插手公民经济纠纷，则属于可诉的违法行政行为。

① 张晓华不服磐安县公安局限制人身自由、扣押财产行政案，《最高人民法院公报》1994 年第 4 期，第 159 页。

（六）调解与仲裁行为

调解行为是行政机关在职权范围内，就平等主体之间发生的民事纠纷所为的调解处理，这类行为对当事人并没有强制力，当事人对调解结果不服，完全可以直接就民事争议提起民事诉讼，而不应将行政机关诉至法院。最典型的行政调解是公安机关在治安管理活动中对当事人之间的民事纠纷进行的调解。根据《治安管理处罚法》第 9 条，“对于因民间纠纷引起的打架斗殴或者损毁他人财物等违反治安管理行为，情节较轻的，公安机关可以调解处理。经公安机关调解，当事人达成协议的，不予处罚。经调解未达成协议或者达成协议后不履行的，公安机关应当依照本法的规定对违反治安管理行为人给予处罚，并告知当事人可以就民事争议依法向人民法院提起民事诉讼”。由此，如果当事人不接受调解协议，只能就民事争议提起民事诉讼，而不能将公安机关诉至法院。

行政机关内设的某些仲裁机构，也可以依照法定程序，以中立的第三方的身份对平等主体之间的民事纠纷进行仲裁。实践中行政仲裁主要包括劳动仲裁和人事仲裁。这类仲裁活动依据司法解释的规定，也不能提起行政诉讼。例如，《公务员法》第 105 条规定，“聘任制公务员与所在机关之间因履行聘任合同发生争议的，可以自争议发生之日起六十日内申请仲裁……当事人对仲裁裁决不服的，可以自接到仲裁裁决书之日起十五日内向人民法院提起诉讼……”此处的诉讼是指民事诉讼而非行政诉讼。

（七）行政指导

行政指导是行政主体为实现行政目的，向相对人采取指导、劝告、建议、鼓励、警示、倡议等不具有强制力的行为。行政指导因对相对人并没有任何约束力，所以不属于行政诉讼的受案范围。但行政机关借“行政指导”之名，对相对人作出具有强制力的行政决定就不属于行政指导。对于这类只具有指导外观的行为，相对人仍旧可以提起行政诉讼。例如在前述点头隆胜石材厂不服福鼎市人民政府行政扶优扶强措施案中，法院认为，“福鼎市的玄武岩石材企业，其生产用原料都由第三人福建玄武石材有限公司供应，而且供应数量有限。在此情况下，被告福鼎市人民政府以鼎政办〔2001〕14 号文件，批准下发了《工业领导小组办公室关于 2001 年玄武岩石板加工企业扶优扶强的意见》，该文件虽未给原告点头隆胜石材厂确定权利与义务，但却通过强制干预福建玄武石材有限公司销售办法，直接影响到点头隆胜石材厂的经营权利。福鼎市人民政府认为鼎政办〔2001〕14 号文件是行政指导性文件，没有强制性，不是具体行政行为，不是行政诉讼可诉对象的理由，不能成立”[①]。

（八）重复处理行为

重复处理行为是行政机关驳回当事人对行政行为提起的申诉的处理决定，这类决定只是对先前行为的重复，并没有对相对人的权利义务作出新的调整，因此，相对人也不能对此类重复行为提起诉讼。《行诉法解释》之所以规定重复处理行为不可诉，目的是避免当事人对于已经经过起诉期限的行政行为，通过不断申诉获得行政机关的再次处理，从而规避行政诉讼的起诉期限，破坏法秩序的安定。例如，在杨一民诉成都市政府其他行政纠纷案中，法院指出，“行政机关驳回当事人申诉的信访答复，属于行政机关针对当事人不服行政行为的申诉作出的重复处理行为，并未对当事人的权利义务产生新的法律效果，不是行政复议法所规定的可以申请行政复议的行政行为”[②]。但重复处理行为必须是对先前行为的完全重复，任一变动都不应再被视作是重复处理，而应作为新的可诉的处理决定。

（九）执行行为

执行行为是行政机关根据法院的生效裁判或协助执行通知书作出的执行裁判行为。此类行为的执行依据是法院的生效裁判或协助执行通知书，换言之，对当事人的权利义务产生实际影响的是据以执行的法院的生效裁判和协助执行通知书，当事人因此不能对行政机关的执行行为提起行政诉讼。但行政机关如果扩大执行范围或是采取违法方式实施，此时已经超出了执行界限，当事人可以提起行政诉讼。

（十）信访处理行为

信访处理行为是行政机关针对信访事项作出的登记、受理、交办、转送、复查、复核意见等行为。信访人对行政机关所作的信访处理行为不服的，应按照《信访工作条例》的规定，要求上级机关进行“复查”，而不能提起行政诉讼。在郭植深诉广州市越秀区人民政府信访答复案中，最高人民法院解释信访处理行为不可诉的原因在于，信访处理行为“对信访人不具有强制力，对信访人的实体权利不产生实际影响”[③]。实践中，信访处理行为的内容也多为驳回当事人对行政

---

① 点头隆胜石材厂不服福鼎市人民政府行政扶优扶强措施案，《最高人民法院公报》2001年第6期，第212页。

② 杨一民诉成都市政府其他行政纠纷案，《最高人民法院公报》2007年第10期，第43页。

③ 郭植深诉广州市越秀区人民政府信访答复案，最高人民法院（2017）最高法行申4615号行政裁定书，2017年8月24日。

行为提起申诉的重复处理。

（十一）不产生实际影响的行为

“对公民、法人或者其他组织权利义务不产生实际影响的行为”可视为对不可诉行为的兜底。上面列举的内部行政行为、民事调解、行政指导、重复处理行为以及信访处理行为等行为不可诉的原因都在于并未对当事人的权利义务产生实际影响。除上述已被类型化的不可诉行为外，如果某项决定未对当事人的权利义务作出有终局性影响的调整和设定，也不包含独立的调整内容，要求法院予以审查就既无权利保护必要性，也有违成熟性原则，因为法院的过早介入同样会剥夺行政机关充分调查和裁量的机会。类似的规定例如《行政许可审理规定》第3条：“公民、法人或者其他组织仅就行政许可过程中的告知补正申请材料、听证等通知行为提起行政诉讼的，人民法院不予受理，但导致许可程序对上述主体事实上终止的除外”。实务中，法院以“不产生实际影响”为由拒绝受理案件的同样不少，例如，在蔡金凤等诉上海市黄浦区人民政府执行通知及强拆行为案中，最高人民法院就认为，“黄浦区政府作出的黄府执通〔2015〕005号执行通知书，主要内容是告知施青萍（户），上海市黄浦区人民法院〔2015〕黄浦行审字第4号行政裁定已经准许对黄房管拆〔2014〕0040号房屋拆迁裁决的执行，根据生效裁定，要求被通知人按照房屋拆迁裁决书执行，搬离房屋，并办理交接手续。该执行通知书仅是告知人民法院生效裁定和此前作出的行政裁决的内容，未对相对人设定新的权利义务，没有独立的决定事项。2015年《行诉法解释》第1条第2款第6项规定，公民、法人或其他组织不服对其权利义务不产生实际影响的行为提起诉讼的，不属于人民法院行政诉讼的受案范围”[①]。“实际影响”作为不可诉行为的标准又常常与原告资格问题互相纠缠，但受案范围判断的是何事可以进入行政诉讼的问题，原告资格解决的是何人可以提起行政诉讼的问题，两者会有交叉，但指向并不相同。[②]

第三节　行政诉讼的原告资格

原告资格同样是行政诉讼的重要诉讼要件。其解决的是何人可提起行政诉讼

---

① 蔡金凤等诉上海市黄浦区人民政府执行通知及强拆行为案，最高人民法院（2017）最高法行申190号行政裁定书，2017年5月3日。

② 参见黄宇骁：《行政诉讼受案范围与原告资格关系之辨》，《政治与法律》2021年第1期，第108-125页。

的问题。《行政诉讼法》对于原告资格的规定较为概略，《行诉法解释》也仅对典型的原告类型进行了一般性列举，有关原告资格识别标准的提炼主要依赖司法实践和学理讨论。

一、原告资格的确定要素与一般类型

《行政诉讼法》第 25 条第 1 款规定，“行政行为的相对人以及其他与行政行为有利害关系的公民、法人或者其他组织，有权提起诉讼”。作为启动行政诉讼程序的一方当事人，原告是认为行政机关及其工作人员的行政行为侵犯了其合法权益，而向人民法院提起诉讼的个人或组织。

（一）原告资格的确定要素

行政诉讼的原告资格的确定，本质上涉及公法权益的保障范围及其限度。对此问题的确定，除应考虑权利保护的需要和司法的承载能力外，还尤其关涉行政诉讼的整体功能定位以及在整体功能定位下各个制度之间的相互匹配，换言之，原告资格的判定首先与行政诉讼的整体功能定位是主观诉讼还是客观诉讼相关。如果行政诉讼模式是以主观诉讼为主，其目标就主要是为个人提供司法保护，反映在原告资格问题上就意味着，只有个人权利因行政行为受损，才具有启动行政诉讼的合法性。这种诉讼模式下的原告并不只是诉讼的触发器，对原告资格的判定，也必须回到实体法的请求权框架下，原告在实体法上是否有相应的请求权亦成为判断其是否具有原告资格的标准。与之相反，客观诉讼的目标是对客观法秩序的维护，或是说是对行政行为合法性的控制。在客观诉讼之下，原告并非在诉讼中对具体的法律关系下的相对方主张其实体权利，因此其法地位只被简单地理解为起诉资格，其在行政诉讼中充其量也只是形式当事人，而非实质当事人。这种起诉资格当然会有界限，但其界限并非来自原告是否具有实体法上的请求权，而主要来自组织法或是司法本身的现实承载力。在客观诉讼模式下，原告原则上仅需证明被诉行为对其产生了影响就可获得原告资格，至于这种影响究竟是否有明确的法律上的权利依据则在所不问。①

（二）原告的一般类型

《行政诉讼法》第 25 条为主观诉讼模式下的原告，分别为相对人和利害关系人。此外在客观诉讼中，检察院也可作为原告提起行政公益诉讼，但此类原告可

---

① 参见赵宏：《行政法学的主观法体系》，中国法制出版社 2021 年版，第 253－278 页。

说是一般原告类型的例外。

1. 相对人

根据第 25 条的规定，我国的原告大体可分为两种类型，首先是相对人，其次是利害关系人。相对人即行政行为直接针对的对象。根据第 25 条的表述，只要属于行政行为的相对人，就一定具有原告资格，就可针对行政行为提起行政诉讼。我国 1989 年《行政诉讼法》规定，“依照本法提起诉讼的公民、法人或者其他组织是原告”。此处首先肯定的也是相对人的原告资格。因其一般情况下就是行政行为所直接针对的对象，或曰行政决定的“接收者”，因此，相对人的识别并不困难。典型的例如，行政处罚中的被处罚人、行政强制中被实施了行政强制的对象等。又因为此类行为本身就是面向特定对象的行为，如果未明确这些行为指向的对象，就会欠缺行政行为的成立要件。但如果有些行政行为，表面上是指向甲，但实质上是利用甲来达到设定、变更、消灭或确认乙的权利义务的目的，此时甲就只是行政行为的形式相对人，而乙才是行政行为的实质相对人，其当然可对调整了其权利义务的行政行为起诉。[①] 典型的例如，某市政府向全市医疗单位和个人下发通知，禁止这些医疗单位和个人使用某品牌的肠衣线。表面来看，全市医疗单位和个人是该通知的“接收者”，但该通知真正要调整的权利义务的主体是该品牌肠衣线的生产商，此时该生产商就是行政行为的实际相对人，也当然拥有行政诉讼的原告资格。

相对人原告资格的概括性获得，源于所谓“相对人理论”。该理论认为，只要行政诉讼的原告是行政干预措施的相对人，就足以证明其有实体权利受损，此时相对人无须再寻找法律依据为其诉讼资格提供证明。因为基本权利所拥有的防御权功能已经赋予了相对人免受国家权力包括行政权在内的不当干预和被施与违法负担的请求权，这种请求权的存在也无须特别法的特别规定。在“相对人理论”之下，对相对人的判定，要回到行政行为的干预目的性中去探求。行政行为中包含了行政机关意欲发生某种法律效果的意思表示，其效果或是对公民的权利义务进行设定、变更或解除，或是确认公民在具体个案中所享有的权利和承担的义务。这种意思表示又被归纳为行政行为的规范性或曰调整性，是其最核心的要素。行政行为中所包含的行政机关的发生法律效果的意图，本质上就是行政机关欲对相对人的权利义务予以规范、调整和干预的目的，而这种干预目的所指向的对象就是行政行为的相对人。由此，“基本权利的防御权功能＋干预目的性”既

① 参见黄宇骁：《行政诉讼原告资格判断方法的法理展开》，《法制与社会发展》2021 年第 6 期，第 90 页。

廓清了相对人的范围，也导出了相对人概括性的原告资格。[①]

对于干预决定而言，相对人的范围用上文的“干预目的性”标准就可识别；但对于给付决定而言，“相对人理论”就不太适合，尤其是随便向可能并无管辖权的机关提出某项给付申请而被拒绝的当事人，并不会仅因为其是拒绝决定的相对人就拥有原告资格。当事人还必须能够援引特别法规范证明，其依据该法拥有相应的请求权，可申请行政机关向其作出某项行政行为或其他行政给付。[②]

2. 利害关系人

行政行为的相对人始终拥有原告资格固然不错，但最初很多法院仅将行政诉讼的原告限定为相对人，这就使原告范围受到大大限缩。例如，许可申请人获得行政机关颁发的建筑规划许可而欲实施建筑行为，但其相邻人对此规划许可不满，认为该建筑行为一旦实施就会影响其通风、采光和通行权利。此时，如果认为只有行政行为的相对人才有行政诉讼的原告资格，这些相邻人的权利就无法获得司法救济。除相邻人外，典型的非相对人的情况还有与行政行为的相对人存在竞争关系的人。例如，在吉德仁等诉盐城市人民政府行政决定案中，盐城市人民政府作出的行政行为仅针对该市的国有公交总公司，内容为免除该国有公交总公司的交通规费。但吉德仁等的私人公交公司同样在该区域内运营，因运行的客运线路与国有公交总公司的重叠，客观上与其存在竞争关系。吉德仁等的私人公交公司就认为该处理会导致不平等的竞争而提起行政诉讼，此案争议的问题也在于这些非相对人是否具有原告资格。[③]

为回应上述问题，也避免可能出现的原告资格限缩，2000 年《行诉法解释》第 12 条明确指出，“与具体行政行为有法律上利害关系的公民、法人或者其他组织对该行为不服的，可以依法提起行政诉讼”。该解释第 13 条还列举“与具体行政行为有法律上利害关系的公民、法人或其他组织”的类型如下：（1）被诉的具体行政行为涉及其相邻或者公平竞争权的；（2）与被诉的行政复议决定有法律上利害关系或者在复议程序中被追加为第三人的；（3）要求主管行政机关依法追究加害人法律责任的；（4）与撤销或者变更具体行政行为有法律上利害关系的。这一解释扩大了行政诉讼的原告范围，将其从行政行为的相对人扩大到与行政行为有法律上利害关系的人。至 2014 年《行政诉讼法》修改，行政诉讼的原告又被明确界定为“行政行为的相对人以及其他与行政行为有利害关系的公民、法人或其他组织”。此处删去了“法律上的”表述，也继续释放出扩大行政诉讼原告资

① 参见赵宏：《行政法学的主观法体系》，中国法制出版社 2021 年版，第 172－180 页；陈鹏：《行政诉讼原告资格的多层次构造》，《中外法学》2017 年第 5 期，第 1126 页。

② 参见［德］弗里德赫尔穆·胡芬：《行政诉讼法》，莫光华译，法律出版社 2003 年版，第 288 页。

③ 参见吉德仁等诉盐城市人民政府行政决定案，《最高人民法院公报》2003 年第 4 期，第 33－36 页。

格的信号。[1] 2018 年《行诉法解释》在列举“与行政行为有利害关系”时，又在 2000 年《行诉法解释》的基础上增加“撤销或者变更行政行为涉及其合法权益的”以及“为维护自身合法权益向行政机关投诉，具有处理投诉职责的行政机关作出或者未作出处理的”两种类型。

3. 检察院作为行政公益诉讼的原告

如果说相对人和利害关系人都是主观诉讼中的原告类型，检察院则是作为例外的客观诉讼的原告。《行政诉讼法》第 25 条第 4 款规定，“人民检察院在履行职责中发现生态环境和资源保护、食品药品安全、国有财产保护、国有土地使用权出让等领域负有监督管理职责的行政机关违法行使职权或者不作为，致使国家利益或者社会公共利益受到侵害的，应当向行政机关提出检察建议，督促其依法履行职责。行政机关不依法履行职责的，人民检察院依法向人民法院提起诉讼”。这款是 2017 年修法时新增的条文。因为该条的引入，我国在民事公益诉讼之外又有了行政公益诉讼的制度设置。

我国行政诉讼原则上以主观诉讼为主，这种诉讼模式认为行政诉讼的首要目标是为个人权利提供司法保护，因此个人提起行政诉讼必须有“自己权利受损”的前提。基于此限定，行政诉讼原则上不允许公民、法人或其他组织为维护公共利益或他人利益而提起诉讼。但在环境保护、食品安全和公共资源配置等领域，行政机关的决定往往会涉及公共利益，此时如果仍旧限定原告起诉必须仅为保护个人利益，就难以达到有效监督行政机关以及保护公共利益的目的，行政公益诉讼也因此产生。行政公益诉讼是公民或社会组织认为行政机关行使职权的行为违法，侵害了公共利益或有侵害之虞时，为维护公共利益而向法院提起行政诉讼。但各国对于有权提起行政公益诉讼的原告、程序和范围的规定都不尽相同。

根据《行政诉讼法》第 25 条第 4 款，在我国能够作为原告提起行政公益诉讼的只有检察院，并不包含个人和其他组织。又根据该条规定，行政公益诉讼的适用领域包括生态环境和资源保护、食品药品安全、国有财产保护、国有土地使用权出让等领域，这些领域中行政机关的决定除影响某些个体的私人利益外，也极易影响国家利益和社会公共利益。但作为公益诉讼的原告，人民检察院在履行职责中发现生态环境和资源保护、食品药品安全、国有财产保护、国有土地使用权出让等领域负有监督管理职责的行政机关违法行使职权或者不作为，致使国家利益或者社会公共利益受到侵害的，并非首先提起诉讼，而是应当首先向行政机关提出检察建议，督促其依法履行职责。行政机关不依法履行职责的，人民检察院才能依法向人民法院提起诉讼。

---

[1] 参见江必新、邵长茂、李洋编著：《新行政诉讼法导读：附新旧条文对照表及相关法律规范》，中国法制出版社 2015 年版，第 52 页。

二、原告资格的判定标准

在原告资格问题上，尽管法律规范历经从“法律上的利害关系”到“利害关系”的变化，但何为“利害关系”一直是划定利害关系人范围的难题。现代行政诉讼中原告资格判定难题也不在于行政行为的相对人，而在于利害关系人。

（一）实际影响与保护规范理论

关于对“利害关系”的判断，我国学理和实务大致有实际影响和保护规范理论两种路径。

1. “实际影响”标准的适用与问题

所谓实际影响又常被称作不利影响或事实影响，其意味着，只要被诉行政行为影响到当事人为《行政诉讼法》和司法解释所明确列举的合法权益，或者对当事人在法律上值得保护的利益产生了不利影响，就需肯定其原告资格。这种判定方式并不要求原告必须有行政实体法上的请求权，只要证明所主张的权益存在被行政行为影响的可能即可满足起诉要件。这一观点不仅曾获最高人民法院肯定①，我国法院在很长一段时间内审查原告资格的思路也基本围绕实际影响展开，其步骤又大体包含为以下两步：其一，原告所主张的权益是否为《行政诉讼法》和《行诉法解释》所明确保护；其二，原告的权益是否受到被诉行政行为的影响，这一点在具体裁判中又常常被表述为，“原告的权益是否受到损害或有受到损害的现实可能性”，或者“权益损害与行政行为之间有因果关系”。伴随《行政诉讼法》将所要保护的合法权益从“人身权、财产权”扩展到“人身权、财产权等合法权益”，受教育权、债权、物权、投诉举报权、环境权等权益都悉数进入行政诉讼的保护范围，原告资格的判断问题就变成：原告所主张的权利是否值得法律保护？原告的权益是否真的受到被诉行政行为影响？

行政诉讼所应保护的权益范围不应仅限于人身权、财产权，这一点固然正确，但只要是合法权益就都可以通过行政诉讼予以主张，首先就会带来消弭行政诉讼和民事诉讼界限的问题。典型的例如黄陆军等不服金华市工商行政管理局工商登记行政复议案。该案中，原告黄陆军等人与内衣城公司、世贸城公司签订商品房买卖合同，购买世贸城商业用房，与商管公司签订业主商铺托管协议和租赁

---

① 最高人民法院就曾指出，“‘法律上的利害关系’是被诉行为对自然人和组织的权利义务已经或将会产生实际影响，这种利害关系，包括不利的关系和有利的关系，但必须是一种已经或必将形成的关系”。参见最高人民法院行政审判庭编：《〈关于执行《中华人民共和国行政诉讼法》若干问题的解释〉释义》，中国城市出版社2000年版，第26-27页。

协议，承租世贸城商铺。之后，世贸城公司采取各种方式对商铺进行拆除改装，使业主无法营业，侵犯原告的合法权益。2009年10月，黄陆军等18名原告就向被告金华市工商行政管理局提出复议申请，对第三人东阳市工商行政管理局核准东阳市开发总公司设立登记、内衣城公司设立和变更为世贸城公司登记、商管公司设立登记的行为不服，请求撤销相应的登记行为。在本案中，原告主张其包括物权在内的财产权受损，而且其权益受损的确与行政机关的登记行为相关。如果依照“实际影响”标准，黄陆军等人当然具有原告资格，但本案中显见的事实是，黄陆军等人权益受损的直接原因是与内衣城公司和世贸城公司的民事纠纷，如果仅因这种民事关系中掺杂了行政机关的登记行为，就认可民事纠纷的当事人可越过民事诉讼直接提起行政诉讼，无疑会消弭民事诉讼和行政诉讼的界限。也因此，《最高人民法院公报》在刊载本案判决时指出，“买卖、租赁民事合同一方当事人，与合同相对方因公司设立、股权和名称改变而进行的相应工商登记一般没有法律上的利害关系，其以合同相对方存在民事侵权行为为由申请行政复议的，行政复议机关不予受理”[①]。在此，原告所主张的财产权的确为《行政诉讼法》所保护，但为法律所保护的权利并不意味着其可在具体个案中直接向行政机关主张，这一点同样在黄陆军案的二审裁判中被婉转地表达：“……第二，登记机关无法预见公司成立后作为市场主体，在与上诉人发生买卖、租赁民事合同后的侵权行为或侵权可能性；第三，登记机关没有对涉诉公司作为市场主体的民事侵权行为进行审查的法定义务……第五，撤销涉诉公司的工商核准登记，不能使上诉人的权益损害得到恢复”。也基于相同的原因，2018年《行诉法解释》第13条规定，“债权人以行政机关对债务人所作的行政行为损害债权实现为由提起行政诉讼的，人民法院应当告知其就民事争议提起民事诉讼，但行政机关作出行政行为时依法应予保护或者应予考虑的除外”。

除会消弭行政诉讼与民事诉讼之间的界限外，实际影响标准的另一问题还在于其很容易就将行政诉讼所保护的合法权益扩张解释为所有“值得法律保护的利益”，这种扩张看似符合行政诉讼扩大权利保护的趋向，却很容易将原告资格的判定问题委于司法的主观恣意，而丧失了稳定性和明确性。典型的例如念泗三村28幢楼居民35人诉扬州市规划局行政许可行为侵权案。该案中，扬州市规划局核发“建设工程规划许可证”，许可建设某住宅楼。朱育新等35人提出反对，认为规划许可的建筑物虽满足法定建筑间距标准，但与其他建筑构成“品字形”，一起形成了一道长达170米的建筑屏障，影响了通风、采光、日照权，并且遮挡了瘦西湖景观，故提起行政诉讼，要求被告扬州市规划局撤销本案涉案规划许可

---

① 黄陆军等不服金华市工商行政管理局工商登记行政复议案，《最高人民法院公报》2012年第5期，第44-48页。

证。本案中原告可主张通风、采光、日照权等传统相邻权，这个基本无异议，法院对此审查的只是建筑规划许可是否真的侵犯了这些传统相邻权。但对于原告可否主张瘦西湖的“景观权”，一审法院和二审法院在裁判中都未正面回答，而仅就被诉的建筑规划许可是否违反《蜀冈瘦西湖风景名胜区规划》问题进行解释，认为“没有发现被诉具体行政行为有违反《蜀冈瘦西湖风景名胜区规划》的情形，故原告28幢楼居民认为在风景区可以看到拟建设的住宅楼就应认定其影响风景区规划的理由不能成立”[①]。念泗三村案后，诸如景观权等环境利益和城市空间利益能否起诉成为热议的问题。很多学者从扩大行政诉讼保护范围的角度提出，“有关相邻权的规定不足以充分保护空间密度、周围景观、附属设施等更广泛的空间利益。相比之下，环境权的概念更有延展性，有可能在今后构成一个重要的起诉依据”[②]。但这种仅从保护必要性角度出发，认为被诉行为只要对原告权益产生影响，而这种权益又值得法律保护，原告就应被赋予起诉资格的观点，使原告资格的判定彻底脱逸出实定法框架，也不再以法律解释为限。

2. 保护规范理论的纳入

与实际影响标准相对的原告资格的另一种判断径路是保护规范理论。这一理论最初是在2017年刘广明诉张家港市人民政府行政复议案中被引入。该案裁定首先指明，尽管《行政诉讼法》在2014年修改时用“利害关系”取代了“法律上的利害关系”，但利害关系“仍应限于法律上的利害关系”，而“不能扩大理解为所有直接或间接受行政行为影响的公民、法人或其他组织”。同时，“因为行政诉讼乃公法上的诉讼”，因此，“法律上的利害关系，一般也仅指公法上的利害关系”。在进行上述铺垫后，该案裁定首次适用“主观公权利”概念而非此前的“不利影响”或“直接影响”来解释“利害关系”，认为“只有主观公权利，即公法领域权利和利益，受到行政行为影响，存在受到损害的可能性的当事人，才与行政行为具有法律上的利害关系，才形成了行政法上权利义务关系，才具有原告主体资格，才有资格提起行政诉讼”[③]。对主观公权利的判断又应以保护规范理论为标准，即“以行政机关作出行政行为时所依据的行政实体法和所适用的行政实体法律规范体系，是否要求行政机关考虑、尊重和保护原告诉请保护的权利或法律上的利益（以下统称权益），作为判断是否存在公法上利害关系的重要标准”。自此，保护规范理论成为判定行政诉讼原告资格的全新基准。

---

① 念泗三村28幢楼居民35人诉扬州市规划局行政许可行为侵权案，《最高人民法院公报》2004年第11期，第35页。

② 何海波：《行政诉讼法》，法律出版社2022年版，第205页。

③ 刘广明诉张家港市人民政府行政复议案，最高人民法院（2017）最高法行申169号行政裁定书，2017年4月26日。

公权利或主观公权利的概念源自德国法，是指“个人根据公法规范所享有的，为自身利益而向国家要求为一定行为、不为一定行为或承担一定容忍义务的权能”[①]。与内涵模糊的“合法权益”不同，公权利的产生必须依赖于客观法，即个人针对行政机关的请求权必须由具体的实体法来确定。公权利要以客观法为依据，但客观法与公权利又并非一一对应，与客观公法对应的空间除公权利外，还有反射利益。而区分公权利和反射利益的标准就在于保护规范理论。保护规范理论要求，公法规范在保护公共利益的同时，至少要同样服务于特定的私人利益，才能确认公权利的存在。这也使公权利的存立系于实定法规范是否具有私益保护性上。据此，依据保护规范理论判断原告是否具有起诉资格，就大体被划分为以下两步：第一，行政机关作出行政行为时所依据的客观法规范在保护公共利益的同时，是否同样服务于特定的私人利益；第二，原告是否落入该规范的保护范围内。

对于如何解释公法规范的“私益保护性”，2017 年的刘广明案裁判同样给出了相关指引：“对行政实体法某一法条或者数个法条保护的权益范围的界定，不宜单纯以法条规定的文意为限，以免孤立、割裂地只见树木不见森林，而应坚持从整体进行判断，强调‘适用一个法条，就是在运用整部法典’。在依据法条判断是否具有利害关系存有歧义时，可参酌整个行政实体法律规范体系、行政实体法的立法宗旨以及作出被诉行政行为的目的、内容和性质进行判断，以便能够承认更多的值得保护且需要保护的利益，属于法律保护的利益，从而认可当事人与行政行为存在法律上的利害关系，并承认其原告主体资格，以更大程度地监督行政机关依法行政”。

刘广明案后，保护规范理论成为司法实务中判断行政诉讼原告资格尤其是利害关系人是否具有原告资格的重要基准。而最高人民法院此后也在关卯春等诉浙江省住房和城乡建设厅城乡建设复议纠纷再审案[②]、李百勤诉郑州市二七区人民政府行政复议案[③]和联立公司诉北京市东城区人民政府案[④]中对这一理论不断予以阐释和发展。例如，在关卯春案中，最高人民法院认为依照保护规范理论，影响原告主体资格是否成立的因素分为两种：“一是起诉人诉请保护的权益类型，二是行政实体法律规范的规定。只有当起诉人诉请保护的权益，恰好落入行政机关作出行政行为时所依据的行政实体法律规范的保护范围时，起诉人的原告主体资格才能被承认。”至联立公司案时，为避免保护规范理论的适用偏

① ［德］哈特穆特·毛雷尔：《行政法学总论》，高家伟译，法律出版社 2000 年版，第 152 页。
② 参见最高人民法院（2017）最高法行申 4361 号行政裁定书，2017 年 9 月 7 日。
③ 参见最高人民法院（2018）最高法行申 2975 号行政裁定书，2018 年 6 月 29 日。
④ 参见最高人民法院（2019）最高法行申 293 号行政裁定书，2019 年 10 月 12 日。

狭，最高人民法院还提出了“全面查找根据规范的要求”，即“准确理解并正确适用保护规范理论的前提，是准确、全面查找并参酌行政行为应当适用的保护规范，即行政机关作出行政行为时所应当依据的法律、法规、规章以及规范性文件”。

公权利概念和保护规范理论的引入，实现了行政诉权和实体请求权的联结，也有助于廓清我国行政诉讼的功能定位。同时这一标准因强调原告资格导出的规范依据，有效避免了实际影响标准所产生的混淆民事诉讼与行政诉讼以及无法清晰划定保护范围的问题。不过，保护规范理论强调原告资格的导出必须有明确的规范依据，而实践中常常会出现当事人因行政行为遭遇损害，其利益明显值得法律保护，却无法找到明确的规范依据的情形。从这个意义上说，实际影响标准和保护规范理论这两种主张各有优势和偏颇，司法实践也常常尝试对二者进行调和。这一点尤其体现在建筑规划许可以及环境行政领域。[①]

（二）利害关系人的典型类型与具体的原告资格判定

行政诉讼中的利害关系人对应的其实就是行政实体法上的第三人。利害关系人的原告资格判定问题本质上就是第三人的公法权利保护问题。这一问题的出现因为分配行政而到来。在现代国家，私人间的利益分配已不仅是通过私法手段，还通过行政决定来完成。行政法在此也应被重新理解为以公共性为媒介的私益间的分配法。在分配行政下，行政的职能演变为对相互冲突的私人利益进行权衡与调整。分配的本质也表现为在三边或多边法律关系下，行政机关将利益从一方手中拿走而给予另一方，一方所承受的负担，对另一方而言则是法律保护的增强。在分配关系下，相对人和第三人都应获得行政机关同等的考虑和尊重，第三人权益保障已不再是行政机关向相对人作出行为时的反射效果，其在公法上的独立法地位也获得普遍承认。[②] 实体法在解析相对人与第三人的关系时，又会根据他们在三边法律关系下的冲突差异而区分为对立型利害关系与互换型利害关系。对立型利害关系是指私人间的利益指向相反，一方试图改变现状以主动形成利益，而另一方则欲阻止他人破坏现状以保全其既有利益。建筑物所有人与相邻人间的关系即属此类利害关系。“互换型利害关系”是指，私人间基于对有限资源的分配或组合而产生的冲突关系。典型的例如市场竞争型的互换关系，以及由此引发的

---

① 这部分的问题可参见王贵松：《风险规制行政诉讼的原告资格》，《环球法律评论》2020 年第 6 期，第 159－173 页；赵宏：《规划许可诉讼中邻人保护的权利基础与审查构造》，《法学研究》2022 年第 3 期，第 86－102 页；赵宏：《公法邻人保护中的“考虑要求”》，《法学家》2023 年第 1 期，第 11－26 页。

② 有关分配行政与利害关系人的权利保护问题可参见王贵松：《作为利害调整法的行政法》，《中国法学》2019 年第 2 期，第 90－109 页；王世杰：《行政法上第三人保护的权利基础》，《法制与社会发展》2022 年第 2 期，第 82－99 页。

"竞争权人诉讼"[①]。据此，诉讼法上的利害关系人原告资格的问题又都可以从这些实体法上的第三人权利保护问题中寻找基础。2018年《行诉法解释》列举的典型的利害关系人类型如下：

1. 相邻权人

相邻权人是最典型的一类利害关系人。如果行政机关的行政决定，例如颁发给许可申请人的建筑规划许可，侵害了他人的相邻权，例如通风、采光、通行、排水等权利，相邻权人当然可针对此建筑规划许可提起诉讼。但实践中争议较大的是相邻权的保护范围，尤其是环境利益和城市空间分配利益，甚至于因相邻关系而产生的经济利益等是否可纳入相邻权保护范围。在关卯春等人诉浙江省住房和城乡建设厅城乡建设行政复议纠纷再审案中，2012年建德市政府拟将杭州市第二工业固废处置中心项目重新选址，从原建德市大洋镇泥家湾迁移至梅城镇秋家坞。2015年3月12日，浙江省发改委对项目的建设规模、内容、服务范围、废物鉴定及暂存系统、总平面、建筑设计等内容作出批复。关卯春等193人是建德市梅城镇的村民，距离秋家坞垃圾焚烧站不超过2.5公里。关卯春等认为，这是具有巨大环境风险的建设项目，会使附近居民的生命安全遭受严重威胁。但最高人民法院对该案的裁判认为，"环境权益并非城乡规划部门核发选址意见书时需要重点审查的权益"，关卯春等人居住的房屋"既非在案涉《选址意见书》范围内，亦不在焚烧车间边界为基准300米的环境防护范围内，其住宅与案涉项目距离超过2公里，其也不具备相应的原告主体资格"[②]。

2. 公平竞争权人

所谓公平竞争权，是指当事人为从事一定行为、获得一定权益而参加平等竞争的资格与条件。如果行政机关的具体行政行为破坏了公平竞争的环境，使原本平等的当事人处于不平等的境地，当事人有资格提起诉讼。例如，在吉德仁等诉盐城市人民政府行政决定案中，法院就认为，"盐城市人民政府《会议纪要》中城市公交在规划内开通的若干线路，要保证正常营运，继续免交有关交通规费的规定作为政府的一项行政决定，具有行政强制力，是可诉的具体行政行为。吉德仁等人作为与公交总公司所述公交车辆营运范围有重叠的经营者，有权以《会议纪要》的规定侵犯其公平竞争权为由提起行政诉讼"[③]。

---

① 这种区分源自德国学者普罗伊斯，具体内容可参见赵宏：《规划许可诉讼中邻人保护的权利基础与审查构造》，《法学研究》2022年第3期，第86-102页；王世杰：《行政法上第三人保护的权利基础》，《法制与社会发展》2022年第2期，第82-99页；黄宇骁：《行政法上的客观法与主观法》，《环球法律评论》2022年第1期，第131-145页；王世杰：《利害调整模式下公权利理论的革新》，《交大法学》2023年第4期，第63-79页。

② 最高人民法院（2017）最高法行申4361号行政裁定书，2017年9月7日。

③ 吉德仁等诉盐城市人民政府行政决定案，《最高人民法院公报》2003年第4期，第36页。

3. 受害人

2018年《行诉法解释》规定，“要求行政机关依法追究加害人法律责任的”，属于“与行政行为有利害关系”，由此来看，如果受害人认为行政机关对加害人的处理违法，例如不追究加害人的法律责任或是处罚过轻，可以利害关系人身份提起行政诉讼。例如，在席薇诉西安市公安局临潼分局等行政处罚再审案中，法院就认为，“行政处罚程序中的受害人与行政处罚行为具有利害关系，可以依法提起行政诉讼。据此，一审裁定以席薇无原告诉讼主体资格为由驳回其起诉，二审裁定予以维持，违反行政诉讼法相关规定”[①]。但值得注意的是，受害人要求行政机关追究加害人法律责任，本质上是要求行政机关介入其与加害人的水平法律关系中。但受害人在此种情形下是否有权要求行政机关介入，又取决于行政机关是否有履职义务以及受害人是否有相应的履职请求权。例如《治安管理处罚法》第78条规定，“公安机关受理报案、控告、举报、投案后，认为属于违反治安管理行为的，应当立即进行调查；认为不属于违反治安管理行为的，应当告知报案人、控告人、举报人、投案人，并说明理由”。由此来看，对于是否以及如何追究当事人的行政责任，公安机关都拥有裁量权，这就意味着，受害人原则上仅拥有无瑕疵请求权，其不满意公安机关的处罚决定而要求公安机关加重处罚的，唯有公安机关的裁量权缩减至零时，才拥有针对公安机关的特定作为请求权。[②] 因此，认为受害人一律拥有原告资格的判定过于武断，并没有参考具体个案中受害人的具体诉求和行政机关的裁量权限。

4. 在行政复议等程序中被追加为第三人的利害关系人

如果公民、法人或其他组织原本对行政行为并无意见，但其他人对行政行为不服申请复议，复议机关将其追加为第三人，复议机关作出决定后又影响了其权利义务，例如该行政行为经复议后被撤销或变更，或者嗣后被作出原行为的机关撤销或变更，该公民、法人或其他组织对这种变更结果不服时有资格提起行政诉讼。

5. 撤销、变更行政行为涉及其合法权益的利害关系人

这类人通常是指信赖利益人，其因行政行为而受益，但行政机关嗣后撤销或变更已经生效的授益行政行为，又会使其信赖利益受到影响，此时这类利害关系人就有权提起行政诉讼。例如，根据《行政许可法》第69条的规

---

① 席薇诉西安市公安局临潼分局等行政处罚再审案，陕西省高级人民法院（2016）陕行申178号行政裁定书，2016年4月8日。

② 关于在此种情形下行政机关的裁量权何时才会收缩至零，可参见王天华：《裁量收缩理论的构造与边界》，《中国法学》2014年第1期，第125-143页；王贵松：《行政裁量的构造与审查》，中国人民大学出版社2016年版，第251页。

定，作出行政许可决定的行政机关或者其上级行政机关，根据利害关系人的请求或者依据职权作出撤销行政许可的。原申请人对撤销行政许可不服的，有权提起行政诉讼。

6. 投诉举报人

2018年《行诉法解释》规定，“为维护自身合法权益向行政机关投诉，具有处理投诉职责的行政机关作出或者未作出处理的”属于“与行政行为有利害关系”。学理上由此区分所谓“私益举报人”和“公益举报人”，认为如果投诉举报人是为维护自身合法权益向行政机关投诉，要求行政机关为一定行为或不为一定行为，具有处理投诉职责的行政机关作出一定处理影响其利益，或是在收到投诉后不作为从而影响其权益，此时当事人有权提起行政诉讼。如果投诉人并非为自身合法权益，而是为了公共利益和公共秩序向行政机关投诉举报，投诉人不具备原告资格。① 这一规定符合行政诉讼主观诉讼的定位，相关内容其实也早就出现在罗镕荣诉吉安市物价局物价行政处理案判决中。② 但在保护规范理论被纳入司法实践后，即使是为私益而投诉举报，法院也不再一律认可举报投诉人的原告资格。其原因在于大部分的举报投诉条款的目的主要在于经由私人举报而为行政机关提供违法线索，敦促行政机关履行公职，并不包含明显的私益保护指向，其不能成为投诉举报人起诉的保护规范。例如，在李百勤诉郑州市二七区人民政府案中，法院就认为举报投诉条款的目的是维护公益，其受益人为不确定的多数，即使某人从中获得事实上的利益，这种利益也只是权利的反射，而非自己的权利。③ 由此来看，与受害人一样，投诉举报人是否具有原告资格，需要具体考察其借由举报投诉所维护的个人权益是否属于行政机关作出决定时的考虑事项，以及其是否具有借由举报投诉而要求行政机关履职的请求权来作判断。④ 例如在梁志斌诉山西省人力资源和社会保障厅案中，原告认为其就职的太原钢铁有限公司侵犯其劳动保障权，向山西省人力资源和社会保障厅投诉。法院在解释《劳动保障监察条例》时就认为，“该条例仅规定用人单位侵犯劳动者劳动权益的，有权向劳动保障行政部门投诉，但这种投诉权并不包含要求行政机关对第三人施加负担的请求权”⑤。

---

① 参见黄锴：《行政诉讼中举报人原告资格的审查路径——基于指导案例77号的分析》，《政治与法律》2017年第10期，第23页。

② 参见罗镕荣诉吉安市物价局物价行政处理案，最高人民法院指导案例77号（2016年）。

③ 参见李百勤诉郑州市二七区人民政府案，最高人民法院（2018）最高法行申2975号行政裁定书，2018年6月29日。

④ 参见赵宏：《保护规范理论在举报投诉人原告资格中的适用》，《北京航空航天大学学报（社会科学版）》2018年第5期，第9-17页。

⑤ 梁志斌诉山西省人力资源和社会保障厅案，最高人民法院（2017）最高法行申281号行政裁定书，2017年5月8日。

三、特殊原告的起诉问题与原告资格承继

关于原告资格，除前述原告的具体类型和判定标准等内容外，还有 2018 年《行诉法解释》列举的特殊原告的起诉问题。在有权起诉的公民死亡或是有权起诉的法人或其他组织终止时，则会发生原告资格承继的问题。

（一）特殊原告的起诉问题

《行诉法解释》规定的特殊原告起诉问题包括：

1. 联营企业、中外合资或合作企业的起诉问题

《行诉法解释》第 16 条第 2 款规定，联营企业、中外合资或者合作企业的联营、合资、合作各方，认为联营、合资、合作企业权益或者自己一方合法权益受行政行为侵害的，均可以自己的名义提起诉讼。本规定的用意在于：第一，如果行政机关的行政行为侵犯的是联营企业、中外合资或者合作企业的企业利益，按照《行政诉讼法》的规定应以企业的名义起诉，但以企业名义起诉需要所有联营、合资、合作各方的同意，为避免企业投资人的利益受损，《行诉法解释》赋予在此种情形下联营、合资、合作各方除以企业名义起诉外，还可以自己的名义提起行政诉讼的权利。第二，如果行政机关的行政行为侵犯的只是联营企业、中外合资或者合作企业中联营、合资、合作某一方的权益，其他投资方不同意以企业名义起诉，此时利益受损的联营、合资、合作方也可以自己的名义直接提起行政诉讼。

2. 非国有企业的起诉问题

非国有企业在范围上包括集体企业、私营企业等，如果行政机关通过其行政行为，将非国有企业注销、撤销、合并、强令兼并、出售、分立或者改变企业隶属关系，该企业或者其法定代表人可以提起行政诉讼。

3. 股份制企业的起诉问题

股份制企业的股东会（过去分为股东大会、股东代表大会）、董事会等认为行政机关作出的具体行政行为侵犯企业经营自主权的，可以企业名义提起诉讼。此处值得注意的是，股份企业能够起诉的内部机构只有股东会和董事会，并不包括个别股东，且这些内部机构起诉时，均应以股份企业的名义。

4. 合伙企业的起诉问题

合伙企业向人民法院提起诉讼的，应当以核准登记的字号为原告。未依法登记领取营业执照的个人合伙的全体合伙人为共同原告；全体合伙人可以推选代表

人，被推选的代表人，应当由全体合伙人出具推选书。

5. 个体工商户的起诉问题

个体工商户向人民法院提起诉讼的，以营业执照上登记的经营者为原告。有字号的，以营业执照上登记的字号为原告，并应当注明该字号经营者的基本信息。

6. 营利性法人的出资人、设立人的起诉资格问题

与联营企业、中外合资或合作企业的联营、合资或合作各方一样，事业单位、社会团体、基金会、社会服务机构等非营利法人的出资人、设立人认为行政行为损害法人合法权益的，除可以非营利性法人的名义起诉外，也可以自己的名义起诉。此时其维护的不仅有自身的利益，也有法人的利益。

7. 业主委员会和业主的起诉问题

业主委员会对于行政机关作出的涉及业主共同利益的行政行为，可以自己的名义提起诉讼。如果业主委员会不起诉，专有部分占建筑物总面积过半数或者占总户数过半数的业主可以提起诉讼。

（二）原告资格的承继

原告资格的承继又被称为原告资格的转移。《行政诉讼法》第 25 条第 2 款和第 3 款规定，“有权提起诉讼的公民死亡，其近亲属可以提起诉讼。有权提起诉讼的法人或者其他组织终止，承受其权利的法人或者其他组织可以提起诉讼”。此处涉及的就是原告资格的承继。对于公民而言，其死亡后原告资格可移转于近亲属。根据 2018 年《行诉法解释》，“近亲属”包括配偶、父母、子女、兄弟姐妹、祖父母、外祖父母、孙子女、外孙子女和其他具有扶养、赡养关系的亲属。但此处需要区别的是，公民因被限制人身自由而不能提起诉讼的，其近亲属可以依其口头或者书面委托以该公民的名义提起诉讼。此种情形并不属于原告资格的承继。对于法人或其他组织而言，其终止后承继其原告资格的为承受其权利的法人或其他组织。但值得注意的是，死亡公民的近亲属，以及承受终止法人权利的法人或其他组织是以自己的名义，而非以死亡公民或权利终止的法人或其他组织的名义起诉。

四、共同诉讼与诉讼代表人

《行政诉讼法》第 27 条规定，“当事人一方或者双方为二人以上，因同一行政行为发生的行政案件，或者因同类行政行为发生的行政案件、人民法院认为可

以合并审理并经当事人同意的，为共同诉讼”。所谓共同诉讼，也被称为诉的合并，在行政诉讼中多发生于原告为二人以上的情形。该法第 28 条规定，“当事人一方人数众多的共同诉讼，可以由当事人推选代表人进行诉讼。代表人的诉讼行为对其所代表的当事人发生效力，但代表人变更、放弃诉讼请求或者承认对方当事人的诉讼请求，应当经被代表的当事人同意”。实践中，诉讼代表人制度只适用于行政诉讼的原告而不适用于被告。在共同诉讼中，被告有多名的，应当独立应诉。其原因在于行政机关各司其职，推选其中一个机关作为诉讼代表人，并不利于法院充分了解案情和保护相对人合法权益。

根据 2018 年《行诉法解释》第 28 条，所谓“当事人一方人数众多”一般是指 10 人以上。当事人一方人数众多的，由当事人推选代表人。当事人推选不出的，可以由人民法院在起诉的当事人中指定代表人。诉讼代表人为 2 至 5 人，代表人可以委托 1 至 2 人作为诉讼代理人。

第四节　行政诉讼的被告资格

除原告具备资格外，被告资格亦是行政诉讼的重要诉讼要件，而且被告是行政诉讼中不可或缺的当事人，原告在起诉时必须在起诉状上列明被告。2018 年《行诉法解释》第 67 条规定，“原告提供被告的名称等信息足以使被告与其他行政机关相区别的，可以认定为行政诉讼法第四十九条第二项规定的‘有明确的被告’。起诉状列写被告信息不足以认定明确的被告的，人民法院可以告知原告补正；原告补正后仍不能确定明确的被告的，人民法院裁定不予立案”。有关被告的问题包括被告资格的判定标准、一般情形和特殊情形下的被告确认等。

一、被告资格的判定标准

我国行政诉讼一直遵循“谁行为，谁被告”和“谁主体，谁被告”的判定规则。

（一）谁行为，谁被告

“谁行为，谁被告”意味着被告必须是被诉行政行为的实施主体，例如作出处罚决定的机关、颁发行政许可的机关，或是对违章建筑予以强制拆除的行政机关等。而《行政诉讼法》第 26 条第 1 款规定的“公民、法人或者其他组织直接向人民法院提起诉讼的，作出行政行为的行政机关是被告”，表达的也首先是

"谁行为，谁被告"的意旨。

如果原告起诉的是行政不作为，则应以负有法定职责的机关为被告。原告在起诉时也需向法院指明规定行政机关履行法定职责的规范，法院可通过此项规范，确认原告请求履行的法定职责是否可归属于行政机关。2018 年《行诉法解释》第 93 条第 2 款也明确规定，"人民法院经审理认为原告所请求履行的法定职责或者给付义务明显不属于行政机关权限范围的，可以裁定驳回起诉"。例如，在李淑芝诉北京市昌平区人民政府不履行法定职责案中，最高人民法院就认为，"本案中，李淑芝要求昌平区政府责令他人停止非法占地、违章建楼、非法圈占公建水渠、泄洪通道等行为，并恢复土地原状。根据相关法律法规规定，再审申请人的上述请求明显不属于昌平区政府的法定职责。一审法院据此裁定驳回再审申请人起诉，二审法院裁定驳回其上诉，并无不当"①。

（二）谁主体，谁被告

"谁主体，谁被告"则意味着被告还必须具有行政主体资格。如果行政行为主体并不具有主体资格，就应以它所属的具有主体资格的行政机关或组织来担当被告。典型的例如，行政机关委托的组织因没有行政主体资格，对其所作的行政行为只能以委托该组织的行政机关为被告；法律、法规、规章授权的组织因具有行政主体资格，所以可以自己作为被告来承担行政责任。再如公务员违法行使职权的，其后果应归属于公务员所在的行政机关，原告起诉时也应以行政机关而非公务员为被告。例如，在建明食品公司诉泗洪县政府检疫行政命令纠纷案中，县政府分管工作的副县长电话指示县兽检所，停止对县肉联厂的单位进行生猪检疫，建明食品公司认为副县长的电话指示侵犯其合法权益提起诉讼，法院就告知其应以县政府而非副县长为被告。②

在上述两个标准下，如果原告起诉的被告不适格，根据 2018 年《行诉法解释》规定，"人民法院应当告知原告变更被告；原告不同意变更的，裁定驳回起诉"。

二、一般情形的被告确认

一般情形下的被告确认包括原告直接起诉和经过复议后起诉、授权组织和委托组织等情形。

---

① 李淑芝诉北京市昌平区人民政府不履行法定职责案，最高人民法院（2016）最高法行申 1890 号行政裁定书，2016 年 9 月 26 日。

② 参见建明食品公司诉泗洪县政府检疫行政命令纠纷案，《最高人民法院公报》2006 年第 1 期，第 44 页。

（一）直接起诉的被告确认

《行政诉讼法》第 26 条第 1 款规定，“公民、法人或者其他组织直接向人民法院提起诉讼的，作出行政行为的行政机关是被告”。在抚顺新跃化学制品有限公司诉抚顺市政府等 19 家企业停止新建、冻结行政审批行为案中，最高人民法院指出，“所谓‘作出行政行为的行政机关’是指实际作出被诉的对当事人权利义务产生实际影响行政行为的机关，只是接受委托转达或组织实施被诉行政行为，没有行使自己行政职权进行决策活动的行政机关，不是作出被诉行政行为的行政机关。本案中，被诉行政行为是停止新建、停办行政审批手续，该行政行为的实际决策人和作出主体是抚顺市政府。没有抚顺市政府的决策行为，抚顺市政府的相关职能部门不可能听从新抚区政府或华山工业园管委会的指令，停止办理审批手续……因此，抚顺市政府主张新抚区政府是被诉行政行为的作出主体，一、二审遗漏被告的主张不能成立，对其该项申请再审理由，本院不予支持”①。

（二）经过复议的被告确认

经复议的案件的被告确认可分为三种情形：

1. 复议机关维持原行政行为，当事人应以原机关和复议机关为共同被告

在 1989 年《行政诉讼法》中，复议机关维持原行政行为的，原机关为被告；复议机关只有改变原行政行为的，复议机关才是被告。但这一规定导致实践中很多复议机关为避免当被告，而怠于履行复议职能，复议活动也因此沦为单纯的“维持会”。为敦促复议机关积极履行复议职能，《行政诉讼法》2014 年修改后明确，“复议机关决定维持原行政行为的，作出原行政行为的机关和复议机关是共同被告”。

根据 2018 年《行诉法解释》第 133 条，复议机关维持原行政行为包括：复议机关作出维持决定；复议机关驳回复议申请或者复议请求。但如果复议机关以复议申请不符合受理条件为由驳回，属于复议机关不履行复议职责，而非维持。行政复议决定既有维持原行政行为内容，又有改变原行政行为内容或者不予受理申请内容的，此时仍由作出原行政行为的行政机关和复议机关为共同被告。原告只起诉作出原行政行为的行政机关或者复议机关的，人民法院应当告知原告追加被告。原告不同意追加的，人民法院也应当将另一机关列为共同被告。

---

① 抚顺新跃化学制品有限公司诉抚顺市政府等 19 家企业停止新建、冻结行政审批行为案，最高人民法院（2017）最高法行申 22 号行政裁定书，2017 年 3 月 27 日。

2. 复议机关改变原行为，当事人应以复议机关为被告

这里的“改变”根据2018年《行诉法解释》仅包括复议机关改变原行政行为的处理结果，换言之，如果处理结果未变，即使复议决定所认定的事实或法律依据发生改变，也不属于“改变”，而属于维持。此外，复议机关确认原行为无效以及复议机关确认原行为违法的，同样属于改变原行为，但复议机关以违反法定程序为由确认原行政行为违法的，因为对实体未做改变，所以仍旧属于维持。

3. 如果复议机关不受理复议申请，或在法定期间内不作复议决定，被告应以当事人起诉的行为为准，但法律、法规规定复议前置的除外

此种情形下，如果当事人对原行政行为不服提起诉讼，应当以作出原行政行为的行政机关为被告；如果当事人对复议机关不作为不服提起诉讼，应当以复议机关为被告。换言之，如果复议机关在法定期间内不作复议决定，当事人既可以以原机关为被告，起诉原机关的原行为，也可以复议机关为被告，起诉复议机关不履行法定职责的行为。

但在叶张镇诉广西壮族自治区百色市人民政府和广西壮族自治区田东县医药公司再审案中，最高人民法院指出，“法律、法规规定应当先申请复议，公民、法人或者其他组织未申请复议直接提起诉讼的，人民法院裁定不予立案。复议前置案件经过复议程序实体审理，才能视为经过复议。复议机关对复议申请不予答复，或作出程序性驳回复议申请的决定，不能视为已经经过复议。未经复议当然不能直接对原行政行为提起行政诉讼，行政复议前置案件，复议机关不予答复，作出程序性驳回复议申请决定，当事人只能对复议机关的不予答复、不予受理行为依法提起行政诉讼，无权直接起诉原行政行为”[①]。据此，对复议前置案件，复议机关不予答复、作出程序性驳回复议申请决定的，当事人只能对复议机关的不予答复、不予受理行为依法提起行政诉讼。

而在非复议前置的情形下，当事人虽可选择直接起诉原行政行为或是起诉复议机关不受理复议申请的行为，却不可以同时进行，只能选择其一。在陈杰诉黄石市黄石港区人民政府和黄石港区公安消防大队再审案中，最高人民法院解释这一规定的原因为，“直接起诉原行政行为，目的是要求人民法院对原行政行为的合法性作出认定和处理；起诉复议机关不作为，直接的诉求虽然是要求人民法院撤销不予受理复议申请的决定，但撤销不予受理复议申请决定的效果，则必然导致复议机关同样要对原行政行为的合法性作出认定和处理。如果同时起诉原行政

① 叶张镇诉广西壮族自治区百色市人民政府和广西壮族自治区田东县医药公司再审案，最高人民法院（2019）最高法行申11290号行政裁定书，2019年12月31日。

行为和复议机关不作为，就会违反一事不再理原则，造成法院的重复劳动。更为重要的是，这样做还违反司法最终原则……司法最终原则也决定了行政复议和行政诉讼应当是一种先后关系，而不能针对同一争议同时进行两种法律程序”[①]。

（三）法律、法规、规章授权组织的被告确认

法律、法规、规章授权的组织所作的行政行为，该组织为被告。这也同样符合“谁主体，谁被告”的逻辑。典型的如2018年《行诉法解释》第24条第1款规定的“当事人对村民委员会或者居民委员会依据法律、法规、规章的授权履行行政管理职责的行为不服提起诉讼的，以村民委员会或者居民委员会为被告”；以及第3款规定的“当事人对高等学校等事业单位以及律师协会、注册会计师协会等行业协会依据法律、法规、规章的授权实施的行政行为不服提起诉讼的，以该事业单位、行业协会为被告”。村委会、居委会、事业单位以及行业协会都是典型的法律、法规授权组织，其因有《村民委员会组织法》《城市居民委员会组织法》《教育法》《高等教育法》《学位条例》《律师法》《注册会计师法》等法律、法规的授权，而享有行政管理职能，其依据授权法实施的行为法律责任也应归属于这些授权组织。

此处需要注意的还有规章授权。《行政诉讼法》第2条第2款规定，“前款所称行政行为，包括法律、法规、规章授权的组织作出的行政行为”，这就意味着规章授权组织也可作为行政诉讼的被告。但在《行政诉讼法》修改前制定的《行政处罚法》《行政许可法》《行政强制法》所规定的授权都仅限于“法律、法规”，例如《行政许可法》第23条中规定，“法律、法规授权的具有管理公共事务职能的组织，在法定授权范围内，以自己的名义实施行政许可”，这也意味着在行政处罚、行政许可和行政强制领域，并不适用规章授权，这些领域中的规章授权的组织只能视为受委托组织。

（四）委托组织的被告确认

由行政机关委托的组织所作的行政行为，委托的行政机关是被告。2018年《行诉法解释》第24条也同样规定，“当事人对村民委员会、居民委员会受行政机关委托作出的行为不服提起诉讼的，以委托的行政机关为被告”；“当事人对高等学校等事业单位以及律师协会、注册会计师协会等行业协会受行政机关委托作出的行为不服提起诉讼的，以委托的行政机关为被告”。例如在张先著诉芜湖市人事局公务员招录决定案中，法院就认为，“被告芜湖市人事局根据《安徽省公

---

① 陈杰诉黄石市黄石港区人民政府和黄石港区公安消防大队再审案，最高人民法院（2017）最高法行申358号行政裁定书，2017年3月27日。

务员录用体检实施细则（试行）》的规定，委托解放军第八六医院对考生进行体检，属于行政委托关系，被委托人所实施的行为后果应由委托人承担”①。

（五）两个机关共同行为的被告确认

《行政诉讼法》第 26 条第 4 款规定，“两个以上行政机关作出同一行政行为的，共同作出行政行为的行政机关是共同被告”。2018 年《行诉法解释》第 26 条也规定，“应当追加被告而原告不同意追加的，人民法院应当通知其以第三人的身份参加诉讼，但行政复议机关作共同被告的除外”。但上述规则仅适用于两个以上的行政机关或行政主体共同作出同一行政行为的情形，如果行政机关是与非行政机关，例如政府和党委联合作出影响当事人权益的行为，此时仍旧只能以政府为被告。但与此区别的是，《行政许可审理规定》第 5 条规定，“行政机关依据行政许可法第二十六条第二款规定统一办理行政许可的，当事人对行政许可行为不服提起诉讼，以对当事人作出具有实质影响的不利行为的机关为被告”②。

（六）行政机关被撤销或职权变更的被告确认

根据《行政诉讼法》第 26 条第 6 款，“行政机关被撤销或者职权变更的，继续行使其职权的行政机关是被告”。这一条也可被称为“被告的承继”，其目的是确保当事人的诉权不至因为行政机关被撤销或职权变更而无法得到保护。如果行政机关被撤销或者职权变更，但没有继续行使其职权的行政机关，以其所属的人民政府为被告。

三、特殊情形的被告确认

除上述一般情形的被告确认外，《行政诉讼法》和 2018 年《行诉法解释》还列举了特殊情形下的被告确认，具体包括：

（一）经上级行政机关批准的行政行为的被告确认

2018 年《行诉法解释》第 19 条规定，“当事人不服经上级行政机关批准的行政行为，向人民法院提起诉讼的，以在对外发生法律效力的文书上署名的机关

---

① 张先著诉芜湖市人事局公务员招录决定案，安徽省芜湖市新芜区人民法院（2003）新行初字 11 号行政判决书，2004 年 4 月 2 日。

② 《行政许可法》第 26 条第 2 款：“行政许可依法由地方人民政府两个以上部门分别实施的，本级人民政府可以确定一个部门受理行政许可申请并转告有关部门分别提出意见后统一办理，或者组织有关部门联合办理、集中办理。”

为被告”。由此来看，经过上级机关批准的行政行为的被告确认适用的是显名主义，即并不是绝对以上级或下级为被告，而是以对外发生法律效力的文书上的署名机关为准，如此规定同样是为了便于当事人起诉。

（二）行政机构和其他组织的被告确认

2018 年《行诉法解释》第 20 条规定，“行政机关组建并赋予行政管理职能但不具有独立承担法律责任能力的机构，以自己的名义作出行政行为，当事人不服提起诉讼的，应当以组建该机构的行政机关为被告。法律、法规或者规章授权行使行政职权的行政机关内设机构、派出机构或者其他组织，超出法定授权范围实施行政行为，当事人不服提起诉讼的，应当以实施该行为的机构或者组织为被告。没有法律、法规或者规章规定，行政机关授权其内设机构、派出机构或者其他组织行使行政职权的，属于行政诉讼法第二十六条规定的委托。当事人不服提起诉讼的，应当以该行政机关为被告”。

行政机构和其他组织的被告确认问题是行政诉讼中被告确认的另一难题。实践中，行政机构大致共三类：新建机构、内设机构和派出机构。而根据 2018 年《行诉法解释》的上述规定，行政机构和其他组织作出行为后，被告确认大体可归纳如下：

（1）行政机关组建并赋予行政管理职能但不具有独立承担法律责任能力的机构，以自己的名义作出行政行为，当事人不服提起诉讼的，应当以组建该机构的行政机关为被告。这里适用的仍旧是“谁主体，谁被告”的规则。例如在陈莉诉徐州市泉山区城市管理局行政处罚案中，法院就指出，“因综合整治指挥部是城市管理局的内设协调机构，且 2002 年 8 月 21 日晚暂扣原告陈莉物品行为是城市管理局工作人员实施的，该局是依法成立行政主体资格的行政组织，故本案中城市管理局应作为适格的被告，暂扣陈莉物品的法律后果，应由城市管理局承担。故综合整治指挥部不具行政诉讼的被告资格，区人民政府与本案被诉行政行为无直接的法律关系，也不应承担法律责任”①。

（2）行政机关的内设机构或派出机构在没有法律、法规或者规章授权的情况下，以自己的名义作出行政行为，当事人不服提起诉讼的，应当以该行政机关为被告。

（3）行政机关的内设机构、派出机构和其他组织在法律、法规或者规章授权的情况下，以自己的名义作出行政行为，当事人不服提起诉讼的，应当以该机构和其他组织为被告。典型的例如派出所：《治安管理处罚法》第 91 条规定，“治安管理处罚由县级以上人民政府公安机关决定；其中警告、五百元以下的罚款可

---

① 陈莉诉徐州市泉山区城市管理局行政处罚案，《最高人民法院公报》2003 年第 6 期，第 33 页。

以由公安派出所决定”。由此，派出所作为派出机构因有《治安管理处罚法》的授权，在其作出警告或500元以下的罚款时，当事人不服起诉的就以派出所为被告。

(4) 法律、法规或者规章授权行使行政职权的行政机关内设机构、派出机构或者其他组织，超出法定授权范围实施行政行为，当事人不服提起诉讼的，应当以实施该行为的机构或者组织为被告。这就意味着，只要行政机构或其他组织有法律、法规和规章授权，即使其超出了法定的授权范围实施行政行为，仍旧是以该机构为被告。也因此，有学者总结，最高人民法院的司法解释将行政机构的主体地位和被告资格扩大到了它们的越权行为。①

(5) 行政机关在没有法律、法规或者规章规定的情况下，授权其内设机构、派出机构或者其他组织行使行政职权的，应当视为委托。当事人不服提起诉讼的，应当以该行政机关为被告。

（三）开发区管理机构及其职能部门的被告确认

2018年《行诉法解释》第21条规定，“当事人对由国务院、省级人民政府批准设立的开发区管理机构作出的行政行为不服提起诉讼的，以该开发区管理机构为被告；对由国务院、省级人民政府批准设立的开发区管理机构所属职能部门作出的行政行为不服提起诉讼的，以其职能部门为被告；对其他开发区管理机构所属职能部门作出的行政行为不服提起诉讼的，以开发区管理机构为被告；开发区管理机构没有行政主体资格的，以设立该机构的地方人民政府为被告”。由此来看，开发区管理机构及其职能部门的被告确认大体被分为三类：

(1) 国务院、省级人民政府批准设立的开发区管理机构。这类开发区管理机构不仅自身具有行政主体资格，其职能部门也有行政主体资格。因此，当事人对由国务院、省级人民政府批准设立的开发区管理机构作出的行政行为不服提起诉讼的，以该开发区管理机构为被告；对由国务院、省级人民政府批准设立的开发区管理机构所属职能部门作出的行政行为不服提起诉讼的，以其职能部门为被告。

(2) 其他开发区管理机构。除国务院、省级人民政府以外的其他政府设立的开发区管理机构，原则上只有开发区管理机构有行政主体资格，其职能部门没有行政主体资格。因此，对其他开发区管理机构所属职能部门作出的行政行为不服提起诉讼的，以开发区管理机构为被告。

(3) 没有行政主体资格的开发区管理机构。如果开发区管理机构自己都没有行政主体资格，以设立该机构的地方人民政府为被告。

---

① 参见何海波：《行政诉讼法》，法律出版社2022年版，第222页。

（四）房屋征收部门的被告确认

2018年《行诉法解释》第25条规定，“市、县级人民政府确定的房屋征收部门组织实施房屋征收与补偿工作过程中作出行政行为，被征收人不服提起诉讼的，以房屋征收部门为被告。征收实施单位受房屋征收部门委托，在委托范围内从事的行为，被征收人不服提起诉讼的，应当以房屋征收部门为被告”。这就意味着，房屋征收部门具有行政主体资格，可在行政诉讼中作为适格被告。而《国有土地上房屋征收与补偿条例》第4条第2款也规定，“市、县级人民政府确定的房屋征收部门组织实施本行政区域的房屋征收与补偿工作”。据此，对市、县级人民政府确定的房屋征收部门组织实施房屋征收与补偿工作过程中作出的行政行为，被征收人不服提起诉讼的，以房屋征收部门为被告；而房屋征收部门若委托征收实施单位从事征收行为，被征收人不服提起诉讼的，根据委托的一般原理，同样应以房屋征收部门为被告。

第五节　行政诉讼的第三人

除原告、被告外，第三人同样是行政诉讼重要的参与人。行政诉讼第三人，是指与被提起行政诉讼的行政行为有利害关系，或者与案件处理结果有利害关系，通过主动申请或是法院通知参加行政诉讼的公民、法人或者其他组织，特殊情况下还包括行政机关。第三人制度的实质，就是利害关系人对于正在进行的他人的诉讼的参加。其目的一方面是尊重利害关系人的权利，另一方面是增加裁判的稳定性，以减少之后可能的诉讼波折，并实现诉讼的最佳效益。[①]《行政诉讼法》和2018年《行诉法解释》对第三人的规定包括第三人的类型、参加诉讼的方式以及第三人的诉讼权利等。

一、行政诉讼第三人的类型

《行政诉讼法》在2014年修改前对于第三人的规定是：“同提起诉讼的具体行政行为有利害关系的其他公民、法人或其他组织，可以作为第三人申请参加诉讼，或者由人民法院通知参加诉讼”。上述规定使我国行政诉讼的第三人与原告基本相同，是“行政行为直接针对的对象”或是“与行政行为有利害关系的人”。

---

① 参见［日］盐野宏：《行政救济法》，杨建顺译，北京大学出版社2008年版，第104页。

但这一规定使行政诉讼的第三人范围较窄，仅限于具备原告资格但并未起诉的人。2014 年修改后的《行政诉讼法》第 29 条第 1 款规定，“公民、法人或者其他组织同被诉行政行为有利害关系但没有提起诉讼，或者同案件处理结果有利害关系的，可以作为第三人申请参加诉讼，或者由人民法院通知参加诉讼”。结合 2018 年《行诉法解释》，现行《行政诉讼法》将第三人大致区分为三类。①

（一）同被诉行政行为有利害关系的公民、法人或其他组织

这类第三人的识别标准与原告相同，即亦与被诉行政行为有利害关系，只是其对诉行政行为并无异议，因此未提起司法救济，而其他人起诉后，这类人就可作为第三人参加诉讼。典型的例如：

1. 行政处罚案件中的受害人或加害人

行政处罚案件中，受害人和加害人均有权起诉，如果受害人认为行政机关对加害人的处罚过轻而起诉，加害人就可作为第三人参加诉讼；而如果加害人不服行政机关的行政处罚决定而起诉，受害人也可作为第三人参加诉讼。另外，处罚案件中涉及多个被处罚人，部分处罚人起诉的，未起诉的被处罚人也可以作为第三人参加诉讼。

2. 行政确权、行政裁决或行政许可案件中的第三人

在行政确权和行政裁决案件中，多个民事主体对某项权属产生争议，由行政机关来裁决，此时如果未获得权益的人提起诉讼，经行政行为获得权益的人就可作为第三人参加诉讼；在行政许可案件中，如果多个相对人共同竞争一项行政许可，未获得许可的人对行政许可决定起诉时，与其存在竞争关系的已获得许可权利的相对人就可以作为第三人参加诉讼。

（二）同案件处理结果有利害关系的公民、法人或其他组织

这类第三人虽然与被诉行政行为没有利害关系，对被诉行政行为没有原告资格，但与案件的处理结果之间有利害关系。如果诉讼结果会导致第三人权利受到侵害，却不赋予其任何程序性权利，显然是不适当的。而且允许这些人作为第三人参加诉讼，也有利于为那些与案件处理结果之间有利害关系的人提供参与诉讼程序的机会，并使法院能够充分了解案件事实。

这种情形下的第三人类似于民事诉讼中“非必要参加诉讼的第三人”。例如

---

① 此处的区分主要根据《行政诉讼法》和《行诉法解释》的条文进行，对行政诉讼第三人如何区分，我国学界尚未有一般共识，典型的意见有：直接利害关系第三人与间接利害关系第三人；权力关系第三人、义务关系第三人与事实关系第三人；类似原告地位的第三人与类似被告地位的第三人等。参见黄先雄：《我国行政诉讼中必要参加诉讼第三人制度之构建》，《法商研究》2018 年第 4 期，第 108 页。

违法行为人的财物被行政机关查封、扣押，对该财物已经享有债权的债权人，通常并不具有原告资格，因此按照“同被诉行政行为有利害关系”标准，并无法参与到诉讼程序中。但该案的处理结果与债权人债权能否实现具有密切的利害关系。由此，尽管其无法作为原告参与行政诉讼，但是法律仍旧应给予其参与诉讼的机会，以便于其了解案情和维护自身的合法权益。这种意义上的第三人在德国法中又被称为“辅助参加人”[①]。

（三）作为第三人的行政机关

2018 年《行诉法解释》第 26 条第 2 款规定，“应当追加被告而原告不同意追加的，人民法院应当通知其以第三人的身份参加诉讼，但行政复议机关作共同被告的除外”。这就意味着，在行政诉讼中，行政机关同样可能作为第三人参加诉讼。

行政机关作为第三人多发生于两个以上的行政机关共同作出行政行为的情形下。此时，未被起诉的行政机关就应作为第三人参加诉讼，这样也有助于法院全面了解案件事实并作出公正裁判。例如，在刘成运诉山东省庆云县人民政府强制及行政赔偿案中，最高人民法院就指出，“行政诉讼第三人制度的性质是诉讼参加，设立这一制度不仅有利于利害关系人权利的尊重和维护，也有利于增强判决的确定性和稳定性，减少诉讼周折，从而实现诉讼的最佳效益。与被诉行政行为有关的其他行政机关作为第三人参加诉讼，通常是一种单纯的辅助参加，尤其在涉及批准行为、前置行为、辅助行为、行政合同以及超越职权的案件中，允许其他行政机关作为第三人参加诉讼，对于查明案件事实、分清法律，更具有积极意义”[②]。

二、第三人参加诉讼的方式

根据《行政诉讼法》第 29 条，第三人参加行政诉讼的方式既可以是自己申请，也可以由法院通知。民事诉讼中会根据是否必须由法院通知参加，而将第三人区分为“必要参加诉讼第三人”和“非必要参加诉讼第三人”（或被称为“普通参加诉讼第三人”）。《行政诉讼法》并未对此作出原则性规定，只有 2018 年

---

① 德国《联邦行政法院法》第 65 条第 1 款规定，“法院得在审判程序终结或系属于上级法院之前，依职权或依申请追加对裁判结果有法律利益者参加诉讼”。第 2 款又补充规定，“如第三人参与系争法律关系之程度，已经达到法院必须针对该第三人和原告一并作出裁判时，其应当参加诉讼”。

② 刘成运诉山东省庆云县人民政府强制及行政赔偿案，最高人民法院（2016）最高法行申 2907 号行政裁定书，2016 年 9 月 30 日。

《行诉法解释》第30条规定，“行政机关的同一行政行为涉及两个以上利害关系人，其中一部分利害关系人对行政行为不服提起诉讼，人民法院应当通知没有起诉的其他利害关系人作为第三人参加诉讼。与行政案件处理结果有利害关系的第三人，可以申请参加诉讼，或者由人民法院通知其参加诉讼”。

由此可见，如果行政机关的同一行政行为涉及两个以上利害关系人，其中一部分利害关系人对行政行为不服提起诉讼，另一部分利害关系人则相当于必要参加诉讼的第三人，法院有义务通知其参加诉讼。[①] 另一类必要参加诉讼第三人即《行诉法解释》第26条第2款规定的“应当追加被告而原告不同意追加的，人民法院应当通知其以第三人的身份参加诉讼”。而与被诉行政行为无利害关系，仅与案件处理结果有利害关系的，则属于不必要参加诉讼第三人或曰辅助参加人，可以自己申请参加，也可由法院通知其参加诉讼。[②]

但也有学者指出，《行政诉讼法》和《行诉法解释》对必要参加诉讼第三人的规定太过宽泛模糊，而《行政诉讼法》第89条又规定，人民法院审理上诉案件时认为原判决存在遗漏当事人等严重违反法定程序的，应当裁定撤销原判决，发回重审。由此，在第89条未将遗漏的当事人明确为“必须参加诉讼的当事人”的前提下，“遗漏第三人”就可能成为二审法院任意将案件发回重审的理由，从而造成严重的程序空转。[③] 据此，对于必要参加诉讼第三人应参照域外尤其是德国的一般规定，不仅要求其法律上利益受到法院裁判的影响，而且要求其权利直接被裁判所决定或其法律地位直接受到裁判侵害，即相对于普通参加诉讼第三人，必要参加诉讼第三人的法律上利益本身就是裁判的对象。[④] 对此类第三人，法院必须通知其参加诉讼，否则就属于严重的程序瑕疵。

三、第三人的法律地位与诉讼权利

尽管在诉讼实践中，第三人很多时候或者站在原告一边，或者站在被告一

---

① 此外2010年《最高人民法院关于审理房屋登记案件若干问题的规定》（法释〔2010〕15号，2010年11月5日发布）第6条规定：“人民法院受理房屋登记行政案件后，应当通知没有起诉的下列利害关系人作为第三人参加行政诉讼：（一）房屋登记簿上载明的权利人；（二）被诉异议登记、更正登记、预告登记的权利人；（三）人民法院能够确认的其他利害关系人”。此处的“应当通知”也应该被理解为“必要参加诉讼第三人”。

② 但在2002年《最高人民法院关于审理反倾销行政案件应用法律若干问题的规定》（法释〔2002〕35号，2002年11月21日发布）第4条规定，“与被诉反倾销行政行为具有法律上利害关系的其他国务院主管部门，可以作为第三人参加诉讼”。这说明此前我国司法实践中对“必要参加诉讼第三人”和“非必要参加诉讼第三人”的规定并不统一。

③ 参见黄先雄：《我国行政诉讼中必要参加诉讼第三人制度之构建》，《法商研究》2018年第4期，第108页。

④ 参见［德］弗里德赫尔穆·胡芬：《行政诉讼法》，莫光华译，法律出版社2003年版，第186页。

边，但其本质上是以自己的名义，为维护自身的合法权益而参加诉讼。因此，其在诉讼中享有独立的诉讼地位，也享有部分诉讼权利，包括提供证据、进行辩论、委托他人代理诉讼、申请回避等。但第三人毕竟不是案件必需的当事人，2018年《行诉法解释》第28条第1款规定，第三人“不参加诉讼，不能阻碍人民法院对案件的审理和裁判”；第79条第2款规定，“第三人经传票传唤无正当理由拒不到庭，或者未经法庭许可中途退庭的，不发生阻止案件审理的效果”。而且在案件审理中，第三人无权处分原告和被告之间的实体权利，不能实施放弃或变更诉讼请求、撤诉等仅有原告或被告才能实施的诉讼行为。

此外，并非所有第三人均有权对法院判决提出上诉或申请再审。根据《行政诉讼法》第29条第2款，只有人民法院判决其承担义务或者减损其权益的第三人，才有权提出上诉或者申请再审。除上述明确规定外，有学者参照民事诉讼法的规定认为，必要参加诉讼第三人相比普通参加诉讼第三人，在其未申请参加诉讼的情形下，法院负有通知其参加诉讼的强制性义务，法院怠于通知的，属于重大程序瑕疵，这一事由可直接成为当事人上诉并获得二审法院支持的理由。如果二审法院认为，一审法院有必要进一步调查事实或者初审法院未就案件实体问题作出判决的，还可发回重审。[①] 又根据《行诉法解释》第29条，第三人“因不能归责于本人的事由未参加诉讼，但有证据证明发生法律效力的判决、裁定、调解书损害其合法权益的，可以依照行政诉讼法第九十条的规定，自知道或者应当知道其合法权益受到损害之日起六个月内，向上一级人民法院申请再审”。

第六节　行政诉讼的管辖

根据《行政诉讼法》第49条规定，属于受诉人民法院管辖是行政诉讼的一项要件。行政诉讼的管辖是指法院系统内部各法院之间受理第一审行政案件的权限分工。[②] 它决定了哪一个法院可对行政案件或行政机关申请执行其行政行为的案件予以受理和审查，公民、法人或者其他组织应当向哪一个法院提起诉讼或行政机关应当向哪一法院提出申请。行政诉讼的管辖规则可以分为法定管辖和裁定管辖两类，其中法定管辖包含级别管辖和地域管辖，裁定管辖包含指定管辖、移送管辖和管辖权的转移，在个案中须综合考虑管辖规则以确定具有管辖权的具体法院。

---

① 参见黄先雄：《我国行政诉讼中必要参加诉讼第三人制度之构建》，《法商研究》2018年第4期，第109页。

② 参见马怀德主编：《行政诉讼法学》，北京大学出版社2019年第5版，第94页。

一、级别管辖

级别管辖是指上下级人民法院之间受理第一审行政案件的权限划分，涉及的是行政案件由哪一审级的法院具体管辖。我国人民法院分为基层人民法院、中级人民法院、高级人民法院和最高人民法院四级。

（一）基层人民法院管辖的一审行政案件

《行政诉讼法》第 14 条规定，“基层人民法院管辖第一审行政案件”，即除法律特别规定应由中级人民法院、高级人民法院、最高人民法院管辖的案件外，其余所有行政案件的一审法院均为基层人民法院。[①]

（二）中级人民法院管辖的一审行政案件

根据《行政诉讼法》第 15 条的规定，中级人民法院管辖下列第一审行政案件：

1. 以国务院各部门或县级以上人民政府为被告的案件

对国务院部门或者县级以上地方人民政府所作的行政行为提起诉讼的案件，由中级人民法院管辖。“县级以上人民政府”包括县级、区级、市级和省级人民政府。如果行政诉讼的被告是国务院各部门或县级以上人民政府，一审法院为中级人民法院；但如果被告为地方人民政府的职能部门，无论其级别高低，一审法院仍为基层人民法院。这一规定的目的在于，国务院各部门和县级以上人民政府的级别较高，将此类案件上提至较高层级法院审理，可减少不当的行政干预，确保公正审理。

2. 海关处理的案件

这类案件由中级人民法院管辖是因为其专业性、技术性、政策性要求较强，审理难度较大；同时，与其他行政部门不同，海关部门并非严格按照地方政府的级别进行设置。

---

① 2021 年 8 月 20 日，《全国人民代表大会常务委员会关于授权最高人民法院组织开展四级法院审级职能定位改革试点工作的决定》尝试对行政案件级别管辖制度等作出调整，下放一些案件至基层人民法院。2022 年 12 月 30 日，全国人大常委会审议并公布了《中华人民共和国行政诉讼法（修正草案）》。2023 年 8 月 21 日，十四届全国人大常委会第十次委员长会议审议通过了全国人大宪法和法律委员会关于终止审议行政诉讼法修正草案的报告。法院审级职能定位改革试点工作于 2023 年 9 月 27 日正式结束，不再执行《最高人民法院关于完善四级法院审级职能定位改革试点的实施办法》。

3. 本辖区内重大、复杂的案件

何为"重大、复杂"的案件，2018年《行诉法解释》第5条规定了如下情形：(1) 社会影响重大的共同诉讼案件；(2) 涉外或者涉及香港特别行政区、澳门特别行政区、台湾地区的案件；(3) 其他重大、复杂案件。

4. 其他法律规定由中级人民法院管辖的案件

例如《最高人民法院关于对与证券交易所监管职能相关的诉讼案件管辖与受理问题的规定》(法释〔2005〕1号，2020年修改) 中规定，与证券交易所监管职能相关的行政案件由其所在地的中级人民法院管辖；此外，国际贸易行政案件、反倾销反补贴行政案件因有涉外因素，《最高人民法院关于审理国际贸易行政案件若干问题的规定》(法释〔2002〕27号) 中也规定其由中级人民法院管辖。

另外，修改后的《行政诉讼法》取消了1989年《行政诉讼法》所规定的中级人民法院对于确认发明专利权案件的一审管辖权，此类案件已交由知识产权法院管辖。

(三) 高级人民法院和最高人民法院管辖的一审行政案件

高级人民法院管辖本辖区内重大、复杂的第一审行政案件，最高人民法院管辖全国范围内重大、复杂的第一审行政案件。例如，江苏省高级人民法院2005年发布的《关于以省人民政府为被告的行政诉讼若干问题的讨论纪要》中规定，以省政府为被告的案件，由省高级人民法院审理。最高人民法院则主要承担对全国人民法院审判活动的监督和指导，对法律适用问题作出司法解释，发布指导性案例，对下级法院的请示进行批示和答复等职责，因此其较少审理一审行政案件。

除此之外，根据2018年《行诉法解释》第134条的规定，复议机关决定维持原行政行为的，作出原行政行为的行政机关和复议机关为共同被告，此时应以作出原行政行为的行政机关来确定案件的级别管辖。

二、地域管辖

地域管辖是指同一审级的法院之间横向划分其各自辖区内受理第一审行政案件的权限。[①] 确定管辖法院的级别后，由于同一审级存在若干法院，地域管辖将进一步确认具体受诉的法院。根据《行政诉讼法》第18条第1款，行政诉讼地

---

① 参见姜明安主编：《行政法与行政诉讼法》，北京大学出版社、高等教育出版社2019年第7版，第438页。

域管辖的一般原则是“原告就被告”，即由最初作出行政行为的行政机关所在地人民法院管辖。但这一原则只适用于直接起诉的情形，地域管辖中还存在一些例外。

（一）经复议的案件

经复议的案件，原行政行为作出机关和复议机关所在地的法院均对案件有管辖权。无论复议机关决定维持原行为或改变原行为，均会出现共同管辖。1989年《行政诉讼法》规定复议机关所在地的法院仅对复议机关改变原具体行政行为的案件具有管辖权，2014年修正后改变了这一规定。

（二）对限制人身自由的行政强制措施不服提起的诉讼

对限制人身自由的行政强制措施不服提起的诉讼，由被告所在地或者原告所在地人民法院管辖。此时原告可选择其中任一法院起诉。其中原告所在地包括：原告的户籍所在地、经常居住地和被限制人身自由地。

本条的立法目的在于方便当事人起诉，故仅当被限制人身自由的本人提起诉讼时，才适用本条所规定的共同管辖。如未被限制人身自由的其他人对该决定不服提起诉讼，只能由被告所在地的人民法院管辖。另外，此处的“限制人身自由的强制措施”应作狭义理解，仅包括拘禁、强制治疗、强制戒毒等行政强制措施，行政拘留等限制人身自由的行政处罚不包含在内。2018年《行诉法解释》第8条第2款增加规定：“对行政机关基于同一事实，既采取限制公民人身自由的行政强制措施，又采取其他行政强制措施或者行政处罚不服的，由被告所在地或者原告所在地的人民法院管辖。”其中，“其他行政强制措施或者行政处罚”，既包含针对人身的行政强制措施或行政处罚，也包含针对财产的行政强制措施或行政处罚。《行诉法解释》增加这一规定也是为了避免当行政机关基于同一事实，既采取限制公民人身自由的行政强制措施，又采取其他行政强制措施或者行政处罚时，仅允许对限制人身自由的强制措施在原告所在地起诉，其他行为只能在被告所在地起诉的，同一案件可能被分为两个部分从而出现一案多判或是裁判不一。

（三）因不动产提起的行政诉讼

因不动产提起的行政诉讼，由不动产所在地人民法院管辖。这一管辖规则相对于其他地域管辖规则具有排他性和优先性。根据2018年《行诉法解释》第9条规定，所谓“因不动产提起的行政诉讼”是指因行政行为导致不动产物权变动而提起的诉讼，而不包括对违法建筑、水流污染等案件进行的处罚决定。不动产已登记的，以不动产登记簿记载的所在地为不动产所在地；不动产未登记的，以不动产实际所在地为不动产所在地。

三、行政诉讼管辖的其他问题

除法定的级别管辖和地域管辖外，为了适应行政案件的各种复杂情况，我国《行政诉讼法》还规定了灵活调整管辖的规则。

（一）跨行政区域管辖

《行政诉讼法》第 18 条第 2 款规定："经最高人民法院批准，高级人民法院可以根据审判工作的实际情况，确定若干人民法院跨行政区域管辖行政案件。"跨行政区域管辖是 2014 年《行政诉讼法》修改时引入的一项新制度，将司法管辖制度与行政区划适当分离，目的是使司法机关在审理行政案件时摆脱地方保护和行政干预。

（二）共同管辖与选择管辖

《行政诉讼法》第 21 条规定："两个以上人民法院都有管辖权的案件，原告可以选择其中一个人民法院提起诉讼。原告向两个以上有管辖权的人民法院提起诉讼的，由最先立案的人民法院管辖。"当两个以上的人民法院对同一案件均有管辖权时，即为共同管辖。从当事人角度而言，共同管辖就意味着选择管辖，原告可选择其中任一管辖法院。原告向两个以上有管辖权的人民法院提起诉讼的，由最先立案的人民法院管辖。

（三）移送管辖

移送管辖是指人民法院在受理案件后，发现自己对案件没有管辖权，而将案件移送给有管辖权的人民法院。这一制度是法院在错误受理案件后采取的一种补救措施。根据《行政诉讼法》第 22 条，移送管辖必须符合三个条件：（1）移送案件的法院已经受理了案件；（2）受理案件的法院发现案件不属于本院管辖；（3）应当移送有管辖权的法院。本条是对移送管辖制度的重大修改，此前规定为："人民法院发现受理的案件不属于自己管辖时，应当移送有管辖权的人民法院。受移送的人民法院不得自行移送"；新法更改为："人民法院发现受理的案件不属于本院管辖的，应当移送有管辖权的人民法院，受移送的人民法院应当受理。受移送的人民法院认为受移送的案件按照规定不属于本院管辖的，应当报请上级人民法院指定管辖，不得再自行移送"。其目的在于保障当事人的诉权，避免法院互相推诿。

（四）指定管辖

指定管辖是指由于特殊原因，有管辖权的人民法院不能行使管辖权，或者由于管辖权发生了争议且双方协商不成，由上级人民法院以裁定方式指定其辖区内的某个人民法院行使管辖权。

（五）管辖权转移

管辖权转移，是指经上级人民法院决定或同意，将行政案件的管辖权由下级人民法院移交给上级人民法院。其要件为：（1）人民法院将本应由自己审理的案件移交给没有管辖权的法院审理；（2）在有审判监督关系的上下级法院之间进行转移；（3）必须报经上级人民法院决定或同意。根据《行政诉讼法》第 24 条的规定，管辖权转移分为两种情况：上级人民法院决定审理下级人民法院管辖的第一审行政案件；或下级人民法院对其管辖的第一审行政案件，认为需要由上级人民法院审理或者指定管辖的，可以报请上级人民法院决定。

2018 年《行诉法解释》第 7 条规定，基层人民法院对其管辖的第一审行政案件，认为需要由中级人民法院审理或者指定管辖的，可以报请中级人民法院决定。除基层人民法院可报请中级法院审理一审行政案件外，第 6 条还规定，当事人以案件重大、复杂为由，认为有管辖权的基层人民法院不宜行使管辖权，可向中级人民法院起诉；或根据《行政诉讼法》第 52 条规定，当事人递交起诉状后，基层人民法院既不立案也不作出不予立案裁定，当事人也可向中级人民法院直接起诉。中级人民法院应当根据不同情况在 7 日内分别作出处理。

管辖权的转移原本既包括管辖权的上移，也包括管辖权的下移，即上级人民法院将其管辖的案件交由下级人民法院审理，但《行政诉讼法》在修改时取消了管辖权的下移。原因在于，如何避免行政机关干扰、如何提高诉讼审级是行政诉讼的核心问题，管辖的下移违反了提高诉讼审级的基本精神，也不利于行政案件的公正审理。

（六）管辖权异议

管辖权异议是指当事人认为受诉人民法院对已经受理的案件无管辖权，提出不服该受诉法院管辖的意见。2018 年《行诉法解释》对于管辖权异议的规定如下：

1. 管辖权异议的提出

人民法院受理案件后，被告提出管辖异议的，应当在收到起诉状副本之日起 15 日内提出。

2. 对管辖权异议的审查与处理

对当事人提出的管辖异议，人民法院应当进行审查。异议成立的，裁定将案件移送有管辖权的人民法院；异议不成立的，裁定驳回。人民法院对管辖异议审查后确定有管辖权的，不因当事人增加或者变更诉讼请求等改变管辖，但违反级别管辖、专属管辖规定的除外。

3. 不予审查的情形

有下列情形之一的，人民法院不予审查：(1) 人民法院发回重审或者按第一审程序再审的案件，当事人提出管辖异议的；(2) 当事人在第一审程序中未按照法律规定的期限和形式提出管辖异议，在第二审程序中提出的。

第七节　行政诉讼的起诉期限

行政诉讼当事人必须遵守法律规定的起诉期限，期限经过后，基于法秩序安定的考虑，当事人将丧失寻求诉讼救济的权利，人民法院对于超过起诉期限的起诉可以拒绝受理。

一、起诉期限的一般规定

行政诉讼的起诉期限分为经复议行政案件的起诉期限和直接起诉的起诉期限。

(一) 经复议的案件的起诉期限

申请人不服复议决定的，可以在收到复议决定书之日起 15 日内向人民法院提起诉讼。复议机关逾期不作决定的，申请人可以在复议期满之日起 15 日内向人民法院提起诉讼。

(二) 直接起诉的案件的起诉期限

针对行政机关作为类案件，当事人应当“自知道或者应当知道作出行政行为之日”起 6 个月内提出。

针对行政机关不作为类案件，起诉期限仍为 6 个月，但起诉期限的计算有三种情形：(1) 如果法律、法规规定了行政机关履行法定职责的期限，行政机关超过期限仍不作为的，从该期限届满之日起计算起诉期限；(2) 如果法律、法规未规定行政机关履行法定职责的期限，则行政机关在接到申请之日起 2 个月内不履行法定职责的，当事人可以提起诉讼，即其起诉期限自 2 个月届满之日起计算；(3) 当事人在紧急情况下请求行政机关履行法定职责，行政机关不履行的，起诉期限不受上述规定的限制，当事人可以立即起诉，而不用等待一般履行期限或法律、法规规定的履行期限的经过。

(三) 法律另有规定的除外

如果特别法对特殊行政案件的起诉期限规定与《行政诉讼法》不同，适用特别法。此处应与复议期限相区别：《行政复议法》规定，只有特别法规定的复议申请时间超过《行政复议法》的，才适用特别法①；《行政诉讼法》则无此限制，只要特别法对起诉期限有特别规定，即适用特别法。此处的"法律"专指狭义的法律。

二、起诉期限的特别规定

为应对行政诉讼中可能出现的特殊情况，基于对当事人诉权的保护，《行政诉讼法》对作为类案件的起诉期限作出了特别规定。

(一) 不知行政行为内容的起诉期限计算

根据正当程序的要求，行政机关在作出行政决定时，应向相对人履行告知行政决定内容、诉讼权利和起诉期限的义务。因此，行政行为作出的时间、相对人知道行政行为的时间和知道诉讼权利以及起诉期限的时间，三者原则上是重合的。但实践中，行政机关可能并未向相对人履行上述告知义务，或将行政决定仅送达给直接相对人，而未送达给其他利害关系人。上述两种情形都将导致当事人并不知道行政行为的内容，进而影响其诉权。因此，2018 年《行诉法解释》第 65 条规定，公民、法人或者其他组织不知道行政机关作出的行政行为内容的，其起诉期限为自"知道或者应当知道该行政行为内容之日"起计算。但为了法律秩序的安定，本条同时规定了行使诉权的"最长保护期"，即因不动产提起诉讼的案件的起诉期限自行政行为作出之日起最长不得超过 20 年，其他案件自行政行为作出之日起最长不得超过 5 年。

---

① 《行政复议法》第 20 条第 1 款规定，"公民、法人或者其他组织认为行政行为侵犯其合法权益的，可以自知道或者应当知道该行政行为之日起六十日内提出行政复议申请；但是法律规定的申请期限超过六十日的除外"。

（二）不知诉权或起诉期限的起诉期限计算

行政机关作出行政行为时，尽管告知了公民、法人或者其他组织行政行为的内容，但未告知诉权或者起诉期限的，起诉期限是其知道或者应当知道诉权或者起诉期限之日起 6 个月，但从知道或者应当知道行政行为内容之日起最长不得超过 1 年。复议决定未告知当事人有权起诉的，同样适用这一规定。

三、起诉期限的扣除和延长

《行政诉讼法》第 48 条还规定了起诉期限的扣除与延长。

（一）起诉期限的扣除

公民、法人或者其他组织因不可抗力或者其他不属于其自身的原因耽误起诉期限的，被耽误的时间不计算在起诉期限内。此处的“不可抗力”是当事人不能预见、不能避免或不能克服的客观情况，包括地震、火灾、山洪等自然灾害，在行政诉讼中还包括当事人被限制人身自由等情况。

（二）起诉期限的延长

起诉期限延长是在起诉期限被扣除的基础上，对当事人诉权的进一步保护。公民、法人或者其他组织因第 48 条第 1 款规定以外的其他特殊情况耽误起诉期限的，在障碍消除后 10 日内，可以申请延长期限，是否准许由人民法院决定。这里的“其他特殊情况”，一般包括因交通断绝、生病或未成年人因其法定代理人未确定而不能起诉的。

第八节　权利保护必要性

行政诉讼最后一项诉讼要件为权利保护必要性，又被称作狭义的诉的利益，并在实践中与原告资格的审查互相纠缠。但本质上，权利保护必要性涉及原告请求法院以裁判方式保护其权利的必要性与实效性，其与原告资格涉及的问题并不相同。这一要件虽然并未出现于《行政诉讼法》及其司法解释的规定中，却常常出现于判决理由中，并作为兜底性的诉讼要件，标示出多余的或者滥用的诉讼。除出现在司法判决外，具有权利保护必要性功能的很多制度也已被法定化，例如禁止重复起诉制度。虽然案件中涉及当事人的权利，需要提供司法保护，如法院已经就此作出过判决，再行保护就无必要，即使原告符合起诉的其他要件，法院最终也会裁定驳回起诉。

一、权利保护必要性的内涵与功能

权利保护必要性攸关“原告确实需要法院帮助其实现权利，且法律保护的需要未被滥用”[①]。这一问题常常会在诉权或是原告资格之下被审查，但本质上与原告资格问题存在明显差异。权利保护必要性，又称为法律保护的必要或是权利保护的利益，是指原告请求法院以裁判解决纠纷、保护其权利的必要性或时效性，即无此司法救济就无法有效地实现原告的合法权益。[②] 提起诉讼必须以具有权利保护的必要性为前提，无保护必要即无提起诉讼的实益。

在日本法上，权利保护必要性与原告资格、诉讼对象是否适合作为审判对象被统称为“诉的利益”[③]，但权利保护必要性仅是狭义的诉的利益，鉴于其需要从客观上进行判断，又被称为诉的客观利益。借由权利保护必要性，法院可避免无益之诉浪费司法资源，也避免给被告增添诉讼负累。如李帮君诉公安部政府信息公开及行政复议案中，最高人民法院就指出，“行政诉讼是解决行政争议，保护民众合法权益，监督行政机关依法行使职权的法律救济途径。对于行政争议，应当依照行政诉讼法的规定提起行政诉讼，寻求权利保护……人民法院既要充分保障当事人正当诉权的行使，也有义务识别、判断当事人的请求是否具有足以利用国家审判制度加以解决的实际价值或必要性，从而避免因缺乏诉的利益而不当行使诉权的情形发生”[④]。故对缺乏权利保护必要性的起诉，法院一般会裁定驳回。除上述消极功能外，其实权利保护必要性也有积极功能，只要具有权利保护必要性，法院就应当受理且作出裁判。[⑤] 但因为这一要件经常扮演着阻却诉讼进行的作用，如具有权利保护必要性，法院会径直进行实体裁判，而不再对案件具有权利保护必要性予以说明，因此其也会给人以主要发挥消极作用的印象。

---

① ［德］弗里德赫尔穆·胡芬：《行政诉讼法》，莫光华译，法律出版社 2003 年版，第 386 页。

② 参见王贵松：《论行政诉讼的权利保护必要性》，《法制与社会发展》2018 年第 1 期，第 131 页。

③ “诉的利益包括请求内容是否适合作为审判对象（诉讼对象）、当事人对请求是否有正当的利益（当事人资格）、从周围情况看是否存在足以让法院对请求作出判断的具体实际利益（具体利益或必要性）”。［日］原田尚彦：《诉的利益》，石龙谭译，中国政法大学出版社 2014 年版，第 1 - 2 页。

④ 李帮君诉公安部政府信息公开及行政复议案，最高人民法院（2016）最高法行申 4403 号行政裁定书，2016 年 12 月 23 日。

⑤ 参见王贵松：《论行政诉讼的权利保护必要性》，《法制与社会发展》2018 年第 1 期，第 132 页。

二、权利保护必要性的判断标准

权利保护必要性作为诉讼要件是为了确保有限的司法资源不被滥用以及当事人可平等利用司法制度。实践中，法院也会以原告实施诉讼的利益为判断基础，综合斟酌被告的应诉负担、其他人利用诉讼制度的可能性等因素确定起诉是否具有实益。一般而言，没有权利保护必要性的情形包括：

（一）无益的诉讼

无益的诉讼即不存在法律保护的需要，即使原告能够胜诉，也不可能达到诉讼目的，因为这个诉讼目的由于事实或法律上的原因，本来就无法达到，或者即使胜诉也没有任何意义。例如在杨吉全诉山东省人民政府行政复议案中，杨吉全申请法律援助被驳回，之后又向青岛市司法局申请行政复议，其被告知超过复议期限后再向青岛市人民政府、山东省人民政府逐级申请行政复议，均被告知不符合受理条件，遂将山东省人民政府诉至法院。最高人民法院认为，“对于明显违反、甚至一再违反一级复议制度的申请，行政复议机关可以在口头释明后不做任何处理；申请人对此不服提起行政诉讼的，人民法院可以不予立案，或者在立案之后裁定驳回起诉……对于一个毫无事实根据和法律依据的指控，即使最终判决被告胜诉，也是对被告的不公平。因为将他们传唤到法院应诉本身已经使他们承受了不应承受的花费和压力……对于此类明显违背行政复议制度、明显具有任性恣意色彩的反复申请，即使行政复议机关予以拒绝，也不应因形式上的不作为而将其拖进一个没有意义的诉讼游戏当中”①。

（二）存在更简便的达到目标的途径

如果原告能够通过相较诉讼更简单的途径达到目的，同样不再具有权利保护的必要性，但“更容易的途径必须是等价的，而且确实能够澄清法律问题”②。例如，在石凯诉江苏省政府、江苏省宿迁市政府不履行法定职责及行政复议案中，最高人民法院指出：“上级人民政府该职权系基于上下级行政机关之间的层级监督关系而形成，上级人民政府不改变或者不撤销所属各工作部门及下级人民政府决定、命令的，一般并不直接设定当事人新的权利义务，当事人可以通过直接起诉所属工作部门或者下级政府作出的行政行为来维护合法权益。在存在更

① 杨吉全诉山东省人民政府行政复议案，最高人民法院（2016）最高法行申 2976 号行政裁定书，2016 年 9 月 27 日。

② ［德］弗里德赫尔穆·胡芬：《行政诉讼法》，莫光华译，法律出版社 2003 年版，第 388 页。

为有效便捷的救济方式的情况下，当事人坚持起诉人民政府不履行层级监督职责，不具有权利保护的必要性和实效性，也不利于纠纷的及时解决，且易于形成诉累。”①

（三）滥用诉讼权利②

如果原告起诉根本不是要实现其自身的权利，而是为了给对方当事人或第三人造成损害，同样会缺乏权利保护的必要性。但对于权利保护的必要性，法院并非要从原告的诉讼动机上进行一种普遍的审查，这种审查极易伤害当事人的诉权。也因此，只有在极其例外的情形下，才可考虑适用滥用诉权的理由驳回当事人的起诉。

例如，在高文香、高文河等诉天津市政府不履行行政复议法定职责案中，最高人民法院认为，“再审人无论是申请政府信息公开还是采取行政复议、行政诉讼等救济手段均为了保障其可以依法获取政府信息，原审法院认定上述人员欲采取这种多人多次重复申请公开相同、同类政府信息，继而申请行政复议、提起行政诉讼的方式，是为了扩大影响、反映信访诉求的目的并无不当。原审法院以高文香、高文河的起诉不具有依法应予救济的诉讼利益，与《中华人民共和国行政诉讼法》第一条的立法本意相悖，浪费了行政资源和司法资源，已构成诉讼权利的滥用为由裁定驳回高文香、高文河的起诉符合行政诉讼制度的立法目的和精神”③。再如在陆红霞诉南通市发展和改革委员会政府信息公开答复案中，原告陆红霞等三人分别向南通市人民政府等多个机关提起 90 多次政府信息公开申请，申请内容多有重复。获政府部门回复后，三原告分别向江苏省人民政府等复议机关共提起 39 次行政复议。复议后，三人又分别以答复存在标题不完整、发文字号形式错误、程序违法等瑕疵为由向南通市中级人民法院等提起政府信息公开之诉 36 次。该案就是陆红霞向南通市发展改革委提出政府信息申请后，对南通市发展改革委的答复不满而提起的诉讼。在该案中，最高人民法院认为，“保障当事人的诉权与制约恶意诉讼、无理缠诉均是审判权的应有之义。对于个别当事人反复多次提起轻率的、相同的或者类似的诉讼请求的无益之诉，或者明知无正当理由而反复提起的诉讼恶意之诉，人民法院对其起诉应严格依法审查。本案中三

① 石凯诉江苏省政府、江苏省宿迁市政府不履行法定职责及行政复议案，最高人民法院（2017）最高法行申 143 号行政裁定书，2017 年 3 月 28 日。

② 也有学者将其称为“滥用诉讼程序”，原因是诉讼权利为当事人所必然享有的，当事人滥用的只是司法资源和诉讼程序，而非其诉讼权利。参见梁君瑜：《祛魅与返魅：行政诉讼中权利保护必要性之理论解读及其适用》，《南大法学》2020 年第 2 期，第 122 页。

③ 高文香、高文河等诉天津市政府不履行行政复议法定职责案，最高人民法院（2016）最高法行申 4989 号行政裁定书，2016 年 12 月 26 日。

原告所提起的一系列诉讼缺乏诉的利益，具有目的不当性，有违诚信，违反了诉权行使的必要性，是为权利的不当行为，属于典型的诉权滥用行为”。在本案中，法院也提出了滥诉的基本判定标准：“如果公民提起政府信息公开申请违背了《政府信息公开条例》的立法本意且不具有善意，就会构成知情权的滥用，当事人反复多次提起琐碎的、轻率的、相同的或者类似的诉讼请求，或者明知无正当理由而反复提起诉讼，人民法院应对其起诉严格依法审查，对于缺乏诉的利益、目的不当、有悖诚信的起诉行为，因违背了诉权形式的必要性，丧失了权利行使的正当性，应认定构成滥用诉权行为”①。但在陆红霞案后，也有很多学者提出，虽然政府信息公开很多时候已经演化为特定人员向政府当局施加压力的制度，其制度有被异化的风险，但同样也反映出公民维权渠道不畅的问题。因此，法院在认定滥用诉权时必须遵循最小范围原则，切实保护当事人诉权。②

（四）权利保护的放弃

虽然行政相对人的权利具有专属性，但如果其无关公益或者无违于公益，权利保护可以被放弃。在放弃权利保护的机会后再行起诉，则可能构成缺乏权利保护的必要性。例如，在张有为等诉天津市政府拆迁行政复议案中，最高人民法院指出：“行政复议和行政诉讼既属权利救济制度，当事人申请行政复议、提起行政诉讼就应具备权利保护的必要性。本案争议系因房屋拆迁安置补偿问题引发，但根据原审法院查明，再审申请人已于 2006 年与相关单位签订安置补偿协议，并且已实际履行，再审申请人的安置补偿权益已经依法得到保障。在此情况下转而申请复议，提起诉讼，明显缺乏权利保护必要性。更为重要的是，再审申请人申请行政复议的限期搬迁决定作出在前，与相关单位签订安置补偿协议在后，应当视为再审申请人通过签署安置补偿协议表达了对前置限期搬迁决定的认可，即使存在权利保护必要性，也属自愿放弃了相关权利。”③

权利保护必要性虽然可标示出无益的、滥用的诉讼，但因其存在内容不明确和易泛化的问题，若适用不当，反而会损害诉权的实现。也因此，对此要件的适用应有一定的限制。具体表现为：其一，权利保护必要性只有在专门化的制度无法适用时，才能适用概括性的权利保护必要性要件，换言之，相对于其他专门的诉讼制度，权利保护必要性处于补充适用的地位；其二，只有在不能适用其他诉

---

① 陆红霞诉南通市发展和改革委员会政府信息公开答复案，《最高人民法院公报》2015 年第 11 期，第 48 页。

② 参见章剑生：《行政诉讼中滥用诉权的判定——陆红霞诉南通市发展和改革委员会政府信息公开答复案评释》，《交大法学》2017 年第 2 期，第 176 页。

③ 张有为等诉天津市政府拆迁行政复议案，最高人民法院（2016）最高法行申 2385 号行政裁定书，2016 年 9 月 28 日。

讼要件时，法院才能适用权利保护性，即权利保护必要性必须有限适用；其三，为有效限制法院的裁量权限，法院在适用此项要件时必须进行充分说理。[①]

深度阅读

1. 章剑生．现代行政法总论．2版．北京：法律出版社，2019：第十四章“行政诉讼的主体”，第十五章“行政诉讼的客体”．

2. 何海波．行政诉讼法．3版．北京：法律出版社，2022.

3. ［德］弗里德赫尔穆·胡芬．行政诉讼法．莫光华，译．刘飞，校．北京：法律出版社，2003.

4. ［日］原田尚彦．诉的利益．石龙谭，译．北京：中国政法大学出版社，2014.

5. 王天华．行政诉讼的构造：日本行政诉讼法研究．北京：法律出版社，2010.

6. 赵宏．行政法学的主观法体系．北京：中国法制出版社，2021.

7. 赵宏．保护规范理论的误解澄清与本土适用．中国法学，2020（4）.

8. 王天华．主观公权利的观念与保护规范理论的构造．政法论坛，2020（1）.

9. 黄宇骁．行政诉讼原告资格判断方法的法理展开．法制与社会发展，2021（6）.

10. 王贵松．风险规制行政诉讼的原告资格．环球法律评论，2020（6）.

11. 王贵松．论行政诉讼的权利保护必要性．法制与社会发展，2018（1）.

问题与思考

1. 行政诉讼受案范围的规范方式是什么？具体的不可诉行为有哪些？
2. 行政诉讼的原告类型有哪些？利害关系人应如何进行判断？
3. 行政诉讼被告的适格要件是什么？经复议的案件如何判定被告？
4. 行政诉讼第三人的类型有哪些？第三人的法律地位和权利是什么？
5. 行政诉讼中由中级人民法院管辖的一审行政案件有哪些？
6. 行政诉讼中起诉行政机关不作为的起诉期限如何计算？
7. 诉讼实践中不具有权利保护必要性的情形有哪些？

---

① 参见王贵松：《论行政诉讼的权利保护必要性》，《法制与社会发展》2018年第1期，第137页。

第五章　行政诉讼的审理

重点知识

第一审普通程序　第一审简易程序　第二审程序　提起上诉的方式　上诉案件的审理范围　上诉案件的处理方式　审判监督程序　再审理由　再审程序和裁判　诉讼不停止执行　撤诉制度　不适用调解原则　行政诉讼证据　证明责任及分配规则　证明标准　检察行政公益诉讼　行政协议诉讼　行政诉讼一并审理民事争议　规范性文件一并审查诉讼

知识逻辑图

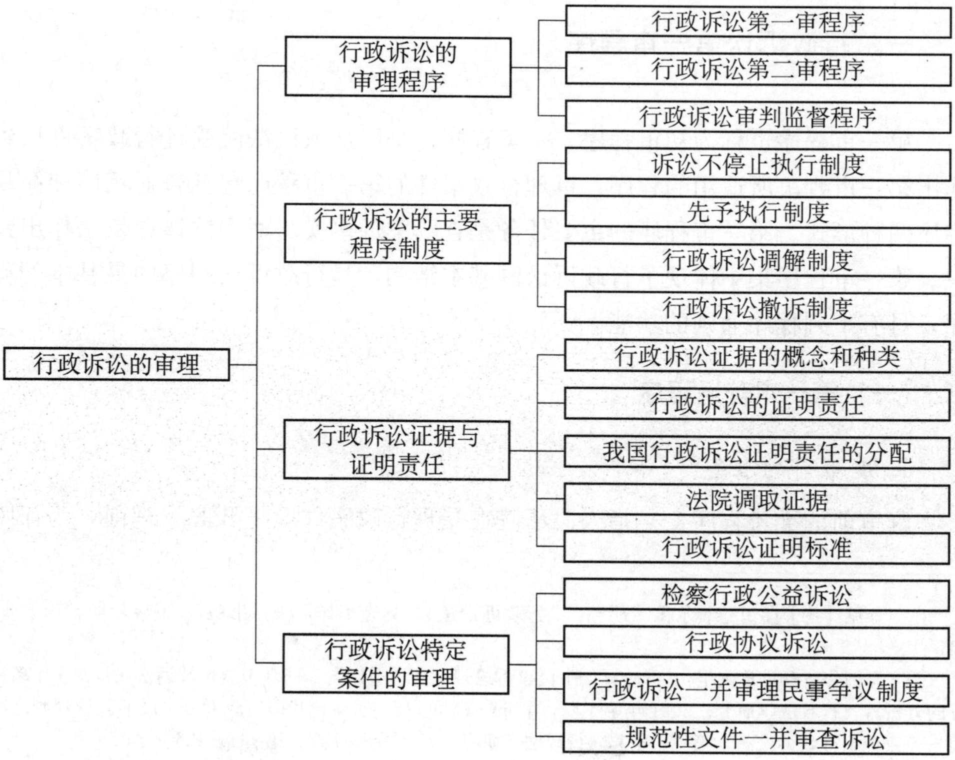

第一节　行政诉讼的审理程序

审级制度是指法律规定争讼案件起诉后最多经过几级法院审判必须终结的诉讼制度。在行政诉讼中，各国的审级制度不尽相同，基本上可以分为两类：一类是两审终审制，指不论法院组织设置几级，行政争议案件最多经过两级法院审判即告终结；另一类是三审终审制，指行政争议案件最多经过三级法院审判即告终结，例如，德国行政诉讼程序除一审程序外，还设有普通上诉程序和法律审上诉程序。[①] 无论采用哪一类审级制度，最后一级法院对案件作出的判决、裁定均为终审判决、裁定。根据《行政诉讼法》第 7 条，我国行政审判采用两审终审制度。审判监督程序又称为再审程序，是对已经发生法律效力的判决、裁定进行监督和纠错的程序，不是独立的审级，也没有独立的审理程序。《行政诉讼法》第 101 条规定："人民法院审理行政案件，关于期间、送达、财产保全、开庭审理、调解、中止诉讼、终结诉讼、简易程序、执行等，以及人民检察院对行政案件受理、审理、裁判、执行的监督，本法没有规定的，适用《中华人民共和国民事诉讼法》的相关规定。"据此规定，人民法院审理行政案件在一定条件下可以准用民事诉讼法的相关规定。[②]

一、行政诉讼第一审程序

第一审程序也称为初审程序、一审程序，是指从人民法院受理行政案件后到作出第一审判决所适用的程序。审理行政案件的第一审程序包括普通程序和简易程序两种形式。第一审程序的主要任务是查明案件事实、适用法律并依法作出判决。第一审程序集中体现了行政诉讼的基本结构，是行政诉讼程序中最基本的程序，具有审判程序通则的功能。

（一）第一审普通程序

1. 庭审前的准备

庭审前的准备程序，是指人民法院在受理行政案件后至开庭审理前，为保障

---

① 参见［德］弗里德赫尔穆·胡芬：《行政诉讼法》，莫光华译，法律出版社 2003 年版，第 603 - 617 页。

② 详细分析参见章剑生：《行政诉讼中民事诉讼规范之"适用"——基于〈行政诉讼法〉第 101 条展开的分析》，《行政法学研究》2021 年第 1 期，第 65 - 76 页；苏艺：《论我国行政诉讼中民事诉讼规则之准用——兼评〈行政诉讼法〉第 101 条》，《行政法学研究》2018 年第 1 期，第 118 - 126 页。

行政审判开庭审理的顺利进行，由审判人员依法进行的准备活动阶段。这一阶段的主要任务有以下几个方面：

（1）发送起诉状、答辩状副本。《行政诉讼法》第 67 条规定，人民法院应当在立案之日起 5 日内，将起诉状副本发送被告。被告应当在收到起诉状副本之日起 15 日内向人民法院提交作出行政行为的证据和所依据的规范性文件，并提出答辩状。人民法院应当在收到答辩状之日起 5 日内，将答辩状副本发送原告。被告不提出答辩状的，不影响人民法院审理。

（2）传唤当事人和通知诉讼参与人。传唤是指人民法院使用传票的形式通知当事人在指定的时间自行到法院接受询问或出庭。根据 2018 年《行诉法解释》第 71 条，人民法院适用普通程序审理案件，应当在开庭 3 日前用传票传唤当事人。对证人、鉴定人、勘验人、翻译人员，应当用通知书通知其到庭。2018 年《行诉法解释》第 72 条规定，有下列情形之一的，可以延期开庭审理：应当到庭的当事人和其他诉讼参与人有正当理由没有到庭的；当事人临时提出回避申请且无法及时作出决定的；需要通知新的证人到庭，调取新的证据，重新鉴定、勘验，或者需要补充调查的；其他应当延期的情形。

2. 宣布开庭

开庭前由书记员查明当事人、诉讼参加人和其他诉讼参与人是否到庭。审判长宣布开庭，依法核对当事人身份，宣布合议庭组成人员及书记员名单，告知当事人诉讼权利和义务，询问当事人是否申请合议庭组成人员及书记员、翻译人员、鉴定人、勘验人回避。根据《行政诉讼法》第 55 条，回避包括依申请回避和主动回避。① 当事人认为审判人员与本案有利害关系或者有其他关系可能影响公正审判，有权申请审判人员回避。审判人员认为自己与本案有利害关系或者有其他关系，应当申请回避。2018 年《行诉法解释》第 74 条规定，当事人申请回避，应当说明理由，在案件开始审理时提出；回避事由在案件开始审理后知道的，应当在法庭辩论终结前提出。被申请回避的人员，在人民法院作出是否回避的决定前，应当暂停参与本案的工作，但案件需要采取紧急措施的除外。对当事人提出的回避申请，人民法院应当在 3 日内以口头或者书面形式作出决定。对当事人提出的明显不属于法定回避事由的申请，法庭可以依法当庭驳回。申请人对驳回回避申请决定不服的，可以向作出决定的人民法院申请复议一次。复议期间，被申请回避的人员不停止参与本案的工作。对申请人的复议申请，人民法院

① 《行政诉讼法》第 55 条：“当事人认为审判人员与本案有利害关系或者有其他关系可能影响公正审判，有权申请审判人员回避。审判人员认为自己与本案有利害关系或者有其他关系，应当申请回避。前两款规定，适用于书记员、翻译人员、鉴定人、勘验人。院长担任审判长时的回避，由审判委员会决定；审判人员的回避，由院长决定；其他人员的回避，由审判长决定。当事人对决定不服的，可以申请复议一次。”

应当在3日内作出复议决定，并通知复议申请人。

3. 法庭调查

法庭调查是指法院依照法定程序，在法庭上向当事人和其他诉讼参与人对案件事实进行调查，审查核实证据以及当事人举证质证的活动。法庭调查是法院对案件进行实体审理的必经阶段，是法庭审理的核心环节。我国行政诉讼法和司法解释没有对法庭调查的具体程序作出规定。行政诉讼法庭调查程序通常参照《民事诉讼法》的规定进行。[①]《民事诉讼法》第141条规定："法庭调查按照下列顺序进行：（一）当事人陈述；（二）告知证人的权利义务，证人作证，宣读未到庭的证人证言；（三）出示书证、物证、视听资料和电子数据；（四）宣读鉴定意见；（五）宣读勘验笔录。"

4. 法庭辩论

《行政诉讼法》第10条规定："当事人在行政诉讼中有权进行辩论。"法庭辩论是在法院审判人员的主持下，双方当事人及其诉讼代理人就案件的事实争议、证据采信、法律适用争议等进行辩驳和论证的活动。行政审判的法庭辩论也具有交互性和对抗性。行政争议在诉讼过程中经由双方当事人对抗辩论，由人民法院依法作出最终裁判。法庭辩论的内容是针对法庭调查中存在争议的事实认定和具体法律适用问题进行辩论。参照适用《民事诉讼法》第144条的规定，法庭辩论按照下列顺序进行：（1）原告及其诉讼代理人发言；（2）被告及其诉讼代理人答辩；（3）第三人及其诉讼代理人发言或者答辩；（4）互相辩论。法庭辩论终结，由审判长或者独任审判员按照原告、被告、第三人的先后顺序征询各方最后的意见。

法庭调查和法庭辩论是开庭审理程序的两个环节。法庭调查环节的任务是调查案件事实以及当事人进行举证质证。在法庭辩论环节主要是由当事人或代理人就案件争议焦点进行辩论和陈述，以期达成自己的诉讼主张。学理上认为，这种二阶化的庭审模式人为地割裂了事实问题与法律问题的联系，导致程序重复、庭审效率低下等问题。[②] 民事诉讼司法解释对此作出了回应。根据2022年《民诉法解释》第230条之规定，人民法院根据案件具体情况并征得当事人同意，可以将法庭调查和法庭辩论合并进行。

5. 合议庭评议

合议庭评议案件应当在庭审结束后5个工作日内进行。合议庭评议案件时，

---

① 参见姜明安：《行政诉讼法》，法律出版社2021年第4版，第261页。

② 参见汤维建、张明哲：《我国民事诉讼法庭调查与法庭辩论二阶结构的合理化分析》，《人民司法》2022年第4期，第88-92页；肖大明、刘佳：《论民事庭审去阶段化——围绕法庭调查与法庭辩论合并的新型模式展开》，《人民司法》2019年第13期，第45-51页。

先由承办法官对案件事实认定、证据采信以及法律适用问题等发表意见，其他合议庭成员依次发表意见。审判长应当根据评议情况总结合议庭评议的结论性意见。审判长主持评议时，与合议庭其他成员权利平等。合议庭成员评议时，应当充分陈述意见，独立行使表决权，不得拒绝陈述意见；同意他人意见的，应当提供事实和法律根据并论证理由。合议庭成员对评议结果的表决以口头形式进行。评议过程应当以书面形式完整记入笔录，评议笔录由审判辅助人员制作，由参加合议的人员和制作人签名。评议笔录属于审判秘密，非经法定程序和条件，不得对外公开。合议庭评议案件，实行少数服从多数的原则。评议应当制作笔录，由合议庭成员签名。评议中的不同意见，必须如实记入笔录。①

6. 宣告判决

宣告判决，是指法院对行政案件进行审理后依法作出判决并予以宣告的程序制度。宣告判决是审判公开制度的具体体现，必须以公开的方式进行。行政诉讼判决的宣告包括当庭宣判和定期宣判两种形式。《行政诉讼法》第 80 条规定，人民法院对公开审理和不公开审理的案件，一律公开宣告判决。当庭宣判的，应当在 10 日内发送判决书；定期宣判的，宣判后立即发给判决书。宣告判决时，必须告知当事人上诉权利、上诉期限和上诉的人民法院。需要注意的是，行政诉讼当事人提出撤诉的时间是以宣告判决为基准点的。根据《行政诉讼法》第 62 条，人民法院对行政案件宣告判决或者裁定前，原告申请撤诉的，或者被告改变其所作的行政行为，原告同意并申请撤诉的，是否准许，由人民法院裁定。

人民法院审理一审案件应遵守法定的审限。审限，也称为审结期限，是指人民法院自行政案件立案之日起审结案件的期限。《行政诉讼法》第 81 条规定，人民法院适用普通程序审理的行政案件，应当在立案之日起 6 个月内作出第一审判决。有特殊情况需要延长的，由高级人民法院批准，高级人民法院审理第一审案件需要延长的，由最高人民法院批准。

（二）第一审简易程序

1. 简易程序的适用范围

2014 年《行政诉讼法》增设了简易程序，旨在提高诉讼效率，节约诉讼资源，减轻当事人诉累。《行政诉讼法》第 82 条第 1 款规定：“人民法院审理下列第一审行政案件，认为事实清楚、权利义务关系明确、争议不大的，可以适用简易程序：（一）被诉行政行为是依法当场作出的；（二）案件涉及款额二千元以下

---

① 参见《最高人民法院关于规范合议庭运行机制的意见》（法发〔2022〕31 号，2022 年 10 月 26 日发布）。

的；（三）属于政府信息公开案件的。”根据以上规定，人民法院依职权决定适用简易程序，需要同时满足“事实清楚、权利义务关系明确、争议不大”的实质标准和属于所列举的三类典型情形。① 司法解释对这三项实质标准作出了具体适用解释。根据 2018 年《行诉法解释》第 102 条，行政案件中的“事实清楚”，是指当事人对争议的事实陈述基本一致，并能提供相应的证据，无须人民法院调查收集证据即可查明事实；“权利义务关系明确”，是指行政法律关系中权利和义务能够明确区分；“争议不大”，是指当事人对行政行为的合法性、责任承担等没有实质分歧。

除了法院可以依职权确定适用简易程序，行政诉讼法也赋予当事人程序选择权。根据《行政诉讼法》第 82 条第 2 款、第 3 款，除该条第 1 款规定以外的第一审行政案件，当事人各方同意适用简易程序的，可以适用简易程序。但是，发回重审、按照审判监督程序再审的案件不适用简易程序。该规定表明，当事人各方同意适用简易程序时，不受第 1 款实质标准和案件范围的限制，从而扩大了简易程序的适用范围。

2. 简易程序的程序规则

简易程序是第一审程序中的一种独立诉讼程序。根据《行政诉讼法》第 83 条，适用简易程序审理的行政案件，由审判员一人独任审理，并应当在立案之日起 45 日内审结。2018 年《行诉法解释》第 103～105 条对简易程序的规则作了具体化解释。

简易程序可以采用简单便捷的传唤和送达方式。适用简易程序审理的行政案件，人民法院可以用口头通知、电话、短信、传真、电子邮件等简便方式传唤当事人、通知证人、送达裁判文书以外的诉讼文书。以简便方式送达的开庭通知，未经当事人确认或者没有其他证据证明当事人已经收到的，人民法院不得缺席判决。

简易程序中确定举证期限和答辩期间简便灵活。适用简易程序案件的举证期限由人民法院确定，也可以由当事人协商一致并经人民法院准许，但不得超过 15 日。被告要求书面答辩的，人民法院可以确定合理的答辩期间。人民法院应当将举证期限和开庭日期告知双方当事人，并向当事人说明逾期举证以及拒不到庭的法律后果，由双方当事人在笔录和开庭传票的送达回证上签名或者捺印。当事人双方均表示同意立即开庭或者缩短举证期限、答辩期间的，人民法院可以立即开庭审理或者确定近期开庭。

简易程序可以转换为普通程序。人民法院在审理过程中，发现案件不宜适用简易程序的，裁定转为普通程序。人民法院发现案情复杂，需要转为普通程序审

---

① 相关讨论参见刘一玮：《行政诉讼简易程序的理性反思与完善路径》，《行政法学研究》2019 年第 4 期，第 114－122 页。

理的，应当在审理期限届满前作出裁定并将合议庭组成人员及相关事项书面通知双方当事人。案件转为普通程序审理的，审理期限自人民法院立案之日起计算。

二、行政诉讼第二审程序

第二审程序又称上诉审程序，是指当事人不服第一审人民法院未生效的行政判决或裁定，依法向上一级人民法院提起上诉对案件进行审理的程序制度。我国的行政审判实行两审终审制，因此第二审程序也是终审程序。第二审程序作为上诉审程序，具有重要的制度功能和意义。通过上诉审程序不仅可以纠正第一审行政裁判可能发生的错误，有效保护当事人的诉讼权利；而且有助于上级法院对下级法院的监督，促进法律的统一解释和适用。

（一）上诉的提起

上诉是当事人对第一审未生效的行政判决或裁定在法定期限内声明不服，依法提请上级人民法院对案件重新进行审判的诉讼行为。基于行政诉讼的构造，作出被诉行政行为的行政主体不具有起诉权和反诉权，但具有上诉权和申请再审权。提起上诉的具体程序主要有以下几个方面：

其一，当事人应当在法定的期限内提出上诉，逾期不提起上诉的，人民法院的第一审判决或者裁定发生法律效力。根据《行政诉讼法》第 85 条，当事人不服人民法院第一审判决的，有权在判决书送达之日起 15 日内向上一级人民法院提起上诉。当事人不服人民法院第一审裁定的，有权在裁定书送达之日起 10 日内向上一级人民法院提起上诉。当事人逾期不提起上诉，人民法院的第一审判决或裁定发生法律效力，产生实质确定力。

其二，提起上诉的主体包括原告、被告和第三人。除原告和被告外，根据《行政诉讼法》第 29 条第 2 款，人民法院判决第三人承担义务或者减损第三人权益的，第三人有权依法提起上诉。根据 2018 年《行诉法解释》第 107 条，第一审人民法院作出判决和裁定后，当事人均提起上诉的，上诉各方均为上诉人。诉讼当事人中的一部分人提出上诉，没有提出上诉的对方当事人为被上诉人，其他当事人依原审诉讼地位列明。

其三，当事人提出上诉，应当按照其他当事人或者诉讼代表人的人数提出上诉状副本。根据 2018 年《行诉法解释》第 108 条，原审人民法院收到上诉状，应当在 5 日内将上诉状副本发送其他当事人，对方当事人应当在收到上诉状副本之日起 15 日内提出答辩状。原审人民法院应当在收到答辩状之日起 5 日内将副本发送上诉人。对方当事人不提出答辩状的，不影响人民法院审理。原审人民法院收到上诉状、答辩状，应当在5日内连同全部案卷和证据，报送第二审人民法院；已经预收的诉讼费用，一并报送。

（二）审理形式

第二审人民法院对上诉案件原则上应当开庭审理，在特定的情形下也可以不开庭审理。根据《行政诉讼法》第86条，人民法院对上诉案件，应当组成合议庭，开庭审理。经过阅卷、调查和询问当事人，对没有提出新的事实、证据或者理由，合议庭认为不需要开庭审理的，也可以不开庭审理。需要注意的是，不能将不开庭审理等同于书面审理。书面审理中，虽然上诉法院也是不开庭审理，但其仅对一审材料和上诉材料进行审查即可作出裁判；而行政诉讼法规定的不开庭审理，要求合议庭应当履行阅卷、调查和询问当事人等审理程序。人民法院不开庭审理的前提是案件事实清楚，当事人对事实问题争议不大，没有提出新的事实、证据或者理由。如果当事人对原审人民法院认定的事实存在争议，或者二审法院认为原审法院认定事实不清，二审法院应当开庭审理。

（三）审理范围和期限

人民法院对上诉案件采用全面审查原则。根据《行政诉讼法》第87条，人民法院审理上诉案件，应当对原审人民法院的判决、裁定和被诉行政行为进行全面审查。行政诉讼上诉审中的全面审查原则包括以下两个方面的要求：

其一，对原审法院的裁判进行全面审查。二审法院审理行政案件，应当对原审法院的判决、裁定进行全面审查，既要对其所认定的事实是否正确进行审查，又要对其适用法律是否正确进行审查。此外，根据司法观点，全面审查的内容，应当包括审查起诉是否符合法定条件。对于一审法院作出判决的案件，二审法院经审查认为不符合法定条件的，可依据2018年《行诉法解释》第123条第1项的规定，在裁定撤销一审判决的同时，迳行驳回起诉。[①]

其二，对被诉行政行为的合法性进行全面审查。二审法院审理行政案件，对被诉行政行为的合法性进行全面审查，不受上诉范围的限制。法院既要对上诉的部分进行审查，又要对未上诉的部分进行审查。行政诉讼中的全面审查一般是指人民法院在行政案件审理中，应当对被诉行政行为的事实根据、法律依据、行政程序、职责权限等各方面进行合法性审查，不受诉讼请求和理由的拘束。[②]

---

① 参见蔡小雪、陈裕琨、缪蕾主编：《新编最高人民法院司法观点集成·行政卷》，中国民主法制出版社2023年第2版，第523页。

② 参见夏秀英诉山东省威海市人民政府行政复议案，最高人民法院（2018）最高法行再128号行政裁定书，2018年12月27日。

根据《行政诉讼法》第 88 条，人民法院审理上诉案件，应当在收到上诉状之日起 3 个月内作出终审判决。有特殊情况需要延长的，由高级人民法院批准，高级人民法院审理上诉案件需要延长的，由最高人民法院批准。

（四）上诉案件的裁判方式

根据《行政诉讼法》第 89 条和 2018 年《行诉法解释》第 109 条，二审法院审理上诉案件，应按照不同的情形，分别处理，作出最终的判决或裁定。二审裁判是终审的判决、裁定。

1. 驳回上诉，维持原裁判

原判决、裁定认定事实清楚，适用法律、法规正确的，判决或者裁定驳回上诉，维持原判决、裁定。

2. 依法改判、撤销或者变更

原判决、裁定认定事实错误或者适用法律、法规错误的，依法改判、撤销或者变更。需要注意的是，上诉法院依法改判的情形并不限于适用法律、法规错误，如果一审法院认定事实错误，二审法院查明和确认事实后可以直接改判。"撤销或变更"主要针对能够上诉的"不予受理""驳回起诉""对管辖权有异议"三类裁定。例如，根据 2018 年《行诉法解释》第 109 条第 1 款，第二审人民法院经审理认为原审人民法院不予立案或者驳回起诉的裁定确有错误且当事人的起诉符合起诉条件的，应当裁定撤销原审人民法院的裁定，指令原审人民法院依法立案或者继续审理。

3. 发回重审或直接改判

原判决认定基本事实不清、证据不足的，发回原审人民法院重审，或者查清事实后改判。基本事实是指对案件的定性或处理结果具有实质性影响的事实。根据司法判例观点，二审法院经审查后，以原判决认定基本事实不清，发回重审的，即表明二审法院经审查认为该案符合起诉条件。原审法院重审时，应当对案件进行实体审理，并重点针对二审法院指出的事实问题进行审查，而不能再以不符合起诉条件为由裁定驳回起诉。[①]

4. 裁定撤销原判决，发回原审人民法院重审

原判决遗漏当事人或者违法缺席判决等严重违反法定程序的，裁定撤销原判决，发回原审人民法院重审。实践中严重违反法定程序的情形，并不限于遗漏当事人或者违法缺席判决，例如合议庭成员存在应当回避事由而未回避的，也属严

---

① 参见胡凤桃、胡训辉、胡训付、唐丽诉湖南省衡阳市人民政府、湖南衡阳松木经济开发区管理委员会行政强制拆除及行政赔偿案，最高人民法院（2020）最高法行再 245 号行政裁定书，2020 年 8 月 10 日。

重违反法定程序的情形。根据 2018 年《行诉法解释》第 109 条，原审判决遗漏了必须参加诉讼的当事人或者诉讼请求的，第二审人民法院应当裁定撤销原审判决，发回重审。原审判决遗漏行政赔偿请求，第二审人民法院经审查认为依法不应当予以赔偿的，应当判决驳回行政赔偿请求。原审判决遗漏行政赔偿请求，第二审人民法院经审理认为依法应当予以赔偿的，在确认被诉行政行为违法的同时，可以就行政赔偿问题进行调解；调解不成的，应当就行政赔偿部分发回重审。第二审人民法院裁定发回原审人民法院重新审理的行政案件，原审人民法院应当另行组成合议庭进行审理。

此外，行政诉讼法规定了禁止二次发回重审原则。根据《行政诉讼法》第 89 条第 2 款，原审人民法院对发回重审的案件作出判决后，当事人提起上诉的，第二审人民法院不得再次发回重审。针对改判的案件，行政诉讼法在裁判方式上进一步贯彻了二审全面审查原则。根据《行政诉讼法》第 89 条第 3 款，人民法院审理上诉案件，需要改变原审判决的，应当同时对被诉行政行为作出判决。

三、行政诉讼审判监督程序

审判监督程序又称再审程序，是指法院对已经发生法律效力的判决、裁定和调解书，在具有法律规定的再审事由时，依法律规定的程序对原审案件再次进行审理并作出裁判的一种诉讼救济制度。行政诉讼实行两审终审制，审判监督程序并不是每个行政诉讼案件的必经程序。终审判决一经生效即具有实质确定力，当事人不得对行政争议再次争讼，法院也不得随意撤销或者变更裁判的内容。因此，启动审判监督程序有严格的范围和条件限制。同时，审判监督程序还体现了对法院审判活动的监督和纠错，所以启动再审程序的主体具有多元性，不仅限于当事人。行政诉讼审判监督程序的法律基础是法院的审判监督权和检察院的检察监督权。① 根据行政诉讼法的规定，再审有三种基本的类型：当事人申请再审、人民法院依职权再审以及人民检察院监督再审。

（一）当事人申请再审

1. 申请再审的对象与主体

当事人申请再审，是指当事人对已经发生法律效力的判决、裁定、调解书，认为确有错误，请求人民法院对原审案件再次审理的诉讼行为。《行政诉讼法》

① 针对再审案件的立案和审理，最高人民法院发布了两个司法解释：《最高人民法院关于行政申请再审案件立案程序的规定》（法释〔2017〕18 号）、《最高人民法院关于办理行政申请再审案件若干问题的规定》（法释〔2021〕6 号）。

第90条规定:"当事人对已经发生法律效力的判决、裁定,认为确有错误的,可以向上一级人民法院申请再审,但判决、裁定不停止执行。"申请再审的对象也称为再审客体,是指当事人申请再审法院进行审查的对象。除发生法律效力的判决和裁定外,2018年《行诉法解释》第110条、第118条明确将发生法律效力的调解书也纳入了再审范围。可以申请再审的调解书是指人民法院根据《行政诉讼法》第60条规定在审理行政赔偿、补偿以及行政机关行使法律、法规规定的自由裁量权的案件中作出的调解书。[①]

可以申请再审的主体是当事人,包括原告、被告和第三人,或者上诉人、被上诉人和第三人。行政诉讼法和相关司法解释对第三人申请再审进行了限制。2018年《行诉法解释》第30条第2款、第3款规定,人民法院判决其承担义务或者减损其权益的第三人,有权提出上诉或者申请再审。《行政诉讼法》第29条规定的第三人,因不能归责于本人的事由未参加诉讼,但有证据证明发生法律效力的判决、裁定、调解书损害其合法权益的,可以依照《行政诉讼法》第90条的规定,自知道或者应当知道其合法权益受到损害之日起6个月内,向上一级人民法院申请再审。根据最高人民法院的司法裁判观点,应当参加诉讼而未参加诉讼的第三人,可以通过申请再审的方式维护自己的合法权益,但应当具备以下两个条件:其一,因不能归责于本人的事由未参加诉讼;其二,有证据证明发生法律效力的判决、裁定、调解书损害其合法权益。[②]

2. 申请再审的事由

申请再审是当事人的一项诉讼权利,当事人只要认为生效判决、裁定有错误,就可以申请再审。因终审裁判具有确定力(既判力),只有当事人的申请符合法定条件时,人民法院才可以启动再审程序。因此,再审事由同时也是人民法院决定再审的条件。再审事由主要包括程序性再审事由和实质性再审事由。程序性再审事由是指原审判程序存有重大瑕疵的情形,实质性再审事由是指原审裁判中认定事实和适用法律错误的情形。根据《行政诉讼法》第91条,当事人的申请符合下列情形之一的,人民法院应当再审:

(1)不予立案或者驳回起诉确有错误。不予立案是指人民法院依据行政诉讼法审查后认定原告的起诉不符合起诉条件,并书面裁定不予立案受理的诉讼行为。驳回起诉,是指人民法院对已经立案受理的案件,在审理过程中发现原告的

---

① 参见本书编委会编:《行政诉讼法司法解释实务指南与疑难解答》,中国法制出版社2018年版,第394页。

② 参见永福县永福镇四合村拉搞屯第一村民小组、廖小祥、永福县永福镇××村白沙洲村民小组、侯桂德、侯忠善因永福县永福镇坪岭村英石屯第10村民小组诉永福县人民政府、桂林市人民政府及永福县永福镇××村中竹山屯村民小组土地行政裁决及行政复议案,最高人民法院(2019)最高法行再102号行政判决书,2019年6月10日。

起诉不符合行政诉讼法规定的起诉条件和法院的立案条件而裁定予以驳回的诉讼行为。不予立案或驳回起诉如果存在错误，无疑会侵害原告的行政诉权。因此，基于诉权保障原则的要求，行政诉讼法将这两类裁定纳入了再审的法定范围。

（2）有新的证据，足以推翻原判决、裁定。根据《行政诉讼证据规定》第52条，“新的证据”是指以下证据：在一审程序中应当准予延期提供而未获准许的证据；当事人在一审程序中依法申请调取而未获准许或者未取得，人民法院在第二审程序中调取的证据；原告或者第三人提供的在举证期限届满后发现的证据。

（3）原判决、裁定认定事实的主要证据不足、未经质证或者系伪造。原判决、裁定认定事实的主要证据不足，是指原判决、裁定所认定的法律事实缺乏主要的证据，无法达到证明标准的要求。根据《行政诉讼法》第43条，证据应当在法庭上出示，并由当事人互相质证。因此，未经质证的证据不能作为认定案件事实的依据。此外，认定事实的证据必须符合客观性、真实性和合法性的要求。伪造证据是指故意制造虚假证据材料的行为。根据《行政诉讼法》第59条，诉讼参与人或者其他人伪造、隐藏、毁灭证据或者提供虚假证明材料，妨碍人民法院审理案件的，人民法院可以根据情节轻重，予以训诫、责令具结悔过或者处1万元以下的罚款、15日以下的拘留；构成犯罪的，依法追究刑事责任。

（4）原判决、裁定适用法律、法规确有错误。适用法律错误是指原审法院作出的判决或裁定在实体法上违反了法律的规定。行政诉讼裁判适用法律错误的情形主要有以下几种：适用的法律与案件性质明显不符的；适用已经废止、失效或者尚未施行的法律的；违反法律适用规则的；仅引用法律名称，而没有引用相应的条款。

（5）违反法律规定的诉讼程序，可能影响公正审判。违反法律规定的诉讼程序，包括违反行政诉讼法有关公开审判的规定；违反回避制度；合议庭组成人员中及有关人员依法应当回避而不回避；剥夺或者限制了当事人的法定诉讼权利，可能影响公正审判；审判组织的组成不合法。

（6）原判决、裁定遗漏诉讼请求。原判决、裁定遗漏诉讼请求是指人民法院没有依法对当事人提出的诉讼请求进行审理并作出裁判的情形。行政诉讼具有主观诉讼的性质，法院审理行政案件，不仅审查行政行为的合法性，也要对原告的诉讼请求进行审查和回应，这是实质性解决行政争议立法目的之必然要求。

（7）据以作出原判决、裁定的法律文书被撤销或者变更。例如，根据《行政诉讼法》第62条第2款，在行政诉讼中，人民法院认为行政案件的审理需以民事诉讼的裁判为依据的，可以裁定中止行政诉讼。作为行政诉讼裁判基础的民事判决被撤销，导致行政判决丧失正当性依据的，当事人可以申请再审。

（8）审判人员在审理该案件时有贪污受贿、徇私舞弊、枉法裁判行为。审判人员审理该案件时有贪污受贿、徇私舞弊、枉法裁判行为，是指已经由生效刑事法律文书或者纪律处分决定所确认的行为。审判人员在审理该案件时有贪污受贿、徇私舞弊、枉法裁判行为，必须是当事人申请再审时已查证属实并已经形成处理意见，如原审案件的有关审判人员已经因枉法裁判行为被处分或者追究刑事责任。

3. 当事人申请再审的期限

《行政诉讼法》没有规定当事人申请再审的期限。根据 2018 年《行诉法解释》第 110 条，当事人向上一级人民法院申请再审，应当在判决、裁定或者调解书发生法律效力后 6 个月内提出。有下列情形之一的，自知道或者应当知道之日起 6 个月内提出：(1) 有新的证据，足以推翻原判决、裁定的；(2) 原判决、裁定认定事实的主要证据是伪造的；(3) 据以作出原判决、裁定的法律文书被撤销或者变更的；(4) 审判人员审理该案件时有贪污受贿、徇私舞弊、枉法裁判行为的。此外，需要注意的是，申请再审期限为不变期间，不适用中止、中断、延长的规定。

4. 对再审申请的审查

根据 2018 年《行诉法解释》第 112 条，人民法院应当自再审申请案件立案之日起 6 个月内审查，有特殊情况需要延长的，由本院院长批准。2018 年《行诉法解释》第 116 条规定，当事人主张的再审事由成立，且符合《行政诉讼法》和本解释规定的申请再审条件的，人民法院应当裁定再审。当事人主张的再审事由不成立，或者当事人申请再审超过法定申请再审期限、超出法定再审事由范围等不符合《行政诉讼法》和本解释规定的申请再审条件的，人民法院应当裁定驳回再审申请。

当事人主张的再审事由不成立的，最高人民法院可以迳行裁定驳回再审申请。《最高人民法院关于办理行政申请再审案件若干问题的规定》第 4 条规定，已经发生法律效力的判决、裁定认定事实清楚，适用法律、法规正确，当事人主张的再审事由不成立的，最高人民法院可以迳行裁定驳回再审申请。

（二）人民法院依职权再审

依职权再审是指法院根据法定的再审事由和程序，在特定情况下对已经生效的判决、裁定、调解书进行监督和重新审判的一种再审方式。根据《行政诉讼法》第 92 条的规定，人民法院依职权再审包括以下两种方式：

其一，本院决定再审。各级人民法院院长对本院已经发生法律效力的判决、裁定，发现有《行政诉讼法》第 91 条规定情形之一，或者发现调解违反自愿原则或者调解书内容违法，认为需要再审的，应当提交审判委员会讨论决定。

其二，最高人民法院和上级人民法院决定本案再审。最高人民法院对地方各级人民法院已经发生法律效力的判决、裁定，上级人民法院对下级人民法院已经发生法律效力的判决、裁定，发现有《行政诉讼法》第91条规定情形之一，或者发现调解违反自愿原则或者调解书内容违法的，有权提审或者指令下级人民法院再审。最高人民法院和上级人民法院决定再审的方式有两种：一是由最高人民法院和上级人民法院提审，二是指令下级人民法院再审。

（三）人民检察院监督再审

检察院监督再审主要通过抗诉的形式进行。抗诉是指人民检察院对人民法院作出的行政判决、裁定，认为确有错误时，依法向人民法院提出重新审理要求的诉讼活动。

1. 检察院提起抗诉的一般情形

《行政诉讼法》第93条规定，最高人民检察院对各级人民法院已经发生法律效力的判决、裁定，上级人民检察院对下级人民法院已经发生法律效力的判决、裁定，发现有《行政诉讼法》第91条规定情形之一，或者发现调解书损害国家利益、社会公共利益的，应当提出抗诉。

地方各级人民检察院对同级人民法院已经发生法律效力的判决、裁定，发现有《行政诉讼法》第91条规定情形之一，或者发现调解书损害国家利益、社会公共利益的，可以向同级人民法院提出检察建议，并报上级人民检察院备案；也可以提请上级人民检察院向同级人民法院提出抗诉。各级人民检察院对审判监督程序以外的其他审判程序中审判人员的违法行为，有权向同级人民法院提出检察建议。

2. 当事人申请抗诉或者检察建议的情形

2018年《行诉法解释》第117条规定：“有下列情形之一的，当事人可以向人民检察院申请抗诉或者检察建议：（一）人民法院驳回再审申请的；（二）人民法院逾期未对再审申请作出裁定的；（三）再审判决、裁定有明显错误的。人民法院基于抗诉或者检察建议作出再审判决、裁定后，当事人申请再审的，人民法院不予立案。”

3. 人民检察院提起抗诉案件的审查程序

根据2018年《行诉法解释》第124～127条，人民检察院提起抗诉案件的审查程序主要涉及以下几个内容：

（1）抗诉案件的启动程序。人民检察院提出抗诉的案件，接受抗诉的人民法院应当自收到抗诉书之日起30日内作出再审的裁定；有《行政诉讼法》第91条第2、3项规定情形之一的，可以指令下一级人民法院再审，但经该下一级人民法院再审过的除外。人民法院在审查抗诉材料期间，当事人之间已经达成和解协议的，人民法院可以建议人民检察院撤回抗诉。

（2）通知出席法庭。人民检察院提出抗诉的案件，人民法院再审开庭时，应当在开庭3日前通知人民检察院派员出庭。

（3）审查方式与期限。人民法院收到再审检察建议后，应当组成合议庭，在3个月内进行审查，发现原判决、裁定、调解书确有错误，需要再审的，依照《行政诉讼法》第92条规定裁定再审，并通知当事人；经审查，决定不予再审的，应当书面回复人民检察院。

此外，人民法院审理因人民检察院抗诉或者检察建议裁定再审的案件，不受此前已经作出的驳回当事人再审申请裁定的限制。例如，原审人民法院的上一级人民法院裁定驳回再审申请，后根据人民检察院抗诉提审的，上一级人民法院审理抗诉案件，不受驳回再审申请裁定的限制。[①]

（四）再审案件的审理程序和范围

1. 再审案件的审理程序

《行政诉讼法》没有规定按照审判监督程序审理再审案件时选择适用的程序，也未对再审判决和裁定的法律效力作出规定。根据2018年《行诉法解释》第119条规定，再审审理程序根据原判决、裁定的审理情况，可以分为按照第一审程序审理与按照第二审程序审理两种情形。人民法院审理再审案件，应当另行组成合议庭。

第一，按照第一审程序审理的情形。人民法院按照审判监督程序再审的案件，发生法律效力的判决、裁定是由第一审法院作出的，按照第一审程序审理，所作的判决、裁定，当事人可以上诉。再审案件按照第一审程序审理的，根据《行政诉讼法》第81条的规定，人民法院应当在6个月内作出判决。

第二，按照第二审程序审理的情形。发生法律效力的判决、裁定是由第二审法院作出的，按照第二审程序审理，所作的判决、裁定，是发生法律效力的判决、裁定，当事人不得上诉。上级人民法院按照审判监督程序提审的，按照第二审程序审理，所作的判决、裁定是发生法律效力的判决、裁定，当事人也不得上诉。再审案件按照第二审程序审理的，根据《行政诉讼法》第88条的规定，应当在3个月内作出终审判决。

2. 再审案件的审理范围

《行政诉讼法》仅对一审程序和二审程序的审理范围作出了明确规定，但没

---

① 参见最高人民法院行政审判庭编：《最高人民法院行政诉讼法司法解释理解与适用》（上），人民法院出版社2018年版，第586页。

有具体规定再审案件的审理范围。再审程序的对象是已经生效的判决或裁定，因此，不能直接参照适用一审和二审审理范围的规定。对此，司法解释对再审案件的审理范围作了具体规定。根据 2018 年《行诉法解释》第 120 条第 1 款的规定，人民法院审理再审案件应当围绕再审请求和被诉行政行为合法性进行。当事人的再审请求超出原审诉讼请求，符合另案诉讼条件的，告知当事人可以另行起诉。需要注意的是，以当事人的再审请求为标准，不因启动再审程序的主体（当事人申请再审或检察院抗诉）不同而分别确定审理范围，统一了各类再审案件的审理范围。①

此外，2018 年《行诉法解释》第 120 条第 2 款和第 3 款分别规定了被申请人及原审其他当事人提出再审请求以及涉及国家利益、社会公共利益和他人合法权益的审理问题。被申请人及原审其他当事人在庭审辩论结束前提出的再审请求，符合法定的申请期限的，人民法院应当一并审理。人民法院经再审，发现已经发生法律效力的判决、裁定损害国家利益、社会公共利益、他人合法权益的，应当一并审理。

（五）再审案件的裁判方式

根据 2018 年《行诉法解释》第 122 条、第 123 条的规定，再审案件的裁判主要有以下两种形式：

第一，对原生效判决、裁定确有错误的再审案件的裁判方式。人民法院审理再审案件，认为原生效判决、裁定确有错误，在撤销原生效判决或者裁定的同时，可以对生效判决、裁定的内容作出相应裁判，也可以裁定撤销生效判决或者裁定，发回作出生效判决、裁定的人民法院重新审理。

第二，对原审法院立案、不予立案或者驳回起诉错误的再审案件的裁判方式。人民法院审理二审案件和再审案件，对原审法院立案、不予立案或者驳回起诉错误的，应当分别情况作如下处理：（1）第一审人民法院作出实体判决后，第二审人民法院认为不应当立案的，在撤销第一审人民法院判决的同时，可以迳行驳回起诉；（2）第二审人民法院维持第一审人民法院不予立案裁定错误的，再审法院应当撤销第一审、第二审人民法院裁定，指令第一审人民法院受理；（3）第二审人民法院维持第一审人民法院驳回起诉裁定错误的，再审法院应当撤销第一审、第二审人民法院裁定，指令第一审人民法院审理。

---

① 参见最高人民法院行政审判庭编：《最高人民法院行政诉讼法司法解释理解与适用》（上），人民法院出版社 2018 年版，第 560 页；本书编委会编：《行政诉讼法司法解释实务指南与疑难解答》，中国法制出版社 2018 年版，第 427 页。

第二节　行政诉讼的主要程序制度

一、诉讼不停止执行制度

《行政诉讼法》第56条确立了诉讼不停止执行制度，即“诉讼期间，不停止行政行为的执行”。更准确而言，诉讼不停止执行制度是指具有行政强制执行权的行政机关在当事人起诉后，可以继续执行被诉行政行为。在比较法上，大陆法系国家对此主要有两种不同的立法例：一是诉讼期间停止执行为原则，不停止执行为例外。例如，德国《行政法院法》第80条第1款第1句规定，针对行政行为提出的复议申请和撤销之诉原则上具有延缓效力，延缓效力亦称为延宕效力、中止效力等。[①] 二是诉讼期间不停止执行为原则，停止执行为例外。例如，日本《行政事件诉讼法》第25条第1款、第2款规定，处分（行政行为）的撤销之诉的提起，不妨碍处分的效力、处分的执行或者程序的续行。处分的撤销之诉提起后，为避免处分、处分的执行或者程序的续行造成重大损害而有紧急必要的，法院根据申请，可以全部或者部分停止处分的效力、处分的执行或者程序的续行。[②] 一国立法上采用哪种形式，取决于立法政策背后的价值导向。采用诉讼不停止执行原则，更侧重于保障行政行为所确定的行政法律秩序的稳定性；采用诉讼停止执行原则，更加注重为原告提供诉讼上的临时性权利救济和保障。根据全国人大常委会相关机构编写的行政诉讼法释义，我国采用诉讼不停止执行原则，主要是基于以下几点考虑：一是行政行为的公定力理念，二是行政效率的需要，三是保护社会公共利益的需要，四是对行政行为错误矫正机制的信任。[③]

虽然我国行政诉讼法采用了不停止执行为原则、停止执行为例外的制度，但是，需要注意，诉讼不停止执行以行政机关依法具有自行强制执行权为前提。《行政强制法》第53条规定：“当事人在法定期限内不申请行政复议或者提起行政诉讼，又不履行行政决定的，没有行政强制执行权的行政机关可以自期限届满之日起三个月内，依照本章规定申请人民法院强制执行。”[④]《行政诉讼法》第97

① 参见刘飞：《德国公法权利救济制度》，北京大学出版社2009年版，第94页。

② 参见王天华：《行政诉讼的构造：日本行政诉讼法研究》，法律出版社2010年版，第313页。

③ 参见全国人大常委会法制工作委员会行政法室编：《〈中华人民共和国行政诉讼法〉解读与适用》，法律出版社2015年版，第124页。

④《行政强制法》第13条：“行政强制执行由法律设定。法律没有规定行政机关强制执行的，作出行政决定的行政机关应当申请人民法院强制执行。”

条规定："公民、法人或者其他组织对行政行为在法定期限内不提起诉讼又不履行的，行政机关可以申请人民法院强制执行，或者依法强制执行。"通过法律之间的关联可见，如果相对人提起诉讼，仅有法律授权的具有自行行政强制执行权的行政机关才可能不停止执行行政行为，对于没有行政强制执行权的行政机关而言，行政相对人起诉即停止执行行政行为。此外，对于有自行行政强制执行权的行政机关，基于法律规定，应当在复议、诉讼法定期限内停止强制执行。例如，《行政强制法》第44条规定："对违法的建筑物、构筑物、设施等需要强制拆除的，应当由行政机关予以公告，限期当事人自行拆除。当事人在法定期限内不申请行政复议或者提起行政诉讼，又不拆除的，行政机关可以依法强制拆除。"在胡素媚诉广西壮族自治区南宁青秀山风景名胜旅游区管理委员会行政强制及行政赔偿案中，最高人民法院认为，根据《行政强制法》第44条，在复议、诉讼法定期限内，应当停止执行强制拆除违法建筑物、构筑物、设施等。本案中，被告行政机关于2015年1月21日作出1号"强制拆除决定书"，当日便强制拆除了案涉房屋，该强制拆除行为尚在当事人提起行政复议或者提起行政诉讼的法定期限之内，违反了上述法律规定。① 此外，根据《行政诉讼法》第56条，诉讼不停止执行制度有以下几种例外情形：

其一，被告认为需要停止执行的案件。为维护行政法律秩序，《行政诉讼法》确立了诉讼不停止执行制度，同时也赋予行政机关一定的判断权。因行政行为是行政机关依据法定职权作出的，行政行为被起诉后，行政机关可以根据案件情况，通过判断执行行政行为存在的法律风险等因素，选择作出停止执行的决定。

其二，原告或者利害关系人申请停止执行，人民法院认为该行政行为的执行会造成难以弥补的损失，并且停止执行不损害国家利益、社会公共利益的案件。我国《行政诉讼法》没有规定预防性诉讼类型，因受诉讼审理期限等因素的限制，在有些案件中，如不及时停止执行行政行为可能会给当事人造成难以弥补的损失。基于有效权利救济的必要，行政诉讼法赋予原告和利害关系人一定的诉讼救济权限，可以申请法院作出停止执行行政行为的裁定。②

其三，人民法院认为该行政行为的执行会给国家利益、社会公共利益造成重大损害的案件。这是2014年修改的《行政诉讼法》新增加的一种情形。在原告和利害关系人没有申请停止执行的案件中，如果执行行政行为会给国家利益、社会公共利益造成重大损害，基于监督行政机关依法行使职权，维护国家利益、社

---

① 参见胡素媚诉广西壮族自治区南宁青秀山风景名胜旅游区管理委员会行政强制及行政赔偿案，最高人民法院（2019）最高法行再228号行政判决书，2019年12月10日。

② 关于行政诉讼中的预防性保护，参见罗智敏：《我国行政诉讼中的预防性保护》，《法学研究》2020年第5期，第122－138页。

会公共利益的需要，法院可以裁定停止执行被诉行政行为。

其四，法律、法规规定停止执行的案件。部分行政行为执行的法律后果对行政相对人而言是无法恢复原状或弥补的。为了保护行政相对人的合法权益，有些单行法明确规定了停止执行行政行为的条件。例如，《行政处罚法》第 73 条第 2 款规定："当事人对限制人身自由的行政处罚决定不服，申请行政复议或者提起行政诉讼的，可以向作出决定的机关提出暂缓执行申请。符合法律规定情形的，应当暂缓执行。"《治安管理处罚法》第 107 条规定："被处罚人不服行政拘留处罚决定，申请行政复议、提起行政诉讼的，可以向公安机关提出暂缓执行行政拘留的申请。公安机关认为暂缓执行行政拘留不致发生社会危险的，由被处罚人或者其近亲属提出符合本法第一百零八条规定条件的担保人，或者按每日行政拘留二百元的标准交纳保证金，行政拘留的处罚决定暂缓执行。"

人民法院决定停止执行或不停止行政行为的执行，使用裁定。为有效保障当事人申请停止执行的诉讼救济权，《行政诉讼法》第 56 条规定，当事人对停止执行或者不停止执行的裁定不服的，可以申请复议一次。

二、先予执行制度

（一）先予执行的适用范围

先予执行，又称为先行给付，是指人民法院在生效裁判确定之前根据原告的申请裁定被告行政机关预先向原告给付部分财物或者作出一定行为的法律制度。先予执行是行政诉讼程序中的一项临时性救济制度，旨在为特定案件中的原告提供便捷有效的权利保障。《行政诉讼法》第 57 条第 1 款规定，人民法院对起诉行政机关没有依法支付抚恤金、最低生活保障金和工伤、医疗社会保险金的案件，权利义务关系明确、不先予执行将严重影响原告生活的，可以根据原告的申请，裁定先予执行。申请先予执行的案件必须以被告依法负有给付义务为前提，给付的内容主要是金钱给付。这类案件与《行政诉讼法》第 12 条第 1 款第 10 项规定的受案范围是相一致的。适用先予执行的案件主要有四种类型：一是没有依法支付抚恤金的案件，二是没有依法支付最低生活保障金的案件，三是没有依法支付工伤社会保险金的案件，四是没有依法支付医疗社会保险金的案件。

（二）先予执行的条件

与终局执行不同，先予执行是人民法院以裁定的方式在判决之前采取的临时性救济措施。倘若先予执行的裁定与诉讼终结后的判决存在冲突而导致执行回转，不仅会浪费司法资源，同时也会影响行政机关正常的工作秩序。因此，《行政诉讼法》对适用先予执行规定了较为严格的限制要件：

其一，权利义务关系明确。权利义务关系明确是指，涉及原告诉讼请求和被告给付义务的案件事实清楚，证据充分，不需要当事人进一步举证并进行辩论质证即可分清原告的权利和被告的责任。

其二，权利救济具有急迫性。先予执行的原告属于依靠抚恤金、最低生活保障金、社会保险金来维持基本生活的人，不先予执行将严重影响原告的生活。先予执行旨在保障原告在诉讼期间能够维持基本生活和支付医疗费用等，在终审判决前裁定被告先行给付一定数额的款项或财物，以解决其迫在眉睫的生存困难。

其三，原告须提出申请。对于是否因生活急需而需要先予执行，相关事实原告更加清楚。因此，先予执行的要求应当由原告主动向人民法院提出，人民法院不能主动依职权裁定采取先予执行的措施。

（三）先予执行的裁定与救济

根据2018年《行诉法解释》第101条，先予执行应以裁定的形式作出。法院针对原告提出的先予执行的申请，可能裁定先予执行，也可能裁定不先予执行。先予执行的裁定可能会对当事人的权利产生影响，对此行政诉讼法规定了当事人的救济权利。《行政诉讼法》第57条第2款规定，当事人对先予执行裁定不服的，可以申请复议一次。复议期间不停止裁定的执行。“申请复议一次”，是指向作出先予执行裁定的人民法院申请复议，不是向上一级人民法院申请。先予执行的裁定一经作出，立即发生法律效力。

三、行政诉讼调解制度

（一）行政诉讼不适用调解原则

行政诉讼调解，是指在行政诉讼过程中当事人在人民法院的主持和协调下，自愿达成协议，解决行政争议的行为。1989年《行政诉讼法》第50条规定：“人民法院审理行政案件，不适用调解。”第67条第3款规定：“赔偿诉讼可以适用调解。”我国行政诉讼从建立之初就确立了行政诉讼不适用调解原则，其理由主要在于，与民事诉讼不同，行政机关作出行政行为是在行使法律赋予的国家公权力，行政机关无自行处分的权限。行政诉讼的审查对象是行政行为，人民法院对行政行为的合法性或违法性进行判断，因此也不存在调解的空间。2014年修改的《行政诉讼法》第60条坚持了行政诉讼不适用调解原则，但同时增加了可以适用调解的范围。《行政诉讼法》第60条规定：“人民法院审理行政案件，不适用调解。但是，行政赔偿、补偿以及行政机关行使法律、法规规定的自由裁量权的案件可以调解。调解应当遵循自愿、合法原则，不得损害国家利益、社会公共利益和他人合法权益。”

（二）行政诉讼调解的适用范围

根据行政诉讼法和司法解释的规定，行政诉讼调解主要适用于以下几类案件：

1. 行政赔偿案件

行政赔偿是指行政机关及其工作人员违法行使行政职权，侵犯公民、法人和其他组织的合法权益造成损害的，由国家承担赔偿责任的一种制度。行政赔偿是国家赔偿的组成部分。《国家赔偿法》第 13 条第 1 款规定：“赔偿义务机关应当自收到申请之日起两个月内，作出是否赔偿的决定。赔偿义务机关作出赔偿决定，应当充分听取赔偿请求人的意见，并可以与赔偿请求人就赔偿方式、赔偿项目和赔偿数额依照本法第四章的规定进行协商。”国家赔偿以支付赔偿金为主要方式。对于具体的赔偿方式和赔偿数额，人民法院可以进行调解。此外，2018 年《行诉法解释》第 95 条规定，人民法院经审理认为被诉行政行为违法或者无效，可能给原告造成损失，经释明，原告请求一并解决行政赔偿争议的，人民法院可以就赔偿事项进行调解；调解不成的，应当一并判决。人民法院也可以告知其就赔偿事项另行提起诉讼。

2. 行政补偿案件

行政补偿是指行政机关及其工作人员在行使行政职权的过程中，因合法的行政行为给公民、法人或其他组织的合法权益造成了损失，由国家依法予以补偿的制度。例如，《行政许可法》第 8 条第 2 款规定：“行政许可所依据的法律、法规、规章修改或者废止，或者准予行政许可所依据的客观情况发生重大变化的，为了公共利益的需要，行政机关可以依法变更或者撤回已经生效的行政许可。由此给公民、法人或者其他组织造成财产损失的，行政机关应当依法给予补偿。”《森林法》（2019 年修订）第 21 条规定：“为了生态保护、基础设施建设等公共利益的需要，确需征收、征用林地、林木的，应当依照《中华人民共和国土地管理法》等法律、行政法规的规定办理审批手续，并给予公平、合理的补偿。”

3. 行使法律、法规规定的自由裁量权的案件

自由裁量权，也称为行政裁量权，是指行政主体在法律、法规赋予的职责权限范围内自由作出行政决定的权能。自由裁量权的识别标准在理论中存在争议。广义说认为，行政裁量包括要件裁量与效果裁量，前者是指行政主体对法律规范的构成要件进行解释和具体化的权限，后者是指行政主体是否作出决定以及作出

何种方式、幅度行为的裁量。狭义的行政裁量仅指效果裁量。[①] 在行政实践中，一般采用广义说的观点，尤其是在行政机关制定行政裁量基准时，对法律效果划分裁量阶次的，必会对与之对应的构成要件进行解释和分类。例如，《国务院办公厅关于进一步规范行政裁量权基准制定和管理工作的意见》（国办发〔2022〕27 号）中指出："行政裁量权基准是行政机关结合本地区本部门行政管理实际，按照裁量涉及的不同事实和情节，对法律、法规、规章中的原则性规定或者具有一定弹性的执法权限、裁量幅度等内容进行细化量化，以特定形式向社会公布并施行的具体执法尺度和标准。"根据该规定，对法律规范中的"原则性规定"和"具有一定弹性的执法权限"进行细化量化，必然包括对法律规范构成要件的解释和具体化，这也属于行政裁量权的范围。此外，根据司法实务观点，行政案件能否调解结案与被诉行政行为的具体类型无关，既可以适用于行政处罚等传统高权行为，也可以适用于行政给付及其变动行为。最高人民法院的判例观点认为，在行政给付行为和给付变动行为中，行政主体在是否实施给付、给付的方式与幅度、是否行使给付变动权、采取何种变动行为等方面有裁量权，行政机关行使法律、法规规定的裁量权的案件可以调解结案。有关城市低收入家庭廉租房权益保障的案件属于上述情形，可以通过调解结案。[②] 行政案件调解的具体适用，以行政机关作出被诉行政行为时是否存在裁量空间为前提，以行政争议双方当事人对调解事项是否具有处分权为基础，以调解结果不得损坏国家利益、社会公共利益和他人合法权益为界限。[③] 因此，"行政机关行使法律、法规规定的自由裁量权的案件"这一要件实际上能够使很大一部分行政争议案件经由解释而适用调解程序。[④]

4. 行政协议案件

《行政协议审理规定》第 23 条规定，人民法院审理行政协议案件，可以依法进行调解。人民法院进行调解时，应当遵循自愿、合法原则，不得损害国家利益、社会公共利益和他人合法权益。

（三）行政诉讼调解规则

根据 2018 年《行诉法解释》第 84～86 条，人民法院调解行政案件应遵守以

---

① 关于行政裁量的内在构造，参见王贵松：《行政裁量的构造与审查》，中国人民大学出版社 2016 年版，第 38 - 54 页。

② 参见林建国诉济南市住房保障和房产管理局行政管理案，最高人民法院（2016）最高法行再 17 号行政调解书。

③ 参见最高人民法院行政审判庭编：《最高人民法院行政审判庭法官会议纪要》（第一辑），人民法院出版社 2022 年版，第 75 - 77 页。

④ 进一步的讨论参见谷骞：《论行政诉讼调解的适用范围》，《行政法学研究》2021 年第 3 期，第 163 - 176 页。

下规则和程序。

1. 迳行调解

2018 年《行诉法解释》第 84 条规定，人民法院审理《行政诉讼法》第 60 条第 1 款规定的行政案件，认为法律关系明确、事实清楚，在征得当事人双方同意后，可以迳行调解。迳行调解是司法解释作出的一种程序创制。迳行调解是指在人民法院审理行政案件时，在法律关系明确、事实清楚，且双方当事人都同意的情况下，法院可以直接进行调解，也就是说，法院可以不经过当事人举证、法庭调查、法庭辩论等开庭审理程序，直接进行调解解决争议。

2. 调解不公开原则及其例外

行政诉讼遵循调解不公开原则，包括调解过程不公开和调解内容不公开两个方面。

第一，调解过程不公开。人民法院审理行政案件，调解过程不公开，但当事人同意公开的除外。

第二，调解内容不公开。调解内容不公开，但为了保护国家利益、社会公共利益、他人合法权益，人民法院认为确有必要公开的除外。

此外，经人民法院准许，第三人可以参加调解。人民法院认为有必要的，可以通知第三人参加调解。第三人参加调解与第三人参加诉讼的方式相同。

3. 调解的结果和效力

调解达成协议的，人民法院应当制作调解书。调解书应当写明诉讼请求、案件的事实和调解结果。调解书由审判人员、书记员署名，加盖人民法院印章，送达双方当事人。调解书经双方当事人签收后，即具有法律效力。调解书生效日期根据最后收到调解书的当事人签收的日期确定。

当事人一方或者双方不愿调解、调解未达成协议的，人民法院应当及时判决。当事人自行和解或者调解达成协议后，请求人民法院按照和解协议或者调解协议的内容制作判决书的，人民法院不予准许。

行政诉讼调解结案是一种法定的结案方式。调解书与判决书具有同等的法律效力，一方不履行的，另一方可申请人民法院强制执行。诉讼标的已为生效调解书所羁束的，当事人不得再次起诉。当事人对发生法律效力的行政调解书不服，应通过再审程序进行救济。

四、行政诉讼撤诉制度

行政诉讼撤诉是指在人民法院受理行政案件之后，宣告判决之前，原告要求撤回其起诉的诉讼行为。撤诉是行政诉讼原告的一项诉讼权利，也是法院终结诉讼的一种原因。

（一）行政诉讼撤诉的形式

根据行政诉讼法的规定，撤诉包括申请撤诉和按撤诉处理两种情况，其中申请撤诉还包括被告改变行政行为，原告同意并申请撤诉的情形。

1. 申请撤诉

申请撤诉，是指原告在法院立案受理后，作出宣判前，以书面或口头形式向人民法院提出撤回其起诉的要求。《行政诉讼法》第 62 条规定，人民法院对行政案件宣告判决或者裁定前，原告申请撤诉的，或者被告改变其所作的行政行为，原告同意并申请撤诉的，是否准许，由人民法院裁定。

根据该规定，申请撤诉必须符合以下条件：一是申请人必须是原告及其法定代理人，经原告特别授权的诉讼代理人也可以提出撤诉申请，行政诉讼被告不得提出撤诉申请。二是撤诉必须是原告自愿和真实的意思表示。申请撤诉是原告处分自己实体权利和诉讼权利的行为，除非原告有明确真实的意思表示，任何人不得强迫原告申请撤诉。《行政诉讼法》第 59 条规定，诉讼参与人或者其他人“以欺骗、胁迫等非法手段使原告撤诉的”，人民法院可以根据情节轻重，予以训诫、责令具结悔过或者处 1 万元以下的罚款、15 日以下的拘留，构成犯罪的，依法追究刑事责任。三是法院对撤诉的合法性进行审查。人民法院对撤诉的合法性进行审查，申请撤诉在实体上不得有规避法律的行为，不得违反法律、法规的规定，不得有损于国家利益、社会公共利益和他人的合法权益。四是撤诉必须以裁定的方式作出。原告申请撤诉，人民法院依法审查后符合条件的，裁定准许撤诉，案件审理终结；申请不符合条件的，裁定不准许撤诉，继续审理案件。[①]

2. 被告改变行政行为，原告同意并申请撤诉

被告在人民法院对行政案件宣告判决或者裁定前可以依职权撤销或改变被诉行政行为。2018 年《行诉法解释》第 81 条第 1 款规定，被告在一审期间改变被诉行政行为的，应当书面告知人民法院。在诉讼中，被告改变原违法行政行为，或者在起诉被告不作为的案件中，被告作出了行政行为，在此情况下如果原告的诉讼请求得到了满足，可以申请撤诉，是否准许，由人民法院裁定。

根据《最高人民法院关于行政诉讼撤诉若干问题的规定》（法释〔2008〕2

---

① 参见《最高人民法院关于行政诉讼撤诉若干问题的规定》（法释〔2008〕2 号），2008 年《行诉法解释》第 101 条第 1 款第 10 项。

号）第2条，被告改变行政行为，原告申请撤诉，法院裁定准许撤诉须符合以下四项条件：（1）申请撤诉是当事人真实意思表示；（2）被告改变被诉具体行政行为，不违反法律、法规的禁止性规定，不超越或者放弃职权，不损害公共利益和他人合法权益；（3）被告已经改变或者决定改变被诉具体行政行为，并书面告知人民法院；（4）第三人无异议。

该司法解释第3条规定，被告改变其所作的行政行为有三种情形：改变被诉行政行为所认定的主要事实和证据，改变被诉行政行为所适用的规范依据且对定性产生影响，撤销、部分撤销或者变更被诉行政行为处理结果。第4条规定，有下列情形之一的，可以视为被告改变其所作的行政行为：根据原告的请求依法履行法定职责；采取相应的补救、补偿等措施；在行政裁决案件中，书面认可原告与第三人达成的和解。

3. 按撤诉处理

按撤诉处理，也称为拟制撤诉，是指原告虽然没有提出撤诉申请，但法院依照法律的明确规定，对于原告在诉讼中的一定行为按照撤诉处理。按撤诉处理包括以下几种情形：

一是经人民法院传票传唤，原告无正当理由拒不到庭，或者未经法庭许可中途退庭的。根据《行政诉讼法》第58条，经人民法院传票传唤，原告无正当理由拒不到庭，或者未经法庭许可中途退庭的，可以按照撤诉处理；被告无正当理由拒不到庭，或者未经法庭许可中途退庭的，可以缺席判决。

二是原告或者上诉人未按规定的期限预交案件受理费的。根据2018年《行诉法解释》第61条，原告或者上诉人未按规定的期限预交案件受理费，又不提出缓交、减交、免交申请，或者提出申请未获批准的，按自动撤诉处理。

（二）对原告撤诉的限制

《行政诉讼法》自实施以来，全国一审行政案件撤诉率一直居高不下，除正常的撤诉外，实践中存在大量的“非正常撤诉”[①]。为了防止原告滥用诉讼权利损害国家利益、社会公共利益以及被告或者第三人的利益，司法解释对原告撤诉进行了限制，主要有以下两种情形：

第一，当事人有违反法律的行为需要依法处理的情形。2018年《行诉法解释》

---

① 相关实证研究参见何海波：《行政诉讼撤诉考》，《中外法学》2001年第2期，第129－135页；解志勇：《行政诉讼撤诉：问题与对策》，《行政法学研究》2010年第2期，第37页；黄启辉：《行政诉讼一审审判状况研究——基于对40家法院2 767份裁判文书的统计分析》，《清华法学》2013年第4期，第81－83页。

第 80 条第 2 款规定，当事人申请撤诉或者依法可以按撤诉处理的案件，当事人有违反法律的行为需要依法处理的，人民法院可以不准许撤诉或者不按撤诉处理。

第二，涉及国家利益和社会公共利益的情形。2018 年《行诉法解释》第 80 条第 3 款规定，法庭辩论终结后原告申请撤诉，人民法院可以准许，但涉及国家利益和社会公共利益的除外。

此外，法庭辩论终结后原告申请撤诉，被告不同意的，人民法院可以不予准许。① 原告在法庭辩论后申请撤诉，法院应询问被告是否同意原告撤诉，被告有正当理由的，法院可以不予准许原告撤诉。之所以询问被告的意见，原因一方面在于避免原告滥用诉讼权利损害被告的利益；另一方面在于可以预防产生与之相关的新的行政争议，达到实质性化解行政争议的目的。对此，可以参照适用 2022 年《民诉法解释》第 238 条第 2 款的规定，法庭辩论终结后原告申请撤诉，被告不同意的，人民法院可以不予准许。②

（三）行政诉讼撤诉的效力

在行政诉讼中，原告申请撤诉法院裁定准予撤诉或者裁定按撤诉处理，都将导致诉讼程序的终结，发生终结本案审理的效力。虽然撤诉存在不同的类型，但是法院作出的撤诉裁定和按撤诉处理裁定具有相同的法律效力。2018 年《行诉法解释》第 60 条规定，人民法院裁定准许原告撤诉后，原告以同一事实和理由重新起诉的，人民法院不予立案。准予撤诉的裁定确有错误，原告申请再审的，人民法院应当通过审判监督程序撤销原准予撤诉的裁定，重新对案件进行审理。

需要注意的是，在原告或者上诉人未按规定的期限预交案件受理费而按自动撤诉处理的情形下，在满足法定的条件后允许其再次起诉。2018 年《行诉法解释》第 61 条，原告或者上诉人未按规定的期限预交案件受理费，又不提出缓交、减交、免交申请，或者提出申请未获批准的，按自动撤诉处理。在按撤诉处理后，原告或者上诉人在法定期限内再次起诉或者上诉，并依法解决诉讼费预交问题的，人民法院应予立案。③

在行政诉讼一并审理民事诉讼的案件中，人民法院裁定准许行政诉讼原告撤

---

① 相关讨论参见梁凤云：《行政诉讼法司法解释讲义》，人民法院出版社 2018 年版，第 224 页。

② 2022 年《民诉法解释》第 238 条："当事人申请撤诉或者依法可以按撤诉处理的案件，如果当事人有违反法律的行为需要依法处理的，人民法院可以不准许撤诉或者不按撤诉处理。法庭辩论终结后原告申请撤诉，被告不同意的，人民法院可以不予准许。"

③ 典型性案例参见谭利余诉湖南省长沙市岳麓区人民法院行政复议决定案，最高人民法院（2016）最高法行申 4091 号行政裁定书，2017 年 6 月 16 日。

诉，但对于一并审理的相关民事争议，原告不申请撤诉的，法院应当继续审理。2018 年《行诉法解释》第 143 条规定，行政诉讼原告在宣判前申请撤诉的，是否准许由人民法院裁定。人民法院裁定准许行政诉讼原告撤诉，但其对已经提起的一并审理相关民事争议不撤诉的，人民法院应当继续审理。

第三节 行政诉讼证据与证明责任

一、行政诉讼证据的概念和种类

（一）行政诉讼证据的概念

行政诉讼证据，是指在行政诉讼过程中能够证明案件事实的一切材料。行政诉讼证据既包括当事人向人民法院提交的证据，也包括人民法院在必要情况下依职权收集的证据。作为法院裁判基础的证据必须满足客观性、关联性和合法性这三项要求。证据的客观性是指诉讼证据必须是能证明案件真实的、不依赖于主观意识而存在的客观事实。《行政处罚法》第 46 条第 2 款规定，证据必须经查证属实，方可作为认定案件事实的根据。《行政诉讼法》第 33 条第 2 款规定："以上证据经法庭审查属实，才能作为认定案件事实的根据。"证据的关联性是指，作为证据的事实不仅是一种客观存在，而且它必须与案件所要查明的事实存在逻辑上的联系，从而能够证明案件事实。证据的合法性是指证据必须由当事人按照法定程序提供，或由法定机关、法定人员按照法定的程序调查、收集和审查。《行政处罚法》第 46 条第 3 款规定："以非法手段取得的证据，不得作为认定案件事实的根据。"行政诉讼证据的三性贯穿于举证、质证和认证的全过程，是区分定案依据与非定案依据的基本标准。《行政诉讼证据规定》第 39 条第 1 款规定："当事人应当围绕证据的关联性、合法性和真实性，针对证据有无证明效力以及证明效力大小，进行质证。"2018 年《行诉法解释》第 42 条规定："能够反映案件真实情况、与待证事实相关联、来源和形式符合法律规定的证据，应当作为认定案件事实的根据。"

（二）行政诉讼证据的种类

学理上根据不同的标准将证据分为直接证据和间接证据、原始证据和传来证据、主要证据和次要证据、言词证据和实物证据、本证和反证等。在立法上，《行政诉讼法》第 33 条将行政诉讼证据分为以下八种类型。

1. 书证

书证是以文字、符号、图案等所记载的内容证明待证事实的书面材料。行政诉讼书证主要来源于行政执法中相关的书面材料，其表现形式具有多样性。例如，行政处罚决定书、行政许可证、行政强制措施决定书、听证告知书、被诉行政行为所依据的询问、陈述、谈话类笔录等。当事人向人民法院提供书证的，应当提供书证的原件，原本、正本和副本均属于书证的原件。

2. 物证

物证是指用物品和痕迹等客观物质实体的外形、规格、特征等证明待证案件事实的证据。物证本身是客观存在的物质或痕迹，具有较强的客观性、真实性。此外，物证作为一种客观存在的具体物体和痕迹，被特定化于特定的物体之上，具有不可替代的特定性和独立的证明性。因此，根据《行政诉讼证据规定》第11条，当事人向人民法院提供物证的，应当提供原物。物证的形式包括如非法财物、现场留下的物品和痕迹、超载超限车辆等。物证和书证最大的区别是：物证是以其外部特征和物质属性证明案件真实情况，书证则以文书或物品所记载的内容证明案件事实。如果一个物体同时具有以上两方面的证明作用，它就既是书证又是物证。

3. 视听资料

视听资料是以特定载体所储存、记载和再现的声音、图像、数据等信息资料。视听资料是采用现代科学技术手段记录相关案件事实的原始资料，其内容能够记载和再现与案件事实相关的图像、数据和声音等。随着科学技术的进步和数字政府建设的推进，视听资料逐渐成为行政执法程序中主要的证据形式。视听资料的优势在于其受主观影响较小，能够比较客观地证明待证事实。根据《行政诉讼证据规定》第12条，以视听资料作证据的，应当符合三项要求：一是应提供视听资料的原始载体。提供原始载体确有困难的，可以提供复制件。二是要注明视听资料的制作方法、制作时间、制作人和证明对象等。三是声音资料应附该声音内容的文字记录。

4. 电子数据

“电子数据”是2014年修改《行政诉讼法》时新增加的证据种类。电子证据是指基于计算机应用、通信和现代管理技术等电子化技术手段形成的包括文字、图形符号、数字、字母等的客观资料。《行政诉讼证据规定》第64条仅对“数据资料”及其证明效力作了概括性规定，其已滞后于实践的发展。① 新修改的民事

① 《行政诉讼证据规定》第64条：“以有形载体固定或者显示的电子数据交换、电子邮件以及其他数据资料，其制作情况和真实性经对方当事人确认，或者以公证等其他有效方式予以证明的，与原件具有同等的证明效力。”

和刑事诉讼证据司法解释都对电子数据的范围和认定进行了规定。例如，2019年修正的《民事诉讼证据规定》第14条规定："电子数据包括下列信息、电子文件：（一）网页、博客、微博客等网络平台发布的信息；（二）手机短信、电子邮件、即时通信、通讯群组等网络应用服务的通信信息；（三）用户注册信息、身份认证信息、电子交易记录、通信记录、登录日志等信息；（四）文档、图片、音频、视频、数字证书、计算机程序等电子文件；（五）其他以数字化形式存储、处理、传输的能够证明案件事实的信息。"第15条第2款规定："当事人以电子数据作为证据的，应当提供原件。电子数据的制作者制作的与原件一致的副本，或者直接来源于电子数据的打印件或其他可以显示、识别的输出介质，视为电子数据的原件。"①

5. 证人证言

证人证言是指证人就自己所知晓的与案件有关的情况向人民法院所作的陈述。证人证言的内容必须是对客观事实的反映，证人应当对其亲身感知的案件情况进行陈述，而不能作出意见性陈述。证人有出庭作证的义务。根据《行政诉讼证据规定》第41条、第43条的规定，凡是知道案件事实的人，都有出庭作证的义务，但因特殊原因确实无法出庭的，可以提交书面证言。当事人申请证人出庭作证的，应当在举证期限届满前提出，并经人民法院许可。人民法院准许证人出庭作证的，应当在开庭审理前通知证人出庭作证。当事人在庭审过程中要求证人出庭作证的，法庭可以根据审理案件的具体情况，决定是否准许以及是否延期审理。根据2018年《行诉法解释》第40条规定，人民法院在证人出庭作证前应当告知其如实作证的义务以及作伪证的法律后果。证人因履行出庭作证义务而支出的交通、住宿、就餐等必要费用以及误工损失，由败诉一方当事人承担。此外，行政诉讼法司法解释对行政执法人员出庭作证和说明情况作了专门规定。根据2018年《行诉法解释》第41条规定，有下列情形之一，原告或者第三人要求相关行政执法人员出庭说明的，人民法院可以准许：（1）对现场笔录的合法性或者真实性有异议的；（2）对扣押财产的品种或者数量有异议的；（3）对检验的物品取样或者保管有异议的；（4）对行政执法人员身份的合法性有异议的；（5）需要出庭说明的其他情形。

6. 当事人陈述

当事人陈述是指当事人在行政诉讼中就与本案有关的事实，向法院所作的陈

---

① 刑事诉讼电子数据的审查与认定参见《最高人民法院关于适用〈中华人民共和国刑事诉讼法〉的解释》（法释〔2021〕1号）第110～115条。

述。这里的当事人，除原、被告之外，还包括第三人和共同诉讼人。由于当事人的陈述具有主观性，可能会受当事人趋利避害主观意识的影响，因此，当事人陈述的证明力相对较弱，法院应当结合其他证据证明待证事实是否成立。也是基于当事人陈述的这一特点，司法解释规定了当事人接受询问和陈述可以签订保证书的措施。2018 年《行诉法解释》第 44 条规定，人民法院认为有必要的，可以要求当事人本人或者行政机关执法人员到庭，就案件有关事实接受询问。在询问之前，可以要求其签署保证书。保证书应当载明据实陈述、如有虚假陈述愿意接受处罚等内容。当事人或者行政机关执法人员应当在保证书上签名或者捺印。负有举证责任的当事人拒绝到庭、拒绝接受询问或者拒绝签署保证书，待证事实又欠缺其他证据加以佐证的，人民法院对其主张的事实不予认定。

7. 鉴定意见

2014 年修改《行政诉讼法》时将“鉴定结论”修改为“鉴定意见”。从概念属性而言，鉴定结论包含了终局性的判断，但是，鉴定结果只是鉴定单位和个人的认识和专业判断，仅代表鉴定机构和鉴定人个人的意见，当事人对鉴定结果不服，可以提出异议，因此，用“鉴定意见”更符合鉴定活动的本质特征。行政诉讼中的鉴定意见如产品质量鉴定、医疗事故鉴定、交通事故车辆安全技术鉴定等。根据《行政诉讼证据规定》第 29 条，原告或者第三人有证据或者有正当理由表明被告据以认定案件事实的鉴定结论可能有错误，在举证期限内书面申请重新鉴定的，人民法院应予准许。根据 2020 年最高人民法院发布的《关于人民法院民事诉讼中委托鉴定审查工作若干问题的规定》，行政诉讼中人民法院委托鉴定，参照适用该规定。

8. 勘验笔录、现场笔录

勘验笔录是指行政机关工作人员或者人民法院办案人员对与行政案件有关的物品或者现场进行勘察、测量、拍照、绘图等所作的记录。现场笔录是指行政机关及其工作人员当场对行政执法的过程和相关处理结果所作的记录。勘验笔录一般是案件发生以后进行的，主要表述的是物品或现场的客观情况；而现场笔录则是对行政机关执法现场当时的情况所作的记录，反映的是制作笔录当时的情况。现场笔录是行政诉讼中特有的法定证据。现场笔录是行政程序中极为关键的证据形式，其制作形式和规范性要求主要规定在单行法中。例如，根据《行政强制法》第 18 条，行政机关实施行政强制措施应当制作现场笔录。现场笔录由当事人和行政执法人员签名或者盖章，当事人拒绝的，在笔录中予以注明；当事人不到场的，邀请见证人到场，由见证人和行政执法人员在现场笔录上签名或者盖章。在行政诉讼过程中，现场笔录作为证明被诉行政行为合法性的证据，由被告向法院提供。

勘验笔录、现场笔录属于原始证据、直接证据。根据司法解释的规定，勘验笔录、现场笔录优于其他书证、视听资料和证人证言。

二、行政诉讼的证明责任

（一）证明责任的双重含义

证明责任被称为“诉讼的脊梁”，其重要性对行政诉讼亦不言而喻。证明责任的概念具有双重含义，包括主观证明责任与客观证明责任。主观证明责任，是指哪一方当事人应当对具体的要件事实提供证据进行举证的责任。主观证明责任也称为形式证明责任、提供证据责任、行为责任等。客观证明责任，是指在作为判决基础的构成要件事实真伪与否不明时，确定由哪一方当事人承担法律上不利后果的责任。客观证明责任也称为实质证明责任、确定责任、结果责任等。① 自从清末从日本引入“举证责任”这一概念之后，我国学者就一直是在提供证据的意义上使用之，特别是苏联学者对举证责任的理解也仅限于提供证据的意义，再加上“举证”的汉语表述与“提供证据”的同义性，因此从行为意义界定证明责任的观念一直处于绝对支配地位。② 为了克服概念涵摄不足之缺陷，民事诉讼司法解释创造性地使用了“举证证明责任”，旨在将以上两种含义纳入统一的概念体系。③ 在我国行政诉讼领域，目前立法上仍然使用举证责任这一概念，但在学理研究和司法实践中证明责任的概念已逐渐被接受，并在部分裁判文书中被作为释法说理的概念工具加以使用。④

证明责任与诉讼制度的模式和诉讼原则存在内在的关联，其中具有决定性意义的原则是辩论主义原则和职权调查原则。辩论主义原则，也称为辩论主义、当事人提出原则，是指当事人自己应当向法院提交作为裁判基础事实的证据。如果当事人在诉讼中没有对其主张提供证据予以证明，法院即不能认定事实争点，将导致其主张不能成立的败诉后果。职权调查原则，又称为职权探知主义、纠问原

---

① 参见［德］莱奥·罗森贝克：《证明责任论》，庄敬华译，中国法制出版社 2018 年版，第 15 页；［德］汉斯·普维庭：《现代证明责任问题》，吴越译，法律出版社 2006 年版，第 10－11 页。

② 参见闵春雷、杨波、霍海红：《中国诉讼法学 30 年理论创新回顾》，《当代法学》2009 年第 1 期，第 19 页。

③ 2022 年《民诉法解释》第 90 条规定：“当事人对自己提出的诉讼请求所依据的事实或者反驳对方诉讼请求所依据的事实，应当提供证据加以证明，但法律另有规定的除外。在作出判决前，当事人未能提供证据或者证据不足以证明其事实主张的，由负有举证证明责任的当事人承担不利的后果。”

④ 典型案例参见雅宝公司与中华人民共和国国家知识产权局发明专利申请驳回复审行政纠纷上诉案，最高人民法院（2020）最高法知行终 97 号行政判决书，2020 年 12 月 10 日。

则，是指法院不受当事人陈述或调查证据申请的拘束，应依职权主动调查事实，并利用各种证据手段判断事实的真实内容。德国行政诉讼法上明确规定采用职权调查原则。① 主观证明责任一般只存在于辩论主义原则的诉讼中，而在采用职权调查原则的诉讼中不存在这类责任。在采取辩论主义原则的诉讼程序中，承担客观证明责任的一方，原则上也承担主观证明责任，二者之间存在一致性。当事人为了避免承担客观证明责任而败诉，就必须在诉讼阶段积极履行提供证据的主观证明责任。②

在提供证据方面，我国行政诉讼法确立了以当事人提出为主（主要是被告提供证据），以法院依职权调查取证为辅的诉讼模式，从内容和性质上看仍然偏重于当事人提出原则（辩论主义原则）。对于主观证明责任、客观证明责任与我国行政诉讼法规定的举证责任的关系，学理上一直存争议。有观点认为，我国行政诉讼法仅规定了主观证明责任，没有规定客观证明责任，并建议导入客观证明责任制度。③ 但是，在采用当事人提出原则的诉讼制度中，主观证明责任与客观证明责任的分配通常具有同一分配标准。当事人负主观证明责任，原则上也负相应的客观证明责任，承担不利的后果是当事人不提供证据的必然结果，反之亦然。因此，从我国《行政诉讼法》第 34 条、第 38 条以及司法解释的举证责任条款中，同时可以推导出客观证明责任。此外，从文义上看，在行政诉讼法及司法解释相关规定中使用了“负举证责任”与“应当提供证据”两类表述，前者指向客观证明责任，后者主要指向主观证明责任。

（二）证明责任分配的规则

证明责任的分配是证明责任制度的核心。行政诉讼证明责任的分配，是指行政诉讼中依据法律规定或具有约束力的标准，在没有证据或证据不足不能证明该事实存在与否（事实真伪不明）时，确定由哪一方当事人承担不利后果的规则。学理上所称的证明责任的分配一般是指客观证明责任的分配问题，原则上承担客观证明责任的当事人同时也承担相应的主观证明责任。在诉讼法理上，证明责任的分配规则主要有以下几种学说：

---

① 德国《行政法院法》第 86 条第 1 款规定：“法院依职权调查事实；在调查事实时，法院应通知当事人到场。法院调查时不受当事人陈述和调查证据申请的约束。”

② 参见马立群：《德国行政诉讼证据调查与客观证明责任的分配规则——兼评对我国的借鉴价值》，《比较法研究》2020 年第 5 期，第 149 页。

③ 相关讨论参见江必新、徐庭祥：《行政诉讼客观证明责任的分配的基本规则》，《中外法学》2019 年第 4 期，第 911 - 931 页；王振宇、阎巍：《论行政诉讼证明责任的重构》，《法学论坛》2014 年第 1 期，第 44 - 50 页；王天华：《我国行政诉讼举证责任理论的反思与重构》，《公法研究》第 7 辑（2009 年），第 71 - 96 页；成协中：《中国行政诉讼证明责任的分配模式与规则重构》，《北大法律评论》第 9 卷第 1 辑（2008 年），第 56 - 80 页。

1. 规范说

规范说由德国学者罗森贝克在其1900年发表的博士论文《证明责任论》中首创，因而也被称为“罗森贝克公式”。根据规范说，分配证明责任的基本公式是：任何一方当事人对有利于己的法律规范的所有（包括否定性）前提条件的存在承担证明责任。因规范说的核心是判断对当事人有利的规范，因而也被称为“有利规范说”“有利规则说”。具体来讲，罗森贝克的规范说包括以下几个相互关联的命题：（1）要件事实真伪不明时不适用法律规范。不适用特定法律规范其诉讼请求就不可能得到支持的当事人，承担法律规范的特征在实际发生的事件中已实现的证明责任，简单而言，对拟适用的法律规范的条件承担证明责任。（2）当事人应对有利于自己的法律规范的构成要件事实承担客观证明责任。罗森贝克在其著作中提出的基本公式是：“每一方当事人均必须主张和证明对自己有利的规范（=法律效果对自己有利的规范）的条件。”（3）通过对实体法律规范进行分类判断有利的法律规范。证明责任基本规则通过在当事人之间分配证明责任的规范予以补充。罗森贝克将实体规范分为彼此对立的两种：一种是形成或产生权利的规范，即基本规范；另一种是妨碍权利形成或消灭已形成权利的规范，即相对规范，包括：权利妨碍规范、权利消灭规范和权利排除规范。主张权利存在的人，应就权利发生的法律要件存在的事实负证明责任；否认权利存在的人，应就权利妨碍要件、权利消灭要件、权利排除要件的事实负证明责任。（4）上述四类规范无法识别时，通过法律规范的文义和形式构造进行判断。（5）客观证明责任由立法者在具体的法律规范中分配，不受当事人诉讼角色的影响。在诉讼中，任何一方当事人都应对于其有利的法律规范的前提条件承担证明责任，与当事人作为原告或者被告的诉讼地位无关。① 德国行政诉讼领域也是以规范说作为分配证明责任的基本规则。在法律没有其他规定时，适用基本规则分配证明责任：从有疑问的事实可以推导出对其有利法律效果的当事人，承担该事实不能证明时的不利后果。因公法中有利法律效果通常难以判断，所以，在界定基本规则时，学理和实务中通常采用“有利法律效果”来替代“有利法律规范”。具体而言，事实真伪存在不明时，如无法律的其他规定，原则上主张权利或职权的一方，对权利或职权成立的事实承担证明责任，否认权利或职权的一方，或者主张反对权的一方，对权利妨碍、权利消灭或权利排除的事实承担证明责任。如果公民主张对其有利的给付请求权，其必须就权利发生的事实负证明责任；反之，行政机关应对阻碍权利的事实承担证明责任。如果行政机关作出干预措施，由行政机关对满足授权法规的要件事实成立负证明责任；如果公民主张例外情形，由其承担证明

① 参见［德］莱奥·罗森贝克：《证明责任论》，庄敬华译，中国法制出版社2018年版，第111-146页。

责任。

2. 支配领域说

支配领域说，也称为证据接近说、责任领域说等，是指当无法查明的事实发生在某一方当事人特定的生活领域、责任或支配领域时，应当由其承担证明责任。具体而言，在行政诉讼中当无法调查清楚的事实处于行政机关的责任范围时，由行政机关承担证明不能的风险。相反，当无法查明的事实处于公民特定的生活领域时，由该公民承担客观证明责任。

3. 攻击者原则

攻击者原则是指，证明责任应当由希望根据其请求改变既有实体法上法律状态的人承担。攻击者的地位不是指诉讼中当事人的地位，而是指被主张的实体法律地位。攻击者原则的基础是保护既有的权利义务现状并禁止私力救济，从而保障权利和法律秩序的稳定性。权利主张者居于攻击者的地位，因为其力求改变既有状态，而相对方意在维持既有状态。为了维护现状，即既存的占有状态，应当课予攻击者证明风险。如果权利成立的事实已被证明，有人主张权利消灭的事实，就其而言，亦等同于攻击者，因为其希望改变已被证明确认的现状。根据攻击者原则，在撤销诉讼中，原告虽然在形式上作为攻击者出现，但在实体法上，行政机关作出负担行政行为侵入了其权利领域，行政机关属于攻击者，原告居于防御地位，因此，应当由行政机关承担证明责任。相反，在履行诉讼中，原告请求扩大其实体法上的权利领域，原则上属于改变现状者，因此，应由原告承担证明责任。攻击者原则以行政法上干预行政与给付行政二分法为前提。[①]

三、我国行政诉讼证明责任的分配

（一）被告的证明责任

我国《行政诉讼法》从 1989 年制定之初就采用了较为单一的证明责任分配规则，其间该法虽经过两次修正，但并未修改证明责任分配的基本结构。与民事诉讼不同，我国行政诉讼法规定行政诉讼中主要由被告承担证明责任。《行政诉讼法》第 34 条第 1 款规定："被告对作出的行政行为负有举证责任，应当提供作出该行政行为的证据和所依据的规范性文件。"第 2 款规定："被告不提供或者无正当理由逾期提供证据，视为没有相应证据。但是，被诉行政行为涉及第三人合

---

① 参见马立群：《德国行政诉讼证据调查与客观证明责任的分配规则——兼评对我国的借鉴价值》，《比较法研究》2020 年第 5 期，第 155－160 页。

法权益，第三人提供证据的除外。”行政诉讼被告对作出的行政行为负证明责任的理由主要有以下几个方面：其一，被告对作出的行政行为负有证明责任是“先取证，后裁决”这一程序要求在诉讼阶段的延伸。依法行政原则要求，行政机关作出行政行为必须遵守“先取证，后裁决”的法定程序，全面、客观、公正地调查、收集有关证据。因此，在行政诉讼阶段，被告应当向法院举证证明其在行政程序阶段作出行政行为的合法性证据。其二，被告更接近证据，具有举证优势。根据“支配领域说”的理论，当无法查明的事实发生在某一方当事人特定的生活领域、责任领域或支配领域时，应当由其承担证明责任。在行政程序中，行政机关负责调查作出行政行为的事实和证据，并负责固定和保存证据，制作相关的案卷材料。行政诉讼证据主要来源于行政执法案卷，因此，被告对作出的行政行为负有证明责任也符合支配领域说的观点。其三，被告对作出的行政行为负证明责任有利于诉讼公平。在行政执法程序中，行政机关行使行政职权，并具备专业知识和技术条件，相对人处于不利地位。在行政诉讼中，被告对作出的行政行为负证明责任有助于平衡当事人之间的权力落差，实现诉讼当事人武器平等，并促进行政机关依法行政。根据行政诉讼法的规定，被告收集和提供证据应遵守以下程序规则：

其一，禁止被告在诉讼过程中收集证据。根据《行政诉讼法》第 35 条规定，在诉讼过程中，被告及其诉讼代理人不得自行向原告、第三人和证人收集证据。根据程序正当原则，行政机关作出行政行为应遵守“先取证后裁决”的基本要求。行政机关在作出决定前应当先收集证据，查清案件事实，再作出行政行为。因此，禁止被告在诉讼过程中自行向原告、第三人和证人收集证据。但是，根据《行政诉讼法》第 36 条第 2 款，原告或者第三人提出了其在行政处理程序中没有提出的理由或者证据的，经人民法院准许，被告可以补充证据。

其二，在法定期限内提供证据。根据《行政诉讼法》第 67 条第 1 款，人民法院应当在立案之日起 5 日内，将起诉状副本发送被告。被告应当在收到起诉状副本之日起 15 日内向人民法院提交作出行政行为的证据和所依据的规范性文件，并提出答辩状。人民法院应当在收到答辩状之日起 5 日内，将答辩状副本发送原告。根据《行政诉讼法》第 36 条第 1 款，被告在作出行政行为时已经收集了证据，但因不可抗力等正当事由不能提供的，经人民法院准许，可以延期提供。对此，根据司法解释的相关规定，被告申请延期提供证据的，应当在收到起诉状副本之日起 15 日内以书面方式向人民法院提出。人民法院准许延期提供的，被告应当在正当事由消除后 15 日内提供证据。逾期提供的，视为被诉行政行为没有相应的证据。

（二）第三人的举证权利

行政诉讼原则上由被告对行政行为的合法性承担证明责任，但在涉及第三人合法权益的情况下，不能简单适用被告举证原则，否则可能将不利后果转嫁给第三人，第三人的合法权益可能因行政机关怠于举证而遭受不利的后果。[①] 例如，在原告以被告行政机关违法向第三人颁发行政许可为由提起的撤销诉讼中，被告不提供或者无正当理由逾期提供证据证明行政许可的合法性时，如果不允许第三人提供证据，将可能会导致行政许可被撤销，从而侵害第三人的合法权益。对此，2014 年《行政诉讼法》增加了第三人提供的权利。《行政诉讼法》第 34 条第 2 款规定："被告不提供或者无正当理由逾期提供证据，视为没有相应证据。但是，被诉行政行为涉及第三人合法权益，第三人提供证据的除外。"司法裁判观点认为，《行政诉讼法》第 34 条第 2 款规定的"被告不提供或者无正当理由逾期提供证据，视为没有相应证据"，主要适用于行政机关针对行政相对人作出的损益性行政行为，因为按照"先取证，后裁决"的原则，行政机关在作出一个损益性行政行为时，必须已经搜集到充足确凿的证据，行政机关在诉讼中不提供或者无正当理由逾期提供证据，则人民法院对该不利行政行为难以支持。但在行政行为涉及第三人合法权益的情况下，简单适用这一规则，则是将不利后果转嫁到第三人的头上。正因如此，《行政诉讼法》第 34 条第 2 款采用但书形式对第三人提供证据的责任作出了规定。[②]

司法解释对原告和第三人行使举证权利的程序作了进一步规定。根据 2018 年《行诉法解释》第 35 条，原告或者第三人应当在开庭审理前或者人民法院指定的交换证据清单之日提供证据。因正当事由申请延期提供证据的，经人民法院准许，可以在法庭调查中提供。逾期提供证据的，人民法院应当责令其说明理由；拒不说明理由或者理由不成立的，视为放弃举证权利。原告或者第三人在第一审程序中无正当事由未提供而在第二审程序中提供的证据，人民法院不予接纳。

（三）原告的举证权利和证明责任

1. 原告的举证权利

《行政诉讼法》第 37 条规定，原告可以提供证明行政行为违法的证据。原告

---

① 参见兰考县兰青综合商店诉河南省兰考县人民政府土地行政管理案，最高人民法院（2019）最高法行申 6691 号行政裁定书，2020 年 1 月 16 日。

② 参见王玉春诉郑州市中原区人民政府等撤销行政决定案，最高人民法院（2017）最高法行申 5835 号行政裁定书，2017 年 12 月 29 日。

提供的证据不成立的，不免除被告的证明责任。该规定是 2014 年修改《行政诉讼法》新增加的内容，明确了原告提供证明行政行为违法的证据，从而增加其胜诉的可能性。从性质而言，该条并未课予原告证明责任，而是赋予了原告提供证据证明行政行为违法的举证权利。之所以作出这一规定，主要是基于以下几点考虑：一是有利于法院全面、客观地查清案件的事实，作出正确的裁判。人民法院审理案件以事实为根据，只有从多方面、多角度获取证据，才能保证案件的工作审理。二是有益于保护原告的诉讼权利。被告在提供证据的时候，有时会趋利避害，提供对自己有利的证据，不提供对自己不利的证据；有时原告也可能持有一些对行政机关不利的证据。允许原告提供相关证据，可以增加原告胜诉的可能性，从而保护其合法权益。[①]

2. 原告的证明责任

在行政诉讼中，被告对作出的行政行为承担证明责任。但是，在特定的情况下，基于发现事实之客观必要，行政诉讼法规定在以下两种情形原告应承担证明责任：

其一，原告在不履行法定职责案件中的证明责任。根据《行政诉讼法》第 12 条，公民、法人、其他组织申请行政机关履行保护人身权、财产权等合法权益的法定职责，行政机关拒绝履行或者不予答复的，属于人民法院的受案范围。根据《行政诉讼法》第 38 条第 1 款，在起诉被告不履行法定职责的案件中，原告应当提供其向被告提出申请的证据。在履行法定职责诉讼中，原告诉请的对象是要求法院判决被告作出其申请的行政行为或申请履行的法定职责。原告在行政程序中依法向被告提出过申请是获得胜诉判决的前提。原告曾提出申请属于积极的事实，原告具有举证的优势；相反，原告未提出过申请属于消极的事实，要被告证明原告没有提出申请的事实，在实践中存在困难，难以判断和操作。原告在不履行法定职责案件中承担证明责任的例外情形有以下两种：一是被告应当依职权主动履行法定职责的情形。依职权主动履行的法定职责属于行政机关应主动实施和履行的行为，不以当事人提出申请为前提。原告起诉的对象为被告应依职权主动履行的法定职责时，证明责任应当由被告承担。二是原告因正当理由不能提供证据的情形。例如，根据《行政许可法》第 32 条第 2 款，行政机关受理或者不予受理行政许可申请，应当出具加盖本行政机关专用印章和注明日期的书面凭证。如果行政机关未履行该义务，导致行政相对人无法证明曾提出过申请即属于正当理由。此外，根据《行政诉讼证据规定》第 4 条第 2 款第 2 项，原告因被告受理申请的登记制度不完备等正当事由不能提供相关证据材料并能够作出合理说

---

① 参见全国人大常委会法制工作委员会行政法室编写：《〈中华人民共和国行政诉讼法〉解读与适用》，法律出版社 2015 年版，第 82 页。

明的情形，也属于有正当理由。

其二，原告在行政赔偿、补偿案件中的证明责任。《行政诉讼法》第38条第2款规定，在行政赔偿、补偿的案件中，原告应当对行政行为造成的损害提供证据。因被告的原因导致原告无法举证的，由被告承担证明责任。这是因为，在行政赔偿、补偿的案件中，原告对其受损害的事实更加清楚，也更接近证据，由其承担证明责任更容易明确案件事实。但是，因被告的原因导致原告无法举证的，由被告就损害情况承担证明责任。[①] 例如，因行政机关违反法定程序实施强制拆除行为，相对人无法对该行为造成的损坏提供证据时，应由行政机关提供实施强制拆除行为时制作的建筑物内的物品清单予以证明。

四、法院调取证据

法院调取证据，是指人民法院在审理行政诉讼案件中向有关行政机关以及其他组织、公民调取证据的司法行为。法院调取证据是当事人提出证据原则的补充，主要包括法院依职权调取证据和法院依申请调取证据两种方式。

（一）法院依职权调取证据

行政诉讼不仅具有权利保护功能，同时也具有监督行政机关依法行使职权，维护国家利益、公共利益的功能。根据《行政诉讼法》第39条，人民法院有权要求当事人提供或者补充证据。在行政诉讼中，人民法院不能仅被动地依赖当事人提供证据，基于查明事实的必要，法院有权要求当事人提供或者补充证据。

此外，当事人提供证据存在趋利避害的倾向，举证的范围也主要针对自己的权利，因而具有一定的局限性。根据《行政诉讼法》第40条，人民法院有权向有关行政机关以及其他组织、公民调取证据。但是，不得为证明行政行为的合法性调取被告作出行政行为时未收集的证据。根据《行政诉讼证据规定》第22条，有下列情形之一的，人民法院有权向有关行政机关以及其他组织、公民调取证据：（1）涉及国家利益、公共利益或者他人合法权益的事实认定的；（2）涉及依职权追加当事人、中止诉讼、终结诉讼、回避等程序性事项的。

---

① 2018年《行诉法解释》第47条规定："根据行政诉讼法第三十八条第二款的规定，在行政赔偿、补偿案件中，因被告的原因导致原告无法就损害情况举证的，应当由被告就该损害情况承担举证责任。对于各方主张损失的价值无法认定的，应当由负有举证责任的一方当事人申请鉴定，但法律、法规、规章规定行政机关在作出行政行为时依法应当评估或者鉴定的除外；负有举证责任的当事人拒绝申请鉴定的，由其承担不利的法律后果。当事人的损失因客观原因无法鉴定的，人民法院应当结合当事人的主张和在案证据，遵循法官职业道德，运用逻辑推理和生活经验、生活常识等，酌情确定赔偿数额。"

（二）法院依申请调取证据

依申请调取证据，是指行政诉讼的原告或者第三人向人民法院申请向有关组织或者个人收集调取证据的制度。根据《行政诉讼法》第41条，与本案有关的下列证据，原告或者第三人不能自行收集的，可以申请人民法院调取：(1) 由国家机关保存而须由人民法院调取的证据；(2) 涉及国家秘密、商业秘密和个人隐私的证据；(3) 确因客观原因不能自行收集的其他证据。原告或者第三人向人民法院申请调取证据，也包括申请调取被告持有的有利于申请人的证据。

根据2018年《行诉法解释》第46条第1款、第2款，原告或者第三人确有证据证明被告持有的证据对原告或者第三人有利的，可以在开庭审理前书面申请人民法院责令行政机关提交。申请理由成立的，人民法院应当责令行政机关提交，因提交证据所产生的费用，由申请人预付。行政机关无正当理由拒不提交的，人民法院可以推定原告或者第三人基于该证据主张的事实成立。

五、行政诉讼证明标准

证明标准，也称为证明度，是法院认定案件事实的基准。行政诉讼证明标准，是指在行政诉讼中承担证明责任的当事人提供证据认定案件事实所要达到的证明程度。对承担证明责任的一方当事人而言，证明标准的高低决定了其胜诉可能性的大小。我国三大诉讼法传统上都将客观真实作为确定证明标准的基准，即法院认定案件事实应达到“事实清楚，证据确实、充分”的程度。在行政诉讼领域，客观真实标准的主要依据是《行政诉讼法》第5条、第69条、第89条。[①] 根据客观真实标准，行政诉讼中作为裁判基础的案件事实都必须有必要的证据予以证明，据以定案的证据均已查证属实，证据之间、证据与案件事实之间无矛盾，并且对案件事实的证明结论指向具有唯一性。客观真实标准旨在追求诉讼证明的纯粹客观性，但是司法证明活动是对已发生客观事实进行事后的一种确证，其认识结果本质上是一种感知事实，因此，诉讼证明活动亦不可避免地具有主观性和相对性。基于此，诉讼法理论上通常认为，司法过程中认定的事实是一种规范性事实，具体诉讼案件中所要证明的对象是法律事实，证明标准应当是法律真实。所谓法律真实，是指法官根据法律规定的证据规则和程序，对案件事实的

---

① 《行政诉讼法》第5条规定：“人民法院审理行政案件，以事实为根据，以法律为准绳。”第69条规定：“行政行为证据确凿，适用法律、法规正确，符合法定程序的，或者原告申请被告履行法定职责或者给付义务理由不成立的，人民法院判决驳回原告的诉讼请求。”第89条规定：“人民法院审理上诉案件，按照下列情形，分别处理：(一) 原判决、裁定认定事实清楚，适用法律、法规正确的，判决或者裁定驳回上诉，维持原判决、裁定……”

证明达到了从法律的角度认为是真实的程度。《行政诉讼证据规定》第53条规定："人民法院裁判行政案件，应当以证据证明的案件事实为依据。"该司法解释的规定体现了以法律真实作为证明标准的诉讼理念。客观真实的标准是一元的，是法官审理案件追求的理想目标，而法律真实的标准可以是多元和多层次的。[①]关于案件事实如何得以证明，从而达到法律真实的要求，在行政审判实务中存在不同的观点。最高人民法院在起草行政诉讼证据司法解释时，曾试图确立以明显优势证明标准为原则，以优势证明标准（适用于财产权或者人身权争议的行政裁决案件）和排除合理怀疑标准（适用于行政拘留、责令停产停业等对人身财产权益产生较大影响的行政案件）为补充的证明标准体系。[②] 虽然这三类标准最终未能通过司法解释得以实定法化，但在行政审判实践中都有具体的应用。

1. 明显优势证明标准

最高人民法院的裁判观点认为，行政案件事实认定，一般实行明显优势证明标准。[③] 明显优势证明标准，是指一方当事人提供证据的证明效力明显较另一方具有较大的优势时，具有明显优势的证据应获得法官采信而作为认定核心事实依据。例如，在广东省英德市石灰铺镇石灰村委会油栏洞村民小组诉广东省英德市人民政府等土地行政确权再审案中，最高人民法院指出："根据原审查明的事实，油栏洞村民小组和石桥村民小组各自提供的土地权属证书，均无法确定案涉争议地的权属。油栏洞村民小组提供的证人证言等证据，不足以证明其对该争议地实施经营、管理；石桥村民小组提供的《合同书》《征用土地协议书》《土地开发合作协议》和《补充协议》等证据，以及英德市政府在行政处理程序中的调查笔录等，较油栏洞村民小组提供的证据具有明显优势，基本能够证明该小组对争议地长期实施经营、管理的事实。因此，英德市政府在双方当事人提供的权证均不能证明争议地权属的情况下，根据争议地经营管理等事实作出确权决定，确认争议地的所有权和使用权属于石桥村民小组，符合法律规定。"[④]

---

① 国内相关讨论进一步参见蒋经中：《行政诉讼"充分合理"证明标准研究——以最高人民法院指导案例101号为例》，《公法研究》第21卷（2022年），第1-45页；徐庭祥：《论建构我国行政诉讼的一般证明标准》，《政治与法律》2019年第12期，第124-139页；曹恒民：《行政诉讼中证明标准的重构》，《法学杂志》2012年第8期，第150-154页；高秦伟：《论行政诉讼的证明标准》，《证据科学》2008年第4期，第394-404页。

② 参见阎巍：《行政诉讼证据规则：原理与规范》，法律出版社2019年版，第104页。

③ 参见霍至孝诉新疆维吾尔自治区吉木萨尔县人民政府房屋征收补偿决定案，最高人民法院（2016）最高法行申2652号行政裁定书，2016年11月16日；王春芳诉南京市溧水区人民政府、南京市溧水区房屋征收管理办公室城建行政强制及行政赔偿案，最高人民法院（2017）最高法行申26号行政裁定书，2017年5月8日。

④ 广东省英德市石灰铺镇石灰村委会油栏洞村民小组诉广东省英德市人民政府、广东省清远市人民政府土地行政确权案，最高人民法院（2020）最高法行申8279号行政裁定书，2020年10月21日。

2. 优势证明标准

优势证明标准，也称为占优势的盖然性证明标准，是指当证据显示待证事实存在的可能性明显大于其不存在的可能性时，就可以认定事实存在。优势证明标准是我国民事诉讼中认定案件事实的一般证明标准，学理上通常称为“高度盖然性”证明标准。[①] 在廖宗荣诉重庆市公安局交通管理局第二支队道路交通管理行政处罚决定案中，法院在行政审判中引入了优势证明标准。该案裁判观点认为，依照《道路交通安全法》第 87 条规定，交通警察执行职务时，对所在辖区内发现的道路安全违法行为，有权及时纠正。交通警察对违法行为所作陈述如果没有相反证据否定其客观真实性，且没有证据证明该交通警察与违法行为人之间存在利害关系，交通警察的陈述应当作为证明违法行为存在的优势证据。[②]

3. 排除合理怀疑的证明标准

排除合理怀疑是我国刑事诉讼中对刑事案件进行调查或侦查终结、提起公诉、作出有罪判决的证明标准之一。排除合理怀疑，是指对于事实的认定，已没有符合常理的、有根据的怀疑，实际上达到确信的程度。[③] 排除合理怀疑标准是比明显优势证明标准更高的证明标准。行政诉讼法及相关司法解释没有对排除合理怀疑作出具体规定。在行政审判实践中，法院在一些行政拘留、工伤确认等案件中采用排除合理怀疑标准，但因立法缺位，对于排除合理怀疑标准的适用范围和适用标准，仍然缺乏清晰的边界。[④]

第四节 行政诉讼特定案件的审理制度

一、检察行政公益诉讼

2017 年修改《行政诉讼法》时在第 25 条增加了第 4 款设立了检察行政公益

① 法律依据是 2022 年《民诉法解释》第 108 条第 1 款：“对负有举证证明责任的当事人提供的证据，人民法院经审查并结合相关事实，确信待证事实的存在具有高度可能性的，应当认定该事实存在。”

② 参见廖宗荣诉重庆市公安局交通管理局第二支队道路交通管理行政处罚决定案，《最高人民法院公报》2007 年第 1 期，第 39 - 42 页。

③ 参见全国人大常委会法制工作委员会刑法室编：《关于修改中华人民共和国刑事诉讼法的决定：条文说明、立法理由及相关规定》，北京大学出版社 2012 年版，第 53 页。

④ 参见张力：《行政诉讼中“排除合理怀疑”的适用语境和路径》，《证据科学》2015 年第 5 期，第 611 - 622 页。

诉讼。[①] 从立法思路来看，《行政诉讼法》采用了两种不同的诉讼模式：对于侵害行政相对人合法权益的诉讼，采用利害关系人诉讼模式；对于侵害国家利益或社会公共利益的诉讼，立法排除了公民和社会组织的诉权，仅限于检察院提起行政公益诉讼。行政诉讼法将行政公益诉讼的主体仅限于检察机关，体现了我国行政公益诉讼"国家化"的政策考虑与制度安排，也有观点将其称为"原告资格的国家垄断模式"[②]。从性质而言，检察行政公益诉讼是客观诉讼和监督诉讼，不是追责诉讼和追偿诉讼。[③] 从对象来看，检察行政公益诉讼的对象是行政机关行为的客观违法性，而不是当事人之间的主观权利争议。从程序而言，检察行政公益诉讼是一种"双阶构造"的诉讼程序，包括检察建议先行前置程序和行政诉讼程序两个阶段。《行政诉讼法》第 25 条第 4 款仅概况性地规定了原告资格、受案范围以及两类程序阶段，并未详细规定与之配套的具体程序制度。2018 年发布、2020 年修正的《公益诉讼适用解释》、2021 年发布的《公益诉讼办案规则》对检察行政公益诉讼的程序作了具体化规定。

（一）先行前置程序

根据《行政诉讼法》第 25 条第 4 款，提出检察建议是检察行政公益诉讼必经的先行前置程序。《公益诉讼适用解释》第 21 条规定，人民检察院在履行职责中发现生态环境和资源保护、食品药品安全、国有财产保护、国有土地使用权出让等领域负有监督管理职责的行政机关违法行使职权或者不作为，致使国家利益或者社会公共利益受到侵害的，应当向行政机关提出检察建议，督促其依法履行职责。行政机关应当在收到检察建议书之日起 2 个月内依法履行职责，并书面回复人民检察院。出现国家利益或者社会公共利益损害继续扩大等紧急情形的，行政机关应当在 15 日内书面回复。行政机关不依法履行职责的，人民检察院依法向人民法院提起诉讼。《公益诉讼办案规则》第 75 条规定："经调查，人民检察院认为行政机关不依法履行职责，致使国家利益或者社会公共利益受到侵害的，应当报检察长决定向行政机关提出检察建议，并于《检察建议书》送达之日起五日内向上一级人民检察院备案。《检察建议书》应当包括以下内容：（一）行政机关的名称；（二）案件来源；（三）国家利益或者社会公共利益受到侵害的事实；

---

① 《行政诉讼法》第 25 条第 4 款："人民检察院在履行职责中发现生态环境和资源保护、食品药品安全、国有财产保护、国有土地使用权出让等领域负有监督管理职责的行政机关违法行使职权或者不作为，致使国家利益或者社会公共利益受到侵害的，应当向行政机关提出检察建议，督促其依法履行职责。行政机关不依法履行职责的，人民检察院依法向人民法院提起诉讼。"

② 卢超：《从司法过程到组织激励：行政公益诉讼的中国试验》，《法商研究》2018 年第 5 期，第 34 页；覃慧：《检察机关提起行政公益诉讼的实证考察》，《行政法学研究》2019 年第 3 期，第 87 页。

③ 详细分析参见刘艺：《构建行政公益诉讼的客观诉讼机制》，《法学研究》2018 年第 3 期，第 39－50 页；林莉红、马立群：《作为客观诉讼的行政公益诉讼》，《行政法学研究》2011 年第 4 期，第 3－15 页。

（四）认定行政机关不依法履行职责的事实和理由；（五）提出检察建议的法律依据；（六）建议的具体内容；（七）行政机关整改期限；（八）其他需要说明的事项。《检察建议书》的建议内容应当与可能提起的行政公益诉讼请求相衔接。"

（二）公益诉讼程序

1. 受案件范围

《行政诉讼法》第 25 条第 4 款将检察机关提起行政公益诉讼的范围限于"生态环境和资源保护、食品药品安全、国有财产保护、国有土地使用权出让等"领域。除列举的四类案件领域外，立法中采用未完全列举的方式为行政公益诉讼范围的拓展预留了空间。例如，2021 年实施的《个人信息保护法》第 70 条规定："个人信息处理者违反本法规定处理个人信息，侵害众多个人的权益的，人民检察院、法律规定的消费者组织和由国家网信部门确定的组织可以依法向人民法院提起诉讼。"根据该规定，对于侵害公民个人信息损害社会公共利益的情形，检察机关可以通过行政公益诉讼监督行政机关依法履职。[①]

2. 诉讼请求

《行政诉讼法》第 25 条第 4 款没有对诉讼请求作出规定。《公益诉讼办案规则》第 83 条第 1 款规定："人民检察院可以根据行政机关的不同违法情形，向人民法院提出确认行政行为违法或者无效、撤销或者部分撤销违法行政行为、依法履行法定职责、变更行政行为等诉讼请求。"一方面，检察行政公益诉讼中"具体的诉讼请求"应以能够直接实现监督行政机关"违法行使职权或者不作为"作为判断标准。检察机关在行政公益诉讼诉前程序和诉讼程序中，其行使职权的目的只能是监督相关行政机关依法行政，不能通过诉讼请求追求直接保护特定的公共利益。另一方面，检察公益诉讼的诉讼请求以确保法律的有效执行为目标，不能还原为具体的受害人的个人权利诉求，否则，应由权利受侵害的相对人提起主观诉讼。

3. 证明责任

《公益诉讼适用解释》第 22 条规定了人民检察院提起行政公益诉讼时应提供相应的证明材料，包括："被告违法行使职权或者不作为，致使国家利益或者社会公共利益受到侵害的证明材料"；"已经履行诉前程序，行政机关仍不依法履行职责或者纠正违法行为的证明材料"。该司法解释仅规定了检察机关在起诉阶段

---

① 检察行政公益诉讼实践案例参见《检察机关个人信息保护公益诉讼典型案例》（2021 年 4 月 22 日发布），载最高人民检察院网 https：//www. spp. gov. cn/spp/xwfbh/wsfbt/202104/t20210422 _ 516357. shtml＃1，2023 年 12 月 5 日访问。

提供相应证据的责任，主要是证明起诉符合《行政诉讼法》第25条第4款规定的条件。在诉讼的过程中，对于被诉行政行为的合法性以及依法履行职责的事实，仍应适用《行政诉讼法》第34条的规定，由被告承担证明责任。此外，根据《行政诉讼法》第37条，原告可以提供证明行政行为违法的证据。原告提供的证据不成立的，不免除被告的证明责任。但是，对于国家利益或者社会公共利益受到侵害的事实，最终由哪一方当事人承担证明责任，行政诉讼法和相关司法解释中缺乏明确的依据。学理上有观点主张，除涉及行政机关"不作为"或者"不依法履行职责"外，行政公益诉讼证明责任可以采用"谁主张，谁举证"原则。[①] 目前，检察行政公益诉讼的证明责任的分配规则依然处于学理讨论阶段，有待通过司法解释和指导性案例进一步明确。[②]

4. 裁判方式

《行政诉讼法》第七章规定了行政诉讼判决的基本类型，但是这些判决类型并非在行政公益诉讼中都可以适用。《公益诉讼适用解释》中对检察行政公益诉讼的裁判方式进行了具体解释。根据该解释第24条、第25条的规定，检察行政公益诉讼中可以适用《行政诉讼法》中规定的撤销判决（包括撤销并责令重作判决，第70条）、确认违法判决（第74条）、确认无效判决（第75条）、履行判决（第72条）、变更判决（第77条）。此外，被诉行政行为证据确凿，适用法律、法规正确，符合法定程序，未超越职权，未滥用职权，无明显不当，或者人民检察院诉请被诉行政机关履行法定职责理由不成立的，可以判决驳回诉讼请求（第69条）。该司法解释中并未规定行政公益诉讼可以适用《行政诉讼法》第73条的给付判决。这是因为，给付判决是专门针对行政给付行为设置的相应判决，其以公民、法人或其他组织具有公法上的给付请求权为前提。[③] 给付判决以财产给付为核心，与检察行政公益诉讼的性质并不相容。

二、行政协议诉讼

（一）行政协议的界定

2014年修改的《行政诉讼法》明确将行政协议纳入行政诉讼受案范围。根

---

① 参见章剑生：《论行政公益诉讼的证明责任及其分配》，《浙江社会科学》2020年第1期，第52-58页。

② 参见潘剑锋、郑含博：《行政公益诉讼证明责任分配的理论阐释与规则构建》，《北京大学学报（哲学社会科学版）》2022年第1期，第108-117页。

③ 参见全国人大常委会法制工作委员会行政法室编写：《〈中华人民共和国行政诉讼法〉解读与适用》，法律出版社2015年版，第162页。

据《行政诉讼法》第12条第1款第11项规定，公民、法人或者其他组织认为行政机关不依法履行、未按照约定履行或者违法变更、解除政府特许经营协议、土地房屋征收补偿协议等协议，可以向人民法院提起行政诉讼。但行政诉讼法并未对行政协议的概念和范围进行界定，因此，自2014年《行政诉讼法》修改以来，关于行政协议的识别一直存在争议。[①]《行政协议审理规定》第1条对此作出了概括性解释："行政机关为了实现行政管理或者公共服务目标，与公民、法人或者其他组织协商订立的具有行政法上权利义务内容的协议，属于行政诉讼法第十二条第一款第十一项规定的行政协议"。根据该条规定可以对行政协议作一个初步的界定。行政协议，又称为行政合同、行政契约，指行政机关为了实现行政管理或者公共服务目标，与公民、法人或者其他组织协商订立的具有行政法上权利义务内容的协议。行政协议的识别标准包括以下几个要素：

第一，主体要素。行政协议的一方当事人恒定为行政机关。结合《行政诉讼法》第2条的规定，对这里的行政机关应作扩大解释，包括法律、法规、规章授权的组织。行政协议的另一方主体是行政相对人，即公民、法人或者其他组织。行政机关与行政机关签订的协议，性质上属于一种内部法律关系，不属于行政诉讼法意义上的行政协议。此外，根据《行政诉讼法》第26条第5款，行政机关委托的组织所作的行政行为，委托的行政机关是被告。因此，行政机关委托的组织订立的行政协议产生行政争议时，委托的行政机关是被告。此时，行政协议的签订主体与行政诉讼的适格被告并不等同。[②] 主体要素是识别行政协议时的必要但非充分条件。

第二，目的要素。行政协议的目的是实现行政管理或者公共服务目标。行政协议是行政机关与行政相对人之间从传统的命令服从关系转变到平等合作关系的一种现代行政活动形式，体现了服务行政、给付行政的基本理念。比较典型是行政机关为履行行政任务通过行政协议代替传统的单方行政行为的情形。[③] 行政机关与行政相对人签订的合同，必须以实现行政管理或者公共服务目标为出发点，这一点区别于行政机关与行政相对人签订的民事合同。

第三，意思要素。意思要素是指行政协议双方当事人必须经过协商，达成一致的意思表示。这是行政协议具有"合意性""契约性"的体现。行政协议的签订必须尊重相对人的签约意愿，行政机关不得强迫行政相对人签订行政协议。从这个意义上讲，民法上的一些基本原则，例如，诚实信用、平等、自愿、有偿等

---

① 参见陈天昊：《行政协议的识别与边界》，《中国法学》2019年第1期，第140-163页。

② 参见永佳公司诉大英县政府、回马镇政府不履行行政协议纠纷案，最高人民法院（2017）最高法行申195号行政裁定书，2017年12月1日。

③ 参见刘飞：《行政协议与单方行为的界分》，《中国法学》2023年第2期，第71-89页。

原则同样适用于行政协议。[①]

第四，内容要素。内容要素，是指协议必须具有行政法上的权利义务内容。行政法上的权利义务既包括行政机关的权力与职责，也包括相对方的权利与义务。[②]

（二）行政协议诉讼的范围

根据《行政协议审理规定》第 2 条，属于行政协议诉讼范围的行政协议有以下几类：

（1）政府特许经营协议。政府特许经营协议是指行政机关为了实现行政管理或者公共服务目标，与公民、法人或其他组织就公共基础设施建设、公共产品及公共服务提供等公用事业领域事项所达成的一种行政协议。政府特许经营的协议性主要产生于公私关系中的财产关系、服务提供关系及其经济交易性。[③]

（2）土地、房屋等征收征用补偿协议。土地、房屋等征收、征用补偿协议，是指政府或政府征收、征用部门为了公共利益的需要，按照法定的程序实施土地和房屋征收、征用，并对被征收、征用对象依法给予补偿而签订的补偿或安置协议。

（3）矿业权等国有自然资源使用权出让协议。这类协议是指行政主体代表国家将矿业权等国有自然资源获益权在一定期限内出让给行政相对人，行政相对人支付出让金并按协议的规定开发利用国有自然资源而签订的协议。

（4）政府投资的保障性住房的租赁、买卖等协议。政府投资的保障性住房的租赁、买卖协议是行政机关与符合政府一定规定的保障条件的居民签署的公有住房租赁、买卖协议。例如，经济适用房的租赁买卖协议，廉租房以及其他保障性住房的协议。

（5）符合行政协议性质的政府与社会资本合作协议。政府与社会资本合作协议是指政府为增强公共产品和服务的供给能力、提高供给效率等，与社会资本签订的利益共享、风险分担的协议。政府和社会资本合作模式有特许经营、购买服务、股权合作等不同的方式，签订的协议有不同的性质。根据《行政协议审理规定》的规定，仅当政府与社会资本合作协议符合行政协议的性质时，才属于行政诉讼的受案范围。

（6）其他行政协议。这是《行政协议审理规定》第 2 条的兜底性规定。除上述列举的行政协议外，在立法和实践中还存在一些其他种类的行政协议，如行政

① 参见梁凤云：《行政协议司法解释讲义》，人民法院出版社 2020 年版，第 15 页。

② 参见黄先雄：《论“行政法上权利义务内容”的识别及其对协议性质的影响》，《清华法学》2023 年第 3 期，第 21－38 页。

③ 参见于安：《论政府特许经营协议》，《行政法学研究》2017 年第 6 期，第 3－12 页。

和解协议、行政机关委托的科研项目协议等。《行政强制法》第 42 条规定，实施行政强制执行，行政机关可以在不损害公共利益和他人合法权益的情况下，与当事人达成执行协议。执行协议可以约定分阶段履行；当事人采取补救措施的，可以减免加处的罚款或者滞纳金。执行协议应当履行。当事人不履行执行协议的，行政机关应当恢复强制执行。行政强制执行协议是法定的行政协议类型，性质上属于行政强制行为的替代协议。在行政审判实践中，判断一份协议是行政协议还是民事合同，应当根据行政协议的要素进行整体性审查。

除正面肯定列举外，《行政协议审理规定》第 3 条还从反面列举了不属于人民法院行政诉讼的受案范围的两类协议：一是行政机关之间因公务协助等事由而订立的协议，二是行政机关与其工作人员订立的劳动人事协议。

（三）行政协议诉讼的审理程序

《行政协议审理规定》第 27 条规定，人民法院审理行政协议案件，应当适用行政诉讼法的规定；行政诉讼法没有规定的，参照适用民事诉讼法的规定。人民法院审理行政协议案件，可以参照适用民事法律规范关于民事合同的相关规定。

1. 行政协议诉讼的管辖

《行政协议审理规定》第 7 条规定，当事人书面协议约定选择被告所在地、原告所在地、协议履行地、协议订立地、标的物所在地等与争议有实际联系地点的人民法院管辖的，人民法院从其约定，但违反级别管辖和专属管辖的除外。

2. 行政协议诉讼的类型

《行政协议审理规定》第 9 条规定，在行政协议案件中，《行政诉讼法》第 49 条第 3 项规定的“有具体的诉讼请求”是指：（1）请求判决撤销行政机关变更、解除行政协议的行政行为，或者确认该行政行为违法；（2）请求判决行政机关依法履行或者按照行政协议约定履行义务；（3）请求判决确认行政协议的效力；（4）请求判决行政机关依法或者按照约定订立行政协议；（5）请求判决撤销、解除行政协议；（6）请求判决行政机关赔偿或者补偿；（7）其他有关行政协议的订立、履行、变更、终止等诉讼请求。

3. 行政协议诉讼的证明责任

根据《行政协议审理规定》第 10 条，被告对于自己具有法定职权、履行法定程序、履行相应法定职责以及订立、履行、变更、解除行政协议等行为的合法性承担证明责任。原告主张撤销、解除行政协议的，对撤销、解除行政协议的事由承担证明责任。对行政协议是否履行发生争议的，由负有履行义务的当事人承担证明责任。

4. 行政协议诉讼的审查范围

根据《行政协议审理规定》第 11 条，人民法院审理行政协议案件的审查范围包括以下两个方面：

（1）对被告订立、履行、变更、解除行政协议的行为是否具有法定职权、是否滥用职权、适用法律法规是否正确、是否遵守法定程序、是否明显不当、是否履行相应法定职责进行合法性审查。

（2）原告认为被告未依法或者未按照约定履行行政协议的，人民法院应当针对其诉讼请求，对被告是否具有相应义务或者履行相应义务等进行审查。

（四）行政协议效力的审查标准

1. 无效行政协议的审查

《行政协议审理规定》第 12 条规定，行政协议存在《行政诉讼法》第 75 条规定的重大且明显违法情形的，人民法院应当确认行政协议无效。人民法院可以适用民事法律规范确认行政协议无效。行政协议无效的原因在一审法庭辩论终结前消除的，人民法院可以确认行政协议有效。据此，人民法院在审理行政协议效力认定的案件时，首先要根据行政诉讼法规定的无效情形进行审查，此外审查被诉行政协议是否存在民事法律规范规定的无效情形。根据最高人民法院的裁判观点，对行政协议效力的审查，一方面要严格按照法律及司法解释的相关规定；另一方面，基于行政协议的订立是为了进行行政管理和提供公共服务的目的，从维护国家利益和社会公共利益的角度出发，对行政协议无效的认定要采取谨慎的态度，如果可以通过瑕疵补正，应当尽可能减少无效行政协议的认定，以推动协议各方主体继续履行义务。①

2. 效力待定行政协议的审查

《行政协议审理规定》第 13 条规定，法律、行政法规规定应当经过其他机关批准等程序后生效的行政协议，在一审法庭辩论终结前未获得批准的，人民法院应当确认该协议未生效。行政协议约定被告负有履行批准程序等义务而被告未履行，原告要求被告承担赔偿责任的，人民法院应予支持。

3. 可撤销行政协议的审查

根据《行政协议审理规定》第 14 条，原告认为行政协议存在胁迫、欺诈、重大误解、显失公平等情形而请求撤销，人民法院经审理认为符合法律规定可撤销情形的，可以依法判决撤销该协议。

---

① 参见濮阳华润燃气有限公司诉河南省濮阳市城市管理局、河南省濮阳市人民政府确认行政协议无效再审案，最高人民法院（2020）最高法行再 509 号行政判决书，2021 年 10 月 18 日。

4. 解除行政协议的审查

(1) 行政机关解除行政协议。《行政协议审理规定》第 16 条规定，在履行行政协议过程中，可能出现严重损害国家利益、社会公共利益的情形，被告作出变更、解除协议的行政行为后，原告请求撤销该行为，人民法院经审理认为该行为合法的，判决驳回原告诉讼请求；给原告造成损失的，判决被告予以补偿。被告变更、解除行政协议的行政行为存在《行政诉讼法》第 70 条规定情形的，人民法院判决撤销或者部分撤销，并可以责令被告重新作出行政行为。

被告变更、解除行政协议的行政行为违法，人民法院可以依据《行政诉讼法》第 78 条的规定判决被告继续履行协议、采取补救措施；给原告造成损失的，判决被告予以赔偿。

(2) 原告请求解除行政协议。《行政协议审理规定》第 17 条规定，原告请求解除行政协议，人民法院认为符合约定或者法定解除情形且不损害国家利益、社会公共利益和他人合法权益的，可以判决解除该协议。

三、行政诉讼一并审理民事争议

(一) 行政诉讼一并审理民事争议的概念

行政诉讼一并审理民事争议是指人民法院在行政诉讼程序中根据当事人的申请一并解决与行政案件相关的民事争议的诉讼形式。《行政诉讼法》第 61 条规定："在涉及行政许可、登记、征收、征用和行政机关对民事争议所作的裁决的行政诉讼中，当事人申请一并解决相关民事争议的，人民法院可以一并审理。在行政诉讼中，人民法院认为行政案件的审理需以民事诉讼的裁判为依据的，可以裁定中止行政诉讼。"在行政争议和民事争议的存在交叉的情形，如果依照行政诉讼法和民事诉讼法分别立案，分别审理，不仅会浪费司法资源，也可能会因产生矛盾裁判而导致循环诉讼。在行政诉讼中一并审理具有关联性的民事争议，可以一次性解决法律争议，减少当事人讼累，提高司法效率。

(二) 行政诉讼一并审理民事争议案件

根据《行政诉讼法》第 61 条第 1 款的规定以及相关司法解释，行政诉讼中一并审理民事争议的有以下五类案件：

第一，涉及行政许可的案件。行政许可是指行政机关根据公民、法人或者其他组织的申请，经依法审查，准予其从事特定活动的行为。取得行政许可通常是准予民事主体实施法律行为的前提。①

第二，涉及行政登记的案件。行政登记是指行政机关根据法律、法规、规章的有关规定，依相对人申请，对符合法定条件的涉及相对人人身权、财产权等方面的法律事实予以书面记载的行为。行政审判中的登记类案件主要有房屋等不动产登记，婚姻登记，公民户籍、身份登记，非许可类的工商登记，著作权登记等。

第三，涉及征收、征用的案件。征收是指行政机关基于公共利益需要，依法以行政权取得集体、个人财产所有权并给予合理补偿的行为；征用是指行政机关基于紧急状态或为了公共利益的需要，依法对集体、个人或单位的财产进行使用的行为。征收和征用的客体涉及特定财产的所有权或使用权。在行政征收征用案件中，如涉及特定物所有权或使用权的争议，当事人或案外人可以申请一并解决民事争议。

第四，涉及行政机关对民事争议所作的裁决的案件。行政裁决是行政机关根据当事人申请，根据法律法规授权，居中对与行政管理活动密切相关的民事纠纷进行裁处的行为。行政裁决主要适用于自然资源权属争议、知识产权侵权纠纷和补偿争议、政府采购活动争议等领域产生的民事争议。

第五，涉及行政附带民事公益诉讼的案件。人民检察院在提起行政公益诉讼案件时，对破坏生态环境和资源保护、食品药品安全领域侵害消费者合法权益等损害国家利益或者社会公共利益的违法行为，可以向人民法院提起行政附带民事公益诉讼。在吉林省白山市人民检察院诉白山市江源区卫生和计划生育局等行政附带民事公益诉讼案中，白山市人民检察院以公益诉讼人身份向白山市中级人民法院提起行政附带民事公益诉讼，诉求判令江源区中医院立即停止违法排放医疗污水，确认江源区卫生和计划生育局校验监管行为违法，并要求江源区卫生和计划生育局立即履行法定监管职责责令江源区中医院有效整改建设污水净化设施。② 此外，在内蒙古自治区呼和浩特市人民检察院诉呼和浩特市某区林业局不依法履行职责行政附带民事公益诉讼一案中，呼和浩特市某区林业局未依法履行职责，导致辖区内上百亩国有林地被湖北某公司严重破坏，违法采伐林木总蓄积量 200 余立方米。检察机关发现其违法行为后，履行了督促履职的前置程序，但林业部门仍然没有采取有效措施补救、补种树木以恢复沿线生态环境，也未依法收缴任何罚款及环境修复费用，致使国家利益和社会公共利益继续受到损害。依

① 行政许可与民事法律行为关联性的详细讨论参见王铁：《行政许可的民法意义》，《中国社会科学》2020 年第 5 期，第 86 - 107 页。

② 参见吉林省白山市人民检察院诉白山市江源区卫生和计划生育局及江源区中医院行政附带民事公益诉讼案，最高人民检察院指导案例 29 号（2017 年）；吉林省白山市人民检察院诉白山市江源区卫生和计划生育局、白山市江源区中医院环境公益诉讼案，最高人民法院指导案例 136 号（2019 年）。

据相关法律法规规定，检察机关提起了行政附带民事公益诉讼。[①]

（三）行政诉讼一并审理民事争议的程序规则

根据2018年《行诉法解释》第137～144条，行政诉讼一并审理民事争议的程序规则主要有以下几个方面。

1. 立案和管辖

公民、法人或者其他组织请求一并审理《行政诉讼法》第61条规定的相关民事争议，应当在第一审开庭审理前提出；有正当理由的，也可以在法庭调查中提出。根据实务观点，当事人在第二审程序中提出“一并审理”民事争议的申请，一般不予准许，否则就剥夺了民事争议对方当事人的上诉权。但是在特殊情况下，人民法院认为调解有可能成立的，二审法院可以一并处理。[②]

人民法院在行政诉讼中一并审理相关民事争议的，民事争议应当单独立案，由同一审判组织审理。人民法院审理行政机关对民事争议所作裁决的案件，一并审理民事争议的，不另行立案。

人民法院决定在行政诉讼中一并审理相关民事争议，或者案件当事人一致同意相关民事争议在行政诉讼中一并解决，人民法院准许的，由受理行政案件的人民法院管辖。

此外，2018年《行诉法解释》第139条第1款规定，有下列情形之一的，人民法院应当作出不予准许一并审理民事争议的决定，并告知当事人可以依法通过其他渠道主张权利：（1）法律规定应当由行政机关先行处理的；（2）违反民事诉讼法专属管辖规定或者协议管辖约定的；（3）约定仲裁或者已经提起民事诉讼的；（4）其他不宜一并审理民事争议的情形。以上四类案件不符合行政附带民事诉讼的受理条件，当事人应当通过其他法定途径寻求救济。

2. 诉讼时效

公民、法人或者其他组织请求一并审理相关民事争议，人民法院经审查发现行政案件已经超过起诉期限，民事案件尚未立案的，告知当事人另行提起民事诉讼；民事案件已经立案的，由原审判组织继续审理。

人民法院在审理行政案件中发现民事争议为解决行政争议的基础，当事人没有请求人民法院一并审理相关民事争议的，人民法院应当告知当事人依法申请一并解决民事争议。当事人就民事争议另行提起民事诉讼并已立案的，人民法院应当中止行政诉讼的审理。民事争议处理期间不计算在行政诉讼审理期

---

① 参见沈静芳：《内蒙古首例行政附带民事公益诉讼案开庭》，《检察日报》2017年11月16日第1版。

② 参见本书编委会编：《行政诉讼法司法解释实务指南与疑难解答》，中国法制出版社2018年版，第509页。

限内。

行政诉讼原告在宣判前申请撤诉的，是否准许由人民法院裁定。人民法院裁定准许行政诉讼原告撤诉，但其对已经提起的一并审理相关民事争议不撤诉的，人民法院应当继续审理。

3. 法律适用

人民法院一并审理相关民事争议，适用民事法律规范的相关规定，法律另有规定的除外。当事人在调解中对民事权益的处分，不能作为审查被诉行政行为合法性的根据。

一并审理相关民事争议适用的“民事法律规范”是从整体意义上而言，并非民事法律规范中只有民法规则，行政法律规范中只有行政法规则。很难认定某部法律法规绝对属于民法或者行政法。如土地管理法中既有土地管理的行政规则，也有土地承包的经营等民法规则。又如专利法中既规定了专利行政管理部门的职责，也规定了专利权的保护范围以及侵权认定规则；既有规范专利行政管理部门对授予专利权审查条件的规定，也有对专利权的保护期限、举证责任的特殊规定以及关于权利人寻求救济的途径的规定。[①]

4. 裁判方式

在行政诉讼一并审理民事争议的案件中，对行政争议和民事争议应当分别裁判。当事人仅对行政裁判或者民事裁判提出上诉的，未上诉的裁判在上诉期满后即发生法律效力。第一审人民法院应当将全部案卷一并移送第二审人民法院，由行政审判庭审理。第二审人民法院发现未上诉的生效裁判确有错误的，应当按照审判监督程序再审。

人民法院一并审理相关民事争议，应当按行政案件、民事案件的标准分别收取诉讼费用。

四、规范性文件一并审查诉讼

规范性文件一并审查诉讼是 2014 年修改《行政诉讼法》时新增加的制度。《行政诉讼法》第 53 条规定：“公民、法人或者其他组织认为行政行为所依据的国务院部门和地方人民政府及其部门制定的规范性文件不合法，在对行政行为提起诉讼时，可以一并请求对该规范性文件进行审查。前款规定的规范性文件不含规章。”根据该规定，行政规范性文件一并审查诉讼的对象是规章以下的规范性

① 参见最高人民法院行政审判庭编：《最高人民法院行政诉讼法司法解释理解与适用》，人民法院出版社 2018 年版，第 671 页。

文件。[①] 此外，对规范性文件合法性的审查要求只能在针对行政行为提起诉讼时一并提出，而不能直接对规范性文件提起诉讼。[②] 因此，规范性文件一并审查诉讼具有主观诉讼和客观诉讼的双重属性。

（一）审查程序

根据 2018 年《行诉法解释》第 145 条、第 146 条，公民、法人或者其他组织在对行政行为提起诉讼时一并请求对所依据的规范性文件审查的，由行政行为案件管辖法院一并审查。公民、法人或者其他组织请求人民法院一并审查规范性文件，应当在第一审开庭审理前提出；有正当理由的，也可以在法庭调查中提出。根据司法裁判观点，被诉行政行为不属于行政诉讼受案范围的，一并提起的规范性文件审查也不属于行政诉讼受案范围。[③]

2018 年《行诉法解释》第 147 条第 1 款规定："人民法院在对规范性文件审查过程中，发现规范性文件可能不合法的，应当听取规范性文件制定机关的意见。"根据司法裁判观点，该条中的"规范性文件制定机关"，既包括被请求审查的规范性文件的制定机关，也包括更高等级的规范性文件的制定机关。[④]

在证明责任和证据规则方面，根据最高人民法院裁判案例观点，由于行政机关需要承担提供作出行政行为所依据的规范性文件的责任，对于规范性文件是否真实、是否与案件存在关联等问题的审查而言，应参照适用行政诉讼法及相关司法解释的证据规则。[⑤]

（二）审查标准

在审查对象上，规范性文件必须是行政机关实施行政行为的依据，否则人民法院将不予审查。[⑥]

---

① 规范性文件的界定缺乏清晰的标准。一方面，实践中，规章并非都按《规章制定程序条例》规定的程序制定，且有一些规章虽然形式上看起来属于规章，但性质上近似于规范性文件。另一方面，党政联合发布的规范性文件以及政府的红头文件是否属于一并审查的范围，实践中有时很难确定。参见河南省平顶山市中级人民法院课题组：《行政规范性文件一并审查制度研究》，《山东法官培训学院学报》2022 年第 2 期，第 152－168 页。

② 参见徐庆裕诉浙江省宁波市鄞州区人民政府拆迁其他行政行为案，最高人民法院（2016）最高法行申 3581 号行政裁定书，2016 年 12 月 5 日。

③ 参见成都金牌天使医疗科技有限责任公司诉四川省成都市科学技术局科技项目资助行政许可案，载最高人民法院网 https：//www. court. gov. cn/zixun-xiangqing-125871. html，2023 年 12 月 5 日访问。

④ 参见章新宝诉池州市贵池区人民政府等土地行政补偿再审案，最高人民法院（2018）最高法行申 3312 号行政裁定书，2018 年 12 月 27 日。

⑤ 参见杨彩珍诉宁夏回族自治区石嘴山市人民政府行政复议案，最高人民法院（2019）最高法行申 8329 号行政裁定书，2019 年 12 月 20 日。

⑥ 参见毛爱梅、祝洪兴诉浙江省江山市贺村镇人民政府行政强制及行政赔偿案，载最高人民法院网 https：//www. court. gov. cn/zixun-xiangqing－125871. html，2023 年 12 月 5 日访问。

在司法审查标准上，根据2018年《行诉法解释》第148条，人民法院对规范性文件进行一并审查时，可以从规范性文件制定机关是否超越权限或者违反法定程序、作出行政行为所依据的条款以及相关条款等方面进行。有下列情形之一的，可以认定规范性文件不合法：

（1）超越制定机关的法定职权或者超越法律、法规、规章的授权范围。超越制定机关的法定职权包括超越事务管辖权和超越层级管辖权。超越法律、法规、规章的授权范围是指制定机关超越了法定的授权范围。例如，根据《行政法规制定程序条例》（2017年修正）第31条，行政法规的法定解释主体是国务院；第32条规定，国务院各部门和省、自治区、直辖市人民政府可以向国务院提出行政法规解释要求。因此，没有解释权的机关制定的解释性规范性文件即超越了法定解释权限。①

（2）与法律、法规、规章等上位法的规定相抵触。根据最高人民法院裁判案例，人民法院在审查规范性文件是否存在“与法律、法规、规章等上位法的规定相抵触”的情形时，应当注意听取上位法制定机关的意见。在上位法制定机关对规范性文件的合法性予以认可，并且不存在与更上一级法律、法规、规章等上位法的规定相抵触的情况下，应当尊重上级机关的意见。②

（3）没有法律、法规、规章依据，违法增加公民、法人和其他组织的义务或者减损公民、法人和其他组织的合法权益。例如，在丹阳市珥陵镇鸿润超市诉丹阳市市场监督管理局不予变更经营范围登记案中，裁判观点认为，市场经营主体申请变更登记经营范围，市场监管部门依据地方政府文件规定不予办理，人民法院经审查认为该规范性文件相关内容违反上位法规定，存在限制市场公平竞争等违法情形的，该规范性文件不作为认定被诉行政行为合法的依据。市场经营主体起诉要求市场管理部门办理变更登记的，人民法院应予支持。③

（4）未履行法定批准程序、公开发布程序，严重违反制定程序。我国目前尚未出台针对行政机关制定规范性文件的统一立法。④ 但是有规章制定权的国务院机构和地方人民政府都颁布了规范性文件制定程序和管理办法，例如商务部在2018年制定的《商务部规范性文件制定和管理办法》等。这些规章中对行政规

---

① 典型的案例如丰祥公司诉上海市盐务局行政强制措施案，《最高人民法院公报》2003年第1期，第35-36页。

② 参见章新宝诉池州市贵池区人民政府等土地行政补偿再审案，最高人民法院（2018）最高法行申3312号行政裁定书，2018年12月27日。

③ 参见丹阳市珥陵镇鸿润超市诉丹阳市市场监督管理局不予变更经营范围登记案，《最高人民法院公报》2018年第6期，第47-48页；另见陈爱华诉南京市江宁区住房和城乡建设局不履行房屋登记法定职责案，《最高人民法院公报》2014年第8期，第40-42页。

④ 参见《国务院办公厅关于加强行政规范性文件制定和监督管理工作的通知》，国办发〔2018〕37号，2018年5月16日发布。

范性文件的起草、合法性审查、批准和公布等程序作了详细规定，行政机关制定规范性文件时应遵守相应的程序。

（5）其他违反法律、法规以及规章规定的情形。该司法解释为审查规范性文件的合法性提供了一个判断框架。现有司法解释确立的“规范性文件不合法”的标准，完全以法律、法规、规章的规定为依据，体现的是“有法必依、唯法是从”的形式法治逻辑。[①] 如何确定行政规范性文件的实质审查标准，如合目的性审查和正当性审查等，是学理和司法实践需要共同关注和探讨的问题。

（三）审查后的处理方式

人民法院在行政诉讼中对规范性文件进行审查后，依法可以采取下列处理方式：

（1）不作为认定行政行为合法的依据。根据《行政诉讼法》第 64 条的规定，经审查行政规范性文件不合法的，不作为认定行政行为合法的依据，并向制定机关提出处理建议。

（2）在裁判理由中予以阐明。根据 2018 年《行诉法解释》第 149 条第 1 款的规定，人民法院经审查认为行政行为所依据的规范性文件合法的，应当作为认定行政行为合法的依据；经审查认为规范性文件不合法的，不作为人民法院认定行政行为合法的依据，并在裁判理由中予以阐明。作出生效裁判的人民法院应当向规范性文件的制定机关提出处理建议，并可以抄送制定机关的同级人民政府、上一级行政机关、监察机关以及规范性文件的备案机关。这说明，行政规范性文件的合法性不属于判决标的，不能在判决主文宣示具体的裁判结果。该项解释要求应在判决理由中对规范性文件的违法性作出判断，但对于其产生的判决效力，在理论和实践上仍然存在争议。

（3）人民法院可以向制定机关提出司法建议。2018 年《行诉法解释》第 149 条第 2～4 款规定，规范性文件不合法的，人民法院可以在裁判生效之日起 3 个月内，向规范性文件制定机关提出修改或者废止该规范性文件的司法建议。规范性文件由多个部门联合制定的，人民法院可以向该规范性文件的主办机关或者共同上一级行政机关发送司法建议。接收司法建议的行政机关应当在收到司法建议之日起 60 日内予以书面答复。情况紧急的，人民法院可以建议制定机关或者其上一级行政机关立即停止执行该规范性文件。

此外，根据 2018 年《行诉法解释》第 150 条，人民法院认为规范性文件不合法的，应当在裁判生效后报送上一级人民法院进行备案。涉及国务院部门、省级行政机关制定的规范性文件，司法建议还应当分别层报最高人民法院、高级人

---

① 参见何海波：《论法院对规范性文件的附带审查》，《中国法学》2021 年第 3 期，第 139 页。

民法院备案。

(4) 规范性文件合法性认定错误，可以通过审判监督程序予以纠正。2018年《行诉法解释》第151条规定，各级人民法院院长对本院已经发生法律效力的判决、裁定，发现规范性文件合法性认定错误，认为需要再审的，应当提交审判委员会讨论。最高人民法院对地方各级人民法院已经发生法律效力的判决、裁定，上级人民法院对下级人民法院已经发生法律效力的判决、裁定，发现规范性文件合法性认定错误的，有权提审或者指令下级人民法院再审。

深度阅读

1. 何洪全．行政审判体制改革的实效：基于58万份裁判文书的研究．行政法学研究，2023 (6).

2. 刘飞．行政协议诉讼的制度构建．法学研究，2019 (3).

3. 余凌云．检察行政公益诉讼的理论构造．行政法学研究，2023 (5).

4. 何海波．论法院对规范性文件的附带审查．中国法学，2021 (3).

5. 张保生．事实、证据与事实认定．中国社会科学，2017 (8).

6. 马立群．行政诉讼标的理论溯源及其本土化路径．比较法研究，2022 (6).

7. 吕开华诉湖北省武汉市武昌区人民政府征收案，最高人民法院 (2017) 最高法行申429号行政裁定书，2017年3月31日．

8. 黄茂山、海南省万宁市人民政府行政征收再审案，最高人民法院 (2020) 最高法行申3807号行政裁定书，2020年6月9日．

问题与思考

1. 行政诉讼调解与行政复议调解有何不同？

2. 主观证明责任与客观证明责任有哪些区别和联系？

3. 行政诉讼中认定行政协议的标准是什么？

4. 行政诉讼中原告申请撤诉有哪些限制？

5. 被告在行政诉讼中负主要证明责任的理由是什么？

6. 规范性文件违法的司法判断标准是什么？法院应如何处理违法的规范性文件？

7. 阅读铜仁市万山区人民检察院诉铜仁市万山区林业局不履行林业行政管理职责行政公益诉讼案［最高人民法院指导案例211号，《最高人民法院公报》2023年第5期（总第321期）第26－28页］[①]，思考检察行政公益诉讼与传统的

① 完整判决书参见铜仁市万山区人民检察院诉铜仁市万山区林业局履行林业行政管理法定职责行政公益诉讼案，贵州省遵义市播州区人民法院（2017）黔0321行初97号行政判决书，2017年9月29日。

利害关系人诉讼在审理程序和对象上的异同，同时注意分析法院的论证的思路。

2014 年 4 月，被告人沈某投资设立一人公司武陵农某公司并任法定代表人。2014 年 5 月至 7 月，该公司以修建种植、养殖场为由，在没有办理林地使用许可手续的情况下，雇佣施工队使用挖掘机械在贵州省铜仁市万山区茶店街道梅花村隘口山组及万山区大坪乡大坪村马鞍山等处林地剥离地表植被进行挖掘，致使地表植被毁坏，山石裸露。经鉴定，毁坏林地 276.17 亩，其中重点公益林 49.38 亩，一般公益林 72.91 亩，重点商品林 108.93 亩，一般商品林 44.95 亩。涉案公益林功能设定为水土保持和水源涵养。本案一审审理时，被毁坏林地部分新植马尾松苗，苗木低矮枯黄，地表干涸破碎；水源涵养公益林部分未作任何处理，山岩裸露，碎石堆积，形如戈壁。

2015 年 1 月，铜仁市万山区林业局（以下简称万山区林业局）以上述行为涉嫌构成非法占用农用地罪移送铜仁市公安局万山分局，但公安机关立案侦查后作撤案处理。万山区林业局遂对沈某和武陵农某公司作出行政处罚决定：责令限期恢复原状（未载明期限），并处罚款 1 841 134 元，但被处罚人均未履行。2016 年 1 月 20 日，铜仁市公安局万山分局重新立案侦查。次日，万山区林业局撤销上述行政处罚决定。2016 年 12 月，铜仁市万山区人民法院以（2016）黔 0603 刑初 67 号刑事判决，认定被告人沈某犯非法占用农用地罪，判处有期徒刑二年，并处罚金人民币五万元。判决生效后，铜仁市万山区人民检察院向万山区林业局发出检察建议，建议其依法履行森林资源保护监管职责，责令沈某限期恢复原状，按每平方米 10 元至 30 元并处罚款。万山区林业局书面回复，因沈某在服刑，公司倒闭，人员解散，无法实施复绿；林业局拟部分复绿造林，对其中难以复绿造林地块异地补植复绿；按一事不再罚原则不予罚款处罚。

检察机关以万山区林业局既未对沈某作出行政处罚，也未采取有效措施予以补植复绿，没有履行生态环境监管职责，导致林地被破坏的状态持续存在，当地生态环境遭受严重破坏为由提起行政公益诉讼，请求确认万山区林业局未依法履行监管职责的行为违法并判令其依法履行环境保护监管职责。

本案争议的焦点主要有以下几个方面：

第一，万山区林业局未依法履行职责。万山区林业局作为万山区人民政府林业行政主管部门，依照《中华人民共和国森林法》（2009 年修改）第十条规定，负责对万山区行政区域内森林资源保护、利用、更新的监督管理。万山区林业局应当依法履行职责，对违反林业管理法律、法规占用、毁坏森林资源、改变林地用途的行为依法查处。依照《中华人民共和国森林法》（2009 年修改）第四十四条的规定，责令违法行为人停止违法行为并按法律规定补种树木，违法行为人拒不补种或者补种不符合国家有关规定的，由林业主管部门代为补种，所需费用向违法行为人追偿，但是万山区林业局未依法履行职责。

第二，公安机关立案侦查后，万山区林业局撤销行政处罚的决定违法。违法行为人的同一行为既违反行政法应受行政处罚，又触犯刑法应受刑罚处罚的情形下，行政执法机关在将案件移送司法机关之前已经作出的行政处罚，折抵相同功能的刑罚。依照《中华人民共和国行政处罚法》(2017年修正）第二十八条“违法行为构成犯罪，人民法院判处拘役或者有期徒刑时，行政机关已经给予当事人行政拘留的，应当依法折抵相应刑期。违法行为构成犯罪，人民法院判处罚金时，行政机关已经给予当事人罚款的，应当折抵相应罚金”,《行政执法机关移送涉嫌犯罪案件的规定》第十一条第三款“行政执法机关向公安机关移送涉嫌犯罪案件前，已经依法给予当事人罚款的，人民法院判处罚金时，依法折抵相应罚金”的规定，这种折抵是执行上的折抵，而不是处罚决定本身的折抵，且仅折抵惩罚功能相同的处罚，功能不同的处罚内容不能折抵。因此，在刑事侦查立案前已经作出的行政处罚不应撤销。万山区林业局在将涉嫌犯罪的行政违法行为移送公安机关，公安机关立案后万山区林业局又撤销其在先已经作出的行政处罚决定时，不但撤销了与刑事裁判可能作出的罚金刑功能相同的罚款处罚，还一并撤销了不属于刑罚处罚功能的责令违法行为人补植复绿以恢复原状的行政处罚。万山区林业局这一撤销行为违反了法律规定。

第三，刑事判决生效后，万山区林业局未责令违法行为人恢复被毁坏林地的行为违法。

对刑事判决未涉及的处罚事项，行政机关在刑事判决生效后应作出行政处罚决定。责令犯罪人补植复绿以修复环境，不属于刑罚处罚范畴，而属于法律赋予行政主管机关的行政权，属于行政处罚范围。刑事判决生效后，在先没有作出行政处罚的，刑事判决生效后，行政机关不得基于同一行为作出与刑罚功能相同的行政处罚。在对违法行为人追究刑事责任后，刑罚处罚未涉及环境修复责任的，行政机关应当依法作出决定，责令违法行为人按森林法要求种植树木、修复环境。因此，万山区林业局在刑事判决生效后应当依法作出责令违法行为人履行补植复绿义务的行政处罚决定并监督违法行为人履行，违法行为人拒不履行或者履行不合格的，应当代为补植复绿，并责令违法行为人承担费用。被告万山区林业局未作出责令沈某及武陵农某公司补植复绿以恢复原状并监督履行的行为违法。

第四，万山区林业局未履行代为补植复绿职责。特殊功能区生态环境被破坏的，原则上应当原地修复。修复义务人或者代履行人主张异地修复，但不能证明原地修复已不可能或者没有必要的，人民法院不予支持。万山区林业局在未作出责令违法行为人修复环境决定的情形下，会同乡镇人民政府等在被毁坏的林地上种植了部分树苗，但效果较差，没有保证成活率，没有达到环境修复的目的。且对于毁坏严重、形同戈壁的土地未进行治理复绿。鉴于被毁坏林地及林木的公益林性质和水源涵养、水土保持功能，补植复绿应当就地进行，不得异地替代。万山区林业局代为补植树木的行为，虽已部分履行职责，但尚未正确、全面履行，仍应继续履行。

裁判结果：贵州省遵义市播州区人民法院于 2017 年 9 月 29 日作出（2017）黔 0321 行初 97 号行政判决：由被告铜仁市万山区林业局对沈某以铜仁市万山区武陵农某生产开发有限公司名义毁坏铜仁市万山区茶店街道梅花村隘口山组、大坪乡大坪村马鞍山林地补植复绿恢复原状依法履行监督管理法定职责，并限期完成复绿工程验收。宣判后，双方均未上诉，判决发生法律效力。

第六章 行政诉讼的裁判

▶ 重点知识

参照规章　引用行政规范性文件　驳回诉讼请求判决　撤销判决　主要证据不足　适用法律、法规错误　违反法定程序　超越职权　滥用职权　责令重作　变更判决　明显不当　对款额的确定、认定确有错误　禁止不利变更　履行判决　法定职责　不履行　给付判决　给付义务　确认违法判决　情况判决　程序轻微违法　继续确认判决　拖延履行　确认无效判决　没有依据　客观不能　行政协议判决　经复议案件的判决

▶ 知识逻辑图

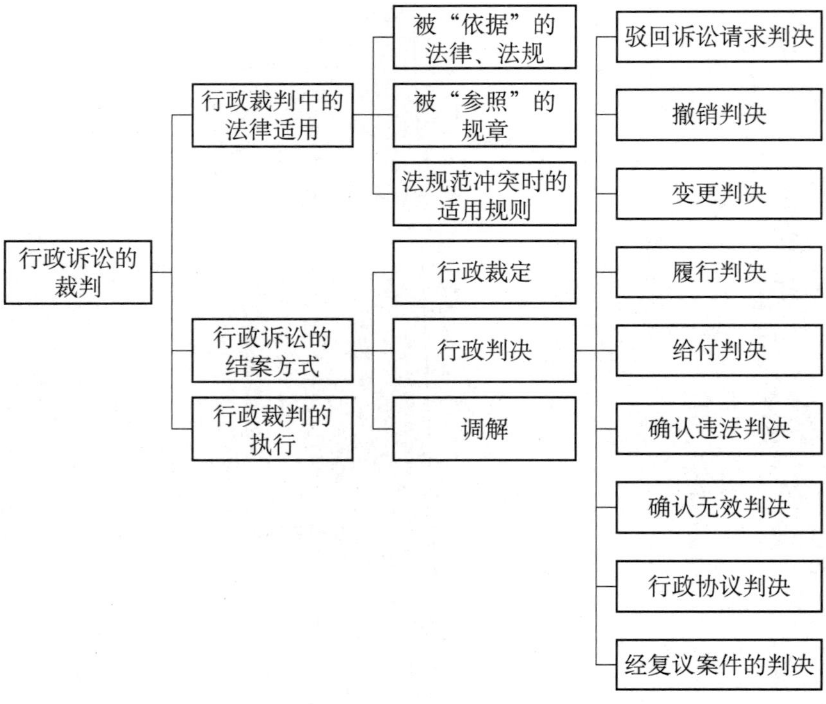

第一节　行政裁判中的法律适用

行政裁判中的法律适用，是指法院在审理行政案件时，应选择哪些法规范作为依据，以便在此基础上作出裁判。这些法规范包括评价被诉行政行为合法性的实体法规范与程序法规范。至于行政审判流程所遵循的程序法规范，则为本国的行政诉讼法典、行政诉讼相关司法解释、单行法中有关行政诉讼的规定以及在前三者未予明确时不抵触行政诉讼原则的民事诉讼法规范。《行政诉讼法》第 63 条规定："人民法院审理行政案件，以法律和行政法规、地方性法规为依据。地方性法规适用于本行政区域内发生的行政案件。人民法院审理民族自治地方的行政案件，并以该民族自治地方的自治条例和单行条例为依据。人民法院审理行政案件，参照规章。"据此，我国法院在行政裁判中进行法律适用时，所触及的法规范可分为审理行政案件所"依据"与"参照"的法规范。而"依据"与"参照"都存在法院对法规范是否违反上位法、如何选择适用的隐性审查过程（以下简称"适用审查"）。这便涉及法规范相冲突时的选择适用问题。

一、审理行政案件所"依据"的法律、法规

法律、行政法规、地方性法规、自治条例、单行条例属于法院审理行政案件所"依据"的法规范，其中：法律是指由全国人大及其常委会根据宪法，制定的法规范。行政法规是指国务院根据宪法和法律，制定的法规范。地方性法规是指省、自治区、直辖市的人民代表大会及其常务委员会根据本行政区域的具体情况和实际需要，在不同宪法、法律、行政法规相抵触的前提下，制定的法规范，以及设区的市、自治州的人民代表大会及其常务委员会根据本行政区域的具体情况和实际需要，在不同宪法、法律、行政法规和本省、自治区的地方性法规相抵触的前提下，对城乡建设与管理、生态文明建设、历史文化保护、基层治理等方面的事项制定的法规范。自治条例、单行条例是指民族自治地方的人民代表大会依照当地民族的政治、经济和文化的特点，制定的法规范。

所谓"依据"，是指法院在审理行政案件时，在查清事实的基础上，应以法律、行政法规、地方性法规、自治条例、单行条例作为处理行政争议的标准和尺度，以此衡量和判断行政行为是否合法，从而确认当事人之间的权利义务关系。理论上，对于作为"依据"的法规范，法院可在裁判文书中直接适用。但在实践

中，法院对作为“依据”的法规范并非绝对不予审查地加以适用。例如，在福建省水电勘测设计研究院不服省地矿局行政处罚案中，法院认为，作为地方性法规的《福州市地下热水（温泉）管理办法》“没有根据国家标准把温泉按照温度的不同区分出地热和地下水，以致将部分地热归入地下水中，由此给这部分地热确定的行政主管部门与法律、行政法规的规定不符。本案第三人城建委据此地方性法规认为自己对这部分地热有行政管理权，是不适当的”。该案最终未适用《福州市地下热水（温泉）管理办法》。[①]

二、审理行政案件所“参照”的规章

部门规章、地方政府规章属于法院审理行政案件所“参照”的法规范。部门规章是指国务院各部、委员会、中国人民银行、审计署和具有行政管理职能的直属机构以及法律规定的机构，根据法律和国务院的行政法规、决定、命令，在本部门的权限范围内，制定的法规范。地方政府规章是指省、自治区、直辖市和设区的市、自治州的政府根据法律、行政法规和本省、自治区、直辖市的地方性法规，制定的法规范。

所谓“参照”，是指参考并仿照规章的有关精神审理行政案件，但不能完全依据规章，即法院在审理行政案件时，并非无条件地适用规章，而是要进行一定程度的审查。例如，在任建国不服劳动教养复查决定案中，法院认为：“对于那些不是根据法律和行政法规制定的规章，或者其内容与法律和行政法规相抵触的规章，则不在人民法院参照之列。”[②]《行政诉讼法》第63条规定的“参照规章”，不是说法院在审理行政案件时可参照也可不参照，而是强调规章与法律、法规不抵触的，应承认根据上述规章作出的行政行为之合法性；若规章不符合或不完全符合法律、法规的原则、精神，则法院有灵活处理的余地，不以上述规章为依据。[③] 1989年3月28日，时任全国人大常委会副委员长王汉斌在第七届全国人大第二次会议上就《关于〈中华人民共和国行政诉讼法（草案）〉的说明》作报告时，也提到：“现在对规章是否可以作为法院审理行政案件的依据仍有不同意见，有的认为应该作为依据，有的认为不能作为依据，只能以法律、行政法规和地方性法规作为依据……参照规章的规定，是考虑了上述两种不同的意见，对符

---

① 参见福建省水电勘测设计研究院不服省地矿局行政处罚案，《最高人民法院公报》1998年第1期，第37-39页。

② 任建国不服劳动教养复查决定案，《最高人民法院公报》1993年第3期，第112页。

③ 参见顾昂然：《行政诉讼法起草情况和主要精神》，最高人民法院《行政诉讼法》培训班编：《行政诉讼法专题讲座》，人民法院出版社1989年版，第28页。

合法律、行政法规规定的规章，法院要参照审理，对不符合或不完全符合法律、行政法规原则精神的规章，法院可以有灵活处理的余地。”① 可见，作为“参照”的法规范须以合法有效、不抵触上位法为前提。

另外，2018 年《行诉法解释》第 100 条规定：“人民法院审理行政案件，适用最高人民法院司法解释的，应当在裁判文书中援引。人民法院审理行政案件，可以在裁判文书中引用合法有效的规章及其他规范性文件。”本条内容沿用自 2000 年《行诉法解释》第 62 条，其中提及在适用最高人民法院司法解释时，“应当援引”；对规章、其他规范性文件则是“可以引用”，且“引用”须满足“合法有效”这一条件。“引用合法有效的规章”体现了对“参照规章”的更深刻理解。② 合法有效的其他规范性文件亦可被引用。这类文件是任何行政机关均有权制定的法规范，其在一些官方发文中被称为“行政规范性文件”，是指除国务院的行政法规、决定、命令以及部门规章和地方政府规章外，由行政机关或者经法律、法规授权的具有管理公共事务职能的组织依照法定权限、程序制定并公开发布，涉及公民、法人和其他组织权利义务，具有普遍约束力，在一定期限内反复适用的公文。③

“参照”“引用”都以法规范“合法有效”为前提，故都涉及法院的适用审查。适用审查由法院依职权进行，从而有别于依申请进行的规范性文件一并审查（以下简称“附带审查”）。关于“参照”规章的审查标准，一般认为，可从规章的制定主体有无制定权限、规章的制定程序是否合法以及规章的内容是否符合上位法的规定、是否抵触上位法、是否与其他规章相矛盾等方面进行审查。“引用”规章及其他规范性文件的审查标准即“合法有效”，但这一标准包含哪些内容，立法与司法解释均未提及。鉴于“参照”“引用”规章与“引用”其他规范性文件的标准类似，而我国已规定其他规范性文件的附带审查制度④，且 2018 年《行诉法解释》第 148 条已对附带审查的标准予以明确。上述关于附带审查的规定，亦可为“参照”“引用”规章与“引用”其他规范性文件提供审查标准上的借鉴。

当然，适用审查与附带审查虽有相似之处（例如审查后均不得撤销或宣告法

---

① 《最高人民法院公报》1989 年第 2 期，第 13 页。

② 参见最高人民法院行政审判庭编：《〈关于执行《中华人民共和国行政诉讼法》若干问题的解释〉释义》，中国城市出版社 2000 年版，第 130 页。

③ 参见《国务院办公厅关于加强行政规范性文件制定和监督管理工作的通知》，国办发〔2018〕37 号，2018 年 5 月 16 日发布。

④ 《行政诉讼法》第 53 条规定：“公民、法人或者其他组织认为行政行为所依据的国务院部门和地方人民政府及其部门制定的规范性文件不合法，在对行政行为提起诉讼时，可以一并请求对该规范性文件进行审查。前款规定的规范性文件不含规章。”2018 年《行诉法解释》第 145～151 条又对附带审查制度作了细化。

规范无效)[①]，但二者的区别十分明显。首先，适用审查由法院依职权进行，而附带审查须由原告提出申请。其次，适用审查除面向其他规范性文件外，还面向规章，在实践中甚至面向法规；而附带审查只面向其他规范性文件，具体又限于“除国务院以外的行政机关制定的不含规章在内的其他规范性文件”，且只能在起诉某行政决定时，申请附带审查该决定所适用的其他规范性文件。最后，针对违反上位法的法规范，经适用审查后，可不予适用；而经附带审查后，除不予适用其他规范性文件外，还可由法院向该文件的制定机关发出司法建议。[②]

三、法规范相冲突时的适用规则

在我国，法律位阶由高至低排列的前三位依次为宪法、法律、行政法规。这反映在《立法法》第 98、99 条中，即：“宪法具有最高的法律效力，一切法律、行政法规、地方性法规、自治条例和单行条例、规章都不得同宪法相抵触。”“法律的效力高于行政法规、地方性法规、规章。行政法规的效力高于地方性法规、规章。”至于地方性法规、部门规章、地方政府规章、自治条例、单行条例之间的位阶高低，则无法直接得出答案，而须根据具体情况作出分析。当同一位阶的法规范相冲突时，也面临如何适用的问题。

（一）地方性法规之间、地方政府规章之间及二者相冲突时的适用

根据《立法法》第 100 条，地方性法规的效力高于本级和下级地方政府规章；省、自治区的政府制定的规章的效力高于本行政区域内的设区的市、自治州的政府制定的规章。由此可总结出两点规律：第一，同一级的权力性立法的位阶高于行政性立法；第二，地方政府规章的制定机关仅有两级——省级与设区的市（自治州）一级，而上级地方政府规章的位阶高于下级地方政府规章。另外，地方性法规的制定机关同样只有两级——省级与设区的市（自治州）一级，尽管

---

① 关于其他规范性文件的适用审查，参见陈爱华诉南京市江宁区住房和城乡建设局不履行房屋登记法定职责案，《最高人民法院公报》2014 年第 8 期，第 40－42 页；关于其他规范性文件的附带审查，参见丹阳市珥陵镇鸿润超市诉丹阳市市场监督管理局不予变更经营范围登记案，《最高人民法院公报》2018 年第 6 期，第 47－48 页。

② 《行政诉讼法》第 64 条规定：“人民法院在审理行政案件中，经审查认为本法第五十三条规定的规范性文件不合法的，不作为认定行政行为合法的依据，并向制定机关提出处理建议。”2018 年《行诉法解释》第 149 条规定：“人民法院经审查认为行政行为所依据的规范性文件合法的，应当作为认定行政行为合法的依据；经审查认为规范性文件不合法的，不作为人民法院认定行政行为合法的依据，并在裁判理由中予以阐明。作出生效裁判的人民法院应当向规范性文件的制定机关提出处理建议……规范性文件不合法的，人民法院可以在裁判生效之日起三个月内，向规范性文件制定机关提出修改或者废止该规范性文件的司法建议……情况紧急的，人民法院可以建议制定机关或者其上一级行政机关立即停止执行该规范性文件。”

《立法法》第100条未提及上、下级地方性法规的位阶关系，但该法第81条第1、4款要求设区的市、自治州一级地方性法规的制定，须以“不同本省、自治区的地方性法规相抵触”为前提，这实则表明上级地方性法规的位阶高于下级地方性法规。

关于上级地方政府规章与下级地方性法规相冲突时的适用规则，《立法法》未作规定。那么，当省级政府制定的地方政府规章与该省内某设区的市人民代表大会制定的地方性法规相冲突时，法院该如何适用？学理上认为，可效仿《立法法》第106条第1款第2、3项，由共同的上一级机关（或其常设机关）裁决。省级政府与该省内设区的市人民代表大会的共同上一级机关为该省的省级人民代表大会，其常设机关即省级人民代表大会常务委员会。

（二）地方性法规与部门规章相冲突时的适用

根据《立法法》第106条第1款第2项，地方性法规与部门规章之间对同一事项的规定不一致，不能确定如何适用时，由国务院提出意见，国务院认为应当适用地方性法规的，应当决定在该地方适用地方性法规的规定；认为应当适用部门规章的，应当提请全国人大常委会裁决。据此，处理地方性法规与部门规章冲突的办法可分为两步：第一步，由部门规章制定机关的上级（国务院）作出判断。若国务院认为应当适用地方性法规，则适用地方性法规；反之，则进入第二步，由全国人大常委会裁决。

（三）部门规章之间以及其与地方政府规章相冲突时的适用

根据《立法法》第102条，部门规章之间、部门规章与地方政府规章之间具有同等效力，在各自的权限范围内施行。这里的“同等效力”容易引发误解，因为地方政府规章分为两级——省级与设区的市（自治州）一级，彼此效力不同，二者不可能都和部门规章具有同等效力。正确的理解应是，在地方政府规章内部可直接比较位阶，即上级地方政府规章的位阶高于下级地方政府规章，但地方政府规章与部门规章之间不可直接比较。根据《立法法》第106条第1款第3项，部门规章之间、部门规章与地方政府规章之间对同一事项的规定不一致时，由国务院裁决。

（四）自治条例、单行条例、经济特区法规之变通规定的优先适用

根据《立法法》第101条，自治条例和单行条例依法对法律、行政法规、地方性法规作出变通规定的，在本自治地方适用自治条例和单行条例的规定；经济特区法规根据授权对法律、行政法规、地方性法规作出变通规定的，在本经济特区适用经济特区法规的规定。本条的“依法”或“根据授权”作出变通规定，使

自治条例、单行条例、经济特区法规获得在本行政区划内被优先适用的地位。

（五）同一位阶的法规范相冲突时的适用

根据《立法法》第103条，同一机关制定的法律、行政法规、地方性法规、自治条例和单行条例、规章，特别规定与一般规定不一致的，适用特别规定；新的规定与旧的规定不一致的，适用新的规定。根据《立法法》第105条，法律之间对同一事项的新的一般规定与旧的特别规定不一致，不能确定如何适用时，由全国人大常委会裁决；行政法规之间对同一事项的新的一般规定与旧的特别规定不一致，不能确定如何适用时，由国务院裁决。另外，针对地方性法规、规章，《立法法》第106条第1款第1项规定："同一机关制定的新的一般规定与旧的特别规定不一致时，由制定机关裁决"。

第二节　行政诉讼的结案方式

行政诉讼的结案方式包括行政裁定、行政判决与调解。相应的法律文书依次为行政裁定书、行政判决书（或行政赔偿判决书）、行政调解书。原告申请撤诉的[①]，虽可能导致行政诉讼结案，但这最终取决于法院作出准许撤诉的裁定，故仍是以行政裁定作为结案方式。

一、行政裁定

行政裁定，是指法院在审理行政案件的过程中，针对行政审判的程序问题所作的中间性或结局性的司法处理。仅当以结局性的司法处理这一形态出现时，行政裁定才属于行政诉讼的结案方式。2018年《行诉法解释》第101条第1、2款规定，裁定适用于下列范围：(1) 不予立案；(2) 驳回起诉；(3) 管辖异议；(4) 终结诉讼；(5) 中止诉讼；(6) 移送或者指定管辖；(7) 诉讼期间停止行政行为的执行或者驳回停止执行的申请；(8) 财产保全；(9) 先予执行；(10) 准许或者不准许撤诉；(11) 补正裁判文书中的笔误；(12) 中止或者终结执行；(13) 提审、指令再审或者发回重审；(14) 准许或者不准许执行行政机关的行政行为；(15) 其他需要裁定的事项。对第(1)(2)(3)项裁定，当事人可以上诉。

---

① 参见《行政诉讼法》第62条。

行政裁定针对的是行政审判的程序问题，而非被诉行政行为的程序问题。行政行为的程序问题属于法院予以合法性审查的对象，故为行政审判的实质问题，应通过行政判决来处理。行政裁定表现为中间性或结局性的司法处理，其在诉讼的任何阶段皆可被作出。相比而言，行政判决只能在案件审理终结时作出，是行政诉讼的结论性意见[①]，故在此意义上，行政裁定是“直接或间接为法院正确作出判决服务的”[②]。当然，行政裁定也可能使诉讼程序走向结局。例如，裁定不予立案、裁定终结诉讼、裁定准许撤诉、裁定驳回起诉、裁定驳回上诉、裁定驳回再审申请、裁定终结再审程序。但在大多数情况下，行政裁定只是行政诉讼中的一个环节。例如，裁定（不）停止执行被诉行为、裁定先予执行、裁定中止诉讼、裁定将简易程序转为普通程序、裁定移送管辖或驳回管辖权异议申请、裁定采取财产或行为保全措施或驳回保全申请、裁定解除保全、裁定不准许撤诉、裁定发回重审、裁定中止原裁判的执行、裁定提审或指令再审。

二、行政判决

行政判决，是指法院在审理行政案件的过程中，针对被诉行政行为的实体问题所作的结局性的司法处理。

（一）行政判决的类型

根据判决的审判程序不同，行政判决可分为一审判决、二审判决与再审判决。其中，一审判决被规定在《行政诉讼法》第 69、70、72、73、74、75、77、78 条中，依次为驳回诉讼请求判决、撤销判决、履行判决、给付判决、确认违法判决、确认无效判决、变更判决、行政协议判决。二审判决被规定在《行政诉讼法》第 89 条与 2018 年《行诉法解释》第 109 条第 4 款[③]，具体包括：（1）判决驳回上诉，维持原判决；（2）依法改判或查清事实后改判；（3）对被诉行政行为作出的判决；（4）判决驳回行政赔偿请求。再审判决（包含再审裁定）被规定在 2018 年《行诉法解释》第 122 条的前半句，即：“人民法院审理再审案件，认

---

① 参见胡建淼：《行政诉讼法学》，法律出版社 2019 年版，第 450 页；姜明安主编：《行政法与行政诉讼法》，北京大学出版社、高等教育出版社 2019 年第 7 版，第 521 页。

② 姜明安：《行政诉讼法》，法律出版社 2021 年版，第 362 页。

③ 《行政诉讼法》第 89 条规定：“人民法院审理上诉案件，按照下列情形，分别处理：（一）原判决、裁定认定事实清楚，适用法律、法规正确的，判决或者裁定驳回上诉，维持原判决、裁定；（二）原判决、裁定认定事实错误或者适用法律、法规错误的，依法改判、撤销或者变更；（三）原判决认定基本事实不清、证据不足的，发回原审人民法院重审，或者查清事实后改判……人民法院审理上诉案件，需要改变原审判决的，应当同时对被诉行政行为作出判决。”2018 年《行诉法解释》第 109 条第 4 款规定：“原审判决遗漏行政赔偿请求，第二审人民法院经审查认为依法不应当予以赔偿的，应当判决驳回行政赔偿请求。”

为原生效判决、裁定确有错误，在撤销原生效判决或者裁定的同时，可以对生效判决、裁定的内容作出相应裁判”。

此外，根据判决可独立作出抑或仅可依附于其他判决作出，行政判决可分为主判决与从判决。例如，撤销判决为主判决，判决被告重新作出行政行为、判决恢复（被复议决定所错误改变的）原行政行为的法律效力是撤销判决的从判决。[①] 又如，确认违法判决与确认无效判决为主判决，判决责令被告采取补救措施是确认违法判决、确认无效判决的从判决。[②] 根据判决是否可继续上诉，行政判决可分为终审判决（确定判决）与非终审判决（未确定判决）。终审判决将产生既判力，并可作为行政诉讼执行的依据；非终审判决尚未产生既判力，也不是行政诉讼执行的依据。根据判决前双方当事人是否到庭参加诉讼，行政判决可分为对席判决与缺席判决。对席判决是一般情形，缺席判决则针对原告或被告一方罔顾法院传唤或擅自中途退出，未到庭参加诉讼的情形。《行政诉讼法》第 58 条规定：“经人民法院传票传唤……被告无正当理由拒不到庭，或者未经法庭许可中途退庭的，可以缺席判决。”2018 年《行诉法解释》第 79 条第 1 款规定：“原告或者上诉人申请撤诉，人民法院裁定不予准许的，原告或者上诉人经传票传唤无正当理由拒不到庭，或者未经法庭许可中途退庭的，人民法院可以缺席判决。”根据诉讼类型的不同，行政判决可分为形成类判决、给付类判决与确认类判决。在我国，撤销判决和变更判决属于形成类判决，履行判决和给付判决属于给付类判决，确认违法判决、确认无效判决属于确认类判决。根据诉讼请求是否被法院支持，行政判决可分为承认诉讼请求的判决与驳回诉讼请求的判决。关于承认诉讼请求的判决，本章第三至五节将作详细介绍。这里着重论述驳回诉讼请求判决。

（二）驳回诉讼请求判决

驳回诉讼请求判决是指法院经过审理，认为原告的诉讼请求不能成立，进而作出的不支持原告诉讼请求的判决形式。《行政诉讼法》第 69 条规定：“行政行为证据确凿，适用法律、法规正确，符合法定程序的，或者原告申请被告履行法定职责或者给付义务理由不成立的，人民法院判决驳回原告的诉讼请求。”据此，驳回诉讼请求判决的适用情形包括：行政行为证据确凿，适用法律、法规正确，符合法定程序；原告申请被告履行法定职责或者给付义务理由不成立。

首先，“行政行为证据确凿，适用法律、法规正确，符合法定程序”（以下简称“行政行为合法”）在 1989 年《行政诉讼法》中属于维持判决的适用情形。维

---

① 参见《行政诉讼法》第 70 条与 2018 年《行诉法解释》第 89 条。

② 参见《行政诉讼法》第 76 条。

持的本质是对合法合理的行政行为作出肯定性宣告。[①] “证据确凿，适用法律、法规正确，符合法定程序”（以下简称“三要件”）即合法合理的代名词。在《行政诉讼法》第69条吸纳“三要件”后，该法将“明显不当”同时作为撤销判决与变更判决的审查标准之一[②]，故“明显不当”被赋予了既承担合法性审查又承担合理性审查的功能。针对这看似矛盾的现象，唯有将“合法性审查”之“合法”理解为实质合法（包含合理），才能得出自洽的解释。相应地，具备“三要件”意味着行政行为实质合法。

《行政诉讼法》第69条中的“行政行为”不含行政不作为，故“三要件”与撤销判决、确认违法判决、确认无效判决、变更判决的适用情形存在反向对应关系。其中，《行政诉讼法》第70条规定的撤销判决之适用情形，通常被视为行政作为的合法性审查标准。[③] 若存在主要证据不足、适用法律法规错误、违反法定程序、超越职权、滥用职权或明显不当的情形，则行政行为不合法。对比可以发现，作为驳回诉讼请求判决适用情形之一的“行政行为合法”，仅涉及证据、法规范、程序方面的“三要件”，至少在字面上无法涵盖“未超越职权”“未滥用职权”“无明显不当”等有关职权或结果的要求。显然，针对一个在职权或结果方面不合法的行政行为适用驳回诉讼请求判决，于逻辑上难以成立。鉴于此，应对“三要件”中的“适用法律、法规正确”作宽泛理解：与“适用法律、法规正确”反向对应的不限于《行政诉讼法》第70条第2项中的“适用法律、法规错误”，还包括超越职权、滥用职权、明显不当。[④] 基于这一宽泛理解，“三要件”便等同于行政行为在证据、法规范、程序、职权、结果方面均实质合法，且“三要件”须同时具备，方可适用驳回诉讼请求判决。

其次，“原告申请被告履行法定职责或者给付义务理由不成立”（以下简称“履职或给付理由不成立”）与履行判决、给付判决的适用情形存在反向对应关系。原告提出“理由”是为了使其诉讼请求获得支持，故《行政诉讼法》第69条的后半句亦可被描述为“履行法定职责或给付义务之诉讼请求不成立”。但其尚未覆盖所有的“诉讼请求不成立”之情形。早在2014年修改《行政诉讼法》的过程中，就有意见提出扩大驳回诉讼请求判决的适用范围，规定凡是原告诉讼请求不成立的，均可判决驳回其诉讼请求。[⑤] 但考虑到这样会导致法院将注意力

---

① 参见章剑生主编：《行政诉讼判决研究》，浙江大学出版社2010年版，第201页。

② 根据《行政诉讼法》第70条第6项，行政行为明显不当的，法院判决撤销。根据《行政诉讼法》第77条第1款，行政处罚明显不当的，法院可以判决变更。

③ 参见林莉红：《行政诉讼法学》，武汉大学出版社2020年版，第52页。

④ 参见全国人大常委会法制工作委员会行政法室编著：《中华人民共和国行政诉讼法解读》，中国法制出版社2014年版，第193页；江必新主编：《中华人民共和国行政诉讼法理解适用与实务指南》，中国法制出版社2015年版，第322页。

⑤ 参见全国人大常委会法制工作委员会行政法室编：《〈中华人民共和国行政诉讼法〉解读与适用》，法律出版社2015年版，第154页。

放在原告的诉讼请求是否成立之上，从而与我国行政诉讼秉持的合法性审查原则、被告承担行政行为合法性之举证责任等制度架构不符，上述意见最终未被采纳。[①] 以上考虑不无道理。既然《行政诉讼法》第1条将“监督行政机关依法行使职权”作为立法目的之一，那么，法院的职责就不只是对原告的诉讼请求作出回应，而且应肩负起监督行政权的使命。因此，当原告的诉讼请求不成立时，也就未必适用驳回诉讼请求判决，而是可能适用确认违法判决或确认无效判决。[②] 实践中，导致“履职或给付理由不成立”的原因较多。例如，原告不符合请求履行法定职责或给付义务的条件、被告不具备相应的法定职责或给付义务、被告此前已履行其法定职责或给付义务。只要出现一种原因，便可适用驳回诉讼请求判决。

三、调解

调解是指由中立公正的第三方对当事人双方之间的纠纷进行调停、斡旋，寻求解决方案的机制。《行政诉讼法》第60条规定：“人民法院审理行政案件，不适用调解。但是，行政赔偿、补偿以及行政机关行使法律、法规规定的自由裁量权的案件可以调解。调解应当遵循自愿、合法原则，不得损害国家利益、社会公共利益和他人合法权益。”在行政诉讼中，调解适用于四类案件：行政赔偿案件，行政补偿案件，行政机关行使法律、法规规定的自由裁量权的案件，行政协议案件。因划分标准不同，这四类案件存在交叉。另外，鉴于调解以双方当事人自愿为前提，法院在对这四类案件适用调解前，还须满足2018年《行诉法解释》第84条的规定，即：“人民法院审理行政诉讼法第六十条第一款规定的行政案件，认为法律关系明确、事实清楚，在征得当事人双方同意后，可以迳行调解”。

与裁定、判决的文书形式有别，法院在调解后形成的是调解书。关于调解书的制作及效力，2018年《行诉法解释》第85条规定：“调解达成协议，人民法院应当制作调解书。调解书应当写明诉讼请求、案件的事实和调解结果。调解书由审判人员、书记员署名，加盖人民法院印章，送达双方当事人。调解书经双方当事人签收后，即具有法律效力。调解书生效日期根据最后收到调解书的当事人签收的日期确定。”《行政诉讼法》第94条规定：“当事人必须履行人民法院发生法律效力的判决、裁定、调解书。”由此可知，当调解达成协议后，法院负有制

---

① 参见信春鹰主编：《中华人民共和国行政诉讼法释义》，法律出版社2014年版，第185页。

② 例如，根据《行政诉讼法》第74条第1款第1项，行政行为依法应当撤销，但撤销会给国家利益、社会公共利益造成重大损害的，判决确认违法。又如，根据2018年《行诉法解释》第94条第1款，诉请撤销行政行为，法院经审查认为行政行为无效的，应当作出确认无效判决。

作调解书的义务，且生效调解书具有与生效判决、裁定同等的地位，可作为行政诉讼执行的依据。

与行政诉讼以公开审理为原则、一律公开宣告判决[①]的立场有别，调解过程、调解协议内容均以不公开为原则。2018 年《行诉法解释》第 86 条规定："人民法院审理行政案件，调解过程不公开，但当事人同意公开的除外……调解协议内容不公开，但为保护国家利益、社会公共利益、他人合法权益，人民法院认为确有必要公开的除外"[②]。

第三节　形成类判决

形成类判决是直接形成某种行政行为状态的判决，这些状态可以是行政行为的产生、变更或消灭。例如，撤销判决为典型的形成类判决，其"通过撤销为原告设定负担的行政行为的方式来形成权利"[③]，达到消除行政行为效力的目的。一旦被撤销，行政行为将溯及既往地失效，回到该行为作出前的状态。我国的形成类判决包括撤销判决与变更判决。

一、撤销判决

撤销判决是指法院经过审理，认为被诉行政行为违法，进而作出的撤销或部分撤销该行政行为的判决形式。《行政诉讼法》第 70 条规定，行政行为有下列情形之一的，人民法院判决撤销或者部分撤销，并可以判决被告重新作出行政行为：(1) 主要证据不足的；(2) 适用法律、法规错误的；(3) 违反法定程序的；(4) 超越职权的；(5) 滥用职权的；(6) 明显不当的。

(一) 适用情形

撤销判决的六种适用情形分别指向事实认定、规范适用、程序运行、权限行使、行为结果，实际扮演了行政行为在事实、法律、程序、权限、结果方面之审查标准的角色。

1. 主要证据不足

证据的价值在于证明案件事实。"主要证据不足"是指被告向法院提交的证

① 参见《行政诉讼法》第 54 条、第 80 条第 1 款。
② 详细分析，可参见第五章第二节第三部分。
③ [德] 弗里德赫尔穆·胡芬：《行政诉讼法》，莫光华译，法律出版社 2003 年版，第 211 页。

据，不足以证明被诉行政行为所认定的基本事实。若收集的证据可认定基本事实，则即便缺少枝节情况的证据，也不构成主要证据不足。[①] 就此而言，“主要证据不足”成为基本事实认定不清或错误的代名词。通常认为，主要证据是证明案件基本事实或决定事物本质属性的必不可少的证据，而缺少次要证据不影响行政机关对相应事实的认定。[②] 其中，“基本事实”“事物本质属性”的含义都十分抽象，这对司法实践的指导意义有限。

鉴于事实与证据是表里一体的关系，法院对事实的认定离不开证据的支撑，当界定“主要证据”陷入僵局时，也就存在另一种“破局”思路——从对“主要事实”的解读中寻找答案。2018年《行诉法解释》第90条第1款提到“主要事实或者主要理由有改变”，这是指对“作出原行政行为时适用的法律规范所要求的法律要件事实”作出了实质性的改变，或者变更原行政行为适用的法律从而导致案件定性发生改变。[③] 据此，“主要事实”是指法律要件事实。所谓法律要件事实，即“与发生某一法律效果所必需的法律要件之构成要素相对应的具体事实”[④]。产生某一法律效果所须满足的法律要件，有可能对应于多个具体事实，而证明这些具体事实的证据，就属于主要证据。例如，在王福珍诉天津市滨海新区政府信息公开案中，法院认为：“行政机关在保持与基本事实同一性的范围之内追加和变更理由一般可以允许，即以本案为例，行政机关在信息公开答复中称不公开是因为‘不属于本行政机关公开’，这一理由并没有涉及政府信息是否存在的问题，当其在诉讼中将理由替换为‘政府信息不存在’，而实际情况确实不存在时，就具备与基本事实的同一性。”[⑤] 尽管被告对具体事实进行了替换，但法院判定此举“不改变法律要件事实”。究其缘由，根据该案的被诉行政行为作出时有效的2007年《政府信息公开条例》第21条第3项，当满足“依法不属于本行政机关公开或者该政府信息不存在”这一法律要件时，将产生“应当告知申请人，对能够确定该政府信息的公开机关的，应当告知申请人该行政机关的名称、联系方式”这一法律效果。换言之，“不属于本行政机关公开”和“政府信息不存在”这两个具体事实对应于同一个法律要件，故二者之间的替换未改变被诉行政行为的法律要件事实。证明这两个具体事实的证据，便属于主要证据。综上，“主要证据不足”即证明法律要件事实的证据不足。

---

① 参见胡康生主编：《行政诉讼法释义》，北京师范学院出版社1989年版，第90页。

② 参见罗豪才、应松年主编：《行政诉讼法学》，中国政法大学出版社1990年版，第245页；姜明安主编：《行政法与行政诉讼法》，北京大学出版社、高等教育出版社2019年第7版，第527页。

③ 参见最高人民法院行政审判庭编著：《最高人民法院行政诉讼法司法解释理解与适用》（上册），人民法院出版社2018年版，第421页。

④ 许可：《民事审判方法：要件事实引论》，法律出版社2009年版，第40-41页。

⑤ 王福珍诉天津市滨海新区政府信息公开案，最高人民法院（2016）最高法行申1842号行政裁定书，2016年9月29日。

2. 适用法律、法规错误

“主要证据不足”与“适用法律、法规错误”往往产生连锁反应。当事实认定出现错误时，通常也会导致行政机关适用错误的法律加以涵摄。按照狭义的理解，法律、法规分别是指“全国人大及其常委会制定、通过的法规范”与“行政法规、地方性法规”。但结合立法原意和司法实践来看，此处的“法律、法规”应被扩大理解为行政行为所依据的法规范。通常认为，“适用法律、法规错误”主要包括以下情形：(1) 应适用甲法，却适用了乙法；(2) 应适用上位法、特别法、新法，却适用了下位法、一般法、旧法；(3) 应适用某法的某（些）条款，却适用了该法的其他条款；(4) 应适用多个法规范却只适用了其中一部分，应适用某法规范中的多个条款却只适用了其中一部分。至于适用尚未生效或已失效、废止的法规范是否属于“适用法律、法规错误”，则须区分两种情形：(1) 若在被诉行政行为作出时，并不存在一个可供适用的“有效的法规范”，则应认定为“没有依据”，适用《行政诉讼法》第 75 条规定的确认无效判决；(2) 若在被诉行政行为作出时，存在一个可供适用的“有效的法规范”，则应认定为“适用法律、法规错误”。

3. 违反法定程序

法学范畴下的“程序”是指依一定步骤、顺序、期限、方式作出法律决定的过程。一般认为，法律、法规、规章均可纳入“违反法定程序”中“法”的范畴。但宪法、其他规范性文件、正当程序原则应否被纳入其中，则争议较大。从长远来看，基于加大监督行政权的力度考虑，对“违反法定程序”中“法”的范畴确有扩大之必要，故以上争议情形均应纳入“法”的范畴。但立足当下，欠发达的释宪机制意味着将宪法规定的程序纳入“法定程序”的意义不大，而不影响权利义务的其他规范性文件所规定的程序，也因没有被争执的必要，故将其纳入“法定程序”的意义甚微。至于正当程序原则①、影响权利义务的其他规范性文件，应被纳入“法定程序”中“法”的范畴。但在判断“违反法定程序”时，正当程序原则只能在判决理由中出现，影响权利义务的其他规范性文件若合法有

---

① 从最高人民法院的指导案例与《最高人民法院公报》刊登的“公报案例”来看，违反正当程序原则被视为“违反法定程序”。参见田永诉北京科技大学拒绝颁发毕业证、学位证行政诉讼案，最高人民法院指导案例 38 号（1999 年）；张成银诉徐州市人民政府房屋登记行政复议决定案，《最高人民法院公报》2005 年第 3 期，第 43 - 46 页；陆廷佐诉上海市闸北区房屋土地管理局房屋拆迁行政裁决纠纷案，《最高人民法院公报》2007 年第 8 期，第 44 页；定安城东建筑装修工程公司与海南省定安县人民政府、第三人中国农业银行定安支行收回国有土地使用权及撤销土地证案，《最高人民法院公报》2015 年第 2 期，第 39 - 45 页；射阳县红旗文工团诉射阳县文化广电新闻出版局程序不正当注销行政许可纠纷案，《最高人民法院公报》2018 年第 8 期，第 47 - 48 页；中国石化销售有限公司江苏盐城石油分公司诉江苏省射阳县国土资源局撤销行政许可案，《最高人民法院公报》2021 年第 11 期，第 26 - 28 页。

效，则可在判决主文中出现。原因在于，我国法院在认定被诉行政行为是否违反法定程序时，其判决主文只能“依据法律、法规”“参照规章”“引用合法有效的规章及其他规范性文件”[①]。据此，法律、法规可作为判决主文中的依据，而规章、其他规范性文件仅可附条件地作为判决主文中的依据——以合法有效为前提。至于正当程序原则，其并非判决主文中的依据。

4. 超越职权

超越职权是指行政主体突破法定职权范围，行使了本不该由其行使的职权。此处的“职权”既包括管辖权，也包括处理权。前者是指行政机关对特定领域事务的主管权力，后者则指行政机关对特定事项作出某种方式之处理的权力。[②] 超越职权的常见类型可归纳如下：

其一，超越事务管辖权，即甲行政机关行使了乙行政机关的职权。例如，民政局处罚违法建筑的所有人。至于行政机关在未获法律授权的情况下行使立法机关、司法机关等其他国家机关职权的，一般也被认为构成超越事务管辖权。例如，在张晓华不服磐安县公安局限制人身自由、扣押财产行政行为案中，法院认为，《公安部关于公安机关不得非法越权干预经济纠纷案件处理的通知》要求“对经济纠纷问题，应由……人民法院依法处理，公安机关不要去干预”，被告“不顾公安部的通知精神，越权干预经济纠纷，以刑事侦查为名，限制原告张晓华的人身自由，扣押其财产”，属“超越职权”的行为。[③]

其二，超越级别管辖权，即下级行政机关行使了上级行政机关的职权。例如，根据《土地管理法》第14条第2款，单位之间的土地所有权和使用权争议，由县级以上政府处理。若乡级政府对此作出处理，则构成超越级别管辖权。值得思考的是，当上级行政机关行使了下级行政机关的职权时，是否构成超越级别管辖权？鉴于上、下级行政机关之间存在隶属关系，故原则上应允许上级机关在必要时代行下级机关的职权，但在法律、法规明确规定某职权由下级机关行使时除外。[④] 例如，在李淑芝诉北京市昌平区政府不履行职责案中，上级机关被禁止代行下级机关的专属职权。最高人民法院行政审判庭为该案编写的“裁判要旨”指出：“人民政府不得违法行使其所属工作部门的法定职权。”[⑤]

---

① 《行政诉讼法》第63条与2018年《行诉法解释》第100条第2款。

② 参见何海波：《行政行为的合法要件——兼议行政行为司法审查根据的重构》，《中国法学》2009年第4期，第68页。

③ 参见张晓华不服磐安县公安局限制人身自由、扣押财产行政行为案，《最高人民法院公报》1994年第4期，第158-159页。

④ 参见罗豪才主编：《中国司法审查制度》，北京大学出版社1993年版，第390页。

⑤ 最高人民法院行政审判庭编：《最高人民法院行政裁判要旨及述评》（第一卷），人民法院出版社2019年版，第122页。

其三，超越地域管辖权，即甲地行政机关行使了应由乙地行政机关行使的职权。例如，《行政处罚法》第22条规定："行政处罚由违法行为发生地的行政机关管辖。法律、行政法规、部门规章另有规定的，从其规定。"若法律、行政法规、部门规章没有另外的规定，而违法行为发生地以外的行政机关实施了行政处罚，则构成超越地域管辖权。

其四，超越法定的处理权，即行政机关虽在自身的事务、级别、地域管辖权范围内活动，但突破了法规范所赋予它的处理权。例如，《治安管理处罚法》第91条规定："治安管理处罚由县级以上人民政府公安机关决定；其中警告、五百元以下的罚款可以由公安派出所决定。"据此，公安派出所有权以自己名义作出警告、500元以下罚款的决定。若公安派出所以自己名义作出600元罚款的决定，则构成超越法定的处理权。

5. 滥用职权

"滥用职权"一词本身具有极广泛的含义，凡是行政机关未合法行使其职权的情形皆属于权力滥用。[①] 在日常用语中，"滥用职权"往往被视为"违法行使公权力"的代名词。但在我国行政诉讼法的语境下，"滥用职权"和《行政诉讼法》第70条中的其他五项审查标准呈现并列关系，故日常用语中的理解应被摒弃。基于此，滥用职权应是指行政机关在法定权限范围内，基于不合法动机而故意作出违背法律目的的不公正、不合理的行政行为。一方面，滥用职权的前提是拥有这项职权，即未突破法定职权范围，故有别于"超越职权"。例如，在刘云务诉山西省太原市公安局交通警察支队晋源一大队道路交通管理行政强制案中，法院认为，被告"有依法扣留的职权"，但"扣留车辆属于暂时性的行政强制措施，不能将扣留行为作为代替实体处理的手段……扣留涉案车辆后，既不积极调查核实车辆相关来历证明，又长期扣留涉案车辆不予处理，构成滥用职权"[②]。另一方面，滥用职权须存在主观故意，若行政机关因过失而作出不公正、不合理的行政行为，则构成"明显不当"。

6. 明显不当

从立法用语的沿革来看，作为审查标准的"明显不当"最早见于1990年《行政复议条例》第42条第4项第5目。[③] 1989年《行政诉讼法》虽未出现"明显不当"的术语，但该法在变更判决条款中提及的"显失公正"实则与"明显不

---

① 参见林莉红：《行政诉讼法学》，武汉大学出版社2020年版，第217页。

② 刘云务诉山西省太原市公安局交通警察支队晋源一大队道路交通管理行政强制案，《最高人民法院公报》2017年第2期，第24-28页。

③ 2023年修订通过的《行政复议法》未保留"明显不当"的术语，而是在第63条第1款第1项中使用了覆盖面更为广泛的"不适当"术语。

当”并无本质区别。[1]“明显不当”与“滥用职权”的客观方面都体现为“不公正、不合理的结果”。但在主观方面，“滥用职权”须存在主观故意，过失无法构成，而“明显不当”指向非故意的行为。《行政诉讼法》第77条第1款也出现了“明显不当”的术语，即“行政处罚明显不当……人民法院可以判决变更”。基于体系解释，该法第70、77条中的两个“明显不当”应采相同理解，都只针对行政行为结果畸轻畸重的情形。

“明显不当”是2014年修改《行政诉讼法》时，为撤销判决新增加的适用情形。它与其他五种适用情形之间如何分工，关系到行政诉讼审查标准体系的整体和谐。实践中，“明显不当”可能被用于审查程序问题[2]，且从语词表达来看，以“明显不当”描述程序、事实、法律问题本无障碍。但是，这显然忽略了行政诉讼审查标准体系的整体和谐，也对某些问题是否存在“当”与“不当”有欠考量。首先，程序问题不存在被变更的可能性。“变更”具有直接性。法院一旦判决变更被诉行政行为，该行为的内容即被改变，不需要被告依据法院的见解重新作出一个行政行为。对于已经历的程序，顶多可能责令重作，不可能变更。因此，程序问题不在《行政诉讼法》第77条之“明显不当”的射程内。基于体系解释，该问题自然也不属于《行政诉讼法》第70条之“明显不当”的适用范围。其次，事实问题、法律问题各自存在“主要证据不足”“适用法律、法规错误”的审查标准。关于这两项标准在历经三十余年的行政审判实践后，法院已达成一定共识，且通过撤销（含责令重作）判决亦可为原告提供救济。此时，再掺杂“明显不当”标准，恐将引发与前述两项标准之间的选择疑难。另外，权限问题大致可分为越权与滥权两类。就前者而言，是否越权乃非此即彼之判断，故不存在“当”与“不当”，且对其亦有“超越职权”的审查标准。就后者而言，是否滥权已有“滥用职权”的审查标准。综上，“明显不当”应被界定为行政行为结果的畸轻畸重。[3]

（二）判决内容

根据《行政诉讼法》第70条，撤销判决的主判决形式包括全部撤销与部分撤销，而从判决形式即“判决被告重新作出行政行为”。

---

① 参见全国人大常委会法制工作委员会行政法室编：《〈中华人民共和国行政诉讼法〉解读与适用》，法律出版社2015年版，第170页。

② 例如，在最高人民法院指导案例88号张道文等诉简阳市政府侵犯客运人力三轮车经营权案中，法院认为：“简阳市政府1996年的经营权许可在程序上存在明显不当，直接导致与其存在前后承继关系的本案被诉行政行为的程序明显不当。”

③ 参见全国人大常委会法制工作委员会行政法室编著：《中华人民共和国行政诉讼法解读》，中国法制出版社2014年版，第197页。

1. 全部撤销与部分撤销

《行政诉讼法》第70条规定的“判决撤销”即全部撤销判决。相比而言，部分撤销判决针对具有可分性的行政行为，且不影响该行为其余部分的效力。上述“可分性”往往表现为被诉行政行为包含多项影响行政相对人合法权益的处理或在处理幅度上可作调整。例如，在最高人民法院指导案例76号亚鹏房地产公司诉萍乡市国土资源局不履行行政协议案中，被诉行政行为包含多项影响行政相对人合法权益的处理。该案一审法院判决的第二项内容属于部分撤销，具体如下：“撤销被告萍乡市国土资源局于2013年2月21日作出的《关于对市亚鹏房地产开发有限公司TG-0403号地块有关土地用途的答复》中第二项补交土地出让金208.36万元的决定。”又如，在谢培新诉永和乡人民政府违法要求履行义务案中，被诉行政行为包含的处理内容在幅度上可作调整。该案法院判决的第一项内容属于部分撤销，具体如下：“撤销被告永和乡人民政府对原告谢培新作出的1992年农民负担通知中超额部分。”①

实践中，部分撤销判决与变更判决有时不易区分。例如，在苏州鼎盛食品公司不服苏州市工商行政管理局商标侵权行政处罚案中，法院根据当时有效的1989年《行政诉讼法》第54条第4项，以行政处罚显失公正为由，判决变更被诉行政处罚决定中的“1. 责令停止侵权行为，2. 罚款人民币50万元”为“责令停止侵权行为”②。由于“责令停止侵权行为”属于责令改正的范畴，并非行政处罚，故该案法院虽适用的是变更判决，但实则撤销了行政处罚的内容。将上述处理方式理解为对整份行政决定书的部分撤销亦无不可。

2. 责令重作

关于责令重作的内容，《行政诉讼法》第70条的规定是“可以判决被告重新作出行政行为”。换言之，法院对是否判决责令重作，享有一定的裁量空间。即便原告的诉讼请求只是“撤销被诉行政行为”，法院基于重作的必要性考虑，也可判决撤销并责令重作。责令重作判决并非独立的判决形式，而是依附于撤销判决。这包含三层含义：若法院未判决撤销，则不得判决责令重作；法院在判决撤销时，并非必须判决责令重作，而是需要结合具体案情来判断；责令重作判决的适用情形应与所依附的撤销判决保持一致，但当被诉行政行为因超越事务、级别或地域管辖权而被判决撤销时，不得判决责令重作，因为一旦重作，仍将构成“超越职权”。

与责令重作相关的一个问题是，对被告的重作行为有何限制。《行政诉讼法》

---

① 谢培新诉永和乡人民政府违法要求履行义务案，《最高人民法院公报》1993年第1期，第32－33页。

② 苏州鼎盛食品公司不服苏州市工商行政管理局商标侵权行政处罚案，《最高人民法院公报》2013年第10期，第36－41页。

第 71 条规定："人民法院判决被告重新作出行政行为的，被告不得以同一的事实和理由作出与原行政行为基本相同的行政行为。"这种限制源于撤销判决而非责令重作。理论上，即便法院未判决责令被告重作，被告自行重作的行为也要受撤销判决所约束。[①] 2018 年《行诉法解释》第 90 条规定："人民法院判决被告重新作出行政行为，被告重新作出的行政行为与原行政行为的结果相同，但主要事实或者主要理由有改变的，不属于行政诉讼法第七十一条规定的情形。人民法院以违反法定程序为由，判决撤销被诉行政行为的，行政机关重新作出行政行为不受行政诉讼法第七十一条规定的限制。行政机关以同一事实和理由重新作出与原行政行为基本相同的行政行为，人民法院应当根据行政诉讼法第七十条、第七十一条的规定判决撤销或者部分撤销，并根据行政诉讼法第九十六条的规定处理。"另外，重作行为违反《行政诉讼法》第 71 条规定的，其本质上是被告不履行生效判决。原告针对该重作行为，除提起行政诉讼外，还可申请法院强制执行已生效的撤销并责令重作判决。[②]

二、变更判决

变更判决是指法院经过审理后，作出的直接变更被诉行政行为内容的判决形式。《行政诉讼法》第 77 条第 1 款规定："行政处罚明显不当，或者其他行政行为涉及对款额的确定、认定确有错误的，人民法院可以判决变更。"

（一）适用情形

1989 年《行政诉讼法》将变更判决的适用情形限于"行政处罚显失公正"。在 2014 年修法后，除将"行政处罚显失公正"调整为"行政处罚明显不当"外，为了配合"解决行政争议"的行政诉讼立法目的，"其他行政行为对款额的确定、认定确有错误"被增设为变更判决的适用情形之一。

1. 行政处罚明显不当

根据《行政诉讼法》第 70 条第 6 项，行政行为明显不当的，法院判决撤销或者部分撤销，并可以判决被告重新作出行政行为。基于体系解释，该项中的"明显不当"和《行政诉讼法》第 77 条第 1 款中的"明显不当"应采相同理解，都是指行政行为结果的畸轻畸重。

随之而来的问题是，由于撤销判决与变更判决在传统理解中分别指向行政行

---

① 参见信春鹰主编：《中华人民共和国行政诉讼法释义》，法律出版社 2014 年版，第 191 页。

② 参见最高人民法院行政审判庭编著：《最高人民法院行政诉讼法司法解释理解与适用》（上册），人民法院出版社 2018 年版，第 423 页。

为的合法性审查与合理性审查问题，若两个“明显不当”一致，则会陷入“明显不当”究竟属合法性审查标准抑或合理性审查标准的争论。事实上，所谓争论只是理解角度不同。“明显不当”应属合理性审查标准，同时被纳入实质合法性审查的范畴，二者并不冲突。1989 年《行政诉讼法》第 5 条规定：“人民法院审理行政案件，对具体行政行为是否合法进行审查。”这表明我国确立了行政诉讼中的合法性审查原则。同时，该法第 54 条第 4 项规定：“行政处罚显失公正的，可以判决变更”。由于在当时可判决变更的行政行为仅限行政处罚一种，故第 54 条第 4 项被理解为例外的合理性审查情形。在 2014 年修法后，尽管《行政诉讼法》第 6 条规定：“人民法院审理行政案件，对行政行为是否合法进行审查”，但该法第 70 条有关撤销判决的适用情形新增一项“行政行为明显不当”、第 77 条有关变更判决的适用情形亦出现“行政处罚明显不当”的新表述，这使得有关合法性审查原则的传统理解遭受冲击。若固守形式法治观的传统理解，则合法性审查原则虽可容纳第 77 条“行政处罚明显不当”这一例外，但在第 70 条第 6 项将“明显不当”所评价的对象扩展至所有行政行为后，合理性审查与合法性审查的“分庭抗礼”便成为事实，故再难以“例外—原则”的关系来描述这两种审查标准。为了缓解《行政诉讼法》第 70 条第 6 项与第 6 条的紧张关系，一种主张“在坚守合法性审查原则的同时扩大解释‘合法性’之意涵，将‘明显不当’纳入违法范畴”的观念（实质法治观）被提倡。应当说，“明显不当”在撤销判决的适用情形中被肯定，彰显了我国行政诉讼制度在审查标准上的发展，尽管仍奉行合法性审查原则，但“合法性”的内涵已发生改变，即由机械的形式合法性转向了灵活的实质合法性。[①]

2. 其他行政行为对款额的确定、认定确有错误

行政处罚以外的其他行政行为涉及对款额的确定、认定确有错误（以下简称“款额确有错误”），是指直接或间接对金钱数额确认有误。“确有错误”既包含纯粹误算、误写等明显技术纰漏，也包含因与款额相关之事实或法律的认定错误或适用错误而引发的结果错误。在行政法上，明显技术纰漏被称为“显然错误”，是指行政机关想表达的内容与行政行为实际表达的内容之间存在立即可辨识的矛盾。这种错误没有信赖保护可言，行政机关可随时将其更正。一方面，“显然错误”强调表达行为对真实意思的背离（表示瑕疵）。若行政机关是在意思形成的过程中产生错误（意思瑕疵），例如在事实认定、法律适用方面出现的错误，则不属于显然错误。另一方面，“显然错误”在程度上必须非常明显，且应是无意的、积极作为的。若故意为之，则属意思瑕疵；若消极地不作表达，则根本谈不

① 参见应松年主编：《〈中华人民共和国行政诉讼法〉修改条文释义与点评》，人民法院出版社 2015 年版，第 226 页。

上表达行为。因与款额相关之事实或法律的认定错误或适用错误而引发的结果错误，也有可能符合撤销判决中“主要证据不足”或“适用法律、法规错误”的审查标准，从而与“款额确有错误”存在竞合。此时，从“解决行政争议”的行政诉讼立法目的出发，应优先适用变更判决。

(二) 判决内容

关于变更判决的内容，《行政诉讼法》第 77 条的规定是“可以判决变更”。所谓“可以”，并不是说法院既可判决变更，也可判决驳回诉讼请求，而是赋予法院选择变更判决或撤销判决的空间。针对明显不当的行政处罚，法院也可判决撤销。例如，在陈超诉济南市城市公共客运管理服务中心行政处罚案中，法院根据《行政诉讼法》第 70 条第 6 项，对明显不当的被诉行政处罚决定作出撤销判决。[①] 变更判决的最大特征在于其直接性。“直接”是指在变更判决作出后，不需要被告依据法院的见解重新作出一个行政行为，该判决即可对权利义务关系产生形成效果。

与“可以判决变更”相关的一个问题是，不利变更是否被允许。《行政诉讼法》第 77 条第 2 款规定：“人民法院判决变更，不得加重原告的义务或者减损原告的权益。但利害关系人同为原告，且诉讼请求相反的除外。”该款涉及禁止不利变更原则及其例外情形，在适用时应注意以下问题。

第一，从《行政诉讼法》第 77 条第 2 款来看，禁止不利变更原则及其例外情形均针对“原告”，这是否意味着该原则无法适用于二审环节？对此，应结合该法的其他条文作整体解读。《行政诉讼法》第 89 条第 3 款规定：“人民法院审理上诉案件，需要改变原审判决的，应当同时对被诉行政行为作出判决。”据此，当一审判决被撤销后，二审法院完全有可能对被诉行政行为作出变更判决。此时，仍应参照适用《行政诉讼法》第 77 条第 2 款。

第二，“禁止不利变更”是否仅针对变更加重的情形？一个常被忽略的细节是，禁止不利变更原则乃针对启动程序者（如复议申请人、原告、上诉人）的“不利变更”而言，旨在消除启动程序者的顾虑，使其能积极寻求救济，进而避免相关救济渠道的虚置。若原告诉请加重对与自身利益相反的利害关系人的处罚，则“不利变更”体现为减轻对后者的处罚。例如，受害人认为行政机关对侵害人的行政处罚过轻，诉请加重处罚，除非侵害人同时起诉减轻或免除处罚，否则，法院不得通过变更判决来减轻对侵害人的处罚。

---

① 参见陈超诉济南市城市公共客运管理服务中心行政处罚案，《最高人民法院公报》2018 年第 2 期，第 45 - 48 页。

第三，当二审判决变更原行政处罚的结果比一审判决重、又比原行政处罚轻时，是否违反禁止不利变更原则？由于该原则是针对“救济程序”的启动者而言，旨在保证后者不必顾虑因启动该程序而陷入更坏境地，故该原则以“救济程序”（含上诉程序）被放心使用作为重要考量。除非利害关系人同为上诉人且诉讼请求相反，否则，前述情形应被视为违反禁止不利变更原则。

第四，当二审判决变更原行政处罚的结果比一审判决轻，又比原行政处罚重时，是否违反禁止不利变更原则？对此应区分两种情形：（1）若一审存在禁止不利变更原则的例外情形，则一审判决加重具备正当性；二审在一审基础上判决减轻后，即便仍比原行政处罚重，也不违反禁止不利变更原则，因为加重部分的正当性已在一审环节获得，二审只是对加重幅度作了缩减；（2）若一审并无禁止不利变更原则的例外情形，则一审判决加重将缺乏正当性，除非利害关系人同为上诉人且诉讼请求相反，否则，二审判决结果比原行政处罚重的，将违反禁止不利变更原则。

第四节 给付类判决

给付类判决是要求被告履行作为或不作为义务的判决。形成类判决、确认类判决一经作出，原告的诉讼目的就已达成。而在给付类判决被作出后，原告还须仰赖被告的配合（包括作为的给付与不作为的给付）才能实现目的。我国的给付类判决包括履行判决与给付判决。至于《行政诉讼法》第 76 条规定的“判决责令被告采取补救措施”“判决被告承担赔偿责任”均未突破履行判决或给付判决的射程。

一、履行判决

履行判决是指法院经过审理，认可原告的履行请求权，进而作出的要求行政主体履行法定职责的判决形式。《行政诉讼法》第 72 条规定：“人民法院经过审理，查明被告不履行法定职责的，判决被告在一定期限内履行。”2018 年《行诉法解释》第 91 条规定：“原告请求被告履行法定职责的理由成立，被告违法拒绝履行或者无正当理由逾期不予答复的，人民法院可以根据行政诉讼法第七十二条的规定，判决被告在一定期限内依法履行原告请求的法定职责；尚需被告调查或者裁量的，应当判决被告针对原告的请求重新作出处理。”

(一) 适用情形

从《行政诉讼法》第72条来看，履行判决适用于被告负有法定职责但不履行该职责的情形。而被告负有法定职责，并不意味着原告就一定享有履行请求权。若无履行请求权，则起诉人不具备原告资格，法院自然不会作出履行判决。因此，履行判决的适用情形是原告享有履行请求权且被告负有相应的法定职责，但被告不履行该职责。这三个要件必须同时具备。

1. 原告享有履行请求权

履行请求权可分为两类：其一，受益型履行请求权，是指请求行政主体作出授益性行政行为的权利。例如，申请行政许可，行政机关明确拒绝或在法定期限内不予答复的，申请人享有受益型履行请求权。这类权利存在于“行政相对人—行政主体”的双方法律关系中，且接受申请的行政主体须具备相应的处理职责。其二，规制型履行请求权，是指请求行政主体排除外界侵害或针对第三人作出负担性行政行为的权利。例如，当申请行政机关履行保护人身权、财产权等合法权益的法定职责，要求行政机关依法追究加害人法律责任，或为维护自身合法权益向具有处理投诉职责的行政机关投诉时，行政机关不履行的，申请人享有规制型履行请求权。这类权利往往存在于“受害人—行政主体—加害人（行政相对人）”的三方法律关系中，其衍生自受害人与加害人之间的民事纠纷，并由受害人请求主管机关对加害人进行规制。

2. 被告负有法定职责

此处的“法定职责”不仅来源于法律、法规、合法有效的规章、合法有效的其他规范性文件所作规定，还可产生于上级行政机关的指令、行政机关的先行行为等。其中，将法律、法规作为“法定职责”的来源并无争议，但规章与其他规范性文件应以“合法有效”为前提。这是因为我国法院在审理行政案件时，以法律、法规为依据，参照规章，并可引用其他规范性文件①，而“参照”“引用”又以规章或其他规范性文件“合法有效”为前提，否则，不能据以形成“法定职责”。至于上级行政机关的指令、行政机关的先行行为，一般认为二者均可产生作为的法定义务，且不履行该义务的表现包括不履行法定职责与不行使职权。②因此，二者也是“法定职责”的来源。至于行政协议，《行政诉讼法》第78条第1款已规定行政协议履行判决。对于被告不依法履行、未按照约定履行或者违法变更、解除行政协议的情形，若原告请求继续履行且履行仍有可能，则应适用行

---

① 参见《行政诉讼法》第63条与2018年《行诉法解释》第100条第2款。

② 参见周佑勇：《行政不作为构成要件的展开》，《中国法学》2001年第5期，第67－68页。

政协议履行判决，而不适用《行政诉讼法》第 72 条规定的履行判决。据此，行政协议不是第 72 条之“法定职责”的来源。

3. 被告不履行法定职责

根据 2018 年《行诉法解释》第 91 条，原告请求被告履行法定职责的理由成立，被告“违法拒绝履行”或“无正当理由逾期不予答复”的，构成不履行法定职责。据此，“违法拒绝履行”与“无正当理由逾期不予答复”都属于“不履行”的表现形式。

违法拒绝履行是指行政主体以明确意思表示拒绝合法申请，且该拒绝行为产生终结行政程序的效果。首先，行政主体作出的是明确且终结行政程序的意思表示，即客观上存在一个实质性的处理结果，既非对行政相对人的申请不置可否，又非单纯作出程序事务性的、不涉及实质处理结果的答复。例如，逾期不予答复、仅答复须补充申请材料、虽答复会处理但一直拖延且未采取实际行动，都不在“违法拒绝履行”之列。其次，行政主体拒绝的是合法申请。若行政相对人不符合法定的申请条件，则拒绝其申请恰恰是履行法定职责的体现。

无正当理由逾期不予答复是指行政主体未作出终结行政程序的处理决定，属于行政不作为。有关行政不作为的界定，学界素有实质说与形式说之争。[①] 二者的主要分歧反映在“拒绝履行”之定性上。实质说认为，拒绝履行在内容上否定了行政相对人的申请，应属行政不作为。形式说则主张拒绝履行在程序上已作出一项处理，应属于包含拒绝内容的行政作为。当行政主体面对不符合条件的申请时，实质说将陷入“两难”境地：若同意申请，则属违法行为；若拒绝申请，则属行政不作为。形式说则可避免上述尴尬。根据形式说的立场，行政不作为是指行政主体有作为的义务及可能性，但在程序上逾期不为。其典型例子为无正当理由逾期不予答复。之所以强调“无正当理由”，是因为在没有作为可能性（例如不可抗力）或没有答复义务（例如明显并非法定职责）的场合，程序上逾期不为不属于行政不作为。

鉴于依职权行政行为不以行政相对人提出申请为前提，故对依职权行政行为之不履行的判断，跟行政主体是否拒绝履行或逾期不予答复无关。2018 年《行诉法解释》第 91 条只是列举了依申请行政行为之不履行的两种表现形式，其远未能涵盖“不履行”的所有表现形式。一般认为，不履行的表现形式还应包含不完全履行与不适当履行。不完全履行是指行政主体虽有作为行为，但作为程度不够。例如，在最高人民法院指导案例 137 号云南省剑川县人民检察院诉剑川县森

---

① 有关实质说与形式说的代表性观点，前者可参见陈小君、方世荣：《具体行政行为几个疑难问题的识别研析》，《中国法学》1996 年第 1 期，第 50 页。后者可参见吴偕林：《关于不作为行政行为与不作为行政案件范围的思考》，《行政法学研究》1995 年第 1 期，第 51 页。

林公安局怠于履行法定职责环境行政公益诉讼案中，法院认为，被告在查明两名案外人擅自改变林地的事实后，虽作出责令限期恢复原状和罚款的决定，但在其中一名案外人缴纳罚款后三年多的时间里，未督促其对破坏的林地恢复原状，也未代为履行，是怠于履行法定职责的行为，应继续履行法定职责。不适当履行是指行政主体有履行行为，但履行方式不当。例如，在最高人民法院指导案例77号罗镕荣诉吉安市物价局物价行政处理案中，法院认为，被告对原告的答复“未载明对举报事项的处理结果。此种以告知《批复》有关内容代替告知举报调查结果行为，未能依法履行保护举报人财产权的法定职责”。

拖延履行并非“不履行”，其本质是“拖延处理但履行了职责”。拖延履行应同时满足两点：(1) 拖延处理，即在超过法定期限或合理期限后才作出终结行政程序的意思表示；(2) 履行了职责，即已依法作出处理。尽管在上述期限内，拖延履行与不予答复（属于不履行）完全重合，当期限届满时，行政相对人即可诉请履行法定职责；但拖延履行毕竟以最终履行了职责为前提，这将影响到履行判决能否被适用。事实上，在原告提起履行法定职责的诉讼后，若被告履行了法定职责（此时方构成拖延履行）且原告不撤诉，则法院将以判决履行无意义为由，适用确认违法判决。[①] 换言之，拖延履行是已履行，故判决履行无意义。

（二）判决内容

关于履行判决的内容，《行政诉讼法》第72条的规定是“判决被告在一定期限内履行”。但法院能否决定被告履行的具体内容，并不明确。2018年《行诉法解释》第91条解答了上述疑问，其将履行判决区分为两类：(1) 无须被告进一步调查或裁量的，可以根据《行政诉讼法》第72条，判决被告在一定期限内依法履行原告请求的法定职责；(2) 尚需被告调查或者裁量的，应当判决被告针对原告的请求重新作出处理。为便于表述，下文将这两类履行判决分别称为“履行特定义务判决”与“履行一定义务判决”。

对以上两类履行判决的设置，既有对司法权与行政权分工问题的考量，又兼顾了对“解决行政争议”的行政诉讼立法目的之回应。在权力分工的宪制安排下，司法权对行政权的干预应遵循必要界限。行政主体作出行政行为，是对某种行政法律关系的首次判断。法院对行政行为作出审查，原则上应尊重行政首次判断权。但是，当行政裁量权缩减至零时，可供其作出选择的方案是唯一的，这意

---

① 对“拖延履行”的处理体现在2018年《行诉法解释》第81条第4款，即“原告起诉被告不作为，在诉讼中被告作出行政行为，原告不撤诉的，人民法院应当就不作为依法作出确认判决”。期限内的“拖延履行”与不予答复重合，故在期满时被起诉“不作为”；但关键是被告于诉讼中已作为，此时方构成“拖延履行”。

味着无论是由法院进行判断还是由行政主体进行判断，结果都将一样，进而也就无须强调对行政首次判断权的尊重了。履行一定义务判决的前提是“尚需被告调查或者裁量”，此时基于对行政首次判断权的尊重，法院不能决定被告履行的具体内容，只能笼统地判决履行。履行特定义务判决的前提虽未在 2018 年《行诉法解释》第 91 条中被明示，但从条文结构仍可推出其以“无须被告进一步调查或裁量”为前提。此时已无须强调对行政首次判断权的尊重，故法院能决定被告履行的具体内容。

二、给付判决

给付判决是指法院经过审理，认可原告的给付请求权，进而作出的强制行政主体履行给付义务的判决形式。《行政诉讼法》第 73 条规定：“人民法院经过审理，查明被告依法负有给付义务的，判决被告履行给付义务。”2018 年《行诉法解释》第 92 条规定：“原告申请被告依法履行支付抚恤金、最低生活保障待遇或者社会保险待遇等给付义务的理由成立，被告依法负有给付义务而拒绝或者拖延履行义务的，人民法院可以根据行政诉讼法第七十三条的规定，判决被告在一定期限内履行相应的给付义务。”

（一）适用情形

从《行政诉讼法》第 73 条来看，给付判决的适用情形是被告依法负有给付义务。但既然要判决被告履行给付义务，其前提自然是被告不履行该义务。同时，若无给付请求权，则起诉人不具备原告资格，法院自然不会作出给付判决。综上，给付判决的适用情形是原告享有给付请求权且被告依法负有给付义务，但被告不履行该义务。这三个要件必须同时具备。其中，给付请求权与前文分析的履行请求权近似，对给付义务的“不履行”与前文分析的对法定职责的“不履行”一致。[①] 这里仅重点分析“依法负有给付义务”的理解问题。

首先，“依法”涉及给付义务的来源问题。此处的“依法”既包含依法律、法规、合法有效的规章、合法有效的其他规范性文件，又包含依上级行政机关的指令、行政机关的先行行为、行政允诺等。例如，在杜三友等诉临汾市政府不履行给付待遇案中，法院认为，作为提起给付之诉前提的“给付请求权，既有可能来自法律、法规、规章的规定，来自一个行政决定……也有可能来自行政机关作出的各

① 2018 年《行诉法解释》第 92 条将“拖延履行”作为不履行给付义务的表现形式之一，这是值得商榷的。毕竟，拖延履行并非“不履行”，其本质是“拖延处理但履行了给付义务”。

种形式的承诺”[①]。但是，由行政协议产生的给付义务应适用《行政诉讼法》第78条第1款规定的行政协议履行判决，不应被纳入第73条中的“依法负有给付义务”。可见，“给付义务”与前文分析的“法定职责”在来源上并无不同。[②]

其次，“给付义务”涉及给付标的的范围问题。给付判决被视为对《行政诉讼法》第12条第1款第10项的回应，即专门针对“支付抚恤金、最低生活保障待遇或者社会保险待遇”（属于行政给付行为）而设。[③] 2018年《行诉法解释》第92条对给付判决予以细化，除保留《行政诉讼法》第12条第1款第10项列举的三种情形外，还添加“等给付义务”的表述，从而为扩张该判决的适用范围留下空间。但在扩张程度上，究竟是扩大至类似性质的金钱给付，还是扩大至所有金钱给付乃至行为给付？从法条逻辑来看，作为兜底性规定的“等给付义务”应与其列举事项的性质相似，即只能是和《行政诉讼法》第12条第1款第10项的三种情形性质类似之情形。这些情形不拘泥于“抚恤金”“最低生活保障金”“保险金”等名目。凡涉及人身权、财产权且应由行政机关发放的救济金、福利金、奖励金等均在此列。[④]

（二）判决内容

关于给付判决的内容，《行政诉讼法》第73条的规定是“判决被告履行给付义务”。相比而言，2018年《行诉法解释》第92条的规定是“判决被告在一定期限内履行相应的给付义务”，即增加了“在一定期限内”和“相应的”两项限定内容。关于法院能否决定被告给付的具体内容，从司法实践来看，法院持肯定立场。例如，在中国信达资产管理公司海南分公司诉海口市琼山区政府不履行给付义务案中，法院认为：“《中华人民共和国行政诉讼法》第七十三条规定，人民法院经过审理，查明被告依法负有给付义务的，判决被告履行给付义务。作为金钱给付案件，人民法院享有完全管辖权，应当依照行政诉讼法前述的规定，作出具有具体给付内容的实体判决，不能以履行判决替代给付判决。人民法院审理金钱给付案件，仅仅审查被告行政机关是否负有给付义务，不去审查应当给付的具体项目、数额，简单判决限期履行给付义务，违背行政诉讼法第一条关于行政诉讼实质化解行政争议的立法目的，违反第七十三条‘判决被告履行给付义务’的

---

① 杜三友等诉临汾市政府不履行给付待遇案，最高人民法院（2017）最高法行申3461号行政裁定书，2017年11月8日。

② 关于给付判决与履行判决的适用边界，现行立法及司法解释未作规定，学界争议较大。参见梁君瑜：《行政诉讼履行判决的构造与边界》，《北方法学》2021年第4期，第114－115页。

③ 参见全国人大常委会法制工作委员会行政法室编著：《中华人民共和国行政诉讼法解读》，中国法制出版社2014年版，第202页。

④ 参见应松年主编：《〈中华人民共和国行政诉讼法〉修改条文释义与点评》，人民法院出版社2015年版，第230页。

法定要求。”[①] 但上述肯定立场，又以“给付义务必须内容明确”为前提。例如，在肖化炼诉隆回县政府行政给付案中，法院认为：“人民法院经审查查明行政机关依法负有给付义务的，就应判决其履行该给付义务。但是，对于当事人要求行政机关直接给付金钱的，请求给付的金额必须已经确定，如果须由行政机关事先核定给付金额的，则仍应由行政机关先行处理，当事人如对处理结果不服，可以再另行寻求救济。”[②]

第五节 确认类判决

确认类判决是就行政法律关系存在或不存在、行政行为违法或无效予以权威性宣告的判决。我国的确认类判决包括确认违法判决与确认无效判决，《行政诉讼法》及相关司法解释尚未规定确认行政法律关系存在或不存在的判决形式。

一、确认违法判决

确认违法判决是指法院经过审理后，作出的确认被诉行政行为违法但保留其效力的判决形式。《行政诉讼法》第 74 条规定：“行政行为有下列情形之一的，人民法院判决确认违法，但不撤销行政行为：（一）行政行为依法应当撤销，但撤销会给国家利益、社会公共利益造成重大损害的；（二）行政行为程序轻微违法，但对原告权利不产生实际影响的。行政行为有下列情形之一，不需要撤销或者判决履行的，人民法院判决确认违法：（一）行政行为违法，但不具有可撤销内容的；（二）被告改变原违法行政行为，原告仍要求确认原行政行为违法的；（三）被告不履行或者拖延履行法定职责，判决履行没有意义的。”

（一）适用情形

确认违法判决的适用情形共有五种，从《行政诉讼法》第 74 条的两款规定来看，这五种情形被分为两类：第 1 款不触及确认违法判决的补充性问题，给公共利益造成重大损害的违法行政行为、对原告权利不产生实际影响且程序轻微违

① 中国信达资产管理公司海南分公司诉海口市琼山区政府不履行给付义务案，最高人民法院（2019）最高法行申 1509 号行政裁定书，2019 年 8 月 19 日。

② 肖化炼诉隆回县政府行政给付案，最高人民法院（2019）最高法行申 3965 号行政裁定书，2019 年 10 月 9 日。另可参见赵俊义诉乾县政府等不履行职责案，最高人民法院（2018）最高法行申 5903 号行政裁定书，2018 年 8 月 27 日。

法的行政行为，并非客观上无法被撤销，而是基于公益、效率等考量而选择确认违法；第 2 款触及确认违法判决的补充性问题，不具有可撤销内容的行政行为、被改变的行政行为在客观上无法被撤销（没有可撤销的对象），履行无意义的情形在客观上也没必要再判决履行，因而选择确认违法。

1. 行政行为依法应当撤销，但撤销会给国家利益、社会公共利益造成重大损害

此种适用情形下的确认违法判决，在学理上被称为“情况判决”或“情势判决”。情况判决蕴含私益向公益让步的意旨：被诉行政行为违法本该撤销，撤销可维护原告的私益；但因撤销将严重损害公益，故在利益权衡之后，保留被诉行政行为的效力，仅确认其违法。从情况判决的现有规定来看，受损的是国家利益或社会公共利益（统称公共利益），且在程度上须为“重大损害”。若损害非属重大，则应判决撤销。

其一，何为“公共利益”？公共利益存在利益内容与受益对象上的双重不确定性。为兼顾社会的多元价值，应借助民主程序来界定公共利益。[①] 若从字面上作直观解读，“公共利益”即“公共”的利益。“公共”包含以下特性：对共同社会成员有共通的必要利益，原则上共同消费和利用的可能性是为全体成员而展开，主要由公的主体实施作业和管理。[②] 由此看来，公共利益首先是一种广泛、共通且必不可少的利益诉求。而要满足如此广泛的利益诉求，客观上绝非个人的能力、财力所能施予。其次，公共利益是一种具备由社会成员共同消费之可能性的利益诉求。其最终须提供予人民分享。最后，公共利益还是一种主要仰赖公法主体加以实现的利益诉求，这里既有个人能力孱弱的客观原因，也有个人对维护公共利益缺乏主观能动性的原因。

其二，何为“重大损害”？在益民公司诉河南省周口市政府等行政行为违法案中，法院适用情况判决，其认定撤销被诉行政行为将给公共利益造成“重大损害”的理由如下：(1) 招标活动须重启，周口市“西气东输”利用工作的进程被延误；(2) 重新招标的结果具有不确定性，基于信赖被诉行政行为而进行的合法投入将受损；(3) 周口市民及企业无法及时使用天然气，甚至可能失去“西气东输”工程在本市接口的机会，从而对该市的经济发展和社会生活造成不利影响。[③] 可见，该案法院考虑了本市的市民及企业这一不特定多数人的利益、使用

---

① 参见陈新民：《德国公法学基础理论》(增订新版·上卷)，法律出版社 2010 年版，第 229、231、248 页。

② 参见程明修：《从行政法之观点论行政之公共性》，城仲模主编：《行政法之一般法律原则》(一)，三民书局 1999 年版，第 109 页。

③ 参见益民公司诉河南省周口市政府等行政行为违法案，《最高人民法院公报》2005 年第 8 期，第 23 - 33 页。

天然气的基本生活需求以及企业前期投入之损失，从影响的范围、深度、损失额界定“重大损害”。而在最高人民法院指导案例88号张道文等诉简阳市政府侵犯客运人力三轮车经营权案中，法院适用情况判决，其认为在被诉行政行为作出后，简阳市城区交通秩序得到好转，城市道路运行能力得到提高，城区市容市貌持续改善，若判决撤销被诉行政行为，将给行政管理秩序和社会公共利益带来明显不利影响。[①] 可见，该案法院是从保留被诉行政行为可增进公共利益的角度出发，反向论证撤销该行为将存在“重大损害”。

2. 行政行为程序轻微违法，但对原告权利不产生实际影响

首先，如何理解“程序轻微违法”？2018年《行诉法解释》第96条规定：“有下列情形之一，且对原告依法享有的听证、陈述、申辩等重要程序性权利不产生实质损害的，属于行政诉讼法第七十四条第一款第二项规定的‘程序轻微违法’：（一）处理期限轻微违法；（二）通知、送达等程序轻微违法；（三）其他程序轻微违法的情形。”从条文逻辑来看，“且”字前后的内容是“程序轻微违法”所须具备的两个要件。但从内容来看，“有下列情形之一”仅是对程序轻微违法情形的不完全列举。而所列举的“处理期限轻微违法”与“通知、送达等程序轻微违法”不仅可能交叉（例如逾期送达）、无法从中提炼出一般性判定标准，而且与作为兜底条款的“其他程序轻微违法的情形”一样，只是单纯复述了“程序轻微违法”的字眼而未确立判定标准。因此，“对重要程序性权利不产生实质损害”才是判定“程序轻微违法”的关键。

其次，如何理解“但对原告权利不产生实际影响”？“但”字表示转折，意味着在程序轻微违法时，确实存在对原告权利产生实际影响的情形。否则，不必多此一举地加以限定。相应地，“原告权利”应被限缩解释为原告的实体权利。若不加限定，则当“原告权利”被理解为程序性权利或泛指所有权利（含程序性权利与实体权利）时，因“不产生实际影响”与2018年《行诉法解释》第96条中的“不产生实质损害”并无本质区别，且第96条中的“重要程序性权利”之“重要”二字仅系强调，并无限定之意，更无“不重要的程序性权利”一说，故《行政诉讼法》第74条第1款第2项中的“程序轻微违法”与“对原告权利不产生实际影响”这两个要件要么重合，要么前者被后者吸收，从而不符合第74条第1款第2项对二者采取的并列表述逻辑。

3. 行政行为违法，但不具有可撤销内容

此种适用情形主要针对违法的行政事实行为。就行政事实行为而言，不具有

---

① 该案的判决原文，参见张道文等诉简阳市政府侵犯客运人力三轮车经营权案，最高人民法院（2016）最高法行再81号行政判决书，2017年5月3日。

可撤销内容是因为该行为未包含发生法律效果的意思表示，从而也就没有被撤销的对象。即便该行为有可能在事实上影响行政相对人，这种影响也并非基于行政主体的意思表示产生，而是直接源于法律规定。除了行政事实行为，具备行政性、权力性、单方性、法效性、外部性、具体性等特征的狭义行政行为[①]，也可能出现“不具有可撤销内容”的情形。只不过，就狭义行政行为而言，不具有可撤销内容是因为没有行为载体。[②] 若只是行政行为已被执行完毕，则未必不具有可撤销内容。例如，已执行完毕的行政处罚仅是执行力消灭，而处罚决定书在整体上依然是有效的，此时适用撤销判决并无不可。另外，下面将论及的“被告改变原违法行政行为，原告仍要求确认原行政行为违法”的情形，同样可被归为“不具有可撤销内容”。当被告改变原违法行政行为后，原行政行为不复存在，针对该行为的撤销诉讼将不具有可撤销内容。[③]

4. 被告改变原违法行政行为，原告仍要求确认原行政行为违法

此种适用情形下的确认违法判决与 2018 年《行诉法解释》第 81 条第 4 款规定的确认违法判决，在学理上被称为“继续确认判决”。2018 年《行诉法解释》第 81 条第 4 款规定：“原告起诉被告不作为，在诉讼中被告作出行政行为，原告不撤诉的，人民法院应当就不作为依法作出确认判决。”所谓“继续”，是针对原先的诉讼请求而言。例如，原先旨在撤销的行政行为因被告将其改变而不复存在，若仍坚持诉请法院撤销，则因没有可撤销的对象以及诉请撤销的目的已实现，该诉讼丧失了权利保护必要性。[④] 而欠缺权利保护必要性的，法院应裁定驳回起诉。但若原告此时将诉讼请求由“撤销”转换为“确认违法”，则权利保护必要性并不丧失，诉讼也将继续进行。当然，若在起诉前，被告已改变原行政行为或已纠正原先不作为之状态（作出行政行为但已逾期），则原告可诉请确认原行政行为或逾期作为违法，不存在先诉请撤销或履行法定职责后再转换为诉请确认违法的问题。

在理解“被告改变原违法行政行为”时，应注意“改变”包含撤销与变更。

---

① 此处的“狭义行政行为”与德国的行政处分、法国的行政处理、我国学者提及的“行政决定”“具体行政行为”同义。关于狭义行政行为之特征的分析，参见梁君瑜：《论行政纠纷可诉性》，《北方法学》2019 年第 6 期，第 89 页。

② 例如，在刘云务诉山西省太原市公安局交通警察支队晋源一大队道路交通管理行政强制案中，未制作书面决定的扣留车辆行为（属于行政强制措施）被认为不具有可撤销内容。参见《最高人民法院公报》2017 年第 2 期，第 24－28 页。

③ 参见江必新、梁凤云：《行政诉讼法理论与实务》（下册），法律出版社 2016 年版，第 1704 页。

④ 在行政诉讼中，权利保护必要性也被称为狭义诉的利益、行政争讼实益、权利保护利益等，是指原告之诉拥有值得保护的利益，故足以令法院动用司法资源为其服务。其中，“无实益”是欠缺权利保护必要性的诸多情形之一，具体是指损害已因事实或法律上原因而消灭，或者损害虽未因事实或法律上原因而消灭，但即便原告胜诉也无法使其改善地位或恢复利益。若诉请撤销的行政行为已由被告自行撤销，则原告的目的已实现，继续判决撤销也无法增进其利益。

首先，就被告撤销原行政行为的情形而言，原行政行为不再存续，且未产生新的行政行为，故法院无法适用撤销判决，但原告可请求继续确认原行政行为违法。同时，法院应释明原告将诉讼请求由“撤销”转换为“确认违法”：若原告拒不转换诉讼请求，则法院应裁定驳回起诉；若原告同意转换诉讼请求，则法院应根据原行政行为是合法抑或违法，分别判决驳回诉讼请求与确认该行为违法。其次，就被告变更原行政行为的情形而言，原行政行为不再存续，但产生新的行政行为。此时，原告不仅可请求继续确认原行政行为违法（法院同样承担上述释明义务），还可起诉新产生的行政行为。

5. *被告不履行或者拖延履行法定职责，判决履行没有意义*

关于“不履行”的表现形式，应包含违法拒绝履行、无正当理由逾期不予答复、不完全履行、不适当履行等，但“拖延履行”不应被纳入其中。拖延履行并非“不履行”，其本质是“拖延处理但履行了职责”[①]。何为“判决履行没有意义”？鉴于履行法定职责可能存在时间上的考量，某些职责一旦时过境迁，将可能无法履行，又或者判决履行毫无实益。

从司法实践来看，法院在认定“判决履行没有意义”时，还将“判决履行在客观上无法实现”与“被告已经履行”这两种情形纳入其中。例如，在刘全福等诉潍坊市高新技术产业开发区管委会不履行行政协议案中，法院基于《行政诉讼法》第 74 条第 2 款第 3 项的规定，认为：“尽管 49 号土地出让协议是一个违法并非无效的行政协议，原本可以在完善手续后继续履行。但是，因法律对出让土地程序的变更，最终导致继续履行 49 号土地出让协议没有实际可能。此时，人民法院应当依法判决确认潍坊高新区管委会未按照约定履行国有土地出让协议义务行为违法。”[②] 又如，在谢笑峰诉哈尔滨市南岗区政府不履行职责案中，法院基于《行政诉讼法》第 74 条第 2 款第 3 项的规定，指出“南岗区政府收到谢笑峰的信息公开申请书后，未在规定的期限内予以答复”，但“在本案一审审理过程中已对谢笑峰的信息公开申请作出书面答复，再判令其作出信息公开答复已无实际意义，一、二审判决确认南岗区政府未在法定期限内依谢笑峰申请给予政府信息公开答复的行为违法，并无不当”[③]。其中，将“被告已经履行”纳入“判决履行没有意义”的范畴，实则与前文提到的“被告改变原违法行政行为，原告仍要求确认原行政行为违法”产生竞合，具体又符合 2018 年《行诉法

① 针对“不履行”与“拖延履行”的分析，详见本章第四节中“被告不履行法定职责”的部分。

② 刘全福等诉潍坊市高新技术产业开发区管委会不履行行政协议案，最高人民法院（2020）最高法行申 5229 号行政裁定书，2020 年 11 月 3 日。

③ 谢笑峰诉哈尔滨市南岗区政府不履行职责案，最高人民法院（2018）最高法行申 11161 号行政裁定书，2018 年 12 月 18 日。另可参见郑竹林诉金华市政府信息公开案，最高人民法院（2020）最高法行申 2871 号行政裁定书，2020 年 4 月 30 日。

解释》第81条第4款所规定的那一类“继续确认判决”[①]，即原先不履行的状态已在诉讼中被纠正，原告诉请履行职责的目的已实现。若原告此时不将诉讼请求由“履行”转换为“确认违法”，则欠缺权利保护必要性，将面临被驳回起诉的结果。

（二）判决内容

关于确认违法判决的内容，《行政诉讼法》第74条的规定是“判决确认违法”。与撤销不同，确认违法并未消灭行政行为的效力；与确认无效不同，确认违法不仅保留行政行为的效力，而且在违法程度上没有达到“重大且明显”的程度。那么，如何理解此处的“违法”？鉴于撤销判决具有确认被诉行政行为违法且消灭该行为效力的功能，履行判决具有确认不履行法定职责的行为违法且课予被告履行义务的功能，以上两种判决的功能都比确认违法判决更全面，故在适用顺位上，确认违法判决具有相较于撤销判决、履行判决的补充性。仅当后两种判决无法被适用时，才有确认违法判决的用武之地。由此看来，确认违法判决所针对的“违法”应与撤销判决、履行判决所针对的“违法”一致，即对行政行为而言，以主要证据不足、适用法律法规错误、违反法定程序、超越职权、滥用职权、明显不当作为认定其“违法”的标准；对不履行法定职责而言，其中的“拒绝履行”遵循前述认定行政行为“违法”的标准，“逾期不予答复”则以期限届满时未作出终结行政程序的处理决定且无正当理由作为认定其“违法”的标准。

二、确认无效判决

确认无效判决是指法院经过审理，认为被诉行政行为重大且明显违法，进而作出的确认该行政行为无效的判决形式。《行政诉讼法》第75条规定：“行政行为有实施主体不具有行政主体资格或者没有依据等重大且明显违法情形，原告申请确认行政行为无效的，人民法院判决确认无效。”2018年《行诉法解释》第99条规定：“有下列情形之一的，属于行政诉讼法第七十五条规定的‘重大且明显违法’：（一）行政行为实施主体不具有行政主体资格；（二）减损权利或者增加义务

① 例如，在梁宏伟诉大城县政府信息公开案中，法院同时基于2018年《行诉法解释》第81条第4款与《行政诉讼法》第74条第2款第3项，认为大城县政府对梁宏伟的政府信息公开申请在法定期限内未予答复，但“在诉讼中大城县人民政府作出了政府信息公开答复意见书并送达梁宏伟……确认大城县人民政府不履行政府信息公开的法定职责违法，并无不当”。参见最高人民法院（2019）最高法行申3000号行政裁定书，2019年5月14日。

的行政行为没有法律规范依据；（三）行政行为的内容客观上不可能实施；（四）其他重大且明显违法的情形。”

（一）适用情形

《行政诉讼法》第 75 条与 2018 年《行诉法解释》第 99 条列举了确认无效判决的三种适用情形，并以“行政行为重大且明显违法”作为适用该判决形式的兜底情形。

1. 行政行为实施主体不具有行政主体资格

如何理解“实施主体不具有行政主体资格”？这个问题不妨转述如下：此处的“实施”究竟是行为意义上的实施，抑或责任归属意义上的实施？假设是行为意义上的实施，则当实施主体不具有行政主体资格时，实施主体的背后还可能存在法律责任的归属主体。只要存在该责任归属主体且其具备行政主体资格，就不影响被诉行为的行政行为属性。此时，一律将该行为认定为无效行政行为，并不妥当。假设是责任归属意义上的实施，则当实施主体不具有行政主体资格时，该行为因缺乏行政性而根本不是行政行为（行政行为不成立），自然也不可能构成无效行政行为。因此，无论对“实施”采取上述何种理解，《行政诉讼法》第 75 条都无法获得自洽解释。尽管有观点指出：“实施主体不具有行政主体资格”更多是指法律、法规、规章授权组织的行为，该组织在授权范围内才具有行政主体资格，超出授权范围作出的行政行为将被认定为无效。[①] 但是，2018 年《行诉法解释》第 20 条第 2 款规定：“法律、法规或者规章授权行使行政职权的行政机关内设机构、派出机构或者其他组织，超出法定授权范围实施行政行为，当事人不服提起诉讼的，应当以实施该行为的机构或者组织为被告。”据此，若按照上述观点，则会推出“不具有行政主体资格的组织也能成为我国行政诉讼适格被告”之结论。这不符合当前学界的主流认识。[②]

2. 行政行为没有依据

根据 2018 年《行诉法解释》第 99 条，“没有依据”是指“减损权利或者增加义务的行政行为没有法律规范依据”。这并不包含“没有事实依据（证据）”的情形。“没有依据”的判定标准应包含程序与实体两个方面（见表 6-1）。

---

① 参见最高人民法院行政审判庭编著：《最高人民法院行政诉讼法司法解释理解与适用》（上册），人民法院出版社 2018 年版，第 457 页。

② 参见姜明安主编：《行政法与行政诉讼法》，北京大学出版社、高等教育出版社 2019 年第 7 版，第 452 页；林莉红：《行政诉讼法学》，武汉大学出版社 2020 年第 5 版，第 114 页；何海波：《行政诉讼法》，法律出版社 2022 年第 3 版，第 217 页。

表 6-1 没有依据的表现与性质

<table>
<tr><td colspan="3">行政行为的具体表现形式</td><td>违法情形的归类</td></tr>
<tr><td rowspan="3">完全未写或仅笼统写上依据，未援引具体条文</td><td colspan="2">在行政诉讼中没有补充依据</td><td>没有依据</td></tr>
<tr><td rowspan="2">在行政诉讼中补充了依据</td><td>但无法通过既有证据使该案事实涵摄于所补充的依据</td><td>没有依据</td></tr>
<tr><td>通过既有证据能够使该案事实涵摄于所补充的依据</td><td>程序轻微违法</td></tr>
<tr><td colspan="3">详细列明依据，但该依据不适用于本案</td><td>适用法律、法规错误</td></tr>
</table>

首先，在程序方面，行政主体在作出行政行为时未说明所适用的依据，通常表现为行政决定书中完全未写依据，或者仅笼统地写上“依照某法”“依照某法的相关规定”而未援引具体条文。若行政机关已列明详细依据，则即便该依据并不适用于该案事实，也应归入“适用法律、法规错误”的情形，适用撤销判决。

其次，在实体方面，在上述行政行为被起诉后，行政主体在诉讼中始终没有补充依据（包括对完全未写依据的补充与对笼统写上依据的补充），或者虽有补充，但无法通过既有证据使该案事实涵摄于所补充的依据。例如，最高人民法院指导案例 41 号宣懿成等诉衢州市国土局收回国有土地使用权案的“裁判要点”指出：“行政机关作出具体行政行为时未引用具体法律条款，且在诉讼中不能证明该具体行政行为符合法律的具体规定，应当视为该具体行政行为没有法律依据……”反之，若行政主体根据行政行为作出时的证据所认定的事实，能够合理涵摄于其在诉讼中补充的依据，则行政行为并非无效，顶多属于“程序轻微违法”，若同时满足“对原告权利不产生实际影响”的条件，则适用确认违法判决。

3. 行政行为的内容客观上不可能实施

此种适用情形主要是指行政行为的内容对任何人而言均不能实现，以及“行政行为虽然对绝大多数人并非客观上无法实现，但是对特定个体，由于身体状况、年龄等原因无法履行义务”①。这在学理上被称为“客观不能”，特指事实上的不可能，而有别于法律不能。法律不能是指行政行为所要求或许可行政相对人实施的行为构成犯罪或违法。在判断足以导致行政行为无效的客观不能情形时，应考察不可能性的明显程度；若为技术上的不可能，则通常难以认定，此种不可能未必在行政行为作出时就显现出来。② 对于在行政行为的履行过程中，该行为

---

① 最高人民法院行政审判庭编著：《最高人民法院行政诉讼法司法解释理解与适用》（上册），人民法院出版社 2018 年版，第 458 页。

② 参见［德］汉斯·J. 沃尔夫、奥托·巴霍夫、罗尔夫·施托贝尔：《行政法》（第二卷），高家伟译，商务印书馆 2002 年版，第 86 页。

的客观不能属性才被发现的，不影响对其作出无效行政行为的认定。[①]

行政行为的内容客观上不可能实施，违反了“法不强人所难”的一般法律原则，主要包含以下四种情形：(1) 行政行为要求的事项在客观上绝不可能实现。例如，要求拆除已倒塌的违法建筑、对死者作出行政拘留决定、在同一路段设置60km/h的最低限速标志与30km/h的最高限速标志。(2) 行政行为要求的事项在未来可能实现，但当下的科技水平无法实现。例如，要求造纸厂不得排放任何污水、废气。(3) 行政行为要求的事项虽在技术上可行，但耗资甚巨或有其他重大困难，任何理性人都不会作此考虑。[②] 例如，要求拆除已有上千住户的违建小区的住宅楼。(4) 行政行为课予行政相对人一项无法代履行的作为义务，后者因年龄、健康状况等个人因素而显然不可能履行上述义务。[③] 总之，行政行为的内容客观上不可能实施，将使行政相对人陷入两难，其违法性往往明显；又因有悖一般法律原则，其违法性自然也是重大的，故应适用确认无效判决。

（二）判决内容

关于确认无效判决的内容，《行政诉讼法》第75条的规定是“判决确认无效”。这里的“无效”是指行政行为自始、确定无效。自始无效是指行政行为从成立时起就不产生效力，仅存在效力的外观，只要经由法定程序宣告其无效，便溯及既往地丧失其效力的外观。确定无效是指无效状态不会通过行政主体的事后追认、补正或单纯时间的流逝而变为有效。“重大且明显违法”是《行政诉讼法》第75条采取的认定无效行政行为的普适性标准。“判决确认无效”也就意味着被诉行政行为被确认为重大且明显违法并自始不生效力。通常认为，“重大”是指违法后果的严重性；而确定“明显”标准的不是行政相对人的主观想象，也不是法学家的认知能力，而是一个理智公民的认识。[④] 例如，在濮阳市华龙区华隆天然气有限公司因濮阳华润燃气有限公司诉河南省濮阳市城市管理局、河南省濮阳市人民政府确认行政协议无效再审案中，法院认为：“‘重大’一般是指行政行为的实施将给公民、法人或者其他组织的合法权益带来重大影响；而‘明显’一般是指行政行为的违法性已经明显到任何有理智的人都能够作出判断的程度。”[⑤]

---

① 参见翁岳生主编：《行政法》(上册)，元照出版有限公司2020年版，第673页。

② 参见陈敏：《行政法总论》，新学林出版股份有限公司2019年版，第422页。

③ 参见翁岳生主编：《行政法》(上册)，元照出版有限公司2020年版，第673页。

④ 参见 [德] 哈特穆特·毛雷尔：《行政法学总论》，高家伟译，法律出版社2000年版，第251页。

⑤ 濮阳市华龙区华隆天然气有限公司因濮阳华润燃气有限公司诉河南省濮阳市城市管理局、河南省濮阳市人民政府确认行政协议无效再审案，《最高人民法院公报》2022年第5期，第21页。

第六节　行政协议判决与经复议案件的判决

本章第三至五节提及的撤销判决、变更判决、履行判决、给付判决、确认违法判决、确认无效判决都属于针对单方行政行为或行政不作为的判决形式。2014年修改后的《行政诉讼法》将行政协议纳入受案范围，该法第78条相应增设了行政协议判决的内容。另外，本节所说的“经复议的案件”是对“经过复议机关实体处理后提起行政诉讼之案件”的简称。[①] 2018年《行诉法解释》分别对复议机关改变和维持原行政行为时的判决作了规定。

一、行政协议判决

行政协议判决是法院在审理行政协议案件时，针对行政协议本身或行政协议相关行为作出的判决之总称。《行政诉讼法》第78条规定：“被告不依法履行、未按照约定履行或者违法变更、解除本法第十二条第一款第十一项规定的协议的，人民法院判决被告承担继续履行、采取补救措施或者赔偿损失等责任。被告变更、解除本法第十二条第一款第十一项规定的协议合法，但未依法给予补偿的，人民法院判决给予补偿。”据此，针对被告不依法或未按约定履行行政协议的行为以及违法变更、解除行政协议的行为，法院根据实际情况，判决被告继续履行、采取补救措施或赔偿损失；针对被告变更、解除行政协议合法但未依法给予补偿的行为，法院判决给予补偿。此外，《行政协议审理规定》对行政协议判决进行了补充和细化。从《行政协议审理规定》第9条规定来看，行政协议案件中的诉讼请求既有针对行政协议本身的，也有针对行政协议相关行为的。针对这两类诉讼请求，行政协议判决可分为针对行政协议本身的判决与针对行政协议相关行为的判决。

（一）针对行政协议本身的判决

其一，判决确认行政协议的效力，包括确认行政协议无效与确认行政协议有效。《行政协议审理规定》第12条规定：“行政协议存在行政诉讼法第七十五条规定的重大且明显违法情形的，人民法院应当确认行政协议无效。人民法院可以适用民事法律规范确认行政协议无效。行政协议无效的原因在一审法庭辩论终结

① 不包括复议机关不作为、作出不予受理决定、以不符合受理条件为由作出驳回复议申请决定的情形。

前消除的，人民法院可以确认行政协议有效。”

其二，判决确认行政协议未生效。《行政协议审理规定》第 13 条第 1 款规定：“法律、行政法规规定应当经过其他机关批准等程序后生效的行政协议，在一审法庭辩论终结前未获得批准的，人民法院应当确认该协议未生效。”

其三，判决撤销行政协议。《行政协议审理规定》第 14 条规定：“原告认为行政协议存在胁迫、欺诈、重大误解、显失公平等情形而请求撤销，人民法院经审理认为符合法律规定可撤销情形的，可以依法判决撤销该协议。”

其四，判决解除行政协议。《行政协议审理规定》第 17 条规定：“原告请求解除行政协议，人民法院认为符合约定或者法定解除情形且不损害国家利益、社会公共利益和他人合法权益的，可以判决解除该协议。”

（二）针对行政协议相关行为的判决

其一，判决被告赔偿。《行政协议审理规定》第 13 条第 2 款规定：“行政协议约定被告负有履行批准程序等义务而被告未履行，原告要求被告承担赔偿责任的，人民法院应予支持。”另外，根据《行政协议审理规定》第 15 条第 2 款、第 16 条第 3 款、第 19 条第 1 款、第 22 条，“因被告的原因导致行政协议被确认无效或者被撤销”，“被告变更、解除行政协议的行政行为违法”，“被告未依法履行、未按照约定履行行政协议”，“因被告的行为造成行政协议无效的”，这四种情形给原告造成损失的，判决被告予以赔偿。

其二，判决返还财产，若不能返还，则判决折价补偿。《行政协议审理规定》第 15 条第 1 款规定：“行政协议无效、被撤销或者确定不发生效力后，当事人因行政协议取得的财产，人民法院应当判决予以返还；不能返还的，判决折价补偿。”这类判决的特殊之处是既可针对被告，也可针对原告。在行政协议无效、被撤销或确定不发生效力后，将恢复到协议订立前的状态，双方当事人都应返还从对方处获取的财产。①

其三，判决被告采取补救措施。《行政协议审理规定》第 15 条第 2 款的前半句规定：“因被告的原因导致行政协议被确认无效或者被撤销，可以同时判决责令被告采取补救措施。”另外，根据《行政协议审理规定》第 16 条第 3 款、第 19 条第 1 款，针对“被告变更、解除行政协议的行政行为违法”，“被告未依法履行、未按照约定履行行政协议，但被告无法履行或者继续履行无实际意义的”这两种情形，可以判决被告采取补救措施。

其四，判决被告补偿。《行政协议审理规定》第 16 条第 1 款规定：“在履行

---

① 参见最高人民法院行政审判庭编著：《最高人民法院关于审理行政协议案件若干问题的规定理解与适用》，人民法院出版社 2020 年版，第 220－221 页。

行政协议过程中，可能出现严重损害国家利益、社会公共利益的情形，被告作出变更、解除协议的行政行为后，原告请求撤销该行为，人民法院经审理认为该行为合法的，判决驳回原告诉讼请求；给原告造成损失的，判决被告予以补偿。”另外，《行政协议审理规定》第 21 条规定：“被告或者其他行政机关因国家利益、社会公共利益的需要依法行使行政职权，导致原告履行不能、履行费用明显增加或者遭受损失，原告请求判令被告给予补偿的，人民法院应予支持。”

其五，判决撤销或部分撤销，并可责令被告重新作出行政行为。《行政协议审理规定》第 16 条第 2 款规定：“在被告变更、解除行政协议的行政行为存在行政诉讼法第七十条规定情形的，人民法院判决撤销或者部分撤销，并可以责令被告重新作出行政行为。”本款所针对的是行政协议相关行为中的单方行政行为。对于单方行政行为与行政不作为，可依法适用《行政诉讼法》第 70、72、73、74、75、77 条规定的判决。

其六，判决被告继续履行协议。《行政协议审理规定》第 16 条第 3 款前半句规定：“被告变更、解除行政协议的行政行为违法，人民法院可以依据行政诉讼法第七十八条的规定判决被告继续履行协议……”另外，《行政协议审理规定》第 19 条第 1 款前半句规定：“被告未依法履行、未按照约定履行行政协议，人民法院可以依据行政诉讼法第七十八条的规定，结合原告诉讼请求，判决被告继续履行，并明确继续履行的具体内容……”

二、经复议案件的判决

《行政诉讼法》第 26 条第 2 款规定：“经复议的案件，复议机关决定维持原行政行为的，作出原行政行为的行政机关和复议机关是共同被告；复议机关改变原行政行为的，复议机关是被告。”另外，《行政诉讼法》第 79 条规定：“复议机关与作出原行政行为的行政机关为共同被告的案件，人民法院应当对复议决定和原行政行为一并作出裁判。”

（一）复议维持案件的判决

所谓“复议维持案件”，是指对复议机关决定维持原行政行为不服，而起诉作出原行政行为的行政机关和复议机关的案件。2018 年《行诉法解释》第 133 条规定：“行政诉讼法第二十六条第二款规定的‘复议机关决定维持原行政行为’，包括复议机关驳回复议申请或者复议请求的情形，但以复议申请不符合受理条件为由驳回的除外。”

关于复议维持案件的判决，2018年《行诉法解释》第136条规定："人民法院对原行政行为作出判决的同时，应当对复议决定一并作出相应判决。人民法院依职权追加作出原行政行为的行政机关或者复议机关为共同被告的，对原行政行为或者复议决定可以作出相应判决。人民法院判决撤销原行政行为和复议决定的，可以判决作出原行政行为的行政机关重新作出行政行为。人民法院判决作出原行政行为的行政机关履行法定职责或者给付义务的，应当同时判决撤销复议决定。原行政行为合法、复议决定违法的，人民法院可以判决撤销复议决定或者确认复议决定违法，同时判决驳回原告针对原行政行为的诉讼请求。原行政行为被撤销、确认违法或者无效，给原告造成损失的，应当由作出原行政行为的行政机关承担赔偿责任；因复议决定加重损害的，由复议机关对加重部分承担赔偿责任。原行政行为不符合复议或者诉讼受案范围等受理条件，复议机关作出维持决定的，人民法院应当裁定一并驳回对原行政行为和复议决定的起诉。"本条第3～7款根据原行政行为与复议决定的合（违）法状态，适用不同的判决组合。

其一，判决撤销原行政行为和复议决定的，可以判决作出原行政行为的行政机关重新作出行政行为。这针对的是原行政行为和复议决定均违法的情形。由于原行政行为已被判决撤销，责令复议机关重新作出复议决定将缺乏处理对象，故在责令重作判决的运用上，仅针对作出原行政行为的行政机关。

其二，判决作出原行政行为的行政机关履行法定职责或者给付义务的，应当同时判决撤销复议决定。这针对的是行政机关不履行法定职责或给付义务，复议机关却不予纠正的情形。通常表现为复议机关以"被申请人没有相应法定职责或者在受理前已经履行法定职责"为由，作出驳回复议请求决定。① 由于判决行政机关履行法定职责或给付义务后，驳回复议请求决定与上述判决相冲突，故应同时判决撤销复议决定。

其三，原行政行为合法、复议决定违法的，可以判决撤销复议决定或者确认复议决定违法，同时判决驳回原告针对原行政行为的诉讼请求。在复议维持案件中，原行政行为与复议决定可能出现合（违）法状态不一致吗？2018年《行诉法解释》第22条第1款规定："行政诉讼法第二十六条第二款规定的'复议机关改变原行政行为'，是指复议机关改变原行政行为的处理结果。复议机关改变原行政行为所认定的主要事实和证据、改变原行政行为所适用的规范依据，但未改变原行政行为处理结果的，视为复议机关维持原行政行为。"据此，当复议决定

① 《行政复议法》第69条规定："行政复议机关受理申请人认为被申请人不履行法定职责的行政复议申请后，发现被申请人没有相应法定职责或者在受理前已经履行法定职责的，决定驳回申请人的行政复议请求。"

与原行政行为的处理结果相同但主要事实和证据或规范依据有所改变的，仍属于“复议维持”，并且有可能出现原行政行为合法、复议决定违法的情形。另外，原行政行为合法，复议维持决定仅程序违法的情形也是存在的。既然原行政行为合法，那么判决驳回原告针对该行为的诉讼请求。至于复议决定违法，可能存在《行政诉讼法》第 70、74 条的情形，自当依法判决撤销或确认违法。

其四，原行政行为被撤销、确认违法或者无效，给原告造成损失的，应当由作出原行政行为的行政机关承担赔偿责任；因复议决定加重损害的，由复议机关对加重部分承担赔偿责任。但问题是，“加重损害”体现为结果上的加重，这意味着复议决定改变了原行政行为的处理结果，已不属于复议维持案件的范畴。因此，不该由 2018 年《行诉法解释》第九部分“复议机关作共同被告”的第 136 条作出规定。

其五，原行政行为不符合复议或者诉讼受案范围等受理条件，复议机关作出维持决定的，应当裁定一并驳回对原行政行为和复议决定的起诉。

（二）复议改变案件的判决

所谓“复议改变案件”，是指对复议机关决定改变原行政行为不服，而起诉复议机关的案件。2018 年《行诉法解释》第 22 条规定：“行政诉讼法第二十六条第二款规定的‘复议机关改变原行政行为’，是指复议机关改变原行政行为的处理结果。复议机关改变原行政行为所认定的主要事实和证据、改变原行政行为所适用的规范依据，但未改变原行政行为处理结果的，视为复议机关维持原行政行为。复议机关确认原行政行为无效，属于改变原行政行为。复议机关确认原行政行为违法，属于改变原行政行为，但复议机关以违反法定程序为由确认原行政行为违法的除外。”

针对复议决定改变原行政行为的情形，被诉行为只有复议决定。若复议决定改变原行政行为正确，则法院判决驳回原告诉讼请求。若复议决定改变原行政行为错误，则可依法适用《行政诉讼法》第 70、74、75、77 条规定的判决形式。值得注意的是，2018 年《行诉法解释》第 89 条针对复议决定改变原行政行为错误的情形，除规定撤销并责令重作判决外，还规定了撤销复议决定并恢复原行政行为法律效力的判决。该条规定：“复议决定改变原行政行为错误，人民法院判决撤销复议决定时，可以一并责令复议机关重新作出复议决定或者判决恢复原行政行为的法律效力。”据此，应区分以下情形：（1）复议决定改变原行政行为错误，原行政行为违法的，法院判决撤销复议决定时，可以一并责令复议机关重新作出复议决定。这属于《行政诉讼法》第 70 条规定的撤销并责令重作判决的范畴。

(2) 复议决定改变原行政行为错误，原行政行为合法且因复议决定而消灭效力的[①]，法院判决撤销复议决定时，可以判决恢复原行政行为的法律效力。(3) 复议决定改变原行政行为错误，原行政行为违法但须保留效力[②]，且因复议决定而消灭效力的，法院判决撤销复议决定时，可以判决恢复原行政行为的法律效力并确认其违法。其中，后两种情形所涉及的恢复原行政行为法律效力的判决，无法被归入《行政诉讼法》第 69 至 78 条规定的判决形式中。而且，此时的被告是复议机关，被诉行为是复议改变决定，法院却针对原行政行为作出恢复其法律效力的判决，已构成超越诉讼请求范围而作出裁判。

第七节　行政裁判的执行

行政诉讼中的执行，既包括对行政行为的执行，也包括对行政裁判的执行。《行政诉讼法》第 97 条规定："公民、法人或者其他组织对行政行为在法定期限内不提起诉讼又不履行的，行政机关可以申请人民法院强制执行，或者依法强制执行。"所谓"对行政行为在法定期限内不提起诉讼又不履行"，旨在强调行政行为随着救济期限的届满而确定下来，产生了执行力，且行政相对人在履行期限内未自动履行，故有强制执行的必要。本条包含两种执行类型：行政机关申请法院强制执行行政行为；行政机关自己依法强制执行行政行为。2018 年《行诉法解释》第 156 条规定："没有强制执行权的行政机关申请人民法院强制执行其行政行为，应当自被执行人的法定起诉期限届满之日起三个月内提出……"《行政强制法》第 34 条规定："行政机关依法作出行政决定后，当事人在行政机关决定的期限内不履行义务的，具有行政强制执行权的行政机关依照本章规定强制执行。"据此，行政机关申请法院强制执行行政行为的前提是该行政机关没有强制执行权。下面重点介绍对行政裁判的执行。

本节所说的"行政裁判"除包含行政裁定书、行政判决书、行政赔偿判决书外，还包含行政调解书。《行政诉讼法》第 94 条规定："当事人必须履行人民法院发生法律效力的判决、裁定、调解书。"2018 年《行诉法解释》第 152 条规定："对发生法律效力的行政判决书、行政裁定书、行政赔偿判决书和行政调解

---

① 若原行政行为的效力未消灭，则没必要判决恢复其法律效力。复议决定改变原行政行为的表现形式包括撤销、变更、确认无效、确认违法（仅以违反法定程序为由确认原行政行为违法的除外）。其中，复议机关确认原行政行为违法且此举并非仅以原行政行为违反法定程序为由的，虽属复议改变决定，但不会消灭原行政行为的效力，故不具备判决恢复原行政行为法律效力的空间。

② 例如，原行政行为依法应当撤销，但撤销会给国家利益、社会公共利益造成重大损害，或者原行政行为程序轻微违法，但对原告权利不产生实际影响。

书，负有义务的一方当事人拒绝履行的，对方当事人可以依法申请人民法院强制执行。人民法院判决行政机关履行行政赔偿、行政补偿或者其他行政给付义务，行政机关拒不履行的，对方当事人可以依法向法院申请强制执行。”本条中的“对方当事人”除胜诉的原告或被告外，还包括其合法权益因生效行政裁判而得到维护的有利害关系的第三人。[①] 根据败诉方的不同，对行政裁判的执行可分为公民、法人或其他组织拒绝履行时的强制执行与行政机关拒绝履行时的强制执行。

针对公民、法人或其他组织拒绝履行行政裁判的情形，《行政诉讼法》第 95 条规定：“公民、法人或者其他组织拒绝履行判决、裁定、调解书的，行政机关或者第三人可以向第一审人民法院申请强制执行，或者由行政机关依法强制执行。”本条包含两种执行类型：行政机关或第三人申请法院强制执行行政裁判；行政机关依法强制执行行政裁判。其中，第二类“行政机关依法强制执行行政裁判”的本质是对原先停止执行的行政行为恢复执行。对于被告败诉的行政裁判，作为被告的行政机关仅有自动履行的问题，不存在对自己强制执行一说。在行政诉讼中，被告胜诉的判决形式仅有驳回诉讼请求判决。而该判决未创设执行内容，故非执行依据。所谓“行政机关依法强制执行行政裁判”只是表象，实际执行的仍是被诉行政行为。《最高人民法院关于判决驳回原告诉讼请求行政案件执行问题的答复》(〔2008〕行他字第 24 号）指出：“被诉具体行政行为具有可执行内容的，人民法院作出驳回原告诉讼请求判决生效后，行政机关申请执行被诉具体行政行为的，人民法院应依法裁定准予执行，并明确执行的具体内容。”[②]

针对行政机关拒绝履行行政裁判的情形，《行政诉讼法》第 96 条规定：“行政机关拒绝履行判决、裁定、调解书的，第一审人民法院可以采取下列措施：(一) 对应当归还的罚款或者应当给付的款额，通知银行从该行政机关的账户内划拨；(二) 在规定期限内不履行的，从期满之日起，对该行政机关负责人按日处五十元至一百元的罚款；(三) 将行政机关拒绝履行的情况予以公告；(四) 向监察机关或者该行政机关的上一级行政机关提出司法建议。接受司法建议的机关，根据有关规定进行处理，并将处理情况告知人民法院；(五) 拒不履行判决、裁定、调解书，社会影响恶劣的，可以对该行政机关直接负责的主管人员和其他

---

① 参见最高人民法院行政审判庭编著：《最高人民法院行政诉讼法司法解释理解与适用》(下册)，人民法院出版社 2018 年版，第 712 页。

② 另外，《最高人民法院行政审判庭关于行政机关申请法院强制执行维持或驳回诉讼请求判决应如何处理的答复》(〔2013〕行他字第 11 号，2013 年 12 月 23 日发布）也指出：“人民法院判决……驳回原告诉讼请求后，行政机关申请人民法院强制执行的，人民法院应当依照《中华人民共和国行政强制法》第十三条第二款的规定，作出如下处理：……”而《行政强制法》第 13 条第 2 款规定：“法律没有规定行政机关强制执行的，作出行政决定的行政机关应当申请人民法院强制执行。”该款所执行的是行政行为（行政决定)，而非行政裁判。

直接责任人员予以拘留；情节严重，构成犯罪的，依法追究刑事责任。”

另外，关于申请执行行政裁判的期限，2018 年《行诉法解释》第 153 条规定：“申请执行的期限为二年。申请执行时效的中止、中断，适用法律有关规定。申请执行的期限从法律文书规定的履行期间最后一日起计算；法律文书规定分期履行的，从规定的每次履行期间的最后一日起计算；法律文书中没有规定履行期限的，从该法律文书送达当事人之日起计算……”关于申请执行行政裁判的管辖法院，2018 年《行诉法解释》第 154 条规定：“发生法律效力的行政判决书、行政裁定书、行政赔偿判决书和行政调解书，由第一审人民法院执行。第一审人民法院认为情况特殊，需要由第二审人民法院执行的，可以报请第二审人民法院执行；第二审人民法院可以决定由其执行，也可以决定由第一审人民法院执行。”

深度阅读

1. 何海波．论行政行为“明显不当”．法学研究，2016（3）．
2. 梁君瑜．论行政诉讼中的确认无效判决．清华法学，2016（4）．
3. 王贵松．行政行为无效的认定．法学研究，2018（6）．
4. 王贵松．论我国行政诉讼确认判决的定位．政治与法律，2018（9）．
5. 黄锴．行政诉讼给付判决的构造与功能．法学研究，2020（1）．
6. 梁君瑜．行政诉讼变更判决的适用范围及限度．法学家，2021（4）．

问题与思考

1. 在行政诉讼中，法院对法规范的“依据”和“参照”存在实质区别吗？
2. 如何理解撤销判决与变更判决中两个“明显不当”的关系？
3. 如何区分适用履行判决与给付判决？
4. 如何理解确认违法判决的补充性？确认无效判决存在补充性吗？

第七章 行政责任

▶ 重点知识

行政赔偿　行政赔偿归责原则　行政违法　行政赔偿构成要件　行政赔偿请求人　行政赔偿义务机关　行政赔偿程序　行政赔偿标准　行政补偿　特别牺牲　行政补偿程序　行政补偿标准

▶ 知识逻辑图

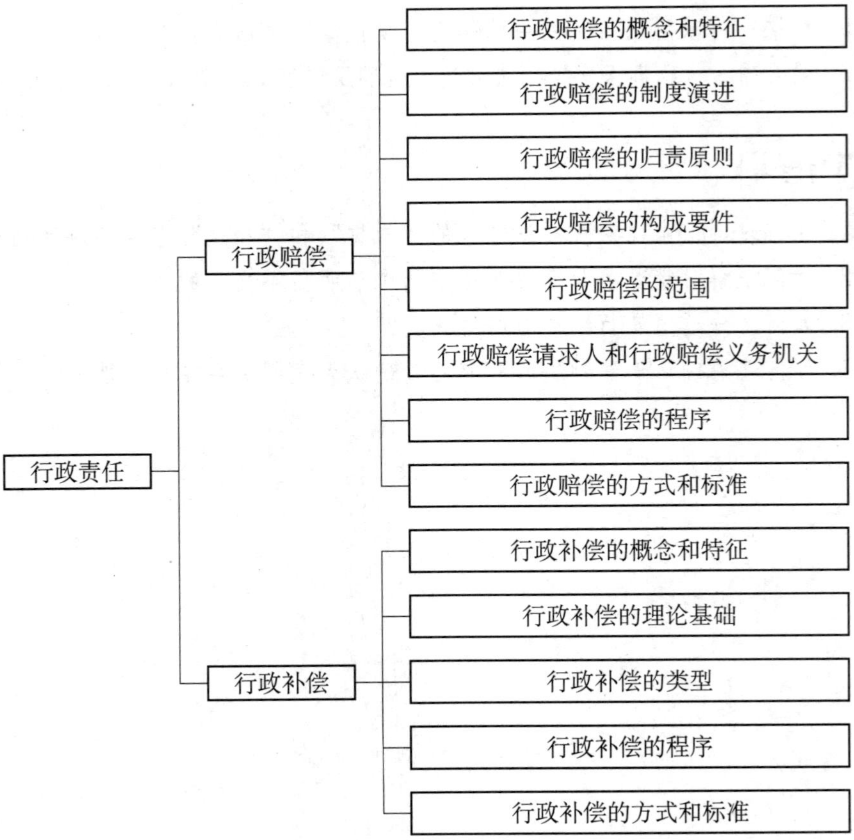

第一节　行政赔偿

一、行政赔偿的概念与特征

行政赔偿系指，行政机关及其工作人员行使行政职权，侵犯私人的合法权益造成损害，而依法必须承担的赔偿责任。

行政赔偿具有下列特征：

第一，行政赔偿以侵犯行政相对人的合法权益并造成损害为条件。这一特征包含两个意思：（1）行政机关及其工作人员行使职权侵犯了行政相对人的合法权益。如果行政机关及其工作人员行使职权所侵犯的是行政相对人的违法权益，而不是合法权益，那就不会发生行政赔偿问题。（2）行政机关及其工作人员不仅行使职权侵犯了行政相对人的合法权益，而且必须是造成了行政相对人的实际损害。

第二，行政赔偿以依法赔偿为原则。所谓依法赔偿，系指国家行政机关是否承担赔偿责任，以及如何承担赔偿责任，以《国家赔偿法》及其他法律、法规为依据。

第三，行政赔偿以行使职权造成损害的国家行政机关为赔偿义务机关。虽然国家行政机关的职权行为是通过行政机关工作人员进行的，但行政机关工作人员只能是所属国家行政机关的代表，不直接对相对人承担赔偿责任。

二、行政赔偿的制度演进

行政赔偿的理论基础，涉及国家为什么要对其行为承担赔偿责任的问题，也即究竟国家基于何种原因要对其行为所造成的损害承担赔偿责任。任何一种观念、理论和制度的形成与发展，都与所处时代的历史、政治、经济、社会、文化等因素有着千丝万缕的联系。对于与国家制度联系最为密切的国家赔偿制度来说则更加如此。现代国家责任理论体系从设立、形成到发展，经历了封建制度的瓦解崩溃、资本主义的蓬勃发展以及弊端呈现等各个不同的历史阶段，行政赔偿制度也随之发生改变。

（一）外国行政赔偿制度的演进

从世界范围来看，行政赔偿制度的产生和发展，大致经历了三个历史阶段，即否定阶段、相对肯定阶段和完全肯定阶段。

1. 否定阶段

在18世纪之前，封建的专制体制盛行，绝对君主权力的思想深入民心，国家享有绝对主权的思想广泛存在于世界范围内的各个国家。[①] 典型如同英国，在“国王不能为非”的格言下，主张国王绝对不会有错误存在，也即不可能为自己之行为而承担责任。与之相类似，“国家至上论”“主权无责论”“国家正确论”等[②]论调也都将国家排除在承担法律责任之外。在此背景下，行政赔偿尚不具备制度基础。同时，国家责任的否定阶段对当代国家赔偿制度设计产生了深远的影响。现行行政赔偿中以金钱赔偿为主的制度模式就可以在传统的国家无责任理论中找到其渊源。以德国理论为例，其实行的以公务员个人赔偿代替行政机关赔偿的做法，由于公务员不能利用其职务地位变更或者撤销原来之公权力行为，只能采取金钱赔偿的方式以恢复原状。[③]

2. 相对肯定阶段

随着社会从封建专制进入资本主义民主，国家责任理念开始萌芽和发展。一方面，伴随着“民智渐开”以及市场经济思潮的萌芽，国家利益高于个人利益、个人权利完全附属于国家利益之中、个人完全沦为国家机器的工具的理念，逐渐走向末路；另一方面，国家侵权行为日益增多，民众对国家的不满情绪也日益高涨。19世纪中叶以后，“主权无责论”的观念越来越受到社会的非议，“主权在民”“社会契约论”“天赋人权”等观念日益深入人心。因此，国家无责任原则开始发生动摇，一些国家逐渐放弃国家的绝对责任豁免理念，国家赔偿责任进入相对肯定阶段。国家赔偿制度的正式形成以法国1873年发生的勃朗哥事件为标志；法国一个国营烟草公司的工人开着翻斗车在作业时将勃朗哥的女儿撞伤了。勃朗哥向法院起诉，认为国营公司工人的过失应由国家来承担赔偿责任。此案由权限争议法庭作出判决，明确承认了国家的赔偿责任。自此，国家赔偿从作为官员的个人责任开始过渡到国家责任。勃朗哥案判决确立了关于行政赔偿责任的三条重要原则：(1) 官员因过错造成对公民权益的侵害，国家应对官员的过错承担责任；(2) 行政责任与民事责任不同，对行政责任应当适用不同于民事责任的特殊规则来处理；(3) 行政责任案件应当由行政法院管辖。[④] 勃朗哥案件的判决在历

---

① 例如，被誉为“近代政治学之父”的意大利政治家尼可罗·马基雅维利就在其著作《君王论》中大力宣扬君主的强权至上理论，并影响了后世许多政治家。参见［意］马基雅维利：《君王论》，李汉昭译，武汉出版社2009年版。

② 参见马怀德主编：《国家赔偿法学》，中国政法大学出版社2001年版，第12页。

③ 参见董保城、湛中乐：《国家责任法》，元照出版公司2005年版，第38页。

④ 参见胡建淼主编：《外国行政法规与案例评述》，中国法制出版社1997年版，第605-609页。

史上第一次明确承认了国家应对其官员的过错承担责任，从而开创了行政赔偿责任的先例，这次判决也被认为标志着严格意义上的国家责任的正式形成。虽然这一阶段的国家赔偿责任体系开始逐渐建立，但是权力行为与非权力行为的二元化划分仍然使得国家责任处于相对不完整的状态，对于权力行为的过度保护仍然是这一阶段国家责任体系的显著特点。

3. 完全肯定阶段

第一次世界大战后，国家和公民之间的权力服从关系有所淡化，而以权利义务为基础的契约理念开始广为流传。因此在学说、裁判和立法上都认为国家应对公务员的侵权行为承担责任，无论是公法行为还是私法行为的损害，均应负赔偿责任，这一阶段就被认为是行政赔偿责任的完全肯定阶段。① 例如，美国于 1946 年颁布了《联邦侵权行为赔偿法》，明确规定“联邦应依有关侵权行为赔偿的规定，负有与私人在同一情况下对同等样态程度的责任”。几乎在同一时期，英国、日本等国家也通过立法甚至在宪法中规定了国家的行政赔偿责任。② 更进一步，从国家责任的本质归属的角度出发，在肯定国家应承担责任的前提下，责任归属又可以被分为国家代位责任论和国家自己责任论。国家代位责任是指，虽然国家对于公民承担责任，但是该责任的本质是公务员个人责任的替代。也就是说，国家只是代替公务员个人承担对受害人的赔偿责任，国家在代替公务员赔偿之后，对公务员还享有求偿权。而国家自己责任，是指对于公务员于执行公务之际所产生的损害结果，其责任直接归属于国家，国家对受害人负责，公务员不承担赔偿责任。不过无论是何种责任归属模式，现代国家对于行政侵权行为应承担行政赔偿责任已经成为不容争议的事实。

（二）行政赔偿制度在我国的演进

在民国时期，1946 年 12 月 25 日国民大会通过、1947 年 1 月 1 日国民政府公布的《中华民国宪法》首次规定了国家赔偿问题。该法第 24 条规定，“凡公务员违法侵害人民之自由或权利者，除依法律受惩戒外，应负刑事及民事责任。被害人民就其所受损害，并得依法律向国家请求赔偿”。这标志着中华民国正式承认了国家赔偿制度。

中华人民共和国成立以后，我国的国家赔偿制度开始了新的发展。中华人民

① 参见叶百修：《国家赔偿法之理论与实务》，元照出版公司 2009 年版，第 12 页。

② 英国在 1947 年 7 月 31 日制定了《王权诉讼法》(1948 年 1 月生效)。该法规定：“国王就该法所规定的事项，与一般有行为能力并且已经成年的私人相比，应负同样的侵权行为责任”，这一立法推翻了“国王不能为非”之信条，确立了国家的行政赔偿责任。在日本，1946 年宪法（第 17 条和第 40 条）率先确立了国家赔偿原则；以此为基础，1947 年制定了统一的《国家赔偿法》，建立了完整的国家赔偿责任制度。

共和国第一个规定国家赔偿制度的法规是政务院于 1954 年 1 月 21 日第 203 次政务会议通过的《海港管理暂行条例》。该条例第 20 条规定："港务局如无任何法令根据，擅自下令禁止船舶离港，船舶得向港务局要求赔偿由于禁止离港所受之直接损失，并得保留对港务局之起诉权。"《海港管理暂行条例》有关国家赔偿的这一规定内容充实、明了，在中华人民共和国的法制史上开有关国家赔偿法律制度之先河。

1954 年《宪法》第 97 条规定："中华人民共和国公民对于任何违法失职的国家机关工作人员，有向各级国家机关提出书面控告或口头控告的权利。由于国家机关工作人员侵犯公民权利而受到损失的人，有取得赔偿的权利。"这是新中国首次以宪法的形式确立了国家赔偿制度。1982 年《宪法》重申了国家赔偿制度。《宪法》第 41 条第 3 款规定："由于国家机关和国家工作人员侵犯公民权利而受到损失的人，有依照法律规定取得赔偿的权利。"

继宪法之后，我国 1986 年《民法通则》第 121 条也规定了国家侵权的法律责任："国家机关或者国家机关工作人员在执行职务中，侵犯公民、法人的合法权益造成损害的，应当承担民事责任。"该法条第一次强调了"在执行职务中"发生的损害赔偿责任，进一步明确了国家赔偿的空间范围，排除了公务员私人行为所产生的损害赔偿。但是，国家赔偿制度是否属于民法制度也成为后续讨论的热点。1989 年《行政诉讼法》的制定对于建立我国国家赔偿制度，尤其是行政赔偿制度具有重要意义。该法第 67 条规定："公民、法人或者其他组织的合法权益受到行政机关或者行政机关工作人员作出的具体行政行为侵犯造成损害的，有权请求赔偿。公民、法人或者其他组织单独就损害赔偿提出请求，应当先由行政机关解决。对行政机关的处理不服，可以向人民法院提起诉讼。赔偿诉讼可以适用调解。"这一规定明确了国家赔偿制度的实体规则，也开创了国家赔偿通过行政诉讼解决的先例。

1994 年 5 月 12 日，第八届全国人大常委会第七次会议审议通过了《国家赔偿法》，该法自 1995 年 1 月 1 日起施行，并在之后于 2010 年和 2012 年进行了两次修改。《国家赔偿法》共 6 章 35 条，它构成了我国国家赔偿制度方面的基本法律。同时，为保证《国家赔偿法》在实践中的运用和实施，最高人民法院颁布了一系列司法解释，这些司法解释同样成为我国国家赔偿制度体系的重要组成部分。

三、行政赔偿的归责原则

（一）行政赔偿归责原则的进程

在民事侵权领域，归责原则一般有过错责任、无过错责任、公平责任、严格责任、结果责任等。在我国1994年制定《国家赔偿法》前后，对于国家赔偿的归责原则也有过多种意见。最终，《国家赔偿法》采用的是统一的违法归责原则。1994年《国家赔偿法》第2条规定，国家机关和国家机关工作人员违法行使职权，有本法规定的侵犯公民、法人和其他组织合法权益的情形，造成损害的，受害人有依照本法取得国家赔偿的权利。这意味着，无论是行政赔偿还是刑事赔偿，在当时的《国家赔偿法》下都适用违法归责原则。上述立法理由主要出于以下考量：一是与法治原则、依法行政原则及宪法规定相一致，与行政复议和行政诉讼等其他相关制度也能形成统一；二是该原则简单明了、易于接受、可操作性强，避免了过错原则在主观认定方面的困难，即只要证明国家机关及其工作人员的行为客观上违反了法律法规而自己因此遭受损害，即有可能胜诉。①

然而，在《国家赔偿法》颁布实施一段时间后，统一的违法归责原则在理论和实践中暴露了诸多问题，亦受到学界众多争议。② 总结而言，违法归责原则在以下情形下可能存在适用上的问题：第一，司法赔偿没有适用于各种情形的单一归责原则，由于司法权在行使过程中出现的侵权损害事件形式和内容各异，以单一的归责原则覆盖之，势必会出现归责不当的问题；第二，由于司法在国家权力中的特殊地位和功能，一般司法赔偿的归责原则强调司法公务人员的过错，甚至是只有在司法公务人员出现重大过失的情况下，才会给予国家赔偿；第三，在冤狱赔偿领域，在不论什么原因对无辜之人实施错误监禁的问题上，许多国家和地区的通例都是采取无过错归责原则。③

在此背景下，多元化的国家赔偿归责原则体系被重申。2010年12月1日修改后的《国家赔偿法》施行，在第2条中明确删除了饱受诟病的“违法”二字④，违法归责原则不再作为国家赔偿制度归责的唯一进路。

虽然在总则中告别了违法归责原则，但是《国家赔偿法》，尤其是行政赔偿部分中涉及“违法”的规定仍然比比皆是。《国家赔偿法》第3条、第4条对于行政机关及其工作人员侵犯公民人身权和财产权的，基本上都在条件中附以“违法”二字，并且这部分法条内容在《国家赔偿法》修正的过程中只字未动。因此可以认为，在行政赔偿领域，违法归责依然是《国家赔偿法》所认定的归责原则。

---

① 参见蒋成旭：《国家赔偿违法要件的基本构造》，《法学家》2021年第5期，第72页。

② 参见周汉华：《论国家赔偿的过错责任原则》，《法学研究》1996年第3期，第35-45页；朱新力、余军：《国家赔偿归责原则的实证分析》，《浙江大学学报》2005年第2期，第119-126页；蔡仕鹏：《行政赔偿违法归责原则的合理定位》，《行政法学研究》2008年第1期，第45-49页。

③ 参见沈岿：《国家赔偿法：原理与案例》，北京大学出版社2022年第3版，第68页。

④ 修改后的《国家赔偿法》第2条将原《国家赔偿法》第2条“国家机关和国家机关工作人员违法行使职权侵犯公民、法人和其他组织的合法权益造成损害的”改成“国家机关和国家机关工作人员行使职权，有本法规定的侵犯公民、法人和其他组织合法权益的情形，造成损害”。

（二）行政违法的概念

既然违法归责是规范层面上行政赔偿的归责原则，那么首先需要解析究竟何为“违法”。违法概念一直是民事侵权法和刑法上的重要内容。自德国法学大儒耶林提出“主观的不法”与“客观的不法”概念后[①]，大陆法系民法学相应地发展出关于违法性概念的两种学说，即“结果违法说”和“行为违法说”。传统的违法性理论是指“结果违法”，即凡行为侵害他人权利者，如驾车撞伤路人、绑架杀人、烧毁他人房屋等，即属违法[②]，根据这种学说，加害行为之所以被法律非难而具有违法性，是因为它导致了对权利侵害的“结果”。除发生违法性阻却事由（正当防卫、紧急避险和自助行为）以外，只要某行为存在客观的侵害后果，概属不法。[③] 晚近德国学者的新学说主张“行为违法”，该学说认为，在故意侵害他人权利的情形中，一个行为因导致他人权利受侵害而被认为构成违法是妥当的，因为故意侵害他人为法律所当然禁止，行为的违法性可直接认定；但在过失侵害他人权利的情形中，行为违法性的成立须以行为人未尽避免侵害他人的注意义务为必要。注意义务的违反是违法性的必要特征。反之，若行为人已尽到社会活动方面的必要注意义务，即使其行为具有侵害他人权益的客观后果，也不能被认为构成违法。[④] 上述学说被认为是法律学上关于违法性阐释的经典理论，由于其对违法性在行为过程和行为结果两个方面的高度概括和抽象，其意义已经超越了侵权法的范围。

“结果违法”和“行为违法”的区分，为我们适当地界定行政违法中的“违法”概念之含义提供了认识基础。行政违法概念中的“违法”不属于“结果违法”，否则，将使行政违法与行政侵权相混同，“结果违法”意味着对权利的侵害，但行政违法并不一定导致权利的侵害。就此，我们可以将行政违法归入“行为违法”的范畴。

行政违法既然属于“行为违法”，那么，是否和民事侵权法上的规定一样，行政违法即意味着行政机关注意义务的违反？或者行政违法的存在可推定实施某项行政决定之行政机关过失的存在？在这一点上，公法与私法由于调整方式、保护利益的不同而产生了差别。行政法属公法，以实现公共利益、控制公权力和保障人权为主旨，在调整方式上以“法定主义”为原则；而民法属私法，以调整私益为目的，在调整方式上以“意思自治”“授权主义”为准则。“法定主义”调整

---

① 参见［德］鲁道夫·冯·耶林：《为权利而斗争》，郑永流译，商务印书馆 2018 年版，第 1－63 页。

② 参见王泽鉴：《侵权行为法》（第一册），中国政法大学出版社 2001 年版，第 229 页。

③ 参见史尚宽：《债法总论》，中国政法大学出版社 2000 年版，第 125 页。

④ 参见王泽鉴：《侵权行为法》（第一册），中国政法大学出版社 2001 年版，第 230 页。

方式以及特定的价值追求使得行政法上必然存在许多为行政机关设定各种“法定”义务的制定法条款，而在民法上，以制定法的形式为行为人设置“法定义务”的情形则要少得多。无所不在的制定法义务条款可被称为法治条件下规范行政权力的“义务网络”。对这些义务的违反（违反实定法规范）一般统称为行政违法。

（三）行政赔偿中的行政违法

根据设置特定义务之目的及其所针对的对象不同，行政机关的法定义务可以分为两种类型[①]：一类是行政机关的法定义务中有许多是针对国家的“一般性管理义务”，这些义务由那些对行政权进行分工、组织行政机构和人员核定、保障一般性行政管理秩序的组织法规范、程序性规范所设定，是行政机关针对国家、社会公众所承担的职务，而非行政机关针对特定行政相对人的法律义务，其目的在于维护行政秩序和公共利益。另一类则是行政机关针对行政相对人的“保护他人义务”。这类义务大多体现在规定行政机关具体管辖职权的规范中，具有典型的外部性。

与上述两类义务的划分相对应，行政违法亦可分为两种类型，即违反“一般性管理义务”之行政违法和违反“保护他人义务”之行政违法。这种区分在行政法上具有特殊的意义，它为我们界定司法审查中行政违法和行政责任（行政赔偿）制度中的行政违法提供了认识的基础。

行政诉讼中的行政违法包括上述行政违法的两种类型，即只要行政机关作出的行政决定违反了实定法为其设定的义务（无论是“一般性管理义务”还是“保护他人义务”），就有可能产生效力上的瑕疵，而遭到法院的否定。基于行政诉讼中的政策性考量，理论上又可根据行政决定的违法严重程度规定不同的瑕疵后果，它们依次是：因明显或严重违法而导致的无效行政决定，因一般的违法而产生的可撤销的行政决定，可经事后补正、转换而“治愈”的错误的行政决定。[②]

但是在行政赔偿制度中，从行政赔偿的构成要件可以看出，行政赔偿中的行政违法是指对“保护他人义务”的违反，而不能包括对“一般性管理义务”的违反，否则将导致赔偿范围的不正当扩张。所谓“保护他人义务”，是指法律要求行为人实施行为时，负有不损害他人权利及利益的义务，这种义务的核心要素在

---

① 参见［德］哈特穆特·毛雷尔：《行政法学总论》，高家伟译，法律出版社2000年版，第626－627页。

② 参见翁岳生编：《行政法》，中国法制出版社2009年版，第598－709页（许宗力执笔）；［德］哈特穆特·毛雷尔：《行政法学总论》，高家伟译，法律出版社2000年版，第242－243页。

于行为人采取行为时的合理注意，因此，行政法律规范中关于“保护他人义务”的条款实际上为行政机关设置了针对行政相对人的注意义务，乃注意义务的客观化。当然，这里的注意义务一般是指忠于职守的公务人员应尽的注意义务，而不是普通侵权法上所说的注意义务。因此，以制定法的形式为行政机关设置大量的注意义务是公法“法定主义”调整方式的必然要求。

（四）行政赔偿归责原则的发展

尽管违法归责原则要求立法以制定法的形式为公务人员设定注意义务，从而作为其行为是否违法的判断基础，但是显然，制定法意义上的法规范并不能穷尽所有情形中行政机关应当履行的注意义务。相反，“一般性管理义务”的设置完全是基于维护行政秩序和公共利益、实现行政目的之需要，它并不直接指向行政机关与行政相对人之间的关系。因此，将行政赔偿制度中的“行政违法”定位于“保护他人义务”的违反，必然将违法与过失融为一体，使“违法”成为推定过失的客观标准。这与现代侵权法制度的司法实践趋于一致。

事实上，虽然我国《国家赔偿法》立法舍弃了过错要素，但在司法实践中，法院已经将过错重新带回行政赔偿领域，并且依据侵权责任法上的相关法理，灵活地将过错要素作为裁判说理的重要支撑。过错要素不仅可以直接成为国家赔偿责任的“法外”构成要件，能够“替代”违法性要件，还会对违法性要件、损害结果要件和因果关系要件的成立以及责任范围、责任形态和责任承担方式产生影响。[①] 在最高人民法院颁布的多项有关国家赔偿的司法解释中就出现了过错要素。例如《最高人民法院关于审理房屋登记案件若干问题的规定》第12条规定：“申请人提供虚假材料办理房屋登记，给原告造成损害，房屋登记机构未尽合理审慎职责的，应当根据其过错程度及其在损害发生中所起作用承担相应的赔偿责任。”又如《精神损害赔偿解释》规定，确定精神损害抚慰金的具体数额，应当考虑侵权机关及其工作人员的过错程度（第9条第3项）。

在此背景下，多数学者开始呼吁，即使在行政赔偿领域，也应当用过错归责原则替代违法归责原则，只有这样，才能使国家赔偿作为一种侵权责任在理论体系和司法实践上都获得协调和统一。也就是说，如果行政机关及其工作人员的职务行为被认定为违法，则可以按照“违法视为过错”的观点，不再细究行为是否存在过错；但是如果实定法规范没有提供是否违法的判断标准，则再进一步考察公务人员是否存在过错，也就是违反应尽的职务注意义务。[②]

---

① 参见蒋成旭：《认真对待过错：再论国家赔偿的过错归责》，《浙江学刊》2021年第3期，第73－74页。
② 参见沈岿：《国家赔偿法：原理与案例》，北京大学出版社2022年版，第84页。

四、行政赔偿的构成要件

行政赔偿是国家赔偿的类型之一。根据《国家赔偿法》的规定，行政赔偿责任实际上就是因行政决定违法侵权而产生的国家赔偿义务。从逻辑上演进，应先存在侵犯受害人人身权或财产权的行政违法行为，随即产生行政法律责任，进而实现国家赔偿。

《国家赔偿法》第 2 条规定，国家机关和国家机关工作人员行使职权，有本法规定的侵犯公民、法人和其他组织合法权益的情形，造成损害的，受害人有依照本法取得国家赔偿的权利。具体而言，成立行政赔偿至少需具备以下要件。

（一）行政机关及其工作人员

构成行政赔偿的主体要件是指实施行政侵权行为的主体。当然，行政赔偿的行为主体并不一定是责任主体。虽然行使行政职权的行为都是通过具体的工作人员实施的，但只要该行为为执行职务的行为，其即为代表国家行使，行为的后果由机关或者组织承担，工作人员不承担赔偿责任。行政赔偿的责任主体是其区别于民事赔偿的主要特点。行政赔偿责任是国家赔偿责任的一种形式，承担责任的主体是国家，而不是具体行使职权的行政机关及其工作人员，相关行政赔偿的费用最终也由国库支付。

根据我国《国家赔偿法》，行政赔偿的侵权主体为“行政机关及其工作人员”。行政机关是指具有法人资格，能够以自己名义行使公共行政职能和权力，并承担由此而产生的法律责任的国家机关。在我国，行政机关包括中央行政机关和地方行政机关。前者又可分为国务院和国务院的工作部门；后者则包括地方各级人民政府、县级以上地方各级人民政府的工作部门以及省级人民政府、县级人民政府和区人民政府的派出机关。

另外，在法律法规授权行使行政职权的情形中，具有行政主体资格的被授权组织及其工作人员，也是行政赔偿的责任主体。《国家赔偿法》第 7 条第 3 款规定，法律、法规授权的组织在行使授予的行政权力时侵犯公民、法人和其他组织的合法权益造成损害的，被授权的组织为赔偿义务机关。一般而言，法律、法规授权的组织包括社会组织、事业单位、基层自治组织等。例如，《教育法》授权学校颁发毕业证和学位证。

（二）违法行使职权

从行为要件来看，属于行政赔偿范围的行使行政职权的行为，至少应包含违法性和职务性两项条件。

1. 行政行为违法

"违法"是法学研究的核心概念，是指行为客观上与法律要求相悖，也就是对法律义务或禁止命令的违反。行政法中的"违法"始终贯穿于行政组织、行政过程和行政救济全程。现行《国家赔偿法》中行政赔偿部分涉及赔偿责任的认定时多以"违法"为前提。《国家赔偿法》第 3 条、第 4 条通过列举的方式对违法行为作出了具体规定，包括违法行政处罚、违法行政强制措施、非法拘禁、殴打虐待行为、违法征收征用以及违法使用武器警械等。可以看出，不同于民法中对于侵权的规定，行为违法依然是成立行政赔偿的必备要件。当然，实践中我国国家赔偿制度中的违法并不仅指代违反实定法律规范，其在事实上已经吸收了一定过错的要素，具体内容在本节第三部分"行政赔偿的归责原则"中已经论述，在此不再详述。

2. 行使职权

《国家赔偿法》第 5 条从否定角度设定了行政赔偿的排除范围，包括与行使职权无关的个人行为以及因公民、法人和其他组织自己的行为致使损害发生的两种情形。这意味着，行政赔偿要成立，行政机关及其工作人员的违法行为必须是执行行政职权的行为，而如何将职权行为与行政机关工作人员的个人行为进行区分，则是行政赔偿责任之行为要件是否成立的判断核心。

一般而言，判断行政机关工作人员的行为是个人行为还是职务行为存在以下标准。一是职权标准。这是个人行为与职务行为最本质的区分标准。行政机关工作人员根据法律赋予的职责权限实施的行为是履行职务的行为。超越职权的行为不是职务行为，而属于个人行为的范畴。二是时空标准。即行政机关工作人员在行使职权、履行职责的时间、地域范围内实施的行为通常都被认定为职务行为。行政机关工作人员超出其履行职务的时空范围所作出的行为是个人行为。三是身份标准。即在通常情况下，凡以行政机关工作人员的身份和名义实施的行为都是履行职务的行为。如公务人员着装、佩戴标志、出示证件、宣布代表机关实施的行为一般都以职务行为论。四是目的标准。即行政机关工作人员为了履行法定职责和义务，维护公共利益而为的行为，通常都被认定为职务行为。当然，实践中对职务行为的判断一般会综合行为主体的身份、行为的内容、行为的时间、场合等要素，再具体结合个案事实来实现判断。①

① 关于职务行为与个人行为的划分，进一步的讨论参见江必新、梁凤云、梁清：《国家赔偿法理论与实务》（上卷），中国社会科学出版社 2010 年版，第 300 - 306 页。

（三）损害结果

损害结果是指某行为给被害人造成事实上的不利（与法益损害相对而言），“易言之，损害发生前之状态，与损害发生后之情形，而相比较，被害人所受之不利益，即为损害之所在”①。行政赔偿责任中的实际损害是指行政法律关系主体之行为造成的个人、社会或国家的不利。

损害须法定。在我国根据《国家赔偿法》第 3 条和第 4 条，行政机关的行为侵犯公民人身自由权、生命健康权和财产权的，应当予以赔偿。作为国家赔偿构成要件中的“损害”必须属于人身权和财产权范围，而财产权又只限于直接损害。侵犯人身权、财产权之外的合法权益的行政决定，如政治权利和自由，尚未被纳入我国行政赔偿的范围。

损害须确定，即这种损害事实已经发生或必然要发生。可能但并非将来的损害不构成损害，因为“侵权行为只有当它避免了过分苛严的责任时，才能作为有效的、有意义的和公正的赔偿体系运行”。“无论是从单个侵权行为人的利益出发，还是为了自身生存的愿望，侵权行为法都必须将那些过于‘遥远’的损害从其体系中排除出去。”②

（四）因果关系

因果关系是行政赔偿责任存在的前提，它既是行政法上侵害行为与损害结果间客观的事实因果关系，又进一步属于立法所要求的法律因果关系，是事实因果关系和法律因果关系的统一。对因果关系的不同判断会直接影响到行政赔偿成立与否，因此相关判断标准的设定既要避免设定过宽带来的国家责任的泛化，同时也要避免设定过窄从而对保障公民权利造成一定阻碍。

关于因果关系的判断标准，有强调原因与结果之间存在本质的、必然的联系的“必然因果关系说”，强调原因与结果之间具有直接的、正常的联系的“直接因果关系说”，以及强调原因与结果之间有适当的、符合一般理性的联系的“相当因果关系说”等主张。③ 曾参与《国家赔偿法》制定的学者在谈到国家赔偿构成要件中的因果关系要件时，除指出因果关系是“一个十分复杂的问题”外，在列举“直接联系说”和“适当条件说”后，仅简单得出结论称：“如果需要对这个十分复杂的问题确立一个比较合适的学说来识别，也许就是必然联系说，即行

---

① 此为民法学家王泽鉴的观点，详情参见王利明：《侵权行为法归责原则研究》，中国政法大学出版社 1992 年版，第 360 页。

② ［德］克雷斯蒂安·冯·巴尔：《欧洲比较侵权行为法》（下），焦美华译，法律出版社 2001 年版，第 1 页。

③ 详细的讨论可参见房绍坤、毕可志编：《国家赔偿法学》，北京大学出版社 2011 年版，第 99－100 页。

为与结果之间的联系应该是必然的联系；此结果必然是某行为而不是其他行为造成的。反之，如果有了这一行为，就必然产生此结果。在行为与结果之间如果没有这种紧密的联系，因果关系就不能存在。”[①] 这也基本成为实务界的通行做法。当然，也有观念认为，国家赔偿责任中的因果关系具有一定的特殊性，很难用一个固定的理论加以解决，所以，在认定时应更多地参考普通民事侵权赔偿责任的因果关系的认定方法，综合各种方法确定因果关系的存在与否。[②]

五、行政赔偿的范围

行政赔偿的范围，是指国家对哪些行政侵权行为承担赔偿责任。从规范层面上看，我国《国家赔偿法》及相关司法解释通过正面肯定和反面排除的方式，对行政赔偿的范围作出了规定。

（一）行政赔偿范围的正面肯定

根据《国家赔偿法》第 3 条、第 4 条和第 35 条的规定，在行政赔偿领域，对行政机关及其工作人员行使职权时对人身权、财产权等合法权益所产生的损害，国家应当承担赔偿责任。2022 年发布的《行政赔偿审理规定》进一步明确，其他违法行为还应包括行政机关不履行法定职责的行为和行政事实行为，国家对上述行为造成的损害承担赔偿责任。

1. 侵犯公民人身权的行为

人身权是公民行使其他权利的基础和前提，一般包括人身自由权、人格权（含有生命权、身体权、健康权、名誉权、姓名权、肖像权等）和身份权（含有荣誉权、监护权等）等内容。根据《国家赔偿法》第 3 条的规定，行政机关及其工作人员在行使行政职权时有下列侵犯人身权情形之一的，受害人有取得赔偿的权利：（1）违法拘留或者违法采取限制公民人身自由的行政强制措施；（2）非法拘禁或者以其他方法非法剥夺公民人身自由的；（3）以殴打、虐待等行为或者唆使、放纵他人以殴打、虐待等行为造成公民身体伤害或者死亡的；（4）违法使用武器、警械造成公民身体伤害或者死亡的；（5）造成公民身体伤害或者死亡的其他违法行为。

2. 侵犯公民、法人或其他组织财产权的行为

财产权是指以财产利益为内容，直接体现财产利益的民事权利。财产权包括

---

① 肖峋：《中华人民共和国国家赔偿法理论与实用指南》，中国民主法制出版社 1994 年版，第 14 页。

② 参见房绍坤主编：《国家赔偿法原理与实务》，北京大学出版社 1998 年版，第 86 页。

物权、债权、继承权、知识产权等，具体体现为占有、使用、收益和处分等权利。根据《国家赔偿法》第 4 条的规定，行政机关及其工作人员在行使行政职权时有下列侵犯财产权情形之一的，受害人有取得赔偿的权利：（1）违法实施罚款、吊销许可证和执照、责令停产停业、没收财物等行政处罚的；（2）违法对财产采取查封、扣押、冻结等行政强制措施的；（3）违法征收、征用财产的；（4）造成财产损害的其他违法行为。

3. 造成精神损害的行为

1994 年《国家赔偿法》制定之初并没有规定精神损害赔偿。当时主要考虑到名誉权、荣誉权的损害程度难以精确测定，且我国财政负担能力有限，因此建议对于名誉权、荣誉权的损害还是主要通过非财产救济也就是恢复名誉、消除影响等来实现补救，而非损害赔偿。[①] 到了 2010 年修正《国家赔偿法》时，无论是从保障相对人的权利角度，还是出于和民事侵权制度的一致性考量[②]，将精神损害纳入国家赔偿成为共识。现行《国家赔偿法》第 35 条规定，有本法第 3 条或者第 17 条规定情形之一，致人精神损害的，应当在侵权行为影响的范围内，为受害人消除影响，恢复名誉，赔礼道歉；造成严重后果的，应当支付相应的精神损害抚慰金。

4. 不履行法定职责行为

相较于较为明确的违法行为所造成的损害赔偿，就不履行法定职责行为所造成的损害是否要进行赔偿，理论界和实务界一度有过争议。在《行政赔偿审理规定》出台前，由于《国家赔偿法》对此并未明列，最高人民法院曾通过司法解释对于行政机关不履行法定职责的国家赔偿予以规定。[③]《行政赔偿审理规定》第 1 条明确规定，不履行法定职责行为属于《国家赔偿法》第 3 条、第 4 条规定的“其他违法行为”，因此被纳入行政赔偿的范围。在判断行政机关是否存在不履行法定职责时，首先，需要明确行政机关是否存在法定的作为义务。这种作为义务，可以来自法律直接或间接的规定；可以来自行政机关的先行行为，如行政机关因要求某公民作证而引起的对该公民根据需要采取适当保护措施的义务；也可以来自行政合同、行政规定的规定。同时，这种作为义务必须是一种现实的义务，而非抽象的义务；必须是一种特定的行政作为义务，而非一般性的行政作为

---

① 参见皮纯协、冯军主编：《国家赔偿法释论》，中国法制出版社 2010 年第 3 版，第 219 页。

② 2001 年最高人民法院通过《最高人民法院关于确定民事侵权精神损害赔偿责任若干问题的解释》（法释〔2001〕7 号，2001 年 3 月 8 日发布），在私人主体间实现精神损害的赔偿。

③ 2001 年《最高人民法院关于公安机关不履行法定行政职责是否承担行政赔偿责任问题的批复》（法释〔2001〕23 号，2001 年 7 月 17 日发布）规定：“由于公安机关不履行法定行政职责，致使公民、法人和其他组织的合法权益遭受损害的，应当承担行政赔偿责任。”

义务。其次，不履行法定职责以行政机关没有履行法定作为义务作为必要条件。需要注意的是，“没有履行”不等于行政机关未作出任何意思表示或未采取任何行动，如公安机关明确拒绝为被拐卖的妇女提供保护，这里虽有“拒绝”行为，但依然属于“没有履行”职责。最后，行政机关没有履行作为义务并非因行政机关没有履行能力，而是因行政机关故意或因疏忽而不履行，或因认识上的错误而未履行。

（二）行政赔偿范围的反面排除

行政赔偿范围的反面排除，是指根据法律规定，国家不负行政赔偿责任的范围或情形。根据《国家赔偿法》第5条的规定，国家不承担行政赔偿责任的情形有：（1）行政机关工作人员与行使职权无关的个人行为；（2）因公民、法人和其他组织自己的行为致使损害发生的；（3）法律规定的其他情形。除此之外，《行政赔偿审理规定》对于行政赔偿的排除范围作出了补充。

1. 行政机关工作人员与行使职权无关的个人行为

行政机关工作人员同时具有公务人员和公民的双重身份，其行为也相应地分为两种类型：职务行为和个人行为。个人行为是指行政机关工作人员实施的与职权无关的、涉及自身感情与利益的行为。行政机关工作人员在行使职权行为时，是代表国家履行公共管理的职责，所反映的是一种国家职务关系，此情形下产生损害后责任归属于国家，国家需要对行政相对人的损失承担赔偿责任。当行政机关工作人员在日常生活中行使个人行为时，是以自身的意志和利益为指引，无关公权力行使，所以其行为所产生的一切法律后果均由行政机关工作人员个人承担，其行为所造成的损害也应当由其个人负责。

2. 公民、法人和其他组织的自己行为

如果公民、法人和其他组织所受到的损失完全是其自身的过错所造成，与行政机关及其工作人员执行职务的行为之间不存在直接的因果关系，则国家不需要据此承担赔偿责任。在公民、法人和其他组织由于自己的行为而遭受损失的情况下，即使行政机关及其工作人员的行为违法，国家也不负行政赔偿责任。

在实践中有时候还会存在一种情况，也就是双方均存在一定的过错。此时则应详细区分各自的过错和在致害行为中的作用，最终确定各自的应担责任。具体而言至少存在以下几种情形：当损害是因受害人自身和行政机关工作人员共同的原因产生的，应当由双方分别承担责任；行政机关及其工作人员违法行使职权造成相对人合法权益的损害，但是在损害发生后因当事人的故意或者过失而导致损害扩大的，国家对于扩大损失的部分不承担赔偿责任；公民、法人和其他组织确有违反法律并理应受到行政机关管理，但相关行政机关及其工作人员处罚过重而使其遭受过大损失的，国家应对受害人原本不应有的那部分损失承担赔偿责任。

3. 法律规定的其他情形

此处的法律应作狭义理解，仅是指全国人大及其常委会制定的法律，不包括行政法规、地方性法规、规章及规章以下的其他规范性法律文件。可以看出，行政赔偿免责范围的限定极为严格。在我国，根据《民法典》等法律规定，至少包含以下情形。

（1）不可抗力。不可抗力是指不能预见、不能避免并不能克服的客观情况。不可抗力可以是自然原因酿成的，也可以是人为的、社会因素引起的。前者如地震、水灾、旱灾等，后者如战争、政府禁令、罢工等。不可抗力所造成的是一种法律事实，人们无法预见和改变其所带来的后果。当出现不可抗力情形时，相关行政机关就损害结果不存在预见或者避免的可能，因此无须为此承担赔偿责任。当然需要说明的是，国家基于公平和照顾等理念会对某些情况下的不可抗力进行一定的金钱给付，但这仅属于广义国家责任的范畴，并不属于在此所讨论的行政赔偿。

（2）紧急避险。紧急避险是指为了使国家、公共利益、本人或者他人的人身、财产和其他权利免受正在发生的危险，不得已采取的损害第三人相对较小合法权益的行为。紧急避险为法律所认可的致害行为，具有阻却违法性的效力。如果行政机关工作人员在执行职务的过程中为了保护公共利益或是相对较大的合法权益而对第三人的合法权益造成损害，国家不需要承担行政赔偿责任，但是在一定层面上应承担补偿责任。例如，在“陈宁诉庄河市公安局行政赔偿纠纷案”中，审理法院对于紧急避险问题进行了说明。一审法院指出，由于当时情况紧急，警方在救人过程中虽然造成了汽车的毁损，但不具有违法性，原告陈宁要求庄河市公安局对抢险过程中致使其汽车毁损给予行政赔偿，不符合《国家赔偿法》的有关规定。[①]

（3）第三人过错。如果由于行政机关和受害人以外的第三人的过错造成受害人合法权益受损，第三人应当承担赔偿责任。当第三人的过错是造成损害的直接和主要原因时，国家无须承担行政赔偿责任。当行政机关的违法行为和第三人的过错共同导致损害发生时，国家根据行政机关行为对损害发生所起的不同作用承担不同的赔偿责任。《最高人民法院关于审理行政许可案件若干问题的规定》第13条规定：“被告在实施行政许可过程中，与他人恶意串通共同违法侵犯原告合法权益的，应当承担连带赔偿责任；被告与他人违法侵犯原告合法权益的，应当根据其违法行为在损害发生过程和结果中所起作用等因素，确定被告的行政赔偿

① 参见陈宁诉庄河市公安局行政赔偿纠纷案，《最高人民法院公报》2003年第3期，第33-34页。

责任；被告已经依照法定程序履行审慎合理的审查职责，因他人行为导致行政许可决定违法的，不承担赔偿责任。”该条规定虽然只适用于行政许可领域的行政赔偿问题，但是对其他领域相关赔偿问题的处理具有指导作用。

4. 国家行为

我国《国家赔偿法》对行政赔偿范围的确定，主要是“在行政诉讼法规定的基础上，针对目前实际存在的问题”作出的适当规定。[①] 因此，一些被《行政诉讼法》排除在受案范围之外的行政行为，没有被纳入行政赔偿的范围。典型的如国家行为。国家行为之所以被排除在行政诉讼受案范围之外，一般认为是因为其具有强烈的政治性质，不应由司法机关对该行为作出审查。《行政赔偿审理规定》第 5 条则通过将其排除在行政赔偿诉讼受案范围之外的方式，明确将国防、外交等国家行为排除在行政赔偿的范围之外。[②]

5. 行政规范

《行政赔偿审理规定》第 5 条规定，行政机关制定发布行政法规、规章或者具有普遍约束力的决定、命令侵犯其合法权益造成损害，向人民法院提起行政赔偿诉讼的，不属于人民法院行政赔偿诉讼的受案范围。当然，对这一制度设定，学界一直存有争议。毕竟，行政规范也会对私人的权益产生侵犯，并且这种侵犯可能是特定而非普遍的。[③]

6. 公有公共设施致害赔偿

我国《国家赔偿法》并未将因公共设施在设置、管理和运营上的缺陷而造成的损害纳入国家赔偿的范围，而是由经营管理该设施的企业、事业单位承担民事赔偿责任。1993 年 10 月 22 日，胡康生在第八届全国人民代表大会常务委员会第四次会议上就国家赔偿法草案所作的说明指出：“关于邮电、医院等国有企业、事业单位，桥梁、道路等国有公共设施，因设置、管理欠缺发生的赔偿问题，不属违法行使职权的问题，不纳入国家赔偿的范围。受害人可以依照《民法通则》等有关规定，向负责管理的企业、事业单位请求赔偿。”[④] 因此，我国公共设施

---

① 参见胡康生：《关于〈中华人民共和国国家赔偿法（草案）〉的说明——1993 年 10 月 22 日在第八届全国人民代表大会常务委员会第四次会议上》，《全国人民代表大会常务委员会公报》1994 年第 4 号，第 28 页。

② 《行政赔偿审理规定》（法释〔2022〕10 号，2022 年 3 月 20 日发布）第 5 条：“公民、法人或者其他组织认为国防、外交等国家行为或者行政机关制定发布行政法规、规章或者具有普遍约束力的决定、命令侵犯其合法权益造成损害，向人民法院提起行政赔偿诉讼的，不属于人民法院行政赔偿诉讼的受案范围。”

③ 参见皮纯协、冯军主编：《国家赔偿法释论》，中国法制出版社 2010 年第 3 版，第 109 页。

④ 胡康生：《关于〈中华人民共和国国家赔偿法（草案）〉的说明——1993 年 10 月 22 日在第八届全国人民代表大会常务委员会第四次会议上》，《全国人民代表大会常务委员会公报》1994 年第 4 号，第 29 页。

的致害赔偿应根据《民法典》规范提起民事诉讼。[①]

尽管制度已经作出规定，但是公有公共设施致害究竟应由民法还是国家赔偿法来调整，本身仍存在讨论的空间。对此，学者观点不一。主张纳入国家赔偿制度的学者主要是从公共设施的公有职能属性出发，认为公有公共设施的管理和利用关系应不属于平等主体之间的民事关系，故应仿照日本采用国家赔偿法进行调整；而主张纳入民事赔偿制度的学者则认为国家赔偿制度和民事赔偿制度本身并不存在优劣之分，采用何种制度并没有本质区别，更何况公有公共设施的管理问题十分复杂，采用已有成熟制度来进行救济可能更为适合。[②] 在我国司法审判实践中，尽管大部分公有公共设施致害借助民事诉讼来实现救济，但是也有部分判决通过将公有公共设施致害转换为行政机关不履行或者没有很好履行对公共设施进行管理的职责的方式，将其纳入国家赔偿审查范畴。例如，在李尚英等与广饶县交通局不履行法定职责行政赔偿上诉案中[③]，公路上有猪粪的情况被转化为不履行公路管理职责进而纳入国家赔偿的审查。公有公共设施致害后续究竟应如何救济，还有进一步研究的空间。

六、行政赔偿请求人与行政赔偿义务机关

(一) 行政赔偿请求人

行政赔偿请求人，是指因其合法权益受到行政机关及其工作人员的不法侵害而依法要求赔偿的当事人。《国家赔偿法》第 6 条第 1 款规定，受害的公民、法人和其他组织有权要求赔偿。这都是对行政赔偿请求人一般资格的基本规定。

在出现受害公民死亡的情况下，其继承人和其他有扶养关系的亲属以及死者生前扶养的无劳动能力的人有权以赔偿请求人身份要求赔偿。

在受害的法人或者其他组织终止的情况下，承受其权利的法人或者其他组织有权以赔偿请求人的身份要求赔偿。

---

① 《民法典》第 1253 条："建筑物、构筑物或者其他设施及其搁置物、悬挂物发生脱落、坠落造成他人损害，所有人、管理人或者使用人不能证明自己没有过错的，应当承担侵权责任。所有人、管理人或者使用人赔偿后，有其他责任人的，有权向其他责任人追偿。"第 1256 条："在公共道路上堆放、倾倒、遗撒妨碍通行的物品造成他人损害的，由行为人承担侵权责任。公共道路管理人不能证明已经尽到清理、防护、警示等义务的，应当承担相应的责任。"第 1258 条："在公共场所或者道路上挖掘、修缮安装地下设施等造成他人损害，施工人不能证明已经设置明显标志和采取安全措施的，应当承担侵权责任。"

② 参见马怀德、喻文光：《公有公共设施致害的国家赔偿》，《法学研究》2000 年第 2 期，第 16－19 页；周云帆：《也谈公有公共设施的损害赔偿——与马怀德、喻文光先生商榷》，《西南民族学院学报（哲学社会科学版）》2002 年第 6 期，第 161－162 页。

③ 参见山东省东营市中级人民法院（2004）东行终字第 53 号行政判决书，2004 年 10 月 24 日。

（二）行政赔偿义务机关

行政赔偿义务机关是代替国家履行支付行政赔偿金等具体行政赔偿义务，参加赔偿案件解决的行政机关。《国家赔偿法》第 6 条、第 7 条是对行政赔偿义务机关的具体规定，规定了确定行政赔偿义务机关的基本原则和五种特殊情况下的赔偿义务机关确定规则。

《国家赔偿法》规定了确定行政赔偿义务机关的基本原则——由实施侵权行为的机关作为行政赔偿义务机关。《国际赔偿法》第 7 条第 1 款规定，行政机关及其工作人员行使行政职权侵犯公民、法人和其他组织的合法权益造成损害的，该行政机关为赔偿义务机关。确立这一原则的主要理由是：第一，“谁侵权，谁赔偿”是一条古老的法律原则。行政机关及代表行政机关行使职权的工作人员对公民、法人或者其他组织的权益造成损害的，就应当由实际责任者——行政机关赔偿，符合该条法律原则。第二，有利于保障请求权人的合法权益。一般而言，具体实施侵权行为的机关往往距离受害人较近，从而方便受害人请求国家赔偿。第三，有利于监督行政机关依法行使职权。如果由未实施侵害的其他行政机关或者公权力机关负责赔偿，就疏远了损害和赔偿之间的关系，不利于增强行政机关及其工作人员依法行政的责任心。第四，有利于国家赔偿案件的处理。具体实施侵权行为的国家机关一般比较了解情况，便于调查取证和就近处理赔偿纠纷。单独设立另外一套专门机构承担赔偿责任，也不利于保障行政机关侵权损害的公民、法人或者其他组织取得国家赔偿的权利。①

《国家赔偿法》对特殊情况下行政赔偿义务机关的确定作出了如下具体规定：

1. 共同赔偿义务机关。《国家赔偿法》第 7 条第 2 款规定，两个以上行政机关共同行使行政职权时侵犯公民、法人和其他组织的合法权益造成损害的，共同行使行政职权的行政机关为共同赔偿义务机关。共同赔偿义务机关的确定应注意以下三点：一是必须有两个以上行政机关。这里所说的“两个以上行政机关”，是指两个以上具有独立主体资格的行政机关，不包括同一行政机关内部的两个以上部门，也不包括同一机关内部具有从属关系的两个以上行政机构和组织。实践中出现某行政机关与当地党委在共同执法过程中造成了相对人合法权益受损，这种情况下由于党委不属于行政机关，因此不适用共同赔偿义务机关的规定。二是必须共同行使职权。所谓“共同行使职权”是指两个以上行政机关共同对同一事实实施同一职权行为，各自以自己的名义共同签署、共同署名行使职权。由于行政机关之间存在着明确的职责分工，因此这种共同行使职权更多的是一种外在形

① 参见江必新、梁凤云、梁清：《国家赔偿法理论与实务》，中国社会科学出版社 2010 年版，第 639 页。

式。三是共同赔偿义务机关之间承担连带责任。《国家赔偿法》第 10 条规定，赔偿请求人可以向共同赔偿义务机关中的任何一个赔偿义务机关要求赔偿，该赔偿义务机关应当先予赔偿。共同赔偿义务机关的连带责任，避免了赔偿义务机关之间互相推诿，有利于受害人行使赔偿请求权利。在具体诉讼制度上，《行政赔偿审理规定》规定，两个以上行政机关共同实施侵权行政决定造成损害的，共同侵权行政机关为共同被告；赔偿请求人坚持对其中一个或者几个侵权机关提起行政赔偿诉讼，以被起诉的机关为被告，未被起诉的机关追加为第三人。

2. 法律、法规授权的组织。在行政赔偿中，法律、法规授权的组织是指根据法律、法规授权行使行政职权的非行政机关。这里的“组织”不仅包括企业、事业单位，还包括不具备行政主体资格的行政机构等。《国家赔偿法》第 7 条第 3 款规定，法律、法规授权的组织在行使授予的行政权力时侵犯公民、法人和其他组织的合法权益的，被授权的组织为赔偿义务机关。非行政机关的组织行使行政职权必须有法律、法规的授权，该组织在行使行政职权的过程中如果造成他人损害，被授权的组织为赔偿义务机关。

3. 行政机关委托的组织或个人。行政委托是指行政机关将其管辖权的一部分交由行政机关以外的组织或者个人，并以行政机关名义行使行政职能。行政委托与授权之间的核心区别在于，行政授权创设新的行政主体，行政委托只创设新的行为主体。《国家赔偿法》第 7 条第 4 款规定，受行政机关委托的组织或者个人在行使受委托的行政权力时侵犯公民、法人和其他组织的合法权益造成损害的，委托的行政机关为赔偿义务机关。之所以这样规定，是因为根据行政委托理论，被委托的组织或个人是以委托机关的名义对外行使职责的，其法律后果应当由委托机关承担。

4. 原赔偿义务机关被撤销的。我国《国家赔偿法》第 7 条第 5 款规定，赔偿义务机关被撤销的，继续行使其职权的行政机关为赔偿义务机关；没有继续行使其职权的行政机关的，撤销该赔偿义务机关的行政机关为赔偿义务机关。这里规定了赔偿义务机关被撤销后的两种情况，即有继续行使其职权的行政机关和没有继续行使其职权的行政机关。此外，如果撤销某行政机关的不是上级行政机关，而是人大或其常委会，则不应将人大及其常委会列为赔偿义务机关，否则不符合我国现行《国家赔偿法》的规定。

5. 复议机关。我国《国家赔偿法》第 8 条规定，经复议机关复议的，最初造成侵权行为的行政机关为赔偿义务机关，但复议机关的复议决定加重损害的，复议机关对加重的部分履行赔偿义务。复议机关决定维持原行政决定的，由于侵害相对人合法权益的是原行政决定，因此若该行政决定事后被认定为违法，应由作出原行政决定的行政机关作为赔偿义务机关；复议机关撤销原行政决定，或确认原行政决定违法的，复议机关并不会对相对人造成新的损害，最初作出该行政决定的行政机关为赔偿义务机关；复议机关改变了原行政决定，且加重了损害的，由复议机关对加重的部分履行赔偿义务，此时，原行政决定的作出机关和复议机关都是行政赔偿的义务机关。在诉讼制度上，《行政赔偿审理规定》规定，原行政决定造成赔偿请求人损害，复议决定加重损害的，复议机关与原行政决定机关为共同被告；赔偿请求人坚持对作出原行政决定机关或者复议机关提起行政赔偿诉讼，以被起诉的机关为被告，未被起诉的机关追加为第三人。

七、行政赔偿的程序

（一）行政赔偿程序的概念

行政赔偿程序，是行政赔偿请求人向国家行政赔偿义务机关请求行政赔偿，行政赔偿义务机关给予行政赔偿以及人民法院办理行政赔偿案件、解决行政赔偿纠纷时，应当遵循的步骤、顺序、方式和时限的总称。

《国家赔偿法》第 9 条第 2 款规定："赔偿请求人要求赔偿，应当先向赔偿义务机关提出，也可以在申请行政复议或者提起行政诉讼时一并提出。"根据上述法律规定，我国现行行政赔偿程序存在单独提出行政赔偿和一并提出行政赔偿这两种程序。

（二）单独提出的行政赔偿程序

单独提出的行政赔偿程序，实际上是先行政、后诉讼的程序。行政机关违法行使行政权，对公民、法人或者其他组织人身权或财产权造成损害的，赔偿请求人单独就损害赔偿向赔偿义务机关提出请求，行政机关先行处理；对处理结果有异议的，再通过行政复议或行政诉讼解决纠纷。

之所以在复议和诉讼程序外设立单独提出赔偿这一程序，至少存在以下考量：第一，单独处理程序是由行政机关进行赔偿申请的处理，相较于司法程序更为便捷，有利于行政赔偿争议的迅速解决，有助于减轻赔偿请求人诉累。第二，赔偿请求如果可以通过行政程序得到解决，能够减轻复议机关和法院的负担。第三，单独设置行政赔偿程序也是给予行政机关主动纠错和采取补救措施的机会，督促其依法行政。

1. 先行处理程序的存在意义

受害人单独提起行政赔偿请求的，应当首先向行政赔偿义务机关提出。行政先行处理，是指在行政赔偿请求人向法院单独提起行政赔偿诉讼之前，应先向行政赔偿义务机关要求赔偿，经过双方协商或由赔偿义务机关决定赔偿范围、方式、金额等事项，从而解决赔偿争议。在行政处理未能解决争议的情况下，行政赔偿请求权人方可向行政机关申请行政复议或者直接向人民法院单独提起行政赔偿诉讼。单独提出行政赔偿请求通常适用于：作出侵权行为的行政机关承认其行为违法，但就赔偿问题达不成协议；行使行政职权的行为已被复议机关确认为违法，或已被复议机关撤销或变更，但受害人在申请复议时并未提出赔偿请求，复议机关也未对行政赔偿问题作出裁决，复议裁决生效后被害人又要求赔偿；行使行政职权的行为已为法院的判决确认为违法或已被该法院判决撤销或变更，判决生效后，受害人提出赔偿请求等情形。

根据《行政赔偿审理规定》第 13 条第 2 款的规定，行政行为已被确认为违法，并符合下列条件的，公民、法人或者其他组织可以单独提起行政赔偿诉讼：原告具有行政赔偿请求资格；有明确的被告；有具体的赔偿请求和受损害的事实根据；赔偿义务机关已先行处理或者超过法定期限不予处理；属于人民法院行政赔偿诉讼的受案范围和受诉人民法院管辖；在法律规定的起诉期限内提起诉讼。

可以看出，行政决定已经被确认“违法”是单独提起行政赔偿程序的先决条件。既然在提起行政复议和诉讼时可以一并要求赔偿，那么反过来，针对单独提起的行政赔偿诉讼，为何不能在提起行政赔偿诉讼时由法院一并就行政决定是否违法作出判断呢？也即，现有制度为何一直强调必须由一个独立的确认程序——赔偿义务机关或行政复议主体或行政诉讼主体——来就违法进行确认？

维护诉讼时效规定的统一以实现立法自洽，是审判实务中支持确认违法程序的重要理由。[①] 根据现行《国家赔偿法》《行政复议法》和《行政诉讼法》的相关规定，在我国行政赔偿制度中，不同的赔偿程序存在三种时效规定：向国家赔偿义务机关请求赔偿的请求时效，2 年[②]；向法院单独提起行政赔偿诉讼的诉讼时效，3 个月[③]；申请复议或诉讼并附带请求赔偿的，适用行政复议、行政诉讼中有关时效的规定。[④]

对于超过诉讼时效的行政决定而言，基于确定力理论，行政机关就不可任意撤销该行政决定，即便行为“有错”也非“必纠”[⑤]。但同时，行政决定的确定力并不影响行政机关对其自身行为的违法性作出判断。即使已超过诉讼时效，作出该行为的行政机关依然可以就自身是否“有错”作出判断，也就是随时启动自我监督权对自身已生效行政决定进行合法性审查。因此，如果赔偿义务机关对超

---

① 参见石坚强、孙雪：《单独提起行政赔偿诉讼的条件》，《人民司法・应用》2012 年第 24 期，第 97 页。

② 详见《国家赔偿法》第 39 条。

③ 详见《国家赔偿法》第 14 条。

④ 详见《国家赔偿法》第 39 条。

⑤ 章剑生：《“有错必纠”的界限》，《中国法学》2013 年第 2 期，第 164－179 页。

过诉讼期限的行为已确认违法，赔偿请求人可依据《国家赔偿法》第 14 条的规定在 3 个月内就赔偿方式、数目等单独提起行政赔偿诉讼。

另外，当赔偿义务机关在行政确认程序中就超过诉讼时效的行政决定进行审查后作出不确认违法且不予赔偿的决定时，依照《国家赔偿法》第 14 条的字面规定，赔偿请求人依然可以自赔偿义务机关作出不予赔偿决定之日起 3 个月内向法院提起赔偿诉讼。法院在受理赔偿请求人提起的行政赔偿诉讼后，将不可避免就行政决定的合法性进行审查，这就与《国家赔偿法》第 39 条 2 年的时效规定产生了矛盾。

确认违法程序则成为解决上述时效冲突的有效途径。基于确认违法程序，当行政决定未在行政程序中被确认为违法时，在进入行政赔偿诉讼前，赔偿请求人必须先经由行政诉讼取得对行为违法的确认。此时，超过诉讼时效的行政决定会因为其无法进入行政诉讼而被排除于行政赔偿的实质审查之外，从而与《国家赔偿法》第 39 条的时效规定保持一致。实践中，确认违法程序的上述功能已被司法判决所证实。在蔡志强与宁波市工商行政管理局慈溪分局行政赔偿纠纷案中，法院从维护《国家赔偿法》条文前后规定的一致性和诉讼时效理论角度总结认为，如果赔偿请求人主张的加害行为未被赔偿义务机关、行政复议机关或者法院确认为违法，赔偿请求人向法院单独提起行政赔偿诉讼的，法院应不予受理，已经受理的，裁定驳回起诉。①

2. 申请与受理

行政赔偿请求人向行政赔偿义务机关请求赔偿，应当递交申请书。存在两个或两个以上赔偿义务机关的情形下，根据《国家赔偿法》第 10 条的规定，赔偿请求人可以向共同赔偿义务机关中的任何一个赔偿义务机关要求赔偿，该赔偿义务机关应当先予赔偿。

赔偿请求人可以只提出一项赔偿请求，也可以同时提出数项赔偿请求。《国家赔偿法》第 11 条规定："赔偿请求人根据受到的不同损害，可以同时提出数项赔偿请求。"该数项赔偿请求，可以是多项损害的相同赔偿方式的赔偿请求，也可以是多项损害的不同赔偿方式的赔偿请求。提出一项还是数项赔偿请求，取决于损害事实。如果损害是单一的，请求人只能就该项损害提出赔偿请求，不得就该损害造成的其他间接损失提出赔偿请求。

赔偿义务机关应当自收到申请之日起 2 个月内，作出是否赔偿的决定。赔偿义务机关作出赔偿决定，应当充分听取赔偿请求人的意见，并可以与赔偿请求人就赔偿方式、赔偿项目和赔偿数额按规定进行协商。赔偿义务机关决定赔偿的，

① 参见石坚强、孙雪：《单独提起行政赔偿诉讼的条件》，《人民司法·应用》2012 年第 24 期，第 97 页。

应当制作赔偿决定书；如果决定不予赔偿，应当自作出决定之日起 10 日内书面通知赔偿请求人，并说明不予赔偿的理由。

3. 提起诉讼

经过先行处理程序，会出现两种结果：一是赔偿请求人对赔偿义务机关的处理决定感到满意，赔偿请求得以兑现；二是赔偿请求人对赔偿义务机关逾期不作决定、作出不予赔偿决定或者作出的赔偿决定不满意的，此时赔偿请求人依然可以选择向法院提起诉讼。根据《国家赔偿法》第 14 条的规定，赔偿义务机关在规定期限内未作出是否赔偿的决定，赔偿请求人可以自期限届满之日起 3 个月内，向人民法院提起诉讼。同时，赔偿请求人对赔偿的方式、项目、数额有异议的，或者赔偿义务机关作出不予赔偿决定的，赔偿请求人可以自赔偿义务机关作出赔偿或者不予赔偿决定之日起 3 个月内，向人民法院提起诉讼。

关于对赔偿义务机关的先行处理决定不服，申请人是否可以提起行政复议这一问题，《国家赔偿法》并未明确规定。实践中，在部门法中也已经存在类似制度。如《海关行政赔偿办法》第 35 条第 2 款规定："赔偿义务机关违反上述规定逾期不作出决定的，赔偿请求人可以自期间届满之日起六十日内向赔偿义务机关的上一级海关申请行政复议，赔偿请求人对不予赔偿的决定或对赔偿数额、赔偿方式等有异议的，可以自收到决定书之日起六十日内向赔偿义务机关的上一级海关申请行政复议；赔偿请求人也可以自期间届满之日或者收到决定书之日起三个月内向人民法院提起诉讼。"《民航行政机关行政赔偿办法》第 31 条第 2 款的规定也与此相似。

（三）一并提出的行政赔偿程序

一并提出的行政赔偿程序，系指行政相对人在对行政决定不服提起行政复议和行政诉讼的过程中一并提出行政赔偿请求。《行政赔偿审理规定》第 14 条规定，原告提起行政诉讼时未一并提起行政赔偿诉讼，人民法院审查认为可能存在行政赔偿的，应当告知原告可以一并提起行政赔偿诉讼。一般认为，就诉讼中的基本问题，例如关于提交赔偿申请书、证据规则、调解以及判决的执行等，单独提起和一并提起行政赔偿在程序上并无明显区别。《国家赔偿法》及相关司法解释没有就程序作出特别规定的，可适用行政复议和行政诉讼程序。

八、行政赔偿的方式与标准

（一）行政赔偿的方式

根据《国家赔偿法》第 32 条和第 35 条的规定，行政赔偿的方式有五种：支付赔偿金；返还财产；恢复原状；消除影响，恢复名誉，赔礼道歉；精神损害抚慰金。

《国家赔偿法》第32条第1款规定，国家赔偿以支付赔偿金为主要方式。但值得注意的是，在上述行政赔偿方式中，支付赔偿金为“主要方式”，但它不是“优先方式”。《国家赔偿法》第32条第2款规定：“能够返还财产或者恢复原状的，予以返还财产或者恢复原状。”这同时意味着，只有在不能够返还财产或者恢复原状时，才支付赔偿金。

为保障行政相对人的实际利益，行政机关和人民法院在处理行政赔偿案件时不得收取任何费用。[①] 同时，国家对赔偿请求人取得的赔偿金不予征税。

（二）行政赔偿的标准

在我国《国家赔偿法》制定过程中，对于国家赔偿标准究竟应采取何种标准曾有过不同的意见。主流观点认为，考虑到国家赔偿制度初创，国家机关执法、司法水平整体还不够高，采取惩罚性原则确定赔偿标准国家机关很可能难以承受，而补偿性原则又在侵权损害的确认、计算、统计上过于具体，因此采取抚慰性原则更为合适。[②]

在立法实践中，1994年制定的《国家赔偿法》尽管没有就赔偿标准所采用的原则作出明确说明，但在具体制度设置上采取了抚慰性标准：除在少数情形下承认对间接损害的赔偿（如误工费）以外，财产损害按照直接损失予以赔偿。而即便是被认可的间接赔偿（如误工费），也不是以受害人自己的实际损失为赔偿原则，而是以固定的每日赔偿金为标准。对此，《关于〈中华人民共和国国家赔偿法（草案）〉的说明》指出：“国家赔偿的标准和方式，是根据以下原则确定的：第一，要使受害人所受到的损失能够得到适当弥补；第二，考虑国家的经济和财力能够负担的状况；第三，便于计算，简便易行。”[③] 其中，“适当弥补”而非“实际弥补”的措辞被认为是抚慰性标准的反映，而“财政负担”“便于计算”等则是未采取惩罚性原则和补偿性原则的原因。在这之后，《国家赔偿法》（2010年）尽管增加了精神损害抚慰金等赔偿项目，但是依然在整体上保持了抚慰性赔偿原则的基本框架，没有与普通侵权法上的补偿性赔偿或全面赔偿原则接轨。[④]

---

① 《国家赔偿法》第41条第1款规定：“赔偿请求人要求国家赔偿的，赔偿义务机关、复议机关和人民法院不得向赔偿请求人收取任何费用。”

② 参见马怀德主编：《完善国家赔偿立法基本问题研究》，北京大学出版社2008年版，第319-320页。

③ 胡康生：《关于〈中华人民共和国国家赔偿法（草案）〉的说明——1993年10月22日在第八届全国人民代表大会常务委员会第四次会议上》，《全国人民代表大会常务委员会公报》1994年第4号，第29页。

④ 参见沈岿：《国家赔偿法：原理与案例》，北京大学出版社2022年版，第355页。

关于行政赔偿的计算标准，《国家赔偿法》针对不同情况作了不同的规定。

1. 造成人身自由权损害的赔偿标准

侵犯人身自由权的行为，系指违法的行政拘留和限制人身自由的行政强制措施等行为。《国家赔偿法》第33条规定，侵犯公民人身自由的，每日的赔偿金按照国家上年度职工日平均工资计算。

2. 造成身体损害的赔偿标准

《国家赔偿法》第34条第1款第1、2项规定，造成身体损害的，赔偿项目和标准如下：

（1）造成身体伤害的，应当支付医疗费、护理费，以及赔偿因误工减少的收入。减少的收入每日的赔偿金按照国家上年度职工日平均工资计算，最高额为国家上年度职工年平均工资的5倍。即，因误工减少的收入的赔偿金应按“国家上年度职工日平均工资×实际误工工日”的公式计算，所乘之积超过国家上年度职工年平均工资的5倍的，亦只能按国家上年度职工年平均工资的5倍计算。[①]

（2）造成部分或者全部丧失劳动能力的，应当支付医疗费、护理费、残疾生活辅助具费、康复费等因残疾而增加的必要支出和继续治疗所必需的费用，以及残疾赔偿金。残疾赔偿金根据丧失劳动能力的程度，按照国家规定的伤残等级确定，最高不超过国家上年度职工年平均工资的20倍。造成全部丧失劳动能力的，对其扶养的无劳动能力的人，还应当支付生活费。生活费的发放标准，参照当地最低生活保障标准执行。被扶养的人是未成年人的，生活费给付至18周岁止；其他无劳动能力的人，生活费给付至死亡时止。

3. 造成人死亡的赔偿标准

侵犯生命权的赔偿，系指造成人死亡的赔偿。《国家赔偿法》第34条第1款第3项规定，造成死亡的，应当支付死亡赔偿金、丧葬费，总额为国家上年度职工年平均工资的20倍。对死者生前扶养的无劳动能力的人，还应当支付生活费。生活费的标准与上一项相同。

4. 造成精神损害的赔偿标准

《国家赔偿法》第35条规定，侵犯人身权，致人精神损害的，应当在侵权行为影响的范围内，为受害人消除影响，恢复名誉，赔礼道歉；造成严重后果的，应当支付相应的精神损害抚慰金。《国赔精神损害赔偿解释》对此作出了具体规

---

① 《最高人民法院行政审判庭关于赔偿金有关问题的答复》（〔1997〕行他字第31号，1997年3月18日）：“《国家赔偿法》第二十七条（一）项所规定的因误工减少的收入的赔偿金应按‘国家上年度职工日平均工资×实际误工工日’的公式计算，所乘之积超过国家上年度职工年平均工资的5倍的，亦只能按国家上年度职工年平均工资的5倍计算。”

定。精神损害抚慰金一般应当在人身自由赔偿金、生命健康赔偿金总额的50%以下（包括本数）酌定；后果特别严重，或者确有证据证明前述标准不足以抚慰的，可以在50%以上酌定（第8条）。

5. 造成财产权损害的赔偿标准

《国家赔偿法》第36条规定，侵犯公民、法人和其他组织的财产权造成损害的，按照下列规定处理：(1) 处罚款、罚金、追缴、没收财产或者违反国家规定征收财物、摊派费用的，返还财产；(2) 查封、扣押、冻结财产的，解除对财产的查封、扣押、冻结，造成财产损坏或者灭失的，按下述两项的规定办理赔偿；(3) 应当返还的财产损坏的，能够恢复原状的恢复原状，不能恢复原状的，按照损害程度给付相应的赔偿金；(4) 应当返还的财产灭失的，给付相应的赔偿金；(5) 财产已经拍卖或者变卖的，给付拍卖或者变卖所得的价款；变卖的价款明显低于财产价值的，应当支付相应的赔偿金；(6) 吊销许可证和执照、责令停产停业的，赔偿停产停业期间必要的经常性费用开支[①]；(7) 返还执行的罚款或者罚金、追缴或者没收的金钱，解除冻结的存款或者汇款的，应当支付银行同期存款利息；(8) 对财产权造成其他损害的，按照直接损失给予赔偿。例如海关的行政决定导致相对人仓储费、运费等费用增加的，海关应对增加部分予以赔偿。[②]

《国家赔偿法》在立法之初所确立的适当补偿原则在当时的经济和法治环境下有一定现实意义，但是，随着近年来我国经济的不断发展和法制体系的逐渐完善，国家赔偿制度依然以此为考量因素进而继续采用适当补偿原则就不再具有说服力了。更何况针对国家赔偿制度，“对受害人来说是凭空飞来的横祸，因此赔偿更不能低于实际损失”[③]。

《国家赔偿法》修改时并未就救济原则作出明确改动或说明，但近些年来行政赔偿的审判实践已有所变化。在沙明保等诉马鞍山市花山区人民政府房屋强制拆除行政赔偿案中，就财产权损害的行政赔偿标准，法院在市场价的基础上确立了“就高不就低”的基准：“出于最大限度保护被侵权人的合法权益考虑，结合目前普通实木雕花床的市场价格，按‘就高不就低’的原则，综合酌定该实木雕花床价值为3万元。”[④] 可以认为，法院在该案中所采取的标准已经不再是适当补偿，而开始趋向于完全填平。更进一步，在近期行政赔偿审判实践中甚至出现了

---

① 《国家工商行政管理总局关于违法暂扣营业执照赔偿范围问题的答复》（工商法字〔2002〕第239号，2002年9月27日发布）中认为，“经营性费用开支”，我局认为是指受害人在停产停业期间用于维持生存的基本开支，如水电费、仓储保管费、职工的基本工资。

② 《海关行政赔偿办法》第42条第6项：“导致仓储费、运费等费用增加的，对增加部分予以赔偿”。

③ 高家伟：《国家赔偿法》，商务印书馆2004年版，第158页。

④ 沙明保等诉马鞍山市花山区人民政府房屋强制拆除行政赔偿案，最高人民法院第91号指导案例（2018年）。

惩罚性赔偿的倾向。在许水云诉金华市婺城区人民政府房屋行政强制及行政赔偿案中，法院指出："为体现对违法征收和违法拆除行为的惩戒，并有效维护许水云合法权益，对许水云房屋的赔偿不应低于因依法征收所应得到的补偿，即对许水云房屋的赔偿，不应低于赔偿时改建地段或者就近地段类似房屋的市场价值。"①

第二节　行政补偿

一、行政补偿概述

（一）概念

行政补偿，是指因行政机关及其工作人员的合法行政行为致使私人的合法权益遭受损失，而由国家依法予以弥补的一种法律责任。

在我国，行政补偿被认为是与行政赔偿相对应的一种广义上的行政责任。从严格意义上说，行政补偿并不属于行政法律责任，而只是基于"积极义务"而实施的补救性行为。因为行政赔偿责任是违法行政行为所引起的法律后果，而行政补偿责任则以合法行政行为为前提。

（二）特征

目前我国尚无行政补偿的统一立法，有关行政补偿的规定散见于不同时期制定的不同层级的规范性法律文件之中。归纳而言，行政补偿具有以下法律特征：

（1）行政补偿的前提是行政主体的行为合法。违法行政行为不产生损失补偿问题，只产生行政赔偿责任的后果。一般而言，引起行政补偿的行为通常是积极实现国家行政目标的行为，而引起行政赔偿的行为则是应予避免的行为。

（2）损失必须是由行政行为所导致的。公务员的个人行为或行政机关的民事行为也不导致行政补偿。相对人合法权益的损失主要是指行政主体的行政行为造成的损失，特殊情况下也包括相对人为维护和增进公共利益实施正当行为而遭受的损失。②

---

① 许水云诉金华市婺城区人民政府房屋行政强制及行政赔偿案，《最高人民法院公报》2018 年第 6 期，第 30－38 页。

② 《人民警察法》第 34 条第 2 款规定："公民和组织因协助人民警察执行职务，造成人身伤亡或者财产损失的，应当按照国家有关规定给予抚恤或者补偿。"

(3) 行政补偿以无义务的特定人所受的损失为要件。一般而言，国家对一般公民因公平分配的负担而承担的义务，不必加以补偿。如服兵役、依法纳税等，是所有公民应尽的义务，这是一种公平的负担，无须给予补偿。对于行政主体因相对人违反行政法而给予行政处罚或采取行政强制措施造成的损失，国家也无须给予补偿，因为该种损失系相对人实施违法行为应承担的法律后果。只有在合法行政行为使无义务的特定人蒙受特别损害时，国家才负担财产上的损失补偿责任。

（三）行政补偿与行政赔偿的界分

行政补偿与行政赔偿都是行政救济的方式，而且都以金钱补救为主要形式。但两者之间存在区别：一是产生的前提不同。行政补偿因行政机关及其工作人员的合法行政行为而发生，行政赔偿则以行政违法为前提。二是救济时间不同。行政补偿可在损失发生前进行先行补偿，然后作出某种行政行为；行政赔偿则必须以损害事实的发生为前提，没有损害事实不可能赔偿。三是处理结果不同。行政补偿和行政赔偿各有其程序规定，行政补偿可以双方协议或单方补偿决定的方式作出；行政赔偿则多采取行政赔偿决定的方式。

二、行政补偿的理论基础与制度演变

（一）行政补偿制度的理论基础

有关行政补偿理论基础的学说都有其特定的历史背景，随着历史的变迁和行政补偿制度的发展而不断发展。行政补偿责任的前提是合法行政行为造成相对人合法权益的损失。既然是合法的行政行为，为什么国家还要对这种损失承担行政补偿责任呢？这是一个行政法学理论界长期争论的问题。对此，主要存在以下几种学说。[①]

一是保障既得权利说。此学说基础在于基于基本权利保障，宪法和法律应保护公民的既得权利。国家因公共利益需要所为合法行为，给相对人既得权益造成损失时，即使该行为不违法，对相对人所受到的损失国家也应给予补偿。

二是特别牺牲说。此说源于德国，德国学者奥托·迈耶认为，任何财产权的行使都要受到一定内在的、社会的限制，当财产的征用或限制是所有公民都平等地承受的一定负担时，不需要补偿。然而，当这种负担落到某个个别公民头上

---

① 参见董保城、湛中乐：《国家责任法》，元照出版公司 2005 年版，第 251－252 页；姜明安主编：《行政法与行政诉讼法》，北京大学出版社、高等教育出版社 2005 年第 2 版，第 723－725 页。

时，它就变成了一种特殊的牺牲，就必须进行补偿。因此，国家合法行政行为造成相对人损失，这种损失不是相对人应承担的一般义务，它是无义务的特定人所受的特别牺牲。对这种牺牲，国家理应给予补偿，以合乎公平正义原则。同时，该学说认为只要是为了国家、社会和公共利益而使得公众特别负担由国家行为所造成的损害，那么这一特别负担的范围就应包括宪法保障的公民固有权利，包括财产、生命和健康等。

除此之外，还存在公平负担说、社会保险说、社会协作说等学说，这几项学说均从以社会整体力量保障社会成员生存和发展的角度构建行政补偿制度。

在我国，就行政补偿的理论基础进行讨论时，学者多将人权保障作为行政补偿制度的出发点。行政补偿制度缘于公用征收，它是在人权观念日渐彰显的民主立宪国家产生的，最初起源于自由法治国家宪法保障财产权的规定。没有人权保障观念、没有私有财产不可侵犯的规定，就不可能产生行政补偿制度。[①] 法治国家最重要的特征之一是人权得到法律的切实保护。一个国家对于公民人身权、财产权因政府行为受到的损害，如果政府只对其违法行为造成的损害予以赔偿，而不对其合法行为导致的损失予以补偿，那么其对人权的保障显然是不完善的。[②]

（二）行政补偿制度在我国的演变

新中国成立伊始，在我国的法制体系中就已经有行政补偿相关制度。我国 1950 年颁布的《城市郊区土地改革条例》规定，国家遵循公平合理原则对征收或征用土地时受损失的公民予以补偿。之后 1958 年的《国家建设征用土地办法》更是对补偿的范围和程序做了规定。在 1982 年国务院公布的《国家建设征用土地条例》和《村镇建房用地管理条例》中，也就国家建设征用土地和城镇建房征用中的补偿问题作出了规定。可以看出，新中国成立后我国的行政补偿制度多集中于土地、房屋等领域，与不动产的征收征用密切相关。

之后，随着法制的不断完善，行政补偿制度开始以立法形式出现于更多领域。1982 年《海洋环境保护法》、1984 年《水污染防治法》、1986 年《矿产资源法》、1987 年《大气污染防治法》等分别规定了水体污染、集体矿山迁移、大气污染等给相对人造成损失时应给予补偿。同时在规定内容上，行政补偿制度也开始逐渐从原则性规定过渡到具体规则。例如，1986 年制定的《土地管理法》不仅规定了征用补偿原则，还对征用土地的审批权限、主管单位、征用程序以及补偿范围等都作出了相对详细的规定。

我国于 1994 年制定《国家赔偿法》，正式在立法层面确立了国家赔偿制度。

---

① 参见张梓太、吴卫星：《行政补偿理论分析》，《法学》2003 年第 8 期，第 48 页。

② 参见姜明安：《行政补偿制度研究》，《法学杂志》2001 年第 5 期，第 14－15 页。

但就行政补偿而言，除上述单行法律及规范对部门行政管理领域的补偿作出了一些零散的规定外，整体的行政补偿制度尚未建立。在宪法层面，我国通过宪法修正案的形式对于私有财产的征收、征用补偿进行了明确。2004 年修改后的《宪法》第 10 条第 3 款规定：国家为了公共利益的需要，可以依照法律规定对土地实行征收或者征用，并给予补偿。第 13 条第 3 款规定：国家为了公共利益的需要，可以依照法律规定对公民的私有财产实行征收或者征用，并给予补偿。

三、行政补偿的类型

行政补偿制度一般与私有财产权制度同步发展。公民对国家、社会负有一定程度的社会义务，国家为公共利益的需要而以公权力强制取得或者削减公民的私有财产权，因而造成财产受到损失时，如果超过了公民应忍受的社会义务，行政机关应对其进行合理补偿，以符合公平。因此，行政补偿制度最早是基于政府为了构筑马路、铁路等交通设施而必须取得私人的土地、道路而通过“公用征收”的方式给予被征收人一定补偿。[①] 因此，行政补偿最开始是与公用征收密不可分的两项概念。然而，随着国家职能不断扩大，征收的对象不再以财产权为限，因此行政补偿的范围也随之扩展。

（一）基于特别牺牲的行政补偿

基于特别牺牲的行政补偿是指特定私人的权利因公共利益受公权力的合法限制，而有特别情形致超越私人一般情况下所应容忍的程度，则构成其个人的特别牺牲，自应有依法向国家请求合理补偿的权利，以符合宪法保障私人权利的意旨。

当然，究竟在何种情况下能被认为属于公民利益的特别牺牲，存在各种不同学说。有学者认为应采用区分侵害行为的对象是一般的还是特别的这一形式标准作为判断要素；也有观点认为应以权利受到侵害的程度不同作为基准，对于剥夺或者妨碍权利之本来效用之发挥的侵害则当然应予补偿，而未达到前述程度的限制则不予补偿。[②] 为了国家和公共利益而牺牲个人利益是必要的，但公众受益的国家行为造成的损害应由公众负担，由个人负担是不公平的。所以，国家应该从公众的税收——国库中支付一定的补偿费用，以补偿个别受到侵害的个人。[③] 无论何种学说，其所涉及的概念虽然明确但是终归具有一定的抽象性，对于特别损

---

① 参见董保城、湛中乐：《国家责任法》，元照出版公司 2005 年版，第 7 页。

② 参见［日］田中二郎：《行政法》（上卷），弘文堂 1974 年版，第 214 页。

③ 参见罗豪才、湛中乐主编：《行政法学》，北京大学出版社 2016 年版，第 472 页。

失的判断应根据规制的形态、原因、损失的程度、社会一般观念（因时代的不同、场所的不同而具有可变性）进行综合的基础上再进行判断。[①]

这类补偿又可分为行政征收补偿、财产权限制补偿和征收性质侵害补偿。

1. 行政征收补偿

古典征收补偿理念源于17世纪的德国。当时德国对于公民财产权的侵害奉行“容忍但可获得补偿”的原则，即“国家给予公共利益而剥夺或者限制公民的权利时，人民应予容忍，但是对其所受的损害国家应给予补偿”[②]。在这一阶段，征收补偿所涉对象多为土地，根据古典征收补偿理念，对于所受损失应当全额补偿。

之后，随着国家职能手段的多样化，古典征收补偿概念获得进一步扩张：在客体上，征收不再限于土地、房屋等不动产，而逐步涉及如车辆等动产，甚至从更广角度而言，所有具有财产权性质的私权，如公司股票与著作权也开始作为征收补偿的客体；在方式上，不再限于剥夺所有权，也包括对所有权的限制，也即行为方式包含征收行为和征用行为；在目的上，不再限于古典征收中以“公用”为唯一目的，征收如有助于公共利益，仍可进行征收，因此现代征收乃属“公益”征收；同时，在补偿数额上，完全补偿说也被相当补偿说所替代。[③] 可以看出，现代行政征收补偿理念已经在各个方面对原有概念进行了突破，但是其始终是以公民利益的特别牺牲为基点形成对外补偿区域的扩展。

在我国现行法制框架下，最为典型和常见的两类征收补偿是土地征收补偿和房屋征收补偿。

我国《土地管理法》（2019年修正）对土地的征收补偿制度作出了相对全面的规定。《土地管理法》第2条第4款规定：“国家为了公共利益的需要，可以依法对土地实行征收或者征用并给予补偿。”同时，该法第48条规定，征收土地应当给予公平、合理的补偿，保障被征地农民原有生活水平不降低、长远生计有保障。征收土地应当依法及时足额支付土地补偿费、安置补助费以及农村村民住宅、其他地上附着物和青苗等的补偿费用，并安排被征地农民的社会保障费用。征收农用地以外的其他土地、地上附着物和青苗等的补偿标准，由省、自治区、直辖市制定。对其中的农村村民住宅，应当按照先补偿后搬迁、居住条件有改善的原则，尊重农村村民意愿，采取重新安排宅基地建房、提供安置房或者货币补偿等方式给予公平、合理的补偿，并对因征收造成的搬迁、临时安置等费用予以补偿，保障农村村民居住的权利和合法的住房财产权益。

---

① 参见［日］盐野宏：《行政救济法》，杨建顺译，北京大学出版社2008年版，第247页。

② 李建良：《行政法上损失补偿制度之基本体系》，《东吴法律学报》1999年第2期，第37页。

③ 参见李惠宗：《行政法要义》，元照出版公司2010年版，第614页。

在房屋征收补偿领域，《城市房地产管理法》第 6 条规定，为了公共利益的需要，国家可以征收国有土地上单位和个人的房屋，并依法给予拆迁补偿，维护被征收人的合法权益。征收个人住宅的，还应当保障被征收人的居住条件。《国有土地上房屋征收与补偿条例》第 2 条规定，为了公共利益的需要，征收国有土地上单位、个人的房屋，应当对被征收房屋所有权人（以下称被征收人）给予公平补偿。该条例规定，对被征收房屋价值的补偿，无论是采取货币补偿还是房屋产权调换，都不得低于房屋征收决定公告之日被征收房屋类似房地产的市场价格。同时，补偿内容包括：被征收房屋价值的补偿，因征收房屋造成的搬迁、临时安置的补偿，因征收房屋造成的停产停业损失的补偿。

除此之外，我国也确立了草原、林地、滩涂等不动产征收补偿，大中型水利水电工程建设征地、蓄滞洪区运用等特殊事项的征收补偿，行政机关强制取得相对人的专利使用权后的征用补偿等行政征收补偿。

2. 财产权限制补偿

征收的本义是“没收”“剥夺”，以所有权移转作为基本特征。而作为财产权核心内容的所有权又包括占有、使用、收益和处分等权能。在实践中，公权力侵害财产权的表现并非均为取得其所有权，更多情况下是侵犯财产权中的某一项或几项权能从而使财产权受到限制。相较于征收而言，财产权限制对于当事人权益的侵犯在性质上并无差别，仅是程度上的差异，因此对于由此产生的特别牺牲，也应当给予补偿。当然，基于财产权的社会义务，如果限制被认为属于私人财产为了社会公共福祉所应承受的正常负担，则不构成补偿。[①] 因此，只有当财产权限制所造成的损害已经到了特别牺牲的程度，才存在获得补偿的可能。[②]

我国立法中对于财产权限制的情况较为常见，但却鲜见就补偿作出规定。如《历史文化名城名镇名村保护条例》第 35 条规定：“对历史建筑进行外部修缮装饰、添加设施以及改变历史建筑的结构或者使用性质的，应当经城市、县人民政府城乡规划主管部门会同同级文物主管部门批准，并依照有关法律、法规的规定办理相关手续。”这意味着私人住宅一旦被认定为历史建筑，所有权人在建筑使用等方面就被迫有所限制，但基于现有规范其无法获得补偿。实践中，在高留升诉新郑市人民政府等行政补偿纠纷案中，对于行政机关对土地使用权等作出限制行为直接导致当事人财产权益明显减损的，法院判决要求行政机关给予补偿。[③]

---

① 参见张翔：《财产权的社会义务》，《中国社会科学》2012 年第 9 期，第 114－115 页。

② 参见杜仪方：《财产权限制的行政补偿判断标准》，《法学家》2016 年第 2 期，第 103 页。

③ 参见高留升诉新郑市人民政府等行政补偿纠纷案，《最高人民法院公报》2023 年第 10 期，第 43－48 页。

如何判定具体领域和个别事件中财产权限制社会义务和特别牺牲之间的界分，从而构建合理的财产权限补偿制度，是我国未来行政补偿必须考虑的课题。

3. 征收性质侵害补偿

征收性质侵害是指行政机关的合法行为虽然不是公用征收，但其结果造成民众“不正常的、非本意且非可预见的附带效果”的特别牺牲。[①] 例如市政府依据法定程序挖掘马路导致沿路民房龟裂受损；警察按规定使用手枪追击逃犯，子弹偏离射击而击坏停靠在路边的汽车的玻璃；合法建造与管理的市立垃圾场吸引乌鸦觅食，使得临近稻田果园果实被啄食；合法建设并依规定管理的市立污水处理厂传出恶臭，影响临近房屋价格。上述损害的产生并非该合法行为所意欲预见，而是附随产生造成公民之特别牺牲。[②] 相较于征收及财产权限制而言，征收性质侵害对于当事人损失的态度是消极和回避的。

在通常意义下的征收补偿中，法律赋予侵权行为以合法性（例如房屋拆迁行为），给相对人造成的损害后果是必然的且是法律所承认的（例如居民房屋被拆迁征收），此情形下的补偿是对该合法行为所造成的必然结果的回复和填补。但是预防接种领域却不然，预防接种所产生的损害后果——副作用——的发生并非法律所预设的效果，预防接种行为本身也不是有意识的侵权行为，因此预防接种中的补偿也并不等于从正面承认了国家对于生命的剥夺以及身体的侵害的合法性。[③] 基于这些不同，在行政补偿理论和制度体系中单列征收性质侵害补偿存在意义。

我国行政补偿相关立法中并未明确规定征收性质侵害补偿或者公益牺牲补偿的概念，但是相关理念和制度已经散见于各项法律或者行政法规中。如我国《疫苗管理法》第 56 条规定，国家实行预防接种异常反应补偿制度。实施接种过程中或者实施接种后出现受种者死亡、严重残疾、器官组织损伤等损害，属于预防接种异常反应或者不能排除的，应当给予补偿。

（二）基于信赖关系的行政补偿

根据法治国家原则，政府公权力的行使应受到法律羁束，在法秩序运作下维持社会生活的安定性以及实现法的实质正义。公民对于政府行为具有高度信赖，并基于该种信赖而有所作为或者不作为，如果行政机关因国家利益、公共利益或者其他法定事由需要撤回或者变更行政行为，相对人因此而受到的财产损失应得

---

① 参见李震山：《行政法导论》，三民书局 2009 年版，第 640 页。

② 参见董保城、湛中乐：《国家责任法》，元照出版公司 2005 年版，第 20 页。

③ 参见杜仪方：《“恶魔抽签”的赔偿与补偿——日本预防接种损害中的国家责任》，《法学家》2011 年第 1 期，第 160 页。

到补偿。一般认为，值得保护的信赖必须符合三项要件：相对人有信赖的事实，此种信赖事实可从相对人行为表现中得知，最明显的如受领授益行政的给付；行政行为的作出非因相对人使用欺诈、胁迫、贿赂、提供不确实信息或作出不完全陈述者；行政行为的违法非相对人明知或者因重大过失而不知者。如果是当事人通过恶意欺诈、胁迫、贿赂或其他不正当方法导致行政机关作出行为的或者当事人对重要事项提供不正确资料或不完全陈述而导致政府行为，或者当事人明知政府行为违法或者出于重大过失而忽视政府行为违法性，那么，个人或组织的信赖就是不正当信赖，法律对其不予以保护。①

在我国，基于信赖关系的行政补偿最典型的是对行政许可变更、撤回时的补偿。《行政许可法》第 8 条规定："公民、法人或者其他组织依法取得的行政许可受法律保护，行政机关不得擅自改变已经生效的行政许可。行政许可所依据的法律、法规、规章修改或者废止，或者准予行政许可所依据的客观情况发生重大变化的，为了公共利益的需要，行政机关可以依法变更或者撤回已经生效的行政许可。由此给公民、法人或者其他组织造成财产损失的，行政机关应当依法给予补偿。"当然，在具体领域，也有立法对信赖利益补偿进行了规定。例如《海域使用管理法》第 30 条规定："因公共利益或者国家安全的需要，原批准用海的人民政府可以依法收回海域使用权。依照前款规定在海域使用权期满前提前收回海域使用权的，对海域使用权人应当给予相应的补偿。"

（三）衡平补偿

正如前文所言，一般而言，成立行政补偿的前提是当事人的损失构成了特别牺牲。然而在特殊情况下，基于社会国家原则或者社会连带的思想，国家对于某些非特别牺牲的损害，也可以主动给予补偿，从而实现社会正义。此处就构成衡平补偿。衡平补偿与前述征收、征用等补偿的区别在于，人民所受的损失并未达到特别牺牲的程度（往往是受损失的人数众多，不属于个别情况），或者与公权力之间欠缺直接而紧密的关联，毋宁是经过较长时间的累积或较为间接的关联而形成的。② 当然，此类行政补偿制度中的损害终究是与公务相关，公务员的个人行为或行政机关的民事行为不会导致行政补偿。

我国立法上关于衡平补偿的例子多出现于生态补偿等领域。如《水土保持法》第 31 条规定，国家加强江河源头区、饮用水水源保护区和水源涵养区水土流失的预防和治理工作，多渠道筹集资金，将水土保持生态效益补偿纳入国家建立的生态效益补偿制度。《水污染防治法》第 8 条规定，国家通过财政转移支付

---

① 参见罗豪才、湛中乐主编：《行政法学》，北京大学出版社 2016 年版，第 34 页。

② 参见王锴：《我国国家公法责任体系的构建》，《清华法学》2015 年第 3 期，第 31 页。

等方式，建立健全对位于饮用水水源保护区区域和江河、湖泊、水库上游地区的水环境生态保护补偿机制。

四、行政补偿的程序

行政补偿的程序是指实施行政补偿的步骤、方式、顺序和时限。我国目前尚无统一的行政程序法，也没有统一的行政补偿程序规定，对于行政补偿程序的规定散见于各种法律法规之中。行政补偿程序主要分为主动补偿程序和应申请补偿程序。[①] 基本具备以下环节：

（一）发出补偿通知或公告

行政机关应依照法定程序发出通知或公告，内容应包括补偿的事由、依据、具体计算标准与补偿方式等，并应明确告知当事人的权利、行使权利的方式及时限等。例如，《土地管理法》第 47 条第 2 款规定："县级以上地方人民政府拟申请征收土地的，应当开展拟征收土地现状调查和社会稳定风险评估，并将征收范围、土地现状、征收目的、补偿标准、安置方式和社会保障等在拟征收土地所在的乡（镇）和村、村民小组范围内公告至少三十日，听取被征地的农村集体经济组织及其成员、村民委员会和其他利害关系人的意见。"《国有土地上房屋征收与补偿条例》第 13 条规定："市、县级人民政府作出房屋征收决定后应当及时公告。公告应当载明征收补偿方案和行政复议、行政诉讼权利等事项。"

（二）申请和受理

对于行政机关主动作出的行政补偿而言，补偿可以不经受害人申请而由补偿义务机关主动作出；对于应申请的补偿程序，则要由受害人向行政机关提出补偿请求才能启动，补偿义务机关对于当事人的申请情况应登记在案。

（三）审查和评估

补偿义务机关审查的内容具体包括受害人是否符合申请条件，损失是否存在，损失的发生与行政行为之间是否有因果关系。如果经审查补偿请求成立，补偿义务机关还应当根据有关规定进行价值评估，计算应当补偿的数额。例如《国有土地上房屋征收与补偿条例》第 19 条规定："对被征收房屋价值的补偿，不得

---

① 参见姜明安主编：《行政法与行政诉讼法》，北京大学出版社、高等教育出版社 2019 年第 7 版，第 631－632 页；方世荣、石佑启主编：《行政法与行政诉讼法》，北京大学出版社 2015 年第 3 版，第 507－508 页。

低于房屋征收决定公告之日被征收房屋类似房地产的市场价格。”在审查过程中，应注意认真听取和研究被补偿人的不同意见。

（四）作出补偿协议或补偿决定

根据补偿标准确定的不同，补偿义务机关可以就补偿范围、方式、标准等事项与被补偿人进行协商，如协商能达成一致意见，可以签订补偿协议。如《国有土地上房屋征收与补偿条例》第25条规定：“房屋征收部门与被征收人依照本条例的规定，就补偿方式、补偿金额和支付期限、用于产权调换房屋的地点和面积、搬迁费、临时安置费或者周转用房、停产停业损失、搬迁期限、过渡方式和过渡期限等事项，订立补偿协议。”另外，补偿义务机关也可以单方面作出补偿决定。如《国有土地上房屋征收与补偿条例》第26条规定：“房屋征收部门与被征收人在征收补偿方案确定的签约期限内达不成补偿协议，或者被征收房屋所有权人不明确的，由房屋征收部门报请作出房屋征收决定的市、县级人民政府依照本条例的规定，按照征收补偿方案作出补偿决定，并在房屋征收范围内予以公告。”补偿协议或补偿决定中应写明补偿的原因和依据、补偿方式、补偿标准以及补偿的期限，并告知被补偿人提起行政复议、行政诉讼的权利以及行使上述权利的时限。

五、行政补偿的方式和标准

（一）行政补偿的方式

行政补偿的方式，是指行政主体承担补偿责任的形式。由于损害的性质、情节及程度的不同，补偿的方式也有所不同。采用何种补偿方式直接关系到能否对受害人合法权益提供适当的补救。一般而言，行政补偿以金钱补偿为原则，但不以金钱补偿为限。

1. 金钱补偿

金钱补偿，又称货币补偿，即通过支付补偿金的方式弥补受害人的损失。金钱补偿简单、快捷，适用性强，无论是人身伤亡还是财产损失，都可以采用支付补偿金的形式。金钱补偿是世界各国行政补偿制度中最为常用的补偿方式。我国在房屋拆迁、土地征用、移民安置等领域，也都主要采取金钱补偿的方式。

2. 金钱以外的补偿方式

在我国立法中，行政补偿原则上以金钱补偿为主要方式，同时可根据损害的不同性质和程度，灵活采用其他方式。除经济性补偿等涉及金钱和财物给付的补偿外，政策性补偿也是一种常见的补偿方式，比如解决农转非的户口指标、移民安置、国家专项贷款、安排就业等方式。如果运用得当，政策性补偿能够起到弥补经济性补偿不足的作用，而且更有利于社会的稳定和可持续性发展。[①] 具体方式如下：实物补偿，即以同等条件或者性能的实物来弥补受害人损失的补偿方式，例如产权调换、开发荒地滩涂、调剂土地和外迁等[②]；减税或者免税[③]；给予医疗、抚恤[④]；提供其他政策性优惠和照顾，例如在晋级晋职、增加工资、安排就业、分配住房和解决农转非的户口指标、国家专项贷款、技术改造和科技开发等方面给予照顾等。[⑤] 可以说，我国的行政补偿方式多种多样，非常灵活。

（二）行政补偿的标准

行政补偿的标准是指根据损失的程度确定补偿数额的准则，它是相对人所受损失能否得到实际弥补的关键。从国外的补偿制度来看，行政补偿的标准主要来自宪法和有关法律的规定，大多在宪法里确立公平补偿或正当补偿的原则。[⑥] 但“正当补偿”属于不确定法律概念，究竟应该完全补偿还是相当补偿，有时成为议论的对象。早期行政补偿以完全补偿为主流，即对于所产生损失的全部进行补偿。以征收为例，补偿额度应以征收前后当事人所拥有的财产性价值没有增减为原则。之后，完全补偿说逐渐被相当补偿说所代替。后者认为，宪法关于正当补偿的规定并不一定要求全额补偿，而应在对国库财政状况、公共利益等多方考量

---

① 参见司坡森：《论国家补偿》，中国法制出版社 2005 年版，第 208 页。

② 如《国有土地上房屋征收与补偿条例》第 21 条规定：“被征收人可以选择货币补偿，也可以选择房屋产权调换。被征收人选择房屋产权调换的，市、县级人民政府应当提供用于产权调换的房屋，并与被征收人计算、结清被征收房屋价值与用于产权调换房屋价值的差价。”

③ 比如《长江三峡工程建设移民条例》第 54 条规定：“国家对专门为安置农村移民开发的土地和新办的企业，依法减免农业税、农业特产农业税、企业所得税。”

④ 比如《消防法》第 50 条规定：“对因参加扑救火灾或者应急救援受伤、致残或者死亡的人员，按照国家有关规定给予医疗、抚恤。”

⑤ 如国家在大中型水电工程建设征地以及移民补偿时，对移民安置区发展种植业、林业、畜牧业、渔业和乡镇企业以及旅游业的，国家在专项贷款、技术改造、科技开发等方面给予照顾和扶持。《大中型水利水电工程建设征地补偿和移民安置条例》第 42 条规定：“国家在移民安置区和大中型水利水电工程受益地区兴办的生产建设项目，应当优先吸收符合条件的移民就业。”第 44 条规定：“国家在安排基本农田和水利建设资金时，应当对移民安置区所在县优先予以扶持。”

⑥ 如法国 1789 年《人权宣言》第 17 条规定，财产是神圣不可侵犯的权利，除非当合法认定的公共需要明显必要时，且在公平而预先补偿的条件下，任何人的财产不得受到剥夺。《德国基本法》第 14 条第 3 项规定，征收惟有因“公共福祉”所需方得为之，征收须依法律或者基于法律，而该法律亦规定补偿之种类及限度时，方得为之。征收之补偿，以“公平”地衡量公共及参与人之利益后，决定之。关于征收额度之争论，由普通法院审理之。《日本国宪法》第 29 条第 3 款规定，因公用收用及公用限制对私人造成财产上的特别损失时，必须予以“正当补偿”，不允许国家或者公共团体不予以补偿而收用私人的财产或者对私人的财产实行限制。美国宪法修正案第 5 条规定，不经正当法律程序，不得剥夺生命、自由或财产；不给予公平补偿，私有财产不得充作公用。

之下，基于当时的经济状况，按照客观、公正、妥当的补偿计算基准计算出相当的金额并予以补偿。

我国现在对于行政补偿的标准并无统一规定，具体而言，有如下确定补偿标准的方式：

1. 依照法律、法规的规定确定补偿标准。在该情形下，立法中一方面明确规定补偿标准，另一方面为保障实质正义的实现，一般仅规定补偿标准的范围以赋予行政机关一定的裁量权。我国现行土地管理以及移民安置方面的法律法规对于补偿计算标准的规定相对比较具体。

2. 依照市场评估价格确定补偿标准。对于市值浮动较大的财产价值（典型代表如房屋价值），如果立法规定固定的补偿标准则很有可能导致显失公正，根据市场价值进行补偿才最能实现“合理、正当补偿”。《国有土地上房屋征收与补偿条例》第 19 条第 1 款规定：“对被征收房屋价值的补偿，不得低于房屋征收决定公告之日被征收房屋类似房地产的市场价格。被征收房屋的价值，由具有相应资质的房地产价格评估机构按照房屋征收评估办法评估确定。”实践中，就如何确定评估时间，也存在一定争议。在山西省安业集团有限公司诉山西省太原市人民政府收回国有土地使用权决定案中，就评估节点法院认为，对被征收不动产价值评估的时点，一般应当为征收决定公告之日或者征收决定送达被征收人之日；因征收人原因造成征收补偿问题不合理迟延，且被征收不动产价格明显上涨的，被征收人有权主张以作出征收补偿决定或者签订征收补偿协议时的市场价格作为补偿基准。①

3. 双方协商决定或者由行政机关单方面确定补偿标准。我国大部分法律、法规对补偿的标准只作出了“给予补偿”“给予相应补偿”“给予适当补偿”“给予合理补偿”等原则性的模糊规定，而并未给出具体补偿计算标准。比如，《森林法实施条例》第 15 条、《长江三峡工程建设移民条例》第 7 条、《国防法》第 58 条、《野生动物保护法》第 19 条、《煤炭法》第 18 条、《人民警察法》第 34 条等。由于缺乏明确的补偿标准依据，上述情形下补偿数额的计算只能由双方协商或者由行政机关单方面决定。

深度阅读

1. 沈岿．国家赔偿法原理与案例．3 版．北京：北京大学出版社，2022.

① 参见山西省安业集团有限公司诉山西省太原市人民政府收回国有土地使用权决定案，《最高人民法院公报》2017 年第 1 期，第 31－34 页。

2. 王锴．我国国家公法责任体系的构建．清华法学，2015（3）．
3. 杜仪方．财产权限制的行政补偿判断标准．法学家，2016（2）．

问题与思考

1. 行政补偿和行政赔偿的区别有哪些？
2. 行政赔偿的归责原则是什么？
3. 公有公共设施致害是否属于行政赔偿范围？

“问题与思考”答题指引

第一章　行政救济法概述

1. 首先要对行政争议作出界定，表明是在何种层面来认识行政争议的。再根据一定标准对行政争议进行区分，一般来说应作如下区分：(1) 外部争议与内部争议；(2) 积极争议与消极争议；(3) 原始的行政争议与复审的行政争议。

2. 行政救济的基本原则包括：(1) 权利保护原则；(2) 权力制约协调原则；(3) 正当程序原则。根据一定标准，可以将行政救济分为诉讼救济与非讼救济、第一次救济与第二次救济、事后救济与事前救济、通常救济与临时救济等。正式的行政救济制度包括行政复议、行政诉讼、行政赔偿、行政补偿，非正式的行政救济制度包括信访、申诉、行政仲裁等。

3. 在正式的行政救济制度之间，主要是行政复议与行政诉讼的关系，包括衔接关系、排斥关系、终局关系等。在正式行政救济制度与非正式行政救济制度之间，一是对非正式行政救济的决定，通常不能申请行政复议和行政诉讼，偶尔有行政复议的可能；二是对于属于行政复议、行政诉讼的涉法涉诉事项，通常不能申请非正式行政救济。

4. 可查阅完整版的法院判决书，还可以对照三级法院判决的差异。最高人民法院是从法条上分析信访与行政复议、行政诉讼的关系：一者是信访与行政复议、行政诉讼相互之间存在排斥的关系，二者是各自提起的法定条件是不同的。

第二章　行政复议

1. 首先对行政复议展开界定，然后探讨行政复议性质目前存在的几种学说，用以分析性质定位对行政复议制度发展的重要性。

2. 行政复议的基本原则包括：合法原则，公开公正原则，高效便民原则，全面审查原则，一级复议原则。

3. 为了发挥行政复议的应有作用、减轻讼累，在某些情况下，行政复议成为进入行政诉讼的必经程序，称为行政复议前置主义。先可列举出《行政复议法》所规定的行政复议前置情形，进而探讨设置的依据与标准。

4. 应当查阅完整的法院判决，并对照各级法院判决的差异。一审法院从管辖、复议期限、全面审查以及行政行为适用法律应明确具体等提出了要求；二审法院则就事实与法律依据的关联性进一步强调了全面审查原则的适用问题。

第三章　行政诉讼原理

1. 行政诉讼法的立法目的经过一定的变迁，存在诸多学说。通常认为，行政诉讼的最主要目的是权利保护和监督依法行政两个方面。

2. 行政诉讼按照一定的标准可以作出类型化区分，主要有主观诉讼与客观诉讼，形成之诉、给付之诉与确认之诉、事后救济之诉与事前预防之诉。这些类型反映出了行政诉讼的基本功能和目的差异、行政诉讼的手段和内容差异，以及行政诉讼与权利损害之间的关系等问题，反映出法院在处理行政争议上的权限大小和界限。

3. 行政行为合法性审查是行政诉讼的特有原则。一是要理解其基本内涵；二是要明白其基本要求的理由所在；三是注意对照行政诉讼法的具体制度，看看在制度上是如何落实这一原则的。

第四章　行政诉讼的要件

1. 行政诉讼受案范围的规范方式是概括＋列举，肯定式列举＋否定式排除。不可诉行为具体包括国家行为，具有普遍约束力的决定、命令，内部行政行为，行政终局裁决行为，刑事司法行为，民事调解与民事仲裁行为，行政指导，重复处理行为，执行行为，信访处理行为，不产生实际影响的行为。

2. 行政诉讼的原告包括相对人、利害关系人以及作为公益诉讼原告的检察院。利害关系人的判断径路有事实影响和保护规范理论两种。

3. 行政诉讼的被告适格包括"谁行为，谁被告"以及"谁主体，谁被告"。经过复议的被告确认要区分复议机关维持原行政行为、改变原行政行为还是行政不作为。

4. 行政诉讼第三人有与行政行为有利害关系的第三人、与案件处理结果有利害关系的第三人以及作为第三人的行政机关。法院判决第三人承担义务或减损其权利的，第三人有权上诉。

5. 行政诉讼中由中级人民法院管辖的一审行政案件包括：(1) 海关处理的案件；(2) 被告是县级和县级以上地方人民政府的案件；(3) 被告是国务院各部门的案件；(4) 本辖区内重大、复杂的行政案件：社会影响重大的共同诉讼案件，涉外或者涉及香港、澳门、台湾地区的案件，其他重大复杂的案件；(5) 其他法律规定由中级人民法院管辖的案件。

6. 针对行政机关不作为类案件，起诉期限仍为 6 个月，但起诉期限的计算起点有三种情形：(1) 如果法律、法规规定了行政机关履行法定职责的期限，行政机关超过期限仍不作为的，从该期限届满之日起计算起诉期限；(2) 如果法律、法规未规定行政机关履行法定职责的期限，则行政机关在接到申请之日起 2 个月内不履行法定职责的，当事人可以提起诉讼；(3) 当事人在紧急情况下请求行政机关履行法定职责，行政机关不履行的，起诉期限不受上述规定的限制，当事人可以立即起诉，而不用等待一般履行期限或法律、法规规定的履行期限的经过。

7. 不具有权利保护必要性的情形有：(1) 无益的诉讼；(2) 存在更简便的达到目标的途径；(3) 滥用诉讼权利；(4) 丧失权利。

第五章　行政诉讼的审理

1. 根据《行政诉讼法》第 60 条，人民法院审理行政案件以不适用调解为原则，以适用调解为例外；2023 年修订的《行政复议法》第 5 条规定，行政复议机关办理行政复议案件，可以进行调解。行政诉讼调解与行政复议调解的立法差异，源于行政诉讼法与行政复议法的立法目的、价值取向和制度功能存在不同。

2. 证明责任的概念具有双重含义，包括主观证明责任与客观证明责任。主观证明责任，是指哪一方当事人应当对具体的要件事实提供证据进行举证的责任。客观证明责任，是指在作为判决基础的构成要件事实真伪与否不明时，确定由哪一方当事人承担法律上不利后果的责任。主观证明责任是一种行为责任，客观证明责任是一种结果责任。在采用当事人提出原则（辩论主义原则）的诉讼模式中，二者具有统一性。

3. 根据《行政协议审理规定》第 1 条，可以从主体要素、目的要素、意思要素、内容要素四个方面来认定是否属于行政协议。在具体判断中需进一步分析这四个要素的行政法（公法）属性以及与民事合同相关要素的区别。

4. 为防止行政诉讼原告不当撤诉从而损害国家利益、社会公共利益以及第三人利益，行政诉讼法和司法解释对原告申请撤诉和被告改变行政行为，原告申请撤诉作了严格的限制。被告改变行政行为，原告申请撤诉的，法院裁定准许撤诉须符合以下四项条件：申请撤诉是当事人真实意思表示；被告改变被诉具体行政行为，不违反法律、法规的禁止性规定，不超越或者放弃职权，不损害公共利益和他人合法权益；被告已经改变或者决定改变被诉具体行政行为，并书面告知人民法院；第三人无异议。

5. 行政诉讼被告负主要证明责任，即对作出的行政行为负证明责任的理由主要有以下理由：被告对作出的行政行为负有证明责任是“先取证，后裁决”这一程序要求在诉讼阶段的延伸；被告更接近证据，具有举证优势；被告对作出的行政行为负证明责任有利于诉讼公平。

6. 根据司法解释的规定，规范性文件不合法的情形主要包括以下几个方面：超越制定机关的法定职权或者超越法律、法规、规章的授权范围；与法律、法规、规章等上位法的规定相抵触的；没有法律、法规、规章依据，违法增加公民、法人和其他组织义务或者减损公民、法人和其他组织合法权益；未履行法定批准程序、公开发布程序，严重违反制定程序；其他违反法律、法规以及规章规定的情形。对于违法的规范性文件，法院不能在判决主文中进行宣示，应当在裁判理由中予以阐明。

7. 结合本案事实，可以从检察行政公益诉讼的诉讼请求、审查对象和审查标准、证明责任分配、判决类型等方面分析本案争议的焦点和法官的裁判思路。同时需要从实体上分析本案当事人承担刑事责任、行政责任以及民事责任之间的关系。

第六章　行政诉讼的裁判

1. 就立法初衷而言，“依据”和“参照”的区别在于前者可被法院直接适用；而后者只能附条件地被适用，即必须经过法院的适用审查，仅当满足“合法有效”这一条件时，才能被适用。但就司法实践而言，即便是作为“依据”的法规范，一个审慎的法院也会对此进行适用审查。当审查发现作为“依据”的法规范违反上位法时，法院将直接适用上位法的规定。这意味着“依据”与“参照”的实质区别已不明显。

2. 在传统形式法治观的影响下，作为撤销判决适用情形之一的“明显不当”被认为属于合法性审查标准的范畴；作为变更判决适用情形之一的“明显不当”则被纳入合理性审查标准的范畴。两个“明显不当”似乎不同。但在体系解释下，同一部法律中的两个“明显不当”应当一致，这在实质法治观中也能获取自洽的理解，即“明显不当”属于合理性审查标准，亦属于实质合法性审查标准。

3. 关于履行判决与给付判决的区分适用问题，从现行立法及司法解释中无法得出答案。学界主要存在三种观点：(1) 对照德国法上的课予义务判决与一般给付判决，履行判决与给付判决分别被适用于狭义行政行为与其他行为（后者主要为行政事实行为）；(2) 履行判决被适用于行为的给付，给付判决被适用于财产的给付；(3) 履行判决以法院不能决定被告履行的具体内容（履行一定义务判决）为原则、以法院能决定被告履行的具体内容（履行特定义务判决）为例外，给付判决则相反。其中，第一种观点为较多学者所主张，第二种观点受到最高人民法院部分法官的推崇，第三种观点则属于新锐观点。

4. 确认违法判决的补充性是相对于撤销判决、履行判决的适用而言。当满足确认违法判决与后两种判决的适用条件时，应优先适用后两种判决。原因在于，这两种判决不仅具备确认违法判决的所有功能，还具备形成功能或给付功能。基于诉讼经济的考虑，确认违法判决不宜被优先适用。相比而言，确认无效判决不具有补充性，该判决与撤销判决分别针对重大且明显违法的行政行为与一般违法的行政行为，二者的适用条件不存在重合。在司法实践中，考虑到原告在起诉时难以准确判断被诉行政行为的违法程度，即便原告针对重大且明显违法的行政行为诉请撤销、针对一般违法的行政行为诉请确认无效，也不会直接面临被法院驳回起诉的结果，而是存在由法院释明原告转换诉讼请求的可能，甚至存在法院不加释明而直接作出更有利于原告之判决的可能。2018 年《行诉法解释》第 94 条规定："公民、法人或者其他组织起诉请求撤销行政行为，人民法院经审查认为行政行为无效的，应当作出确认无效的判决。公民、法人或者其他组织起诉请求确认行政行为无效，人民法院审查认为行政行为不属于无效情形，经释明，原告请求撤销行政行为的，应当继续审理并依法作出相应判决；原告请求撤销行政行为但超过法定起诉期限的，裁定驳回起诉；原告拒绝变更诉讼请求的，判决驳回其诉讼请求。"

第七章　行政责任

1. 行政补偿与行政赔偿都是行政救济的方式，而且都以金钱补救为主要形式。两者之间的区别在于：一是产生的前提不同。行政补偿因行政机关及其工作人员的合法行政行为而发生，行政赔偿则以行政违法为前提。二是救济时间不同。行政补偿可在损失发生前进行先行补偿，然后作出某种行政行为；行政赔偿则必须以损害事实的发生为前提，没有损害事实不可能赔偿。三是处理结果不同。行政补偿和行政赔偿各有其程序规定，行政补偿可以双方协议或单方补偿决定的方式作出；行政赔偿则多采取行政赔偿决定的方式。近年来在司法实践中，行政赔偿和行政补偿在标准、方式等方面开始趋于一致。

2.《国家赔偿法》(1994 年) 第 2 条规定，国家机关和国家机关工作人员违法行使职权，有本法规定的侵犯公民、法人和其他组织合法权益的情形，造成损害的，受害人有依照本法取得国家赔偿的权利。这意味着，无论是行政赔偿还是刑事赔偿，在当时的《国家赔偿法》下都适用违法归责原则。然而，在《国家赔偿法》颁布实施一段时间后，统一的违法归责原则在理论和实践中暴露了诸多问题，亦受到学界众多争议。在此背景下，多元化的国家赔偿归责原则体系被重申。2010 年《国家赔偿法》修改后，违法归责原则不再作为国家赔偿制度归责的唯一进路，但是行政赔偿部分中涉及"违法"的规定仍然很多，在行政赔偿领域依然适用违法归责原则。当然，对此是否合适学理仍然处于讨论之中。

3. 我国《国家赔偿法》并未将因公共设施在设置、管理和运营上的缺陷而造成的损害纳入国家赔偿的范围，而是由经营管理该设施的企业、事业单位承担民事赔偿责任。公有公共设施究竟应由民法还是国家赔偿法来调整，本身仍存在讨论的空间。在我国司法审判实践中，尽管大部分公有公共设施致害借助民事诉讼来实现救济，但是也有部分判决通过将公有公共设施致害转换为行政机关不履行或者没有很好履行对公共设施进行管理的职责的方式，将其纳入国家赔偿审查范畴。

《　　　　　　》※任课教师调查问卷

为了能更好地为您提供优秀的教材及良好的服务，也为了进一步提高我社法学教材出版的质量，希望您能协助我们完成本次小问卷，完成后您可以在我社网站中选择与您教学相关的1本教材作为今后的备选教材，我们会及时为您邮寄送达！如果您不方便邮寄，也可以申请加入我社的**法学教师QQ群：436438859（申请时请注明法学教师）**，然后下载本问卷填写，并发往我们指定的邮箱（cruplaw@163.com）。

邮寄地址：北京市海淀区中关村大街59号文化大厦中国人民大学出版社1202室收

邮　　编：100872

再次感谢您在百忙中抽出时间为我们填写这份调查问卷，您的举手之劳，将使我们获益匪浅！

基本信息及联系方式：※

姓名：__________ 性别：__________ 课程：______________

任教学校：__________________ 院系（所）：__________

邮寄地址：__________________ 邮编：____________

电话（办公）：__________ 手机：__________ 电子邮件：__________

调查问卷：※

1. 您认为图书的哪类特性对您选用教材最有影响力？（　　）（可多选，按重要性排序）

   A. 各级规划教材、获奖教材　　B. 知名作者教材

   C. 完善的配套资源　　D. 自编教材

   E. 行政命令

2. 在教材配套资源中，您最需要哪些？（　　）（可多选，按重要性排序）

   A. 电子教案　　B. 教学案例

   C. 教学视频　　D. 配套习题、模拟试卷

3. 您对于本书的评价如何？（　　）

   A. 该书目前仍符合教学要求，表现不错将继续采用

   B. 该书的配套资源需要改进，才会继续使用

   C. 该书需要在内容或实例更新再版后才能满足我的教学，才会继续使用

   D. 该书与同类教材差距很大，不准备继续采用了

4. 从您的教学出发，谈谈对本书的改进建议：__________________

____

____

选题征集：如果您有好的选题或出版需求，欢迎您联系我们：

联系人：黄　强　联系电话：010-62515955

索取样书：书名：________________________

书号：__________________________

备注：※ 为必填项。